法国哲学研究丛书

学术译丛

Philosophie de
la volonté II:
Finitude et
culpabilité
Paul Ricoeur

有限与有罪

意志哲学（卷二）

[法] 保罗·利科————著

赖晓彪 翁绍军————译

上海人民出版社

绝大多数哲学文本的重要概念和术语的含义往往并不单一、并不一目了然。西文概念往往是一词多义（多种含义兼而有之），而任何翻译转换（尤其是中文翻译）往往都只能表达出其中一义，而隐去甚至丢失了其他含义，我们所能做的就是尽可能选取一种较为接近原意、最能表达原意的译法。

如果学界现在还一味热衷于纠缠某个西文语词该翻译成何词而争论不休，则只会导致人们各执一端，只见树木不见森林，浪费各种资源（版面、时间、精力、口舌、笔墨）。多年前，哲学界关于"to be"究竟该翻译成"存在"还是"是"、"Dasein"究竟应该翻译成"亲在"还是"定在"甚或"此在"而众说纷纭，着实热闹过一阵子，至今也无定论。我想只要是圈内专业人士，当看到古希腊哲学的"to be"、康德的"diskursiv"、海德格尔的"Dasein"、萨特的"facticité"、福柯的"discipline"、德里达的"supplément"、利科的"soi-même"等西文语词时，无论谁选择了哪种译法，都不难想到这个语词的完整意义，都不难心领神会地理解该词的"多义性"。若圈内人士都有此境界，则纠结于某个西文语词究竟该怎样翻译，也就没有多大必要了。当然，由于译者的学术素养、学术态度而导致的望文生义、断章取义、天马行空般的译法肯定是不可取的。

哲学经典的翻译不仅需要娴熟的外语翻译技能和高超的语言表达能力，还必须具备扎实的专业知识、宽广的知识视野和深厚的文化底蕴。翻译的重要前提之一，就是译者对文本的理解，这种理解不仅涉及语句的字面意义，还关系到上下文的语境，更是离不开哲学史和相关政治经济社会和宗教文化等的知识和实践。译者对文本的理解其实包含一个诠释过程。诠释不足和诠释过度都是翻译的大忌。可是，翻译转换过程中却又难以避免信息的丢失和信息的添加。值得提醒的是：可读性并不等于准确性。哲学经典翻译应追求"信、达、雅"的境界，但这应该只是一个遥远的梦想。我们完全可以说哲学经典翻译是一项艰苦的学术活动。

不过，从译者个体来讲，总会存在程度不一的学识盲点、语言瓶颈、理解不准，因而难免在翻译转换时会词不达意甚至事与愿违，会出错，会有纰漏。虽说错误难免，但负责任的译者应该尽量做到少出错、不出大错。而从读者个体来讲，在保有批判态度的同时，最好也能有一个宽容的态度，不仅是对译者，也是对自己。因为难以理解的句子和文本，有可能是原作者的本意（难解），有可能是译者的错意（误解），有可能是读者的无意（不解）。第一种情况暗藏原作者的幽幽深意，第二种情况体现出译者的怅然无奈，第三种情况见证了读者的有限功底。学术经典传承应该是学术共同体的集体事业：写、译、读这三者构成了此项事业成败的三个关键环节。

"差异""生成""创新""活力"和"灵动"铸就了几个世纪法国哲学的辉煌！

我们欣慰地看到愈来愈多的青年才俊壮大了我国法国哲学研究和翻译的学术队伍。他们正用经典吹响思想的号角，热烈追求自己的学术梦想。我们有理由确信我国的法国哲学和西方哲学研究会更上一层楼。

　　拥抱经典！我们希望本译丛能为法国哲学文化的传承和研究尽到绵薄之力。

莫伟民
2018 年 5 月 29 日写于光华楼

目录

第二册　恶的象征

前 言[①]

本卷沿袭了发表于 1950 年的《意愿与非意愿》研究；将当前工作与筹划、意愿运动和同意的现象学研究联系起来的联结已经在第一卷的导言中被准确描述过了。因此，我们曾指出当下的工作将不是经验的扩展，即我们当时在纯粹描述标题下所提出的分析的一种简单化的具体应用，而是我们要**撤去它的括号**，此前，必须将错误和人的所有恶的经验置于括号中从而划定纯粹描述领域；通过将这个错误领域置于括号之中，我们勾画出了人的最基本可能性的中立领域，或者，如果我们愿意的话，就是一个无差别的键盘，有罪的人和无辜的人都可以在上面演奏；这种纯粹描述的中立性同时赋予所有分析一种有意被选择的抽象态势。我们当前的工作打算通过重新引入括号中的东西来撤去纯粹描述的抽象。然而，撤去抽象、撤去括号，并不会得出结论或是应用纯粹描述的结论，而是凸显了一个新的主题，其呼吁各种新的工作假设和一种新的方法。

新主题和新方法论的本性只在第一卷的导言中作了简要说明。因此，我们瞥见了两条指导观念之间的联结：根据第一条，新的描述只能是根据错误的不透明和荒谬的特征，通过具体指示的集合而不是本质学——本质的描述——而得以发展的**意志经验**；我们谈道，错误不是与纯粹描述所发现的其他因素（动机、能力、条件和限制）同质的基础存在论的一个特征；它仍然是人的本质学中的一个外来物。根据第二条指导观念，从无辜到错误的过渡无法通过任何描述甚至是

① 在《有限与有罪》的前言及其第一册《可能犯错的人》的翻译过程中，古希腊文与拉丁文由复旦大学外国哲学专业冯一博士翻译。部分古希腊文与拉丁文翻译，曾请教复旦大学伦理学专业付文博博士与外国哲学专业万朝博士。部分德文翻译，曾请教复旦大学外国哲学专业毕波博士与武杨博士。部分海德格尔的概念翻译，曾请教复旦大学外国哲学专业金石博士。部分心理学术语翻译，曾请教复旦大学外国哲学专业姚思燮博士。部分法文翻译，曾请教巴黎高等师范学院哲学专业祝斯靓博士、樊文朔博士与曹渊喆博士。部分译稿审校，曾受到复旦大学外国哲学专业陈琛博士的帮助。在此，向各位学友表示真挚的感谢。同时，感谢复旦大学哲学学院莫伟民老师与上海人民出版社于力平老师的邀请与信任。——译者注

经验的描述来理解，而是要通过**具体的神话**。因此，通过具体神话的方法而获得意志经验的观念已经形成，但当时我们并没有觉察到这一迂回的原因。为什么我们只能在神话的加密语言中谈论影响意志的"激情"？如何将这一神话引入哲学反思？哲学话语被神话打断后如何恢复？正是这些方法问题主导了这项工作的阐述。

这种将意志经验与神话联系起来的计划在三个方向上得到了澄清和丰富。

首先出现的是，为宗教比较史所直接关涉的堕落、混沌、放逐、神的盲目的**神话**，不能以其原始状态插入到哲学话语当中，而是首先必须被置于它们自己的话语领域；几项预备性研究正致力于重建这个话语领域[①]；因此，显然这些神话只能以第二等级制订的名义得到理解，其涉及一种我称之为忏悔语言的更为基本的语言；正是这种忏悔的语言对哲学家表达错误和恶；然而，这种忏悔的语言有其值得注意的地方，即它完全是**象征的**；它是以间接和象征化的方式，而非用直接且固有的方式谈论亵渎、罪和有罪的；理解这种忏悔的语言就要实现象征的阐释，其需要各种译码规则，也就是一种解释学。正是如此，恶的意志的**神话**的最初观念将扩大到**恶的象征**的各个维度，其中最具思辨的象征——如物质、身体、原罪——关联了神话象征——例如秩序力量与混沌力量之间的斗争、灵魂在外在的身体中的放逐、怀有敌意的神所导致的人的盲目、亚当的堕落——以及亵渎、罪、有罪的最初的象征。

正是对这些象征的阐释，为神话**插入**到人关于自身的知识之中作了准备。因此，恶的象征开始使神话接近哲学话语。这种恶的象征占据了这部作品的中间部分；语言问题在其中占据重要的组成地位；事实上，忏悔语言的特殊性已逐渐成为自我意识中最引人注目的谜团之一；就好像人只能通过类比的大道来到达其自身的深处，就好像自我意识最终只能将自己表达为一个谜，并且本质地而不是偶然地需要一种解释学。

在关于恶的意志的神话的沉思被用于**恶的象征**之上的同时，反思转向了另一个方向：人们想知道，恶的人的"场所"即在人的现实中恶的插入点是什么？本书开篇的哲学人类学梗概，就是为了回答这个问题而写的；这项研究聚焦可能犯错性这一主题，也就是使恶成为可能的基本脆弱；通过可能犯错性的概念，哲学人类学以某种方式遇到了恶的象征，正是以同样的方式，就像恶的象征使神话更接近哲学话语；通过可能犯错性这一概念，人的学说接近了一个可理解的门槛，在此，可理解的是，恶可以通过人"进入世界"；越过这个门槛，就出现了一个涌现的谜团，而这一涌现的谜团的话语只能是间接的和加密的。

---

① 其中一项研究以《悲剧的有罪和圣经的有罪》（*Culpabilité tragique et culpabilité biblique*）为题发表于《宗教的历史与哲学期刊》（*Revue d'Histoire et de Philosophie religieuses*）1953 年第 4 期。

正如恶的象征代表了《意愿与非意愿》所提出的神话的扩展[1]，可能犯错性理论代表了第一部作品的人类学视角的扩展，而第一部作品则更为严格地集中在意志的结构上。可能犯错性概念的制订是对人的实在结构进行更广泛研究的契机；意愿与非意愿的二元性[2]被置于一个更大的辩证法中，这一辩证法由比例失调、有限和无限的极性，以及中间或中介的观念所支配。最终，正是在这种介于人的有限极和无限极之间的中介结构中，人的特殊的脆弱及其本质上的可能犯错性才得以被探寻。

通过在恶的象征之前阐述可能犯错性的概念从而为这本书奠定基础的同时，我们发现自己面临着将恶的象征插入哲学话语中的困难。在第一部分末尾的哲学话语引出了恶的可能性或可能犯错性的观念，并且这一哲学话语从恶的象征中获得了新的推动力和相当可观的充实，但这是以一种方法上的革命为代价的，其表现为对解释学的求助，即应用在象征世界的译码规则；然而，这种解释学与导致可能犯错性的概念的反思思想并不是同质的。我们在第二部分最后一章的标题"象征导致思想"之下，展望了将恶的象征转化为一种新型哲学话语的规则；这一文本是整个作品的枢纽；它表明人们如何既尊重表达的象征世界的特殊性，又不在象征"背后"而从象征"出发"进行思维。

我将在以后的一卷中出版的第三部分，完全致力于从象征出发的这一思想。它在几个领域展开，主要是在人文科学领域和思辨思维领域；如今，以托马斯主义、笛卡尔主义或斯宾诺莎主义的方式将一种奴隶意志的经验限制在《论激情》这样的文本的界限内已经不再可能了。一方面，公正地对待表达的象征模式的对有罪的反思，不可避免地遇上了心理分析，而这一反思既允许自己接受它的教导，又与它争论自身的可理解性和有效性的限制[3]；犯罪学的演变和当代刑法的各种概念，对于我们在意志的经验中扩展恶的象征这一事业并不会陌生；而政治哲学也不能置身于我们的关注之外；当我们目睹并参与了通向集中营的大屠杀、极权政权的恐怖和核威胁这些骇人听闻的历史时，我们不能再怀疑，恶的问题也通过权力的问题得以发生[4]，以及通过黑格尔所得的从卢梭到马克思的这一**异化**主题，与以色列古代先知们的控诉有着某种关系。

----

[1] 这种哲学人类学的两个梗概已经发表："否定性和源初肯定"，载于《辩证法的各个方面，哲学档案》(*Aspects de la dialectique，Arch. de Phil.*)，1956 年；"感情"，《埃德蒙·胡塞尔，纪念收藏，现象学著作》(*Edmund Husserl, Recueil commémoratif, Phaenomenologica*)，1959 年。

根据《历史与真理》，"否定性和源初肯定"出自《哲学研究》(*Recherches de philosophie*)而非《哲学档案》(*Arch. de Phil.*)，参见 Paul Ricoeur, *Histoire et Vérité*，Paris：Seuil，1967.——译者注

[2] 《作为观念-限制的意愿与非意愿的统一》(L'unité du volontaire et de l'involontaire comme idée-limite)，载于《法国哲学协会通讯》(*Bull. de Soc. fr. de Phil.*)，1951 年 1 月至 3 月。《意志现象学的方法和任务》，载于《现象学的前沿问题》(*Problèmes actuels de la phénoménologie*)，巴黎，1952 年。

[3] 赫斯纳德博士的书评：《错误和无罪的道德的病态宇宙》(*L'Univers morbide de la Faute et Morale sans péché*)，让我有机会在我没有预见到恶的象征的所有含义的时候概述这种对抗："没有罪的道德"或没有道德主义的罪，《精神》(*Esprit*)，1954 年 9 月。

[4] 《权力悖论》(*Le Paradoxe du pouvoir*)中出现的主题，《精神》(*Esprit*)，1957 年 5 月。

但是，如果从象征出发的思想能在人文科学、心理分析、犯罪学、政治学方面展开，那么它还必须聚焦基本困难从而找到与堕落、放逐、混沌和悲剧的盲目这些神话主题相关的思辨等价物；这项研究不可避免地通过对原罪、恶的物质、虚无等概念的批判而进行，并在可能的思辨密码的制订中，将作为特定非存在且作为力量设定的恶的描述与人的实在的基础存在论相协调；奴隶意志之谜，也就是**受束缚的且总是发现自己受束缚的自由意志**，是这个象征导致思想的最终主题。这样一个恶的意志的思辨密码，到底在多大程度上还能被"**思维**"，从方法上来说，这最终是本书最难的问题。

这一对奴隶意志主题的暗示表明了，我们刚刚讨论的方法问题与学说的问题、工作的假设、哲学的挑战都有联系；我们本可以将本书的副标题定为《伦理世界观的重要和限制》来指明这一挑战。一方面，在黑格尔的意义上，通过哲学反思，这种恶的象征的**恢复**确实表现出倾向于一种伦理世界观；但另一方面，我们越是清楚地区分这种伦理世界观的需求和含义，就越不可避免地表现出，用一种伦理世界观来涵盖人和**恶本身**的所有问题是不可能的。

我在此借伦理世界观想说什么？如果我们把恶的问题作为定义的试金石，我们就可以把伦理世界观理解为一种努力，即通过自由与恶之间的相互关系来更加紧密地理解自由与恶。伦理世界观的重要之处在于在这个方向上尽可能地走得更远。

试图通过自由来理解恶是一个严肃的决定；这是一个从窄门进入恶的问题的决定，从一开始就将恶看作"人性的，太人性的"（«humain trop humain»）。仍然有必要恰当地领会这一决定性的意义，以免过早地挑战其合法性。这绝不是一个对恶的根本起源的决定，而只是对恶得以产生和可以被看到的地方的描述；人确实很有可能不是恶的根本起源，他不是绝对的恶人；但即使恶与事物的根本起源同时存在，只有**影响**人的实存的方式才能使它显现出来。因此，通过人的实在的窄门进入恶的问题这一决定只表达了对视角中心的选择：即使恶从另一个玷污人的核心来到人身上，这另一个核心也只能通过它与我们的关系，即通过**影响**我们的诱惑、迷乱和盲目状态，来接近我们；在任何假设下，人的人性都是恶得以显现的空间。

有人会反对说，这种视角的选择是任意的，并且从这个词的强意义上说，这是一种偏见；不是这样的；从人及其自由的角度处理恶更符合问题的本性，而非任意的选择；的确，恶的显现空间只有在被承认时才会显现，并且只有在做经过深思熟虑的选择时才会被承认；这种通过自由来理解恶的决定本身就意味着自由将承担起恶；其承认自己是有责任的，会发誓将恶视为犯下的恶，并承认视角中心是出于不再让恶产生的自由宣言所选择的。正是这种**忏悔**将恶与人联系起来，后者不仅如同它的显现场所，而且如同它的作者。这种承担责任的行动产生了问题；我们不是碰上这个问题，我们是从这个问题出发的；即使自由是恶的作者而不是其根本起源，忏悔也会将恶的问题置于自由的范围之内。因为即使人只能通过放弃即只能通过一种比他的自由更根本的恶的源头的反向参与来对恶负责，对其责任的忏悔仍将使他触及这种根本起源的边界。

正是在康德及其《论根本恶》一文中，这一见解才初见成熟；道德形式主义通过使善的意志的唯一准则显现，使恶的意志的唯一准则显现；通过形式主义，恶往往被还原为自由意志的准则；这是恶的伦理观的本质。

但是，这种伦理观的重要性，只有当我们回过头来意识到领会自由本身的好处时，才是完整的；一种承担恶之责任的自由，就是一种通向理解自身丰富意义的自由。在瞥见这种沉思的丰富性即回应前一点之前，我想说一下我对让·纳贝尔 [①] 先生的作品的感激之情：正是在这部作品中，我找到了一种反思的模式，其并不限于从自由学说出发来阐明恶的问题，相反，在自由自身所包含的恶的刺激下，这一反思并没有停止扩大和加深自由学说。在《伦理学要素》(les Eléments pour une Ethique)中，对错误的反思已经被纳入这样一种方法当中，该方法指向"源初肯定"的意识把握，其超越我所有的选择和我所有的单一行动来构建自身。那么，看来错误的忏悔同时就是自由的发现。

事实上，在错误的意识中，首先出现的是过去和将来这两种时态的"绽出"(extases) [②] 的深刻统一；在筹划之前的冲动承担了回顾；相反，悔恨中悲伤于过去的静观被纳入可能再生的确定性中；被记忆丰富的筹划，在后悔中再次活跃。因此，在错误的意识中，未来将要将过去容纳于自身之中，意识的把握将自己揭示为一种恢复，并且意识发现一种深度，即一种密度，它不会被仅关注筹划之前的冲动的反思所承认。

但是，通过在自由的核心中将过去和将来的时态的绽出结合在一起，错误意识也使得自我超越其自身单一行动的那种整体且单一的因果性显现出来；错误的意识以某种紧张即限制的方式在一个证明我自身的行动中向我展示了我的因果性；相反，我希望自己并未做过的行为揭示了在所有决定性行动背后的那不受限的恶的因果性。虽然出于对单一筹划的反思，这种因果性在我自身的不连续创造中被出卖且消散，但在后悔的回顾中，我将我的行为植根于自我的简单因果性。当然，在其规定的行动之外，我们无法接近这个自我，但错误意识使我们在这些行动中以及在这些行动之外显现为构成我们的完整性的需求；因此，错误意识是一种对超越其行动的源初自我的求助。

---

① 让·纳贝尔 (Jean Nabert, 1881—1960)，法国哲学家，反思哲学的代表人物。——译者注
② 《可能犯错的人》的英译本指出，此处为海德格尔《存在与时间》中的"绽出"。参见 Paul Ricoeur, *Fallible Man*, Trans. by Charles A. Kelbley, New York：Fordham University Press, 1986。——译者注

最后，在通过错误概念发现了比所有义务都更为深刻的需求与使得这一需求失望的所有行为之间的间距之时，纳贝尔先生在错误意识中辨别出一种非存在的模糊经验。他甚至把它变成一种反向参与：他说，自我的任何行动"本身并不会创造所有在错误中的非存在：前者决定后者并使它成为它自己的。错误的非存在沟通了本质的非存在，后者超过个体自我的各种行动而不减弱它们对意识的引力"（《伦理的要素》，第 16 页）。这种反向参与必须重新发现、穿过和超越反思，而这一反思想要一直穿透到纳贝尔先生所谓的"源初肯定"。

因此，在伦理观中，自由不仅确实是恶的原因，而且恶的忏悔也是自由意识的条件；因为正是在这种忏悔中，位于自由核心中的过去和将来、自我和行动、非存在和纯粹行动的细致表述才会令人惊讶。这就是伦理世界观的重要之处。

但是，伦理观能否**完全**解释恶？这是纳贝尔先生的最新作品《论恶》（*Essai sur le Mal*）中始终存在的隐蔽问题。如果恶是"不可辩护的"，它能否在自由所带来的忏悔中得到充分的把握？我通过另一条道路发现了这种困难，即**恶的象征**的困难。这种象征的主要谜团就是神话世界本身已经是一个破碎的世界；堕落神话是所有后续关于人的自由中恶的起源的思辨的模板，它并不是唯一的神话；它把混沌、悲剧的盲目和被放逐的灵魂的丰富的神话抛在自身外；即使哲学家鉴于与自由对其责任的忏悔有着亲缘性而打赌堕落神话的优越性，即使这个赌注能够将其他所有神话以堕落神话作为参考中心再次聚集起来，堕落神话并没有成功地废除或还原它们；此外，对堕落神话的阐释使两种含义之间的这种张力关系显现了出来：一方面，恶正如人所**设定**的那样进入世界，但人之所以设定它只是因为他**屈服**于对手的围困。在这种堕落神话的模棱两可的结构中，恶与伦理世界观的限制已经被指出了：通过设定恶，自由为他者所折磨。这就是哲学反思的任务，去**接受**这种恶的象征的建议，将其扩展到人的意识的所有领域，即从人文科学到对奴隶意志的思辨。如果"象征导致思想"，那么恶的象征给予思想的东西就涉及了所有伦理世界观的重要和限制，因为这种象征所揭示的人似乎不仅是受害者，而且是有罪的人。

第一册　可能犯错的人

［法］保罗·利科　著　赖晓彪　译

第一章 "苦难"的悲怆与纯粹反思

第一节 工作假设

这项工作的第一部分致力于**可能犯错性的概念**。

通过断言可能犯错性是一个概念，我一开始就预设了纯粹反思，即一种不通过图像、象征或神话进行的理解和自我理解的方式，可以达到一定的可理解性阈值，在此，恶的可能性似乎被铭刻在人的实在性的最内在的构造当中。人在构造上就是脆弱的，即他会犯错，而这一观念，根据我们的工作假设完全可以通过纯粹反思获得；它指出了人的存在的一个特征。正如笛卡尔在《第四个沉思》开始时所说的那样，这一存在是这样的，"我发现自己处于一种无限缺陷的状态中，因此我不必奇怪我是会弄错的"。人如何"发现自己处于"犯错之中，这就是可能犯错性这一概念想要理解的。

但是，如何显现人的可能犯错性这一观念呢？有必要详细阐述一系列方法，其虽然是部分的，但每次都会掌握人的实在（或状况）的整体特征，在此，存在论特征将被铭记其中。我的第二个工作假设，此次涉及了基础而不仅仅是调查的理性风格，它就是这种整体特征在于人与自身的某种非重合；这种自身与自身的"比例失调"就是可能犯错性的**比率**。如果恶与人一起进入世界，"我不必奇怪"：因为他是唯一一种呈现这种比自身更大或更小不稳定存在论构造的实在。

让我们进一步制订这一工作假设。我们寻求比例失调中的可能犯错性；但是我们在哪里寻找比例失调呢？就在有限-无限的人的笛卡尔悖论向我们提出的地方。立刻表明，笛卡尔在这个悖论和功能心理学之间建立的联系是绝对有误导的；对我们来说，不仅至少是在笛卡尔形式中，保留有限知性和无限意志之间的区别不再可能，而且想要将有限与无限分别与一种功能或机能和另一种功能或机能联系起来的观念也应该完全被放弃。当笛卡尔本人在《第四个沉思》的开头接受潜藏于功能本身活动中的存在与虚无的辩证法时，他为更全面、更根本地把握人的悖论铺平了道路。

"真的，当我单单想到上帝时，我在自身中并没发现什么错误或虚假的原因；可是，后来，回到我自身之时，经验告诉我，我还是会犯无数错误的，在更仔细地追寻错误的原因时，我注意到不仅在我的思想中出现了一个实在的、肯定的上帝的观念，或者一个至上完满的存在的观念，而且，姑且这样说，也出现了一个否定的虚无观念，也就是说，与各种类型的完满性完全相反的观念；而我就像是介于上帝和虚无之间的，也就是说，被放在至上的存在和非存在之间，这就使得我，就我是由至上存在产生的而言，在我这儿实在没有什么东西能够引导我到错误上去；但是，如果我把自己看成以某种方式参与了虚无或非存在，也就是说，由于我自身并不是至上的存在，我发现自己处于一种无限缺陷的状态中，因此我不必奇怪我是会弄错的。"

毫无疑问，我们无法直接接触人的这种存在论特征；因为比例失调的观念中所隐含的**居间者**观念也很容易使人误解；说人处在存在与虚无**之间**，就已经是把人的实在当作一个领域，一个存在论的场所，一个位于其他位置**之间**的位置；然而，这种插入的图型非常容易引起误解：它让我们把人当作一个客体，后者的位置将为其他实在所确定，这些实在比它更多或更少复杂、更多或更少理智、更多或更少独立；人不是**居间者**，因为他介于天使和野兽之间；他就是在自身中、从自身到自身的**居间者**；他是**居间者**因为他是混杂的，他是混杂的因为他实施了这些中介。其**是—中介**（être-intermédiaire）的存在论特征恰恰在于，他的实存行动正是在他自身之外和自身之内的实在的所有形态和所有层次之间进行中介的行动。这就是为什么我们不会用笛卡尔来解释笛卡尔，而是用康德、黑格尔和胡塞尔来解释：人的中介只能通过想象的先验综合的迂回，或者通过确定性和真理之间的辩证法，或者通过意向和直观、意义和在场、动词和注视的辩证法。总之，对人来说，**是—中介**的就是进行中介。

在将新的元素引入我们的工作假设之前，让我们来盘点一下：当我们允许自己从有限—无限的人这个笛卡尔主题入手——即使我们可能要完全重新诠释它——我们就在一定程度上偏离了当代将有限视为人的实在的整体特征这一倾向。当然，在讨论有限的哲学家当中没有人有一个简单的、非辩证的有限概念；所有人都以这样或那样的方式谈论人的超越。相反，笛卡尔在宣布了有限-无限的存在论之后继续称，相对于神的无限，人的被创造是有限的。夸大有限哲学与完全从有限-无限的人的悖论出发的哲学之间的差异，也是不合理的。但是，即使还原到侧重或风格的差异，这种差异也不是微不足道的。问题是要知道这种超越是否只是对有限**的**超越，或者反题是否不那么重要：正如我们将看到的，人既表现为视角，又表现为话语；既表现为被限制的性格，又表现为对总体性的需求；既表现为欲望，又表现为爱。从有限出发对悖论的解读在我们看来并不优先于相反的解读，根据后一种解读，人是无限的，而有限是这种无限的**限制性**的标志，正如无限是有限的**超越**标志一样；人不仅仅是被局限的视角、对死亡的屈服和受欲望的拘束，还注定要获得无限制的理性以及总体性和至福。我们关于有限-无限悖论的工作假设意味着我们必须像谈论人的有限一样谈论无限。这种极性的充分认识对于制订中介、比例失调和可能犯错性的概念是必不可少的，我们已经通过从这些概念中的最后一个回到第一个来展示了它们的连接。

但我们的工作假设尚未得到充分制定：它为调查提供了方向，但尚未成为研究计划。确实，如何开始呢？如何在可能犯错性的指导观念下的哲学人类学中确定起点？我们只知道不可能从一个简单项开始，而是从复合物本身即从有限-无限关系开始。因此，我们必须从整个人出发，我的意思是他与自身的不一致、他的比例失调、他通过实存来运作的中介的整体视野。这种整体视野如何不排除所有进展即所有理性的秩序？进展和秩序仍然出现在一系列观点或方法之间，这些观点或方法每次都是整体的观点和方法。

然而，如果在哲学人类学中思想的进展从来不在于从简单到复杂，而总是在总体性内部进行，那么它只能是在整体视野的哲学**阐述**中的进展。因此，这种总体性必须首先以某种方式在哲学之前即在有助于反思的前理解中被给予；因此，哲学必须通过对首先包含前哲学特征的意义星云的二次阐述来推进。这意味着，必须将哲学中方法这一观念与起点的观念完全割裂开来。哲学从绝对的无开始：它由非哲学所承载，以已经被理解但未被反思的事物的实体来存活；但是，如果就来源而言哲学不是一个根本的开端，那么就方法而言它可以是一个根本的开端。因此，我们更接近于这样一个工作假设，该假设是由非哲学的前理解和阐述的方法论的开端之间的潜在差异的观念来澄清。

确实，在哪里可以找到可能犯错的人的前理解？在**"苦难"的悲怆**中。

这种 pathos[①] 就像所有哲学的模板，它使比例失调和中介成为人的存在者的特征。仍然有必要将这种 pathos 发挥到极致；既然是前哲学的，这种悲怆就是前理解；它就作为完美的言语，在其秩序和层次上都是完美的。因此，我们将寻找一些合适的表达，这些表达表明了通过自身所得的人的前理解就是"苦难的"。

由此出发，开端问题有了新的含义：我们说，哲学的开端只能是阐述中的开端，据此，哲学重新开始而不是开始。为了达到这个方法论的开端，在下一章的开头，有必要通过"先验"风格的反思方式来实现悲怆的还原，并开创一种真正哲学的人类学，也就是说，不是从我而是从我面前的客体开始的反思说起，然后

---

① pathos 为古希腊文 πάθος 的拉丁文转写，意为情感、遭受。——译者注

从那里回到它的可能性条件。到时候，我们就会谈到特征化这种"先验"风格的东西；让我们在这里仅仅谈谈我们对这一决定的期望，这一决定在认识能力中寻找人最根本的比例失调；我们要求它为探索居间的人的所有其他形态提供一条指导线索：对于人的悲怆理解来说，混合和苦难的东西现在被称为客体中的"综合"，居间者的问题变成了康德所称的"先验想象力"的"第三者"，是在客体上反思地达到的。没有这个先验的阶段，哲学人类学就只能从悲怆中出发从而陷入存在与虚无的幻想存在论。

有了这个双重开端，即前哲学的和哲学的、悲怆的和先验的，我们就有了更进一步的行动。先验只提供了哲学人类学的第一时刻，并不等同于所有以苦难悲怆为前理解的东西。这种可能犯错性的哲学的全部后果就在于逐渐弥合悲怆与先验的间距，在于从哲学上恢复所有这些丰富的实体，而这些实体并没有在基于客体的先验反思中消失。这就是为什么我们将尝试通过反思"行动"然后是反思"感情"来弥合**纯粹**反思和**总体**理解之间的间距。但是，在这两次新的冒险中，对客体的先验反思仍然可以充当指导；因为只有在理性与感性比例失调的模式上，或者更确切地说，在动词与视角的比例失调的模式上，我们才能反思人与其自身在行动和情感的秩序中的不一致所呈现的新形式；也正是在先验想象力的中介模式上，我们可以理解居间的或调解的功能在实践和情感秩序中所采取的新形式。

因此，尝试在纯粹反思中逐渐恢复"苦难"的最初悲怆似乎是合理的。本书的整个行动在于努力逐渐扩大反思，从先验风格的初始立场开始；在限制的情况下，成为总体的理解的纯粹的反思，将等同于苦难的悲怆。

但是这个限制永远不会达到；因为在通过自身所得的人的前理解中，存在着反思所无法获得的丰富意义。正是这种额外的意义将迫使我们在第二本书中尝试一种完全不同的方法：不再是通过纯粹的反思，而是通过对基本象征的阐释，在这些象征中，人忏悔自由意志的束缚。

这第一本书将把反思风格发挥到极致：从认识的比例失调到行动的比例失调，从行动的比例失调到情感的比例失调。在这种反思扩张的限制下，将有可能认识到可能犯错性概念的内容：确实是它构成了这一思想运动的调节观念，这种观念试图使反思的严谨性与对苦难的悲怆理解的丰富性等同。

第二节 "苦难"的悲怆

这种悲怆的沉思两次（在柏拉图和帕斯卡那里）出现在哲学的边缘，仿佛出现在反思的门槛，而这一反思将以严谨和真理的方式再次把握这种沉思：从柏拉图混合灵魂的神话，到帕斯卡关于两个无限的优美修辞，在克尔凯郭尔《恐惧的概念》的方向上，可以发现某种进展，而这既是在悲怆中的进展，也是在"苦难"的前理解中的进展；但是这种进展发生在形象、形状、象征的内部，通过它们，这种 pathos 达到了 muthos[①]，即已经达到了话语。

所有对"苦难"的前理解都已经存在于《会饮》《斐德若》和《理想国》的神话。神话就是哲学的苦难；但是，当哲学不想谈论存在的且衡量所有存在的理念而是想谈论人的时候，它就是"苦难"的哲学。事实上，灵魂的处境是悲怆的；就它是典型的中间存在而言，它不是理念：至多是"理念的族类"和"最接近"理念的东西；但它是易消亡的东西；它的身体"最像"会腐烂的东西；它恰恰是感性向理智的运动；它是一种 anbase[②]，即一种向着存在的上升；它的苦难在此表现为，起初它很困惑并寻求着（ἀπορεῖν χαὶ ζητεῖν）[③]（《理想国》523 a–525 a）；这种尴尬、这种困境和这种探索被反映在非常不完整的矛盾对话中，证明了灵魂在存在方面的工作；灵魂发表意见并自我欺骗；它不是观看，或至少不首先是观看，而是意图；它不是，或者并非从一开始就是联系和拥有，而是倾向和紧张："通过努力，随着时间的推移，以多次劳动和长期教育为代价"，《泰阿泰德》（186 a）中谈到。

如何谈论灵魂及其在逝去的东西与遗留的东西之间的过渡机制？由于无法用科学的语言即在关于不变存在的不变话语中来表达它，哲学家会在寓言中，然后是神话中谈到它。

在没有哲学的位置的情况下，寓言，即类比，足以给予一种奇怪的即 ἄτοπος[④] 生成的暂时固定的形象。因此，《理想国》第四卷给予灵魂以政治的象征，据此，灵魂由三部分组成，就像城邦有三个社会等级：审判官、护卫者、手艺人。因此，只要从对理念和善的冲动的角度来看这个静态形象没有重新运动，只要这种多重统一的**起源**鉴于回归存在和善的 anabase 而没有被唤起，这种象征就避开了神话。但对灵魂"生成"的考虑隐含在固定的形象中：在比较的开始，柏拉图就说："如果我们在言辞[⑤] 中考虑一个城邦的**形成**（γιγνομένην πόλιν），我们会不会在那里也看到正义以及不义的形成（γιγνομένην）？"（369 a）[⑥]。正义无非就是这种各部分运动中的统一形式：它本质上在于"变成了多的一（ἕνα γενόμενον ἔχ πολλῶν）[⑦]"（443 e）。

但是《第四卷》立即走向了这一综合的假定实现的目标：如果国家得到很好的构建，它就完全是善的；然后，它是智慧的，勇敢的，节制的，正义的。正是

---

① muthos 为古希腊文 μῦθος 的拉丁文转写，意为故事，神话。——译者注
② anbase 为古希腊文 ἀνάρασις 的拉丁文转写，意为上升。——译者注
③ 古希腊文，意为处于困惑中并进行探究。——译者注
④ 古希腊文，意为奇怪的、不寻常的。——译者注
⑤ 根据古希腊原文，此处应为言辞，而非利科所说的想象。参见 PLATO, *Platonis Opera*. ed. by John Burnet, Oxford：Oxford University Press, 1903.《理想国》的法译本用了 discours 而非 imagination。参见 Platon, *La Républic*, Tradicition par Georges Lexoux, Paris: Flammarion, 2016. ——译者注
⑥ 古希腊文，γιγνομένην πόλιν 意为形成城邦，γιγνομένην 意为形成。——译者注
⑦ 古希腊文，意为多成为一。——译者注

这一秩序的完成揭示了三方结构，每一种德性都固定在城邦的一个"部分"当中；因此，灵魂的各个部分就像城邦的各个部分一样，是功能的场所；接下来，构成灵魂结构的三种功能的平衡来自假定实现的正义的规范：正义是"给予它们全部的产生力量并在产生后在它们当中保护它们"（433 *b*）。

但是，如果我们不是在想象中走到国家借以构成的运动，而是在走向统一和秩序的运动中考虑灵魂，那么形象就会开始运动；它不是一个完全平衡的结构，而是一个未解决的运动，一个自我发现的张力系统；这种转变在《第四卷》之后是非常明显的，当时，柏拉图放弃了建造完美城邦的形象，考虑了我们借以"行动"即我们借以"学习"、借以"刺激"和"欲望"的力量。然后，灵魂表现为一个力量领域，它受到被称为"命令"（τό κελεύω）① 的理性和被称为"阻止"（τό κωλῦον）② 的欲望的双重吸引（439 *c*）。就在那时，第三者——柏拉图称之为 θυμός③——变得神秘莫测：它不再是分层结构中的"部分"，而是一种经受理性和欲望双重吸引的模糊力量：有时它与欲望一起斗争（ξύμμαχον）④，它是这种欲望的刺激和激发；有时它让自己为理性服务，它就是这种理性的愤慨和忍耐。"愤怒"或"勇气"，即 θυμός、心灵，是相当不稳定且脆弱的功能。θυμός 的模棱两可的处境在灵魂的"静力学"中宣告了居间者的所有神话。在静力学中，居间者就是一个"场所"；它处于两个其他功能或部分之间；在动力学中，它将成为一个"混合体"。但是仍然适合于静力学的寓言，指的是可以单独说明居间者的起源的神话。

应用于灵魂的混合的形象，将叙事的戏剧形式给予更为静态的三重构建主题。然后，需要一个神话来讲述混合体的起源。它有时是物质之间混合的人造神话，通常是联姻的即性关系之间结合的生物神话；γένησις 就是 γέννησις⑤，即起源就是生成。这种混合体，处于混合或结合的形式，是灵魂起源时发生的事件。

将《会饮》和《斐德若》的这些神话置于可能犯错性的人类学的非哲学或前哲学各种形象的首位，不仅在于它们的历史先在性，还在于它们所传达的"苦难"主题的**未分化**的特征。苦难是其共同的源初限制和源初恶；我们可以将这些伟大的神话依次解读为有限的神话和有罪的神话；神话是反思必须分裂的星云；对恶的神话的更直接的反思，稍后将揭示这种苦难实存和堕落自由的星云属于什么神话背景；我们还将看到哲学家柏拉图并没有将恶与身体实存混为一谈，并且在柏拉图主义中有一种非正义的恶，它是一种灵魂特有的恶。

如果我们接受如其所言的神话，即没有宗教史可以恢复的背景，也没有开始

---

① 利科此处的古希腊文 τό χελεῦον 有误，应为 τὸ κελεύω，其意为命令。参见 PLATO, *Platonis Opera*, ed. by John Burnet, Oxford：Oxford University Press，1903。——译者注
② 利科此处的古希腊文 τό χωλῦον 有误，应为 τὸ κωλῦον，其意为阻止。参见 PLATO, *Platonis Opera*, ed. by John Burnet, Oxford：Oxford University Press，1903。——译者注
③ 古希腊文，意为意气，血气，怒气。——译者注
④ 古希腊文，意为共同作战，结盟。——译者注
⑤ 古希腊文，γένησις 意为起源，γέννησις 意为生产、引发。句意为起源就是生产。——译者注

分解它的阐释，它就是"苦难"的整体神话；可以说，当所有的沉思都恢复了这种限制和道德恶的不可分割性时，它就会回到苦难的主题；"苦难"就是在适当的伦理反思使它陷入"身体"和"非正义"之前，混合神话所讲述的这种不可分割的不幸。

诚然，受到启发的女祭司并没有谈到灵魂，而是谈到了厄若斯、半神、恶魔；但是厄若斯本身就是灵魂的形象——或者至少是最核心的灵魂，即哲学家的灵魂，其欲求善因为它本身并不是善；然而，厄若斯本身就带着这个原始伤口，这是他母亲佩尼亚的印记。所以这是不透明性的原则；为了解释对存在的渴望，需要贫困的即存在者的贫乏的根源；厄若斯，即哲学的灵魂，因此是卓越的混合体，是丰盈和贫乏的混合体。

笛卡尔，尤其是康德，在他们关于想象力的合理话语中只说了：知性无直观则空，直观无概念则盲。[①]想象之光是它们的综合：柏拉图的混合宣告了先验想象力；它在此宣布它根据身体和精神包含了所有的生产，即《斐勒布》将用不那么"神话"且更"辩证"的语言称之为"来到实存"，γένεσις εἰς οὐσίαν[②]，这也是"生成的本质"（26 d）；所有的**创造**，即所有 ποίησις[③]，都是厄若斯的效果："你知道制作的观念其实五花八门，毕竟，无论什么东西从不存在到存在，其原因都是由于种种制作"（205 a）。简而言之，厄若斯是所有**工作**的法则，其是意义的丰盈和原始显相的贫乏。这就是为什么为更加纯洁的爱所标志的上升辩证法贯穿工作的所有层次，从恰当的身体到恰当的灵魂，再到恰当的行动和恰当的立法。所有的工作都是由欲望而生的，所有的欲望都是既丰盈又贫乏。

但更多在神话里而不是反思里：如果规定和严谨越少，力量就会越大。这种取之不尽用之不竭的意义储备，不仅存在于珀罗斯[④]这边，其显然比康德的知性更多更好，而且也存在于佩尼亚[⑤]这边。

所有的贫困都是佩尼亚，而贫乏的方式有很多种：如果《会饮》的神话和《斐德若》的神话确实一个接一个地得到阐明，那么前者的非规定或过度规定得到显现；佩尼亚在《会饮》中描绘的存在者的贫困开始分裂成两个神话时刻，这两个时刻在《斐德若》中对应于叙事的两个不同阶段；事实上，《斐德若》将脆弱性的神话和堕落的神话相互交织在一起；任何堕落之前的脆弱性就是那些在天国的队伍中代表人的灵魂的有翼马车的脆弱；在任何堕落之前，这些灵魂已经是混合的，而这混合在马车本身中隐藏着一个不和谐点："对我们来说，首先，统治者要

---

① 康德的说法是，思维无内容则空，直观无概念则盲。参见 Emmanuel kant, Cristique de la raison pure, Traduit par Alexandre J.-L. Delamarre et François Marty, Paris: Gallimard, 1980, p.118。——译者注
② 古希腊文，意为生成存在。——译者注
③ 古希腊文，意为制作、创造。——译者注
④ 珀罗斯（Poros），古希腊神话中的丰盈之神。——译者注
⑤ 佩尼亚（Pénia），古希腊神话中的贫乏之神。——译者注

驾驭一对马；其次，在这一对马中，有一匹俊美、优良且由这般元素组成，而另一匹马的组成却相反，它的本性也相反（ό δ'έξ έναντίων τε χαι έναντίος）^①"（246 b）。因此，在落入尘世的身体之前，有一个源初的肉身化：在这个意义上，众神本身有一个身体；但是非神的灵魂的身体包括沉重和顽固的源初原则。可能犯错性的神话在明暗之间和模棱两可的情况下转向了堕落的神话；两马互相阻碍，陷入骚动中；举起的翅膀弄得皱巴巴并倒下了。然后，对真理的遗忘遮掩了灵魂：从今以后，人将以意见为食。

通过这种从脆弱性到晕眩和从晕眩到堕落的转变，柏拉图式的神话宣告了克尔凯郭尔的沉思，这种从无辜出发的恶的诞生的沉思也将在两种解释之间摇摆，一种是连续的，另一种是不连续的，但最终选择了这一观念，即恶是突然出现、跳出来的、设定的。从这个意义上说，苦难的柏拉图式神话是一个脆弱性和堕落的星云，它开始分裂，但仍是未分裂的和未决定的。柏拉图称这个星云为"不幸""遗忘""败坏"（248 c）。

我们稍后会说柏拉图如何预见到从神话到辩证法的过渡，以及**混合**如何变成**混杂**，然后是**正义的措施**，而这要归功于在限制和无限制之间的毕达哥拉斯学派的对立的转换，以及实践理性的帮助。

帕斯卡的悲怆为我们提供了反思的第二个开端；题为"两个无限，中间"或"人的比例失调"（Brunschvicg 版第 72 条）的著名片段，在意图和语气上都具有不同的类型。这种语气不是神话的而是修辞的语气；就柏拉图的知识等级而言，它是一种劝告，一种辩解，换句话说，一种正当的意见；同样以劝告开头的《斐多》甚至在这个意义上谈到"论证与劝说"（70 b）^②；帕斯卡确实是通过一种劝说促使放弃娱乐，揭开我们借以隐藏真实处境的伪装面纱；布伦希维克^③清楚地看到，这种对位于两个无限之间的人的沉思不应该与"欺骗力量"这一章（第 83 条）即想象和习俗分开，后者直接导致了对娱乐的批判。思考居于中间的人的位置，就是回到我自身，以"思考什么是国王、什么是人"（第 146 条）。

这种沉思仍然是一种**辩解**，即一种**劝说**，因为它以人在事物中的位置的纯粹空间图型为出发点；这种对人的"处所"的完全想象的表象，是介于非常大和非常小之间，具有触动人的优势，因为在发现各个宇宙的差异过程中，它在一个世纪以来宇宙论的感性中唤醒了一个直接的回声："人在无限中是什么？"正是这种被想象所延伸的视线，滋养了人的这种情感，其"将自己看作是迷失在大自然的这个偏僻角落里"；"但假如我们的视线就此停止，让想象超出此外；软弱无力的

---

① 古希腊文，意为另一匹马的组成却相反，它的本性也相反。——译者注

② 此处的 paramythie 有误，根据《斐多》原文，此处应为 παραμυθίας（其拉丁文转写为 paramythias，意为劝说）。参见 PLATO, *Platonis Opera*, ed. by John Burnet, Oxford, Oxford University Press, 1903。——译者注

③ 莱昂·布伦希维克（Léon Brunschvicg, 1869-1944）是一位法国哲学家和数学家。——译者注

与其说是提供材料的自然界，倒不如说是我们的构思能力"（第72条）。天文学作为一门科学"夸大了我们的概念"，但它所提出的想象之外的东西只会让想象大吃一惊，直到它"迷失在这种思想中"；然后想象的无限就变成了"深渊"，而且是双重的深渊；无限这个词的表达性比它的意指性更强；它不指定理性的观念，而且不能指定，因为必须谈到的不是无限和虚无，而是大和小的未限定性；这两个充满恐惧的词，更像是厌倦了想象，这一想象厌倦了构思并迷失在这些奇迹中："因为最终人在自然界中是什么？相对于无限的虚无，相对于虚无的总体，处于虚无与总体的中间。"

但是，两种无限的空间象征的觉醒力量在于，它在一个适当实存的比例失调的图型方向上唤起了自身的超越："我们在任何方面都是受限的，我们能力的各个方面都表现出把握着两个极端的中间的状态"（同上，第353页）。渐渐地，每一个极端的术语都变得充满了意义，就好像柏拉图对感性和理智之间所有类比的回忆一样；无限大，也就是无限，成为"事物的目的"，所有事物都被"驱使"到这一终点；无限小，也被称为虚无，成为隐藏于人中的"原则"，并再次成为"他由之而出的虚无"："万物源于虚无，并归至无限。"那么，在某种意义上，人现在处于起源和终结之间，既是时间性的、因果性的，又是目的论的。其比例失调在于他没有"无限的能力"进行"理解"，即包含原则和目的。

由于自然"将自己的影像和造物主的影像铭刻在一切事物上面"，事物本身的这种双重无限性在科学本身中得到了加倍体现；原始的虚无反映在科学的起点问题上；我们同意，科学的完成逃避了我们；原则是一种微小甚至虚无的无限，且鲜为人知；它颠覆了在简单起点中我们的信念；没有可以从中开始的简单的观念、简单的存在、单子；这些原则对于知性来说就是这样一种东西，它就是对于我们的想象概念来说的无限小，即一种虚无；然而，"走向虚无所需要的能力不亚于走向总体"；对心灵的各种感性原则与敏感性精神的整个问题，在这里找到了它的切入点。

这种"苦难"，可比作巴门尼德《诗》中人的流浪，或柏拉图所说的不稳定的和多变的意见，因此，它是人的状况的源初伤口还是我们的错误？《斐德若》没有明确辨别的限制与恶的星云，会分裂吗？

还不清楚；"苦难"仍然是一个不可分割的主题；确实，值得注意的是，人处于极端之间的这种处境被描述为自我隐藏："因此，让我们认识我们的界限；我们既是某个东西，但又不是总体；我们的存在就剥夺了我们对从虚无中诞生的第一原理的认识，而我们存在的微小蒙蔽了我们对无限的视野。""这种状态对我们来说既是自然的，但却最违背我们倾向的"。同样地："但是当我再进一步思索，在找到我们所有不幸的原因之后，我还想找出其原因，我发现有一个非常实际的原因，它存在于我们脆弱且必死的自然不幸中，并且，如此悲惨，以至于当我们仔细思考它时，没有什么东西可以安慰我们"（第139条）。

然而娱乐是我们的错误；如果不是，为什么这样劝告："让我们认识我们的界限"？"脆弱的""无力的""反复无常的""可笑的"，人并非没有认识自己的责任："无疑，这是一种充满缺点的恶；但充满了缺点而又不肯承认，则是一种更大的恶，因为这会给它们增加一项意愿幻觉的缺点"（第 100 条）。因此，为了解释娱乐，有必要求助于某种"对真理的反感"（同上，第 378 页），这种反感"在人的心灵中有一个自然的根源"（同上，第 379 页），然而这是一部非常一致的作品，一种针对幻觉的策略，一种针对这种不幸中的不幸的预防策略，这将让我看到自己的苦难。这种被帕斯卡称为"秘密本能"的策略因此包含了一种对人的悲怆处境的自然感情，一旦被构想就被驱逐：帕斯卡说，"一种不断尤怨自己的悲惨"（第 139 页）；这种"悲惨"本身假定了"另一种秘密的本能，这种本能基于我们伟大的最初本性，使他们认识到幸福实际上只存在于安宁中，而不是存在于喧嚣中；从这两种相反的本能中，他们形成了一个混乱的计划，隐藏在他们灵魂深处而不为他们所见，导致他们倾向于通过刺激来寻得安宁，并总是想象他们没有达到的满足终会降临，如果通过克服他们所面临的一些困难，他们可以从此打开安宁之门"（同上）。

因此，帕斯卡的沉思是从对人的空间比例失调的完全外在的想象开始的；这种比例失调反映在对事物的知识比例失调的视野上；反过来，这种比例失调已经内化在掩饰的主题中，人的有限状况在起源和终结问题上将之隐藏并以某种方式散发出来；最后，这种掩饰本身就成了恶的信仰的悖论和恶性循环；人的状况自然地掩饰了它自身的意义；但这种掩饰是——同时也是——娱乐的作品，两个无限和中间的修辞建议将其转化为真实性。

苦难的修辞似乎无法超越这种掩饰状况的悖论；在劝告的层面上，即帕斯卡的劝说，它的模棱两可仍然存在；这个悖论必须保持恶性循环的所有显相。

现在，这就是理解可能犯错性的纯粹反思的任务，并在理解它的过程中，以不同的形象表达"苦难"的星云。

第二章 先验综合：有限的视角、无限的动词、纯粹的想象力

苦难的悲怆给予哲学以其沉思的内容，而不是出发点。如何从"混合"的神话，从"苦难"的修辞，到神话（mythos）和言辞（logos）的哲学话语？

哲学转换的必要不充分阶段，就是"先验"阶段；我们会尽量说明为什么这种风格的反思不能满足哲学人类学的要求，以及它的结果在多大程度上不符合对人的预期理解，而这种理解在苦难的悲怆中找到了其最初的表达。但只有先验反思本身才会显示出它的不充分。

"先验"反思的力量是双重的；它首先处于对开端的选择中：它是在认识能力的检查中寻得这一开端；我们可以尽可能地指责这种从人到认识的还原；但这种英勇的还原并不是偏见；它是从对认识的批判所显现出的那个特征出发来确定人的所有特征的决定：一切都留待以后完成；但是所有的问题，无论是实践的问题，还是感情的问题，如果在对认识能力进行的考察先于它们，那么这些问题就会被置于适合于对人进行反思的一种特定认识之中；人类学的基本范畴，尤其是那些用来描述行动和情感的范畴，如果不先经过"先验"反思的批判性检验，即对认识能力的检验，就不会成为人类学范畴。

这种起点的选择与我们有何关系？其中，第一个容易受到哲学研究影响的"比例失调"是认识能力所显现的东西。对人的悲怆理解而言，所谓的"混合"和"苦难"被称为"综合"：因此，我们将在不考虑批判主义正统的情况下，找到康德先验想象力理论的动机，这正是对"第三项"即"中间"的反思。因此，这是将混合的神话和苦难的悲怆转变为可能犯错性的哲学的这一道路的第一步。

我们将询问对康德意义上想象的中间功能的反思如何与可能犯错性的哲学联系起来。正是在这里，出现了"先验"反思的第二个优点：它是从客体出发的反

思，更确切地说是从事物出发。正是"在"**事物**上，它辨别出认识的能力。正是在事物上，它发现了认识在接受事物和规定事物之间的特殊比例失调。正是在这件事上，它看到了综合的能力。

正因为它是从**事物**出发的，这个沉思是反思的，是先验的；对自身与自身的不一致的直接沉思会立即迷失在悲怆中，任何内省都无法给予它严格的显相；但反思不是内省；反思造成了客体的迂回；它是**对客体**的反思。这就是为什么它是真正先验的：它使得在主体中让综合成为可能的东西出现在客体上；这种对客体结构的可能性条件的研究打破了悲怆，将比例失调和综合的问题引入哲学维度。但伴随着这种反思的力量，它的限制立即出现了：它所显现和检查的综合将恰恰只是客体中即事物中的综合，即仅为意向的综合，一种投射到外部、在世界之中、在反思使之可能的客观性结构中的综合。毫无疑问，我们可以与康德一起，把这种综合能力称为"意识"，谈论这种**作为**"意识"的综合，但这个"意识"不是**自为的**；它仍然是纯粹的意图，在面对面中得到表现；这就是为什么需要另一种类型的沉思才能继续并从意识转变为自我意识。

第一节　有限的视角

对作为中间的人和想象的中间功能所进行先验思考的这一起点，就是反思在感性和知性之间引入的裂口。一旦反思介入，它就会分裂人；反思本质上是分离的、分裂的。它表明，**接受**事物的在场是一回事，**规定**事物的意义又是另一回事；接受就是直观地屈服于它们的实存；思维就是在通过命名进行辨别并以清晰的措辞进行约束的话语中支配这种在场。

反思中的任何进展都是分裂中的进展。

通过依次考虑分裂的一部分和另一部分，我们将首先致力于分裂中的这种进展。

对于我所发现的事物和接受的有限以及这种规定、说和想要说的无限的类别，我们将在动词中达到顶点。

人们可能会认为，可以通过考虑**己身**直接开始对有限进行哲学沉思。当然，任何有限的检验所指的身体都与我有着不寻常的关系。但这个有限的结点并不是率先出现的东西：首先出现的即显现的东西，是世界上的事物、生物、人。我首先被引导着朝向这个世界。只有当为某些东西所真正显现出的信念被争论、被矛盾所动摇时，我的有限才会成为一个**问题**；所以我把注意力从显现的**事物**转移到显现**所指向**的人上。但是从"事物"到"所指向的人"的回流还没有向我公开我的有限。我所读懂的关于作为显现中介的我的身体的第一个意思，不是它已经完成，而是它在……的展开，而正是这种在……中的展开状态使它成为我与世界**"之间"**的源初中介；它并没有像一个皮囊那样把我包围起来，从外面看，这个皮囊使我看起来像是事物领域中的事物；它难道不首先是身体面向世界的**展开状态**吗？无论是让被知觉的事物显现，还是让我依赖于我缺少的事物，而我感到需要这些事物，我渴望这些事物，因为它们在其他地方，甚至是不在世界上；它仍然让我在世界中展开，即使它让我在受苦中孤立无援；因为受苦的孤独仍然被世界的各种威胁所困扰，对此，我感觉自己像暴露在外的侧翼一样。就它所表达的而言，它仍然对其他人展开，也就是说，它向外部显示了内部，并为他人发出一个符号，其可以得到解读并被提供给意识的相互性。最后，我的身体尽其所能在世界中展开；它在世界的用具性中，在我的行动穿越的这个世界的实践的各个方面，在工作和艺术的产品中，被视为能力。

总是**在世界上**并**从**作为知觉、威胁、可触及的世界的显现**出发**，我看到我身体的展开状态，即意向意识的中介。

那么我是否会说我的有限在于世界**只能**通过身体的中介向我显现这一事实？这并没有错，康德将有限和接受性等同起来也没有错：在他看来，一个理性的存在是有限，它不创造它的表象客体，而是接受它们；人们可以将这一论点推广到身体中介的所有其他方面：经历、缺乏、表达、能力。但是，是什么让这种身体中介恰恰是有限的呢？难道不首先是身体面向世界的**展开状态**吗？（这一展开状态，在碰上世界显现之际的身体中介的这种边缘的统觉中，得到揭示。）我不仅不是先看到我的身体中介，而是这个世界；而且我的身体中介并没有先显示出它的有限，而是它的展开状态。换句话说，世界首先不是我实存的界限，而是它的相关物：这就是《纯粹理性批判》中《驳斥观念论》的意义所在。

那么，是什么让这个展开状态成为**有限**展开状态呢？

对接受性的考察将在面对身体中介的多种形态时充当我们的向导。为什么是这个选择？因为它是这种中介的首要形态；正是它使某物显现；事物的令人欲求的、令人生畏的、可行的、有用的，以及所有审美和道德的谓词都是源初显现的超载；并不是说它们比人们所知觉到的更"主观"；但它们是"建立在"知觉的主要基础之上的。因此，我们必须从它开始。

接受的有限在哪里？

它在于知觉视角的限制；接受的有限性使得**对……的视野**都是一个关于……的视点；但这种内在于所有视点之中的特征，却并非是我直接发现，而是反思性地注意到的。因此，在作为接受的意向相关项的显现方面，我发现了我的视点的有限。回到我的视点的显现方面，就是从某一方面即单方面给予自身的被知觉对象的不可逾越的、不可战胜的性质；我只知觉到一面，然后是另一面；客体只是这些轮廓流的假定统一体；因此，在这个客体上，我觉察到知觉的视角特征；接受的有限就存在于独属于知觉的这种不一致中，也就是说在这样一种基本性质中，而得到概述的意义总是可以**削弱**或**证实**这一基本性质，并且可能显示出与我假设**不同**的基本性质。正是对这种不一致的意向分析使我从客体折回作为视角的有限中心的自身。

意义的假定和不稳定的特征邀请我反思地分解在映射出这种统一体的轮廓流中的意图统一体；然后客体**本身**在**其他**侧面中即在客体显现的"然后……然后……"中得到拆解。

正是这种轮廓的**他者性**，隐约在客体的同一性中被反思地发现，且为我指定了身体中介的未被注意的各个方面：我的知觉身体不仅仅是我在世界中的展开状态，还是事物被看到的"**由此的这里**"（«ici d'où»）。让我们仔细看看这个逆推式分析的各个时刻，它从轮廓的他者性中带我们回到知觉身体的源初特征和视点。首先我们要注意，通过从客体而不是身体开始，从被知觉者回到知觉者，我们并不是冒险从世界中的事物回到世界中的另一事物，即身体-客体，后者是如同心理生理学的方式那样从外部被观察并科学地认识的；这个身体-客体本身仍然是一个被知觉的东西。我们从被知觉的特征中解脱出来的就是知觉的身体。并且有必要通过一种特殊的方法来消除它，因为它的中介功能恰恰导致它在知觉的术语中省略自身并取消自身，而在这种知觉术语中，"客体"所经历的各种运作以某种方式被破坏了。

但是，我怎样才能注意到我的身体是定位的中心、零起源以及我于此看到我所能看到的一切的"由此的这里"？仍然有必要考虑各种轮廓的**他者性**和我身体的这里之间的中间阶段。这个阶段是我的身体自由运动性的阶段：通过改变位置，我**可以**改变客体的侧面；我身体的某种举止支配着被知觉的被动性。因此，我的身体将自己宣布为显现的各种变化的一个条件；运动觉的情感具有这种显著的意向性质，它可以将我的身体指定为**知觉**过程的激励条件：**如果我**转过头，**如果我**伸出手，**如果我**移动位置，**那么**事物就会这样显现。因此，这种轮廓流在运动觉的经历流中得到激励，人们清楚地理解，在直接意识中，运动觉的流的统觉融入了轮廓的统觉之中，而后者又融入了事物的显现之中。

现在这里是最终的延展：我的自由运动性所显示的他者性是从初始位置开始的他者性，其每次都是绝对的"这里"。知觉的不确定性将我带回到轮廓流，又将我送回我的位置流，以及每个位置的起源，即"由此的这里"。诚然，我不是在谈论我的手、我的头的"这里"，而是作为实存总体的我身体的"由此的这里"；实际上，只有作为总体的我身体的移动才表明**位置**发生了变化，从而表明了作为视点的位置的功能。那是对的，并且考虑到构成视点概念的整体的唯一的运动的优先权，即使这种视点是通过视觉、听觉或触觉来规定的，也有必要在这种分析中增加一项额外的详细说明；同时，当我在轮廓的他者性中分解客体的同一性，并在身体主动和被动位置的他者性分解这一同一性时，我将各种活动的多样性与主体极的同一性联系起来：各种活动在我看来（也就是说，对于这种统一性和主体极的同一性而言）显现为这些不同的轮廓，并且这种统一性和主体极的同一性是位于某种轮廓流的多样性以及位置流背后的；因此，"由此的这里"涉及作为身体的整体位置的己身，而在身体整体位置的基础上，器官的特定位置显现出来；因此，手就能在**我**不改变位置的情况下改变位置；这就是笛卡尔在谈到灵魂与整个身体相连的时候所要说的内容。灵魂"在某种意义上"**随着**身体移动；这意味着，作为所有行动的同一极的自我就是身体被视为总体的所处之处。

因此，包含在我所有意向运作中的"正是自我"，**在这里**的构建中更加强调我的整体的身体位置而不是其各个部分的位置。此处，就是**我**由之所见的起源，不是我眼睛由之所见的起源；虽然我眼睛的位置是所见轮廓的起源，但构成此处的却不是它；因为我的眼睛只能通过将我的视野与我所能见到的东西相联系，才能称为自我；只有当整体的身体占据一个所有知觉行为都运作于此的位置时，那个我看的"我"才是**这里**。

因此，我们从被知觉的特征开始，通过逆退式的道路，提出了接受性固有的有限。这种固有的有限与视点或视角的概念是同一的。因此我们就会明白，在什么意义上说人的有限在于接受他的客体是对的：在这种意义上，它属于不一致的知觉**本质**，属于退回到知觉的单侧的特征的不一致的本质，属于本质上是事物侧面的单侧性，退回到事物**由此**显现的身体的初始位置的他者性。并不是因为我身体的运动**自由**性向我揭示了这个本质法则，后者就是没有必要的：运动自发性从零起源开始恰恰是必要的。**在这里**所进行的感知是感知**某物**这一有限。视点是我在世界中的展开状态的最初不可避免的狭隘。

但这种必然性不是**外在的**命运；它只有通过伪造才会变成这样，其路径很容易追踪。我把这一狭隘与我的展开状态区分开来，只有通过一种超越我过去所有的"移动"的新的回归，将它与我出生事件重合的第一个位置联系起来；我出生在某地：一旦"被置于这个世界"，我就通过来自这个位置的一系列突变和更新来知觉这个世界，这个位置不是我选择的，也无法在我的记忆中恢复。因此，我的视点脱离了我，就像从外部支配我生命的命运一样。

但这种回归与我们在被知觉的基础上进行的回归完全不同。我的出生是对于别人而言的事件，不是对我而言的；我出生在瓦朗斯是对别人而言的；但我在这里，而且他人正是相对于这里而在那里或别处；我的出生对他者来说是一个事件，而它获取了一个与那边的位置（对其他人来说的这里）相关的位置；因此，我的出生不属于源初的这里，我不能从我的出生地开始产生我所有的"这里"；相反，正是从绝对的这里，也就是这里—这时——*hic* 和 *nunc*①——**我忘记了我最古老的**

---

① 拉丁文，意为现在和此地。——译者注

"这里"的**踪迹**，我从别人的记忆中获得了我的出生地；就像说我的出生地不在我生命的"这里"当中，因此无法产生它们。

因此，在第一个分析结束时，我们将提出以下内容：源初有限存在于**视角**或**视点**中；它影响我们与世界的最初关系，其"接受"它的客体而不是创造它们；它与"接受性"本身并不完全同义，后者在于我们对世界的展开；也许有人敢说，它更像是一种狭隘的原则，即一种展开状态中的封闭状态；这种有限的展开状态也不再等同于肉身性本身，后者使我们对世界的展开成为中介；更确切地说，它在于身体的零起源的作用，即源初的"这里"，由此开始，世界中有了位置。

展开状态和视角之间的这种联系，带有知觉的"接受性"本身的特征，从此将成为旋律的单位，而我们以后可以从中组成其他有限的形态。

第二节　无限的动词

视角的观念是关于人的所有观念中最抽象的，并且绝不能证明具体哲学战胜了所谓的批判性反思的抽象视野，关于有限话语的实存本身就足以建立这一点。宣布人是有限的这一事实，揭示了这种有限的一个基本特征：正是有限的人**自身**在谈论他**自身**的有限。一个关于有限的陈述证明了这种有限认识自身并思量自身；因此，只有在"对于"有限的"视野"的条件下即一种已经开始违反它的支配的注视的条件下，这个陈述才能归属于体验到自身的人的有限。为了有限的人去看、去说，超越有限的运动必须是有限的处境、条件或状态所固有的。这就是说，任何对有限的描述都是抽象的、分离的、不完整的，如果它不能解释使关于有限的话语成为可能的违反。这一关于有限的完整话语是关于人的有限和无限的话语。

从某种意义上说，笛卡尔率先在他著名的（但晦涩难懂的）判断分析中将有限与无限之间的关系置于哲学人类学中心。就人具有判断能力而言，他是由一种源初的比例失调来定义的。但是有限知性和无限意志之间的区别对我们来说并不是一个好的起点。首先，这种区别似乎包含在功能心理学的传统框架之内；毫无疑问，我们可以找到其超越这一传统的意义，我们稍后将提出对笛卡尔分析的重新解释；但知性的有限并不是解决无限问题的最佳途径。此外，笛卡尔对有限和无限概念的运用似乎阻碍了对《第四个沉思》的令人满意的解释；乍一看，对立似乎纯粹是量上的；一方面，我们只知道一小部分事物，另一方面，我们急于确认更多事物；笛卡尔对我们知识的无限增长（其与实际的无限相对）的反思——今天我们会通过"学习"的进步来说明——似乎证实了知性和意志的这种量的特征；然而，谈论增加，就是谈论多、少，因此就是谈论数字；《第四个沉思》处于相同意义："世界上也许有无限的东西，在我的知性中，我没有任何对其的观念"。

在量的风格中，相反，意志被说成没有边界的"广延""能力"和"范围"。从字面上看，这种区别屈服于斯宾诺莎在《伦理学》第二部分命题四十九中的批评。

如何在人的有限和无限之间保持笛卡尔主义区分的冲动，而不回到功能哲学，即不将有限置于一种功能中并将无限置于另一种功能中？通过采用在我们对有限的反思中相同的起点。

如果有限是源初的"视点"，那么这就是这样一些行动和运作，通过它们，我们意识到视点是这样一种视点，它将揭示有限的**检验**和这种有限的**违反运动**之间最基本的联系。

随后，视角概念的概括将使我们对笛卡尔在功能心理学领域所发展的这种辩证法有更广泛的了解。

所有的知觉都是视角的。但是，如果我**以某种方式**逃避了我的视角，那么在知觉的行动中，我如何知道一个视角呢？

以何种方式？当然是通过将我的视角与其他否认我的视角为零起源的可能视角相关联。但是，如何不将这种非视角的观念竖立成一种新的视点（后者在某种程度上是对于各个视点的俯视，即各个视角中心的概览）？有限意味着这样一种非位置的视野即这样一种 *Uebersicht*^① 并不存在。如果对视野的反思不是视野，那么它的行为是什么？

我们新分析的起点必须与导致视角观点的起点有所不同；我们说过，正是**在事物本身上**，我察觉到知觉的视角特征，即**在客体一个面接着一个面给予的显著性质上**。在事物本身上，我也违反了我的视角。确实，我只能通过**说出**我目前没有看不到的所有的面来表达这种单侧性；命题中限制性的"仅……"陈述了：我每次仅知觉一个面，仅通过对限制的处境做出反应的限制行动才能进行反思。但我并没有直接注意到这种限制行为，而是反思性地注意到，因为我通过对被知觉的单侧性的反思来知觉视角。我通过将我看到的这个面与那些我没有看到但我知道的面联系起来预料事物本身。因此，我通过在事物本身中违反事物的面来判断事物本身。这种违反是意指的意向；通过它，我走向了这样一些意义，其从不在任何地方或任何人那里被知觉到，其不是一个视野的超越点，根本不是一个视点，而是从任何视点的普遍性来看的倒置。

如果我现在注意到意指就是想要说，那么视点的违反无非就是作为说和说视点本身的可能性的言语。因此，我不仅是一个位置的注视，而且是想要说和说，就像对处境的故意违反；我一说话，我就谈论事物未被知觉与其缺席的各个面。因此，有限的知觉意向给予我在活生生当下中的在场，也就是在场的当下，它永远不会是孤独的和赤裸的；作为完整的东西，它总是陷入与另一个意图相关的或

---

① 德文，意为概观。——译者注

多或少完整的充实关系中，这个意图从字面上传递它，并且言语最初与该意图相关联；这个意图就是说的想要说。出生时，我进入了先于我并包围着我的语言世界。沉默的注视被阐明其意义的话语所占据；并且这种意义的可说性是一种持续的这里和这时所知觉的视角方面的超越，至少在意向上。

这种意指和知觉的辩证法，即说和看的辩证法，似乎确实是绝对原始的，而知觉现象学的计划最终是一场冒险，其中说的环节将被推迟，并且说和看的这种相互作用将被破坏。在这一点上，胡塞尔的《逻辑研究》第一研究与黑格尔的《精神现象学》第一章不谋而合。

《逻辑研究》第一研究表明，在言语表达（Ausdruck）[①] 的意义上，表达是一个能指的指示，在这个意义上它向别人宣布我想要说的话，但它仅仅向其他人宣布这一点，因为它意指表象的内容，即指定意义；宣告即与他人的交流，只有通过指明即所谓的语言的意指，才有可能[②]；然而，通过其意指的功能，语言并没有导出我知觉的有限视角，而是导出了故意违反我的视角的意义；语言传递了意图，而不是观看。每个人都或多或少地在知觉上即有血有肉地"充实"这种情感，但这是从特定视点来看的；要么他只是在想象中充实它，要么他根本没有充实它。充实意义不是赋予意义；词语具有这种令人钦佩的性质，它使它的音质通透，通过引起赋予意义的行为在肉体上来抹除自己，简而言之，就是将自己变成一个符号。

人的 λόγος[③] 的超越存在于符号中：从第一个词开始，我指明了所指的自身同一性，即这样一种有效统一性，自我的另一种话语将能采用它，而且不是自身的话语将能够即时掌握它并在对话中将其返给我。无论"误解"有多大，它们把"理解"戏剧化了，这种理解总是已经开始，没有人开创，自人们说话以来一切都在继续。就是说，我的 λεχτόν 的 λέγειν[④]，所有 dictio 的 dictum dictio[⑤]，作为意义的观念统一，超越了陈述的简单经验。

这种**说**的超越通过它相对于充实的过剩来证明它自己；毫无矛盾的是，在这方面最有启发性的是最少充实的表达；意指的充实在原则上是无法被充实的，这是荒谬的意指[⑥]；我是荒谬意指的力量；只有这种单一的力量证明了我并没有在充实的在场意向性中耗尽自己，而我是双重意向性：一方面意向性意指空虚，即在这里的缺席情况下说的能力，另一方面是充实的意向性，即在这里的在场的情况

---

① 德文，意为表达。——译者注
② 在这个意义下，柏拉图区分了 λόγος（言辞）的双重功能；它传达给他人（它指示）并且它指向某物（它意指）。对亚里士多德是一样的，在《解释篇》中，灵魂的 πάθη（情感）的"解释"，就是宣告，即胡塞尔意义上的指示。
③ 古希腊文，意为言辞。——译者注
④ 古希腊文，λεχτόν 意为能够被说的，λέγειν 意为说。句意为我所能够被说的说。——译者注
⑤ 拉丁文，dictum dictio 意为说出的东西，dictio 意为话语。句意为所有话语说出的东西。——译者注
⑥ 有这样一个进展，从不具有共同意指、没有任何含义并以某种方式处于悬搁状态的表达，到充实在不相容的直观（方的圆）中自我瓦解而无法充实的表达，再到那些语法上行不通的表达。

下接受的迎接和看的力量。

但是，荒谬的意指通过充实的不可能性，仅仅揭示了超过任何实际的知觉充实的所有意指的特性：当我意指时，我说的比我看的多。

有人会反对说，在被知觉的事物的情况中，我所知道的是事物的可知觉性的收缩和沉淀的结果，而事物的可知觉性是，在相应的无限运动中，从所看到的面到未看到的面、从一个感官记录到另一个、从颜色到声音和味道的象征转移；但是，为了使显现得以优先的相应和转移的游戏成为可能，为了让事物在同一个感受器内以及从一个感受器到另一个来调节这种象征，语言必须借助于身体使自己成为各种感官相互补充的器官，并且必须在**名词**中设定这种显现的补充和相互参照的规则。

"命名"行动——例如树——通过意指事物显现中心的恒定性，超越了所有的显现，同时它在这些相应的游戏中得到验证，通过这些相应，其中一个显相意指另一个显相：绿色为柔和所意指、柔和为沙沙声所意指，等等；因为名词意指，我**就可以说**一个显现意指所有其他东西；正是语言，就其传递事物的所有感性的显现而言，使知觉本身是有意义的。当然，如果身体不是所有感官间补充的有机根源，验证将是不可能的：但在连贯的知觉过程中使充实成为可能是一回事，在知觉过程中提出验证意义的统一性是另一回事；的确，携带各种感官——视觉、触觉、听觉——的身体建立了显相的排列和替代，但身体的这种统一只是调节意义有序充实的**视角**统一；需要"名词"来建立意义有效性的统一性，即事物的非**视角**统一性，而这种统一性向他人宣布并为他人所理解，进而这种统一性以及设定在汇聚的知觉流中得到验证；为了实施这个验证过程，他的身体将提供**另一个视角**，即**另一个**典型借助声音和气味所得的颜色的相互意义；但上述的意指，将在**另一个视角**中进行验证。

因此，"**名词**"与"**视角**"的辩证法正是无限与有限的辩证法。

用胡塞尔**现象学**的语言所作的相同分析可以在黑格尔《精神现象学》的语言中得到重演和完成。对于这个自我而言，我们绝不仅仅处于这一个-这里-这时的确定性当中；我们也总是已经处于真理的维度；在第一个确定性中，即置于世界事物之中的确定性，我们说的是普遍真理；确定性和真理的平等是我们通过意识所追求的东西；这项任务使现象学得到定位，并且"一开始就有自己作为目标的目的"。与自身的**差异**这一事实是直接结果中不可消灭的蠕虫；而这种差异已经在辩证化直接**的**知识这一表达的"的"(de)中展现了这样一个"的"，其意指了藏有确定性和真理的意识的意向性。然而，在黑格尔那里，就像在胡塞尔那里一样，正是语言引入了这种辩证法："我们说出来的根本 [①] 不是我们在这个感性确定

[①]　利科错写为 abstraitement，法译本为 absolument。参见 G. W. F. Hegle, *La Phénoménologie de l'Esprit*, Trad. Hyppolite, Paris：Aubier, 1941。——译者注

性里面所意谓的东西"；一旦我们在言语的元素中设定"现在是夜晚"，一个新的现在显现为"它不是夜晚"；在言语中所说和所保留的现在已经变成了"并非这一个""并非这时"；普遍诞生于这种否认，这种否认与从显现到我们的词语的永恒性这一流动相对立，"但正如我们所见，语言是最为真实的：我们在语言中亲自直接反驳了我们的**意谓**（Meinung）[①]；既然普遍者是感性确定性的真相，而语言只能表达出这个真相，那么我们当然不可能说出我们所**意谓**的那种感性存在"（《精神现象学》，伊波利特译，第一章，第84页）。

因此，确定性和真理之间的间距是源初的；这种间距在最轻微的注视的充实与最简单的真理的贫乏之间的差异中得到了证明，在这种差距中，它表明："它存在"，巴门尼德的《诗》写道，"这么多的水，这么多的水"，总统[②]说，他"钦佩"洪水，其奇观压倒了言语[③]。

这种意指对于知觉即言语对于视角的超越，使得对视点的反思成为可能：我不在这个世界上，以至于我不保留意指、想要说、说的原则的距离。通过这一距离（其不建立任何更高的视点而是不带视点地追求真理），在没有优势可言的几何和社会空间中，我将我的这里从绝对位置转换为相对于所有其他位置的任何位置。我知道我在这里，因为我不仅仅是零起源，而且我反思它：同时我知道事物的在场是从一个视点来给予我的，因为我在事物的意义中以事物为意图，超越了所有视点。

但是，这种由真理的意向和在场确定性之间的间距所证明的意义的超越，还没有揭示言语的**无限**时刻。在笛卡尔关于隐含于判断力中知性的有限和意志的无限的论点，有一个最初没有显现的伟大真理；笛卡尔在此邀请我们在显现言语和视角即意义和知觉的极性的还原之后，继续进行第二次还原；这第二次还原，内在于我们统称为意义、意图、言语的含义，必须使肯定的时刻显现。[④]

在此，我们也不能太快地走到主体、行动、意向活动的一边，而是从客体、内容、意向相关项出发，反思地进行。

到目前为止，我们假装忽略了真正的"有意义的言语"——就像亚里士多德

---

① 德文，意为意谓。——译者注

② 这一总统为法兰西第三共和国第二任总统麦克马洪（MacMahon）（1873-1879），而这话来自其视察洪水现场。参见英译本，Paul Ricoeur, *Fallible Man*, Trans. by Charles A. Kelbley, New York：Fordham University Press，1986。——译者注

③ 可以说，这一分析证明了与前一分析恰恰相反：胡塞尔的空虚意指永远无法通过直观恰当地充实；因此，空虚意指是最丰富的；黑格尔的源初确定性并没有被转换成真理，真理因此是最贫乏的。反对意见很明显，而且很有启发性：从某种意义上，确定性在普遍被超越作为有效性统一的确定性；但它是最丰富的在场，因为它在世界中展开；这就是为什么意义只能通过成倍增加中介来赶上它，直到抽象通过它自己的增加达到有效实在性的最高具体性。

两种分析的共同点是：①最初意指与看、真理与确定性的比例失调；②将意指和真理的超越与言语的即λόγος（言辞）的真理同一；③附加到这种超越的否定性指示：意指的空虚，并非这一个，并非普遍的那个。我在这里不关心普遍的超越这种消极强调；我们将在对有限、剥夺和错误的否定方面进行沉思时回到这一点。

④ 笛卡尔的第一个还原显现了优于知觉的精神的检查（《第二个沉思》）。它导致了《第三个沉思》的"观念"。第二种还原是知性与意志的分离："因为仅凭知性，我既不保证也不否认任何事物，但我只构想我可以保证或否认事物的观念"（《第四个沉思》）。

在《解释篇》中所说的那样——他将 λόγος[①] 称之复合话语（§4），它是世界的语词，即判断。亚里士多德在此收集了柏拉图在《克拉底鲁》《泰阿泰德》和《智者》中的发现，其中名词和动词的区别首次在其深层意义中得到认可，并被视为人的话语的基石。确实，我们对与视角相关的言语超越的所有沉思都导致了对动词的反思。为什么要把这么大的赌注押在动词的意义上呢？

让我们从《解释篇》（§3）中的动词分析开始。亚里士多德说，动词就是一种名词的意义，它被一个增添的意义——προσημαίνω[②]——甚至是一个双重的过度意义所贯穿。一方面，事实上，动词指明时间，也就是说，它在当下实存中设定了动词的名词意义；说"苏格拉底走路"就是设定走路的在场实存；所有其他时间都只是在场的词形变换。这种实存立场影响了整个动词的名词意义，也就是说，面向主语并最终分解为系词和谓语的整体：在"苏格拉底坐着"中，动词是"坐着"这一整体，正是这个集体过度意指了（consignificat，圣·托马斯说）[③] 时间。另一方面，除了这种实存的断言之外，动词还在它作为名词已经具有的含义，即对主语的归属中，增加了所谓的"相对于其他事物"言说；这第二个功能并不固定在话语的另一个元素上，就好像在场实存是由系词指定的，而归因是由谓词指定的：再次，动词整体承担了这两个功能。"苏格拉底行走"想要表明：行走"现在实存着"，行走就是苏格拉底**的话**。

通过动词的这种双重意向，人的句子同时找到了意义的统一性以及错误和真理的能力。正是这个动词使句子"团结起来"，因为它通过其补充意义将赋予归因主语的意义联系起来；通过宣告存在，它将人的句子引入了真假的模糊领域。

亚里士多德的这种令人钦佩的分析使我们处于决定性反思的门槛上。的确，动词的灵魂是肯定，是说**是**或**不是**；正是通过动词，我们可以肯定某物为某物并否认某物为某物。[④] 然而，伴随着肯定和否定，超越显现了，不再只是对知觉的一般意义的超越，而且还是对于作为名词所意指的内容本身的作为动词的言语的超越。亚里士多德已经阐明了这种基本的"可能性"，其凭借名词意义不仅作出肯定和否定，而且（特别重要的是，他按以下顺序列举它们）是错误的否定，错误的肯定，正确的肯定，正确的否定（《解释篇》，§6）。我们马上沉思荒谬的意义；我们现在必须思考动词增加"名词"基本含义的这种力量，首先通过否定，然后通过错误的否定。亚里士多德在其列举的首位所提出的**错误否定**的可能性，是"动词"对于简单意义即对于作为意指、获得、沉淀的意义的"名词"的超越的象征。

亚里士多德没有做到这一点，即这种对能力即判断力的沉思通过动词得到揭

---

① 古希腊文，意为言辞。——译者注
② 古希腊文，意为宣称、预示。——译者注
③ 拉丁文，意为共同表达，一起表达。——译者注
④ "肯定是关于一件事与另一件事相关的陈述；否定是关于一件事与另一件事分开的陈述。"《解释篇》，§6。

示；在否定那些已被肯定的一切和肯定那些已被否定的一切的这种"可能性"中，他感兴趣的不是人的肯定的可怕而令人钦佩的"能力"，而是与主体所涉及的属性相关的肯定和否定的对立；简而言之，就是进入矛盾逻辑。

伴随着从圣·托马斯到笛卡尔和马勒伯朗士的传统，我们反思动词的四重力量，从那里找到 *electio*①，自由意志即 *liberum judicium*②，对立的能力，肯定或否定的力量，简而言之，这一传统在判断中被称为"意志"的东西。③ 正是与这种肯定的积极力量相关，名词的各种首要含义在某种程度上本身就是灵魂的各种激情，换言之，我们的概念得到接受；它们在它们的意义上被接受，但被相信所设定；相信就是肯定，肯定就是"做"。这证明了人对自己的思想和责任的掌握，或者就像笛卡尔在《原理》中所说的那样，"赞扬和责备的价值"；因为，即使当意志"跟随"知性之光时，意志是否将**注意**、考虑、将自己应用于这种光，仍然取决于意志。

因此，笛卡尔主义的知性和意志的辩证法在我们身上得到恢复，而我们不得不拒绝这一辩证法的字面解释。笛卡尔本人指出了对《第四个沉思》的第二种解读方式，在此，有限和无限的纯粹量的意义被超越了；伽桑狄反对知性至少与意志一样广泛，因为知性不能适用于我们不知道的事物，笛卡尔对其回应道："因此，我虽然承认对于我们以某种方式领会不到什么东西的任何事物我们都不意愿，但我否认我们的理解和我们的意愿具有相同的范围；因为可以肯定的是，我们可以对同一件事物有多个意愿，但是我们对它的认识却很少。"（《第五个回应》；对反驳《第四个沉思》的答辩）。

"对同一事物有多个意愿"：笛卡尔因此重新发现了亚里士多德《解释篇》的中心论断：对于相同的主体和相同的属性，可以肯定和否定，更进一步，可以肯定那些不会被作为存在者的东西，否定那些不会被作为存在者的东西，肯定那些被作为存在者的东西，否定那些不被作为非存在者的东西。

然而，正是这种对同一事物的多个意志超越了知性的有限。意愿的广延即范围就是它的独立性，而这种独立性是一种不可分割的品质。这种独立性表现为冷漠的形式，当知性没有对主体的选择提出清晰的观点时；但是，在冷漠缺席的情况下，这种独立性就会没有约束，甚至在某种程度上，是做或不做、肯定或否认、追求或逃避的力量，因此是对立的能力。写给 P. 梅斯兰神父的信表明，在任何冷漠缺席的情况下，即在动机或理性上一切平等的情况下，意志在何种意义上保留了"这种积极的力量，我们必须追随其最坏的情况，尽管我们知道其最好的情

---

① 拉丁文，意为选择。——译者注
② 拉丁文，意为自由判断。——译者注
③ 亚里士多德也在《尼各马可伦理学》第三卷中通过研究行动中的意愿与非意愿来分析手段选择中的深思熟虑和偏好；但是这种实践判断的理论仍然属于伦理学，并且与《工具论》范围中其他地方进行的动词研究没有任何联系。在我们看来，将这两条分析线放在一起显现了肯定（意向活动）和动词的超-意指（意向相关项）之间的意向活动-意向相关项的关联。

况"。直观的"在场"特征、脆弱和疲劳性、我们注意力的反复无常[1] 意味着将注意力集中在真上仍然有好处，并且证明本身仍然是一种行动。"所做的一切或再次发生的一切，通常被哲学家称为一种关于其发生的主体的激情，以及关于导致其发生的人的一种行动"（《论激情》，I，2）；《第四个沉思》的意志和知性之间的区别只是行动和灵魂的激情之间区别的一个特例（《论激情》，I，17），在这个意义上说，肯定、选择是灵魂的行动，当我们的知觉或认识"在我们身上得到发现，因为通常不是我们的灵魂使它们如其所是，并且总是从灵魂所代表的事物中接收它们"（同上）。因此，无限与有限的辩证法正是在**做**（Faire）与**接受**（Recevoir）之间展开。

因此，笛卡尔的分析将我们带回到这种肯定的力量，以至于《解释篇》教导我们置身于**动词**中，而圣·托马斯和笛卡尔教导我们置身于肯定意愿的时刻。因此，我们所有的分析都指向动词的同一性以及赞成、同意、选择（或者无论人们想要怎么称呼它们）。如果我们采用胡塞尔的语言和意向活动-意向相关项的关联，我们会说动词的过度意义是意向活动的相关的意向相关项，现在，在我们看来，它是由肯定的意愿时刻构成的。

同意和动词的这种关联为我们避免了许多错误；我们只考虑其中两个，它们与我们自己的分析密切相关。第一个是关于我们对笛卡尔的使用以及使我们能够保留它的再解释；然而，笛卡尔分析的危险不仅在于用量来解释有限与无限之间的区别，而且在于将人的无限与对真理的需求区分开来；真理似乎站在观念的一边，但我们的同意只是自由的；当然，笛卡尔从未停止重复，知性中最伟大的智慧就是意志中最大的倾向，而冷漠的自由是最低程度的自由；这丝毫不影响将意志、自由、无限置于一侧，而将知性、真理和有限置于另一侧的区别。这种二分法中包含了唯意志主义的所有危险。

然而，如果我们将肯定的主观和意愿的时刻与动词的客观和自我意指的时刻联系起来，那么两种功能之间即无限意志和有限知性之间就不再有任何区别。肯定和动词的相关性即行动和意义的相关性甚至是"过度意义"的相关性，如果坚持这么说，就是意志和知性的相关性；意志不再有任何非知性的无限特权。这就是为什么最好完全放弃这种功能心理学并代之以一种意指理论，这一意指理论，一是考虑到名词和动词之间的源初区别，二是将肯定的意愿时刻与动词的正确意义联系起来。

但是我们可以在我们自己的文本中发现类似的不一致：我们首先将关于其处境即其视角的人的超越置于作为能指的言语中；我们说过，意义就是非视点；因此，用胡塞尔术语和黑格尔术语交替解释的真理的意向似乎构成了人的无限时刻。于是，意义分裂为名词和动词，话语的超越集中在动词上，动词显露出肯定的灵

---

[1]　我们在这里看到，知性的有限不在于狭隘的数量，而在于连续思维的必然性，在于直观的唯一在场的特征，在于注意的疲劳：致**梅斯兰神父**，1644 年 5 月 2 日；同样，《第四个沉思》的结尾："我在自己身上体验到这样一种脆弱，即无法持续地将我的精神集中在同一个事物上。"《第五个沉思》的结尾使疲劳和瞬间性接近直观；同样在《原理》，I，第 13 页。

魂；通过将重点从一般意义（但其在"名词"的意义上被理解）转移到动词，重点也从真理的意向转移到自由的意向。

在此，同意与话语的特定时刻之间的相关性再次防止了真理与自由这两个问题之间的断裂。动词过度意指：这意味着它首先意指名词，并建立在意指的首要意向之上；因此，我们肯定的自由——与动词相关——植根于命名意指的土壤；此外，通过过度意指的双重方面——现在时意指和转向动词的主语的谓语关系——动词将人的肯定与真理的意向双重地联系起来；因为现在时的意指是作为存在宣言的动词，对主语的意指是作为关系的动词；因此，动词中隐含了真理的两个维度，即实存的和关系的。因此，如果判断的自由存在于肯定的行动中，如果肯定的意向相关项是动词，如果动词指向真理，那么自由和真理就构成了一组人的肯定的一对构建的意向活动与意向相关项。

第三节　纯粹的想象力

对事物的反思产出了第一个成果：它发现，在分裂的同时，"比例失调"介于动词和注视之间，一方面动词冒险言说存在和真，另一方面注视则系于显现和视角。这种"比例失调"既是康德意义上的知性和感性的二元性，也是笛卡尔意义上的意志和知性的二元性。

正是这个"比例失调"的发现，发展了第三项即中间项的问题，出于将要解释的一些原因，必须称之为纯粹的想象力。然而，令人惊讶的是，这第三项不容易被反思，因为感性在视角意识中自我反思，而动词在意指意识中自我反思，然后在肯定意识中。令人惊讶的是，这第三项本身并没有被给予，而只是在事物中被给予。换句话说，对于简单的先验反思，人只是在意向中操作他自己的综合。再换句话说，如果人们可以谈论综合意识，或者作为意识的综合，那么这个意识还不是自我意识，还不是"人"。

这一事物是什么？它是在言语和视点的相对中已经实现的统一；它是在外部操作的综合。这种综合，就其相对而言，有一个名字：客观性。客观性实际上无非是显现和可说性的不可分割的综合；事物自我显示**并且**可以被言说；显现，绝不能被言说，会将自己排除在任何话语宇宙之外，不会允许自己在任何"意义"中被预期，它实际上是转瞬即逝的显相，柏拉图将其比作没有任何附加的第达罗斯的雕像 [①]；没有拘束的显相就像是无；反之，我只束缚那些自身显示出来的东西；言语就是显相的规定。这是如此真实，以至于正是从事物**的**综合出发并且**在事物**

---

① 第达罗斯（Daedalus），希腊神话中的雅典发明家，第达罗斯曾在克里特为国王迈诺斯（Minos）建造迷宫。——译者注

上，反思能够相继辨别出知觉的不足即所谓的轮廓的不连贯性，以及另一方面意义对于这一系列轮廓的超越，然后是动词对于纯粹命名意义的超越；正是这个东西将人称为视点，将人称为言语。

这一点怎么强调都不为过：客体的客观性根本不"在"意识"中"；它与它相关的事物相对立；正是以这种名义，它可以在纯粹自我从这种综合所获得的意识中充当指导线索，即先验指南；它也绝不会预先判断人自身的实在统一性；这种综合首先是意向的；首先，通过将自身投射到事物的存在方式中，意识成为中间项；通过描绘事物的存在论维度，更准确地说，它们是意义和在场的综合，意识处于无限和有限之间：在此，意识只不过是规定某一事物只是某一事物的东西，如果它符合这种综合构造，如果它能显现**和**被言说，如果它能在有限中自我影响**并**使自身适合所有理性的存在的话语。我也更愿意说综合首先是意义和显相的综合，而不是理智和感性的综合，以强调客体的客观性在客体本身得到构成。我们看到了我们与康德的距离：真正的先验综合不是在"原理"中即在与物理领域的所有经验命题相关的首要判断中得到陈述；康德将他的发现范围缩小到认识论的狭义维度；客体的客观性将被带回到被科学史划分的领域的各个客体的科学性中；但批判不只是认识论，先验反思不只是对科学的各个客体的科学性的探索；真正的先验综合甚至没有出现在最初的陈述中；它在于事物的客体特征（而不是客观的，如果客观意味着科学的话），即这种被抛到我面前的性质，被给予我的视点的特性并且能够以任何理性的存在所理解的话语进行交流的特性。可说性依附于任何事物的显现，即客体的客观性。[①]

这种既不存在于意识中也不存在于科学原则中的客观性，恰恰是事物的存在方式；它确实就是我们称之为事物的"存在者"的存在论。海德格尔——我们稍后将拒绝追随他——说得对，哥白尼革命首先是存在者到存在论的回归，也就是说，"事物"到存在论的回归，而"事物"则被视为"存在者"当中的一个（"有"事物，就像"有"人，就像"有"神）；客观性意指作为意义和在场综合的这种综合构成本身。一切事物都必须符合这种综合构成，从而成为一个客体："存在者的真理必然符合存在论的真理。这又是重新对哥白尼革命意义的合理解释。"（《康德与形而上学问题》，法译本，第77页）

现在让我们通过反思的迂回，回到使这种在**事物上**的综合成为可能的功能；它通过预先投射客体的客观性，即事物赖以显现和被言说的存在方式，而使之成为可能。

---

　　① 康德本人在他对质的范畴的考察中提供了一个超越其客观性概念的严格认识论框架的客体综合的极好例子；他评论说，质允许自己在"知觉的预期"中被规定，据此，没有质的程度，就不能构成任何知觉；就"程度"而言，每一种质都是可以言说的，即能够被区分、识别、陈述；例如，樱桃红对我产生了影响，但以这样一种方式，即它可以先验地使有经验的鉴赏家获得更加敏锐的辨别力。质就是这样的，它既可以被感觉到，也可以被规定。这是它的客体特征。

这种反思是先验的，而不是心理的，因为事物的存在论构成，即它的客观性，引导了主观综合本身的意识把握：有限和无限在"灵魂"中综合的秘密在于将这个"灵魂"与客体综合**联系起来**，至少在我们反思的这个阶段，有意地理论化和严格地先验化。因此，我会说，在这种客观性的计划中，我使自己成为言语和视角的综合体。但是，这是什么意思？

我们多次使用过的形象的阐述将作为过渡，以达到康德的纯粹的想象力观念，即展开状态的形象。从我们对视角观念的研究开始，我们就说我们的身体主要是——也就是说，在我们注意到它的视角功能之前——**在世界中的展开状态**；我们只能将视角的概念构建为一种狭隘的展开状态，当然，这个形象是从注视的描述中借用的，此外还有视点、领域、形式、视域的描述；这个形象的优点是暗示某种视点和意义的混杂；因为如果视点是展开状态的一个特征，即它的狭隘，那么展开状态就已经指明了我的视点被违反了，我没有被封闭在每个轮廓中，而是可以通过在一个面然后在另一面之下的事物的显现进入一个可说性的空间。

因此，视角和违反是一个展开状态的两个极端。因此，展开状态的形象已经指明了我们现在正在试图注意到的这一感性情感与理智规定的"混杂"。

展开状态的形象需要另一种形象：清晰或光的形象，就像人们在柏拉图和笛卡尔的传统中遇到的那样。这一形象的非凡之处在于它暗示了人们在其中进行观看的中间的观念；我们没有看到光，而是在光中；因此，光是显现的空间；但光也是一个理智的空间。光，就像展开状态一样，是一种显现和可说性的中介。

因此，我们通过类比的方式重构了——我们很快就会知道为什么本质是通过形象的间接道路而不是通过直接反思的直接道路发现的——康德纯粹的想象力问题的前提。

我们关于有限和无限的人类学在其发展的这个阶段并非偶然地遇到康德。任何哲学都认为知觉的接受性不可还原为话语和系统，规定的思想对接受性也是如此，简而言之，任何拒绝绝对观念论和激进经验论的哲学都会根据自己的解释找到这一康德的问题，即在"先验现象"中可说性的规则（或"范畴"）与显现的条件（或"纯粹直观"）之间的综合。因此，让我们与康德一起走一程。

如果判断是将直观纳入规则之下，"必须有一个第三者，它一方面与范畴同质，另一方面与现象同质，并且使第一个应用于第二个成为可能。这种中间的表象必须是纯粹的（没有任何经验元素），但它必须一方面是**智性的**，另一方面是**感性的**。这样一个表象就是先验的图型"（《纯粹理性批判》，A 138）。

先验想象力理论中让我们感兴趣的是，第三项不是**自为的**：它完全耗尽了自身，以确保客观性；就其本身而言，想象的综合是**模糊的**；图型论是"一种隐藏在人类灵魂深处的技艺，很难将其真正的机制从自然中剥离出来，将其展现在眼前"（A 141）。人们错误地将康德的这一陈述归结为一种来自知性和感性的二元性的哲学失败的忏悔。重大的发现是，这种二元性在某处即在客体中被克服了，但这种统一性不能被充分反思：尽管客体的客观性是更清楚、更明显的——它是真正的 *lumen naturale*①——，它所面临的先验想象力仍然是一个谜。它仍然是一个谜，因为我们理解了接受即受到影响的含义；我们理解了理智的规定性的含义；我们理解了这两种力量不能交换它们的功能——"知性不能直观，感官也不能思维"；正是因为我们理解了这一切，它们的共同根源才"不为我们所知"，并且从清晰的客体综合到晦涩的"中介"这一运动是"永远痛苦的"。因此，在明亮的视觉中心有一种盲点，它就是灵魂的这种功能，康德恰恰说这是"盲点但不可或缺"。简而言之，不存在中介一词**恰当的**可理解性。

诚然，康德将进一步推向中项即综合承载者的回归，并回到时间，或者如他所说，回到"时间的先验规定"，以解决"第三者"之谜。时间不是最好的混杂物吗？一方面，它不是所有经历过的杂多性的条件吗？它不是我们在康德杂多性观念的自由评论中所说的所有惊讶、所有相遇、所有不连贯、所有创新、所有显现、所有切割的条件吗？简而言之，它本质上不是延展的吗？为了再次像康德那样谈论，这种不连贯不会使它"与现象同质"吗？另一方面，既然所有范畴都以图型的形式植根于其中，它不是由知性**明确**规定？事实上，图型理论真正出色的地方在于，通过确定时间获得一个图型维度，每个范畴都变成直观；在此，通过将综合添加到自身，我将时间规定为一个"序列"；康德甚至说："我在直观的领会中产生出时间本身"；然而，在规定时间的过程中，我也产生了数，"这是对一个单位一个单位连续的相加进行概括的表象"；同时我给出了量的纯粹范畴的图型；不连贯诱惑的时间，现在作为一个序列，是所有数量的纯粹形象；因此，时间是这种中间的秩序，同时与感性同质（它是感性的分散和扩张的风格），并与理智事物同质（它是理智的直观性的条件，因为它适合于我们称之为"序列"的理智规定）；"杂多"**与**"序列"的一致是时间的奇迹。

我们可以补充这个奇迹；因为时间在其他方面是可以规定的：它也可以是充实或空虚；然后它与质的范畴同质，每种情感都有一个"程度"，根据其"或多或少充实"的时间这一点来说。我仍然可以将时间视为一种秩序，根据这一点即某物是否在时间中持续存在，有规律地在时间中接替另一事物，或者两件事通过相互作用同时存在于同一时间：时间的秩序或作为秩序的时间因此向关系的范畴提供了在时间中持久性、定向因果关系和相互因果关系的有益图型。

正如海德格尔所说，由于时间的缘故，我们没有获得"超越内在和统一结构的源初现象学的知识"吗？（同上书，§24，法译本，第176页）

诚然，我们只是通过更精细的近似来加剧这一悖论；当我们说时间既是所有

---

① 拉丁文，意为自然之光。——译者注

杂多性的形式，**又**允许它自身被知性及其范畴所规定时，我们所陈述的仍然是一种二元性；它是分散的和有序的，它是杂多的和统一的。圣·奥古斯丁不是已经说过它是 *distentio* 和 *intentio*[①] 了吗？说时间是这个二元性的统一，就指出了困难，也是对它进行定位——这并非什么都不是——但这没有解决问题。要使第三者具有自身的可理解性，就必须能够表明它是知性和感性的"共同根源"。然而，这种从时间的先验规定出发所得的知性和直观的各种规则的根本起源——因此，从图型开始的范畴的起源——仍然是一种妄想。时间允许自己根据多种关系来进行规定——时间序列、时间内容、时间顺序、时间整体——只是因为纯粹的关系和纯粹的理智规定了它。没有人曾经表明，仅仅从时间来考虑，人们如何能够推导出一个清晰的概念秩序。当我们和海德格尔一起谈论有限的超越，我们只是在逃避这个问题。像这样的一个问题："一个人是有限的，他本身被交给了存在者，并被命令去接受存在者，那么他怎么在所有的接受之前认识存在者即直观它而不是创造它？"这是一个被删去的问题；认识存在者不仅是让它显现，而且是在理智上规定它，命令它，说出它。这就是为什么有限哲学，甚至被解释为先验的有限，也不足以解决这个问题；需要的是综合哲学——有限和理性的综合哲学；只有以从客观性问题到让它显现的问题的还原为代价，才有可能进行替代；通过消除知性的一极而支持直观的一极，消除了问题的张力；消除了客观中的理性与直观、思与看一致的具体问题；如果我们公正对待客体的戏剧性，那么我们就不再满足于简单地洗礼困难的各种公式，当这些公式不掩盖困难时：展开状态、超越、让客体客体化等等；这些表达是骗人的表象，因为它们隐藏了本质：概念的秩序适用于直观上显现的事物。正是因为康德关心这样一种秩序，即为客体的可言性所要求的这种推论性，以至于他不能满足于模糊的、难以表达的超越，这将是一个简单的显现领域，但根本不是理智的秩序；因此他不能从时间本身推导出这个秩序，而是相反地通过范畴来规定时间。我们只有排除构成理性本质的东西，即一种清晰的话语，才能扭转这个问题。这就是为什么在康德那里，图型仍然是范畴对现象的**应用**，而不能被视为它们的根本起源；这里甚至无需区分《批判》的第一版和第二版：正是第一版宣称："因此，想象力的综合中的一切形式统一性就基于这些范畴"（A 125），再次："图型只是按照概念统一的规则（表达范畴的规则）所进行的纯粹综合"（A 142）；此外，通过为它们提供形象，通过想象的一般过程的表象，该图型限制了范畴意义的范围。康德总是意识到图型中的内容少于范畴中的内容：纯概念的三重起源的概述（B 110-111）——单一性、多数性、总体性——实在性、否定性、限制性——自存性[②]、因

---

① 拉丁文，*distentio* 意为延展，*intentio* 意为意向。——译者注
② 康德法译本此处为 subsistance 即自存性，而非 permanence 即持存性。参照法译本，Emmanuel Kant, *Critique de la raison pure*，Traduit par Alexandre J. -L. Delamarre et François Marty，Gallimard，1980。《可能犯错的人》的英译本也是这一词即 subsistence。此处为利科的错误。参照英译本，Paul Ricoeur, *Fallible Man*，Trans. by Charles A. Kelbley，New York：Fordham University Press，1986。——译者注

果性、协同性——实存性、可能性、必然性——是一个符号，对于这一符号，纯粹概念的根本起源应该在纯概念辩证法的一边来寻找，而这一辩证法由"知性的特殊行为"所规定（同上）。但康德并没有探索这条道路。

因此，如果我们尊重引起问题本身的源初极性，那么先验想象力之谜就完好无损。人们只能通过双重需求来指定它：从上到下，我们会说思维，即规定和说的力量，需要应用于显现的东西；用康德的话来说：统觉的统一性"以一个综合为前提，或者包含一种综合"（A 118）；人们甚至会说"想象力的纯粹的（生产性的）综合的必要统一这一问题先于统觉是……一切知识，特别是经验知识的可能性的根据"（A 118）；但尽管如此，我们还没有意识到这一原则；我们将不得不局限于说这种综合"被表现为先天必然"；因为我们只知道"可能经验的一切对象都通过它才被先天地表现出来"。反过来，从下往上进行（A 119），这将表明空间和时间的先验杂多只能通过综合力量的方式恢复统一，而这一方式先验地实现了经验想象在知觉的联合中所完成的东西；因此，与经验联合的比较为先验想象力提供了类比意义；但就其本身而言，"第三者"仍然是模糊的、隐藏的、盲目的。

通过表明在知性和感性之间（或者用我们的语言，在意义和显现之间，在言说与注视之间）带来的综合是**意识**，但它不是**自我意识**，我们可以很好地总结这种对先验想象力的反思，即理论秩序中的中介术语。哲学在其先验阶段所谈论的意识，仅在其自身之外，即在客体上，构成其自身的统一体；当康德说："显然，对象必然构成的统一性只能是表象杂多的综合中意识的形式统一性"（A 105），必须相互理解形式统一性无非就是我们所谓的客体综合的可能性条件。正是在这个意义上，我们在上面说过，先验综合只是意向的：它是意向的统一；我们现在知道那是什么意思了：意识将自己扩展到客体"中"所建立意义和在场的统一。"意识"还不是一个人自在自为的统一性；它不是一个人；它不是人；我思的"我"只是任何人和每个人的世界形式；它是一般的意识，也就是说，客体的简单和纯粹的投射。

从这种反思中，我们不应该得出，先验风格的哲学是虚妄的，因为它只是形式上的。这是哲学人类学的第一阶段。任何人想要烧毁它并立即创造一种人的哲学，只会留下悲怆，从而陷入一种存在与虚无的幻想存在论。如果人处于存在与虚无之间，那就是**首先**他在事物中所运作的"中介"；它的中介位置**首先**是它在事物中的无限和有限的中介的功能。因此，先验是哲学话语中"混合"神话和"苦难"修辞的任何转换的条件。

但与此同时，先验提供了"比例失调"的哲学理论的第一时刻，但它缺乏实质的丰富性，神话和修辞对这种丰富性给予了悲怆的理解。存在着一个无法通过简单的先验反思而被带到理性层面的剩余。

第三章　实践综合：性格、幸福、尊重

"比例失调"的人类学第二阶段是由理论到实践的过渡所构成的。

这个过渡是什么？什么东西需要它？它如何影响我们对"比例失调"的分析？

我们可以粗略地说，这一过渡是从认识理论到意志理论即从我思到我想要的过渡，伴随了所有特定规定的环节：我欲求，我能等等。

随后的分析将为这个庞大的命题带来所有期望中的细微差别。更确切地说就是，这一反思的新波折对应于什么需求。

它回应了先验反思无法满足的总体性的关注。在"混合"神话的整体视野和"苦难"的修辞中，以某种方式预见了人的实在的总体性。这种悲怆理解的力量在于它所针对和传达的要点。我们正试图在反思中将这种溢出重新整合。

根据在悲怆模式中所期待的这种要点，先验反思似乎是抽象的；它的抽象是它自己给予的向导即引导的抽象；先验反思是从事物出发的反思，即对事物客观性的可能性的各个条件的反思。这就是它的力量，这是它的限制。说是它的力量，这是因为它与悲怆决裂并开辟了人类学适当的哲学维度。说是它的限制，这是因为事物的宇宙仍然只是我们生命的这个世界的抽象骨架。为创造一个世界，事物所需的是，所有的情感和实践方面，所有依附于其上并造成吸引或排斥的价值和反价值，所有的障碍，所有的途径，所有使其可行或不可行的手段、工具和设备，以及所有困难的方法。最重要的是，这些复杂的事物尤其缺乏与我们一起工作、奋斗和交流的人作为参照，并且这些人在事物的视域内即在价值化和实用化的客体背景上得以凸显，就像是主观性的另一性即理解、评价、行动这些极点。然而，借助作为人的作品的新事物的充实，人的世界通过事物的世界来表达自己。

因此，我们首先在**客体**中看到先验考虑和总体考虑之间的间距。我们选择的指南，既贫乏又空虚；正是这种先验的指南，要求得到完成，或在这个词的强烈意义上，要求变得完整。

应该否认我们的出发点吗？人们会试图这样做，以一种认识理论为借口，后者详细阐述了"纯粹"接受性、"纯粹"概念、"纯粹"想象力的"纯粹"概念，并晚于在一个完整且具体的世界中完整且具体的人的在场。但是哲学的秩序并不是生命、实存、实践的重复，或者就像人们想说的那样。我们每个人所是的且我们在其中看到和行动的总体性，只会成为针对这一哲学的**问题**，而这一哲学通过提出另一个问题，通过给予主观性另一个支持点即纯粹的"事物"的支持点，将自己与总体性分离。对于这样一种哲学，总体性成为一个**哲学**问题；包括的东西被排除在外了；理解的东西没有得到理解；总体性变得令人惊讶；总体性是间距、差异、剩余。这就是为什么先验反思虽然在总体性运动中处于后期，但在适当的哲学秩序中必须率先出现；因为它通过使得总体性问题变得可疑从而使这一问题哲学化。

这不是这个流程的唯一优点：一种从先验模式开始的哲学不仅仅揭示了作为问题的总体性，而且揭示了作为近似法的总体性；它不是一下子走向总体性，而是逐渐走向。在比较的意义上，柏拉图在《斐勒布》中建议不要急于进入无限的深渊，也不要急于进入一的深渊，而是要学会徘徊在中间之上；他说，真正的哲学家是"数数并得出一个数字"的人（《斐勒布》，17 *e*）：人们不能"直接转向一，而是再次转向一个数字，它为思想提供了一种规定的多样性，并且只在耗尽全部之后才得出一"（同上，18 *a*—*b*）。

柏拉图所说的一，我们称之为总体性。没有什么比总体性的观念更带有欺骗性了。很快就谈到：它在这里，它在那里；它是精神，它是自然，它是历史；暴力就在不远处；首先是对事实的暴力，然后是对人的暴力，如果总体性的哲学家还有在人之上的力量的话。

这就是为什么我们的方法宁愿将总体性的观念视为一项任务，视为康德意义上的指导观念，视为总体化的需求，并使这一需求与激进或纯粹的需求相反。后者规定了我们的第一个研究。

正是在这种逐级的总体性近似法的影响下，必须求助于意志理论。在我们看来，这样一种理论构成了"纯粹"和"总体"之间的主要阶段，即从抽象到具体的转折点。我们将看到为什么它也不能构成最后阶段。

正是在引入这一反思的新时刻，最重要的优点显现出来了。总体性的研究能够从先前否定它的先验反思中获得这一优点。正如我们所见，先验反思被应用于一个来自比它更深远的主题，即比例失调和中间的主题；对于这个主题，反思通过在视角、意义、综合的概念中反思它，使其哲学化。这个三段式对我们来说将是所有后续发展的旋律单元。人的实在性作为一个总体性，在越来越具体的各个极点之间，在越来越接近生命的各种中介当中，在我们看来就像是一种日益丰富、完整的辩证法。但正是依靠在先验层面阐述的**视角**和**意义**的概念，我们将试图理解极性和人的中介的所有其他形式。因此，人的总体性的近似法不会被留给偶然和幻想；它将受到综合的先验主题的阐明和指导。

正是从这种先验导向的近似法，我们期望得到可能犯错性的完整概念。

所以我们会这样说：

> 可以从视角的先验概念出发得到理解的"实践的"有限的所有方面，都可以被概括为性格的概念。从意义的先验概念出发得到理解的"实践的"无限的所有方面，都可以被概括为幸福的概念。延续投射到客体中的先验想象力这一中介的"实践"中介，就是在尊重中的人的构成。这项新分析旨在表明与人相对立的尊重实践中介的脆弱性。

在这个新的阶段指导我们的客体不再是"物"，而是"人"。这个客体引起了从事物的构成到先验想象力的综合的同一类型的反思回归；尊重将显示其内在的二元性；但除了这种伦理特征的二元性之外，还必须重新发现实践的比例失调的根源；除了所有堕落的伦理，为了回到最初的实践的时刻，我们将试图在超越任何道德二元论的情况下，找到性格与幸福的"比例失调"。

第一节　性　格

从有限视角的先验概念出发所得到的"实践的"有限的所有方面都可以概括为性格概念。

但是这种性格的概念本身必须逐步得到接近。性格确实以其自身的方式是有限的所有方面的总体性；在使性格成为事物或命运的代价下，我们必须耐心地从视角的有限来构思这个概念。

一、情感的视角

使视角的概念变得非常抽象的是，首先在视点的完全"纯粹"的观念中缺乏情感特征。我们可以说，视点是一种"没有任何趣味"的视角，一种简单的视角，一个狭隘的领域，表达了"这里"的限制。视点就是一种情感**中立**的视角。因此，必须首先恢复视角的情感方面。

让我们试着重新构建反思方法，通过这种方法，我在注意的核心中提出了狭隘即封闭状态的新的方面。事实上，我并不转到我的情感视角；倒是从它出发，事物让我觉得有趣；正是在这些事物上，我理解了可爱的、迷人的、可恨的、令人厌恶的。此外，事物的这些情感方面，本身就包含在作为动机的我的意志的实践倾向当中。正是通过以**动机滋养投射**和自我投射的意志，我的情感生命才会展开其自发的或反思的评价；可爱的、可恨的是我们称之为筹划的预期运动中的各个时刻。因此，我并没有注意到我的情感视角的狭隘，我首先完全沉浸在我正在做的事情中；我所做的符合要做的事情的意图；因此，在前反思的天真当中，我首先转到筹划中的工作，即 pragma[①]。

因此，必须从筹划中剥离出动机[②]，并从动机中剥离出情感的有限。

动机显现了一种新的"接受性"，其中刻有我的有限；不再是看和听的感官接受性，而是这种特殊的接受性，它意味着我根本不会从无中产生我的筹划，我的对象也不是通过创造性的直观生产的；我只是在允许自己受到动机的影响来采取行动；我只**依靠**……（可爱的、可恨的等等）向……（向"要做"）前进；人的自由是一种通过动机化的筹划而前进的自由；我会在**接受**行动原因的情况下**采取**行动。

我们率先在某种意义上认识到视角分析对于有限的所有其他方面是一种先验指南：因为感官的接受性率先进行先验反思，而它类似于所有其他接受性，首先类似于动机的接受性：我"看到"我为何如此行动；"我听到"那些让人欲求和可爱的东西对我的呼唤。

但借用由知觉构成的"接受性"领域的隐喻，不应掩盖欲望接受性的新特征：它是一种"实践的"而非"理论的"接受性；与筹划同质而不是与看同质的接受性。这就是为什么在这个词的强烈和经典的意义上适合它的名字是"倾向"，我们对其给出了非常合适的表达：倾向而非需要。倾向是意愿的特定"激情"。只有有倾向的、被感动的意愿才能决定自己。它的活动充满了这种特定的被动性。

那么，如果**欲望**是一种接受性形式，同时类似于知觉形式，但又不同又新颖，那么它的有限是什么呢？

是否可以说人的意愿是**有限的**，根据它不是纯粹的行动而是一种有动机的筹

---

① 其为古希腊文的拉丁文转写，古希腊文写法为 πρᾶγμα，意为实行。——译者注
② 我指的是《意愿与非意愿》中提出的分析。我在意志的情感根基上坚持这一分析，在亚里士多德恰当的公式的影响下："意志通过欲望运动。"然后，这种分析的观点转向反对强调涌现即选择的涌现的时刻的哲学；我果确实是我自行规定了，我下定了决心，并且这种自我与自我同时为行动的和反思的关系已经包含了一种隐含的归责判断，那么必须反过来说，这种自身归责不构成意志的根本运作；这是一种恢复、回归、自身认识的行动，是将自我带出反思中心的第二个运动。意志的第一个运动不是我借以将我的行为归责于我自己的重复运动，而是我借以设定它们的重复运动；然而，自我的进步，在其前反思的天真中，存在于意向的时刻，通过它我在我面前唤起一些"由我完成"的事情，因此我在世界中打开了各种可能、各种或然性、各种事件的创新。因此，我的转向首先不是指向我的可能，而是我的筹划的目的，我将其按如下定义："这个决定意指，即空虚地指明，一个未来的行动，而其取决于我并且在我的能力范围内。"（第 42 页）
　　正是关涉这个筹划的定义，我提出了一个动机的定义，它比当代心理学的定义更精确，对于后者，动机涵盖了需求和冲动的整个领域；我在严格意义上的意愿的动机中，即在它与筹划、与"要做"的工作的关系中，接受动机的概念，日常语言在"因为"的关系中表达这一点：我决定……因为……。从精确的意义上讲，动机是一种意愿决定的结构。

划即一种激情行动？我们记得在知觉方面出现了一个类似的问题：因为我们必须接受我们的客体才能形成它们，我们就是有限的吗？我们不得不回答，感官接受性首先揭示了它的展开状态，而有限是这种展开状态的狭隘，即我们被影响的方式的**视角**方面。

对欲望的分析提出了展开状态与封闭状态之间即对世界的意图与视点之间的关系本身。

欲望并没有向我揭示**我**受到影响的方式；它不会在欲望的自身中自我封闭；它对我来说主要不是关于我自己，因为它主要不是一种**自我**感觉的方式，更不是一种"内在情感"；它缺乏……的情感，即指向……冲动 ①；我在欲望中逃离自身；我接近世界上让人欲求的事物；简而言之，在欲望中，我对所有吸引我或排斥我的事物的情感色彩保持展开状态；正是这种抓住事物本身的吸引力，无论在那里、在别处还是在任何地方，使欲望成为一种对……的展开而不是一种对自身的在场，即对自身封闭。

如果现在我们从这些欲望的世俗化的语言风格退回到欲望的身体，必须再次提及的是，这个身体即欲望的肉体，首先不是作为一个封闭状态的形象，而是作为一种实践的中介，简而言之，作为**投射的身体**，就像我们谈论**知觉身体**一样。我的欲望肉体完全是预期，即被抓住或向前推进，无论在那里、在别处、任何地方还是在自我之外。欲望的身体向前逃逸，将肉体的冲动提供给投射的自我。

在这一切中，有限在哪儿？

这一向模糊的艰难转变，现在必须从欲望的意图中释放出某种作为知觉身体的视角的情感等价物。我们记得，视角与知觉的意向意图有关；这是对事物的一个面然后是另一个面的所有连续视野的零起源。欲望从其意向的各个方面出发提供了类似的回归。这里的有限就是混乱、不透明性，这使人们所谓的欲望的清晰性变得暗淡。

谈论欲望的清晰性似乎很奇怪；但这无非是它的意向性；欲望实际上是……**的缺乏**，**对**……的冲动。"的"（de）和"对"（vers）指明了欲望的定了方向的即选择的特征；作为对"这一个"或"那一个"的欲望，正是这种欲望的特殊性，通过表象之光得到阐明——在这个词的精确意义上。人的欲望通过对缺席的事物、路径和障碍的表象来阐明它的意图；这些形象的形式将它引向世界；我们对这些形式感到满足；在它们那儿，我超出自身之外；形象不仅如此；它不仅预示着肢体行为的可感知轮廓，它还预示着快乐和痛苦，即与欲望客体的结合或分离的喜悦和悲伤；这种想象的情感，由情感的肖像即由未来快乐的表象或类比所保证，并且在想象中将我带到了欲望的极限；这里的形象就是欲望；欲望印在它上面，打开它并照亮它；欲望通过它进入动机领

---

① 我在这里不是在消极的笛卡尔式解读（缺乏，剥夺）和积极的斯宾诺莎式解读（conatus，自我肯定）之间做出决定。见《意愿和非意愿》，第88-89页。

域；欲望可以在价值上与其他动机，即牺牲或偏爱、支持或拒绝，进行比较。

正是在这个意义上，人们可以谈论一种情感之光即一种欲望的清晰性；它无非是它的情感意图；我的身体，以某种方式被这个意图所贯穿，并超越了自身；它成为筹划的中介；或者，正如笛卡尔所说，它"使［灵魂］倾向于在未来想要一些它认为适合自己的事物"（《论激情》，第86条）。

但是，如果欲望如想象般清晰，那么它同时也是**混乱的**：正是这种内在于欲望的清晰性的混乱证明了它的有限。有一种不可战胜的不透明性，它不会"进入"形象，不仅是事物的形象，即途径、障碍和手段的形象，甚至是"意志加入"到欲望的事物的喜悦的想象预期。

那么，这种情感的不透明性是什么？它对人的存在意味着什么，就这种存在是展开状态的而言？我们可以说，这是欲望意向性的反面或另一面，因此，它在意图中不追求并在选择中不选择；一种"自我情感"即或善或恶的"自我情感"的方式，严格来说，不欲求任何东西，不欲求别的东西，也不欲求任何具体的东西，而是一种对我身体的整体和未分裂的体验，不再被对世界的所有意图所贯穿而是对自身反思，不再是中介而是自身感受本身。体感（énesthésie）就是这样的东西。

如果我们将此分析与之前的分析进行比较，与知觉身体相关的我们所谓的视点、零起源、视角中心，似乎就是我们现在所说的体感或混乱。

这种自我情感即自我"或善或恶的感觉"的方式，从视角来看，赋予了知觉身体一种深度，而这一深度是实存的虚假深度，是身体对自身无声的且不可说的在场；我身体的"这里"，以不透明的感情显现出来，并在原地颤动；这种"深刻"的感性揭示了我的身体仍然不是世界的通行证，不是所有事物的让它存在；身体不是纯粹的中介；它对自身来说仍然是直接的，因此关闭了它意向的展开状态。

身体不能成为纯粹的中介，它对于自身也是直接的，这就是它的情感封闭状态。

通过情感的封闭状态，我们重新发现了自我与所有他者之间源初差异的感情；或善或恶的自我情感就是情感作为不可说和无法沟通的独特性；正如空间是无法共享的一样，我在其中所发现和感觉的情感处境也是无法交换的。正是在此，利己主义作为一种恶习找到了它的机会：出于差异，它产生了偏好。但是，铭刻在每一种倾向中的自我偏好发现了这样一种东西，即斯多葛学派称之为一种自我依附、一种希望自己向善的天生倾向、一种对自身构成的爱，我很乐意将其称为作为一种视点的自爱。①

正如斯多葛派清楚地看到的那样，所有"**对某物**"的欲望都包含着一种"自

---

① 《论至善和至恶》，第三卷，5。"Fieri autem non posset，ut appeterent aliquid，nisi sensum haberent sui eoque se et sua diligerent."（引用为拉丁文，意为"然而，如果他们没有自我感受，并因此爱自己及其所属的事物，他们就不可能欲求任何东西。"——译者注）

我的感情和倾向"；这种坚持，即这种对自身的坚持，构成了不变的基础，即所有情感意图的统一纽带，而其因对象变得多种多样的。我们称之为所有知觉的主体-极在自尊上变得更加丰满；万物的中心和万物的显现不再只是注视的零起源，而是对自己的依恋；灾难处境在处境的中心引发了自身对某种事物的欲求的隐秘在场：我的生命作为一个整体受到威胁，我处于死亡的危险之中，我在世界中所有欲望的东西都流回了这个最初的欲望，它从内隐的自尊，变成了生命意志；我对死亡的恐惧，对生存的渴望向我呼喊：留下来，亲爱的，独特的，无可替代的视点！

这就是**情感**的有限，即自身之爱的差异。

二、实践的视角

我们仍然在赋予意愿的**力量**中找到这一"封闭状态"标志。再次，习俗赋予习惯性行为的僵化、不顺从、对变化的不适应并不是我的能力的主要特征；有限永远是相反的，而展开状态是人在世界的各个存在者中的首要和直接意义。在执行行动中，我的身体被贯穿；它不是行动即 pragma① 而是**器官**。器官与行动的这种关系，不可还原为机械设备与外部行动者的关系，而是我们可以在灵活且优雅地执行的人的行动中看到的关系。它需要一个特定的环境，即遇到阻力，从而注意力才能从正在完成的工作中分离出来，后者会以某种方式沿着行动的路线来拉动身体，并且注意力返回到被移动的器官。然后，被移动的身体，即行动自我与行动世界之间的源初中介，出现在处境的中心，并展示其**实践**的有限。

所有的力量都有无能的一面。一方面，习惯的习得通过将行动置于习惯的设置来释放注意力，这些设置以受监控的自动化方式被触发和展开；因此，身体联结了各种能力、运动和情感各种结构、可转换的各种方法，其自发性由意志支配。需要现场观看我们熟悉的动作，从而看看身体如何前进、尝试和创造，以回应我们的期望或逃避我们。

从严格意义上讲，这种身体的实践中介超越了习惯的**模板**。我们的知识也是一种身体，即精神的身体，如果我们可以说：通过语法和计算的规则，通过社会知识和道德知识，我们学习并形成新的知识；任何学习方式，无论是身体上的还是理智上的，都涉及行动与行动的身体即意愿与实施的能力之间的这种关系。

然而，正是这一实践的自发性，即所有我们意愿的中介，使我的力量变得无力。任何习惯确实是异化的开始，而这种异化铭刻在习惯的结构中，即**学习**与**约定**之间的关系中。习惯是可能的，因为活生生的人具有通过行动改变自身的令人钦佩的能力；但在学习中它会影响自己；我的后续能力不再处于开始的处境，而是继续的处境；生命要继续，开始是稀有的；因此，通过自身的这种持续的情感，

① 古希腊文，意为实行。——译者注

借助习惯，一种人的本性就诞生了，也就是说，一种天生的即固有的模仿。所学即习得（habitudo）①，习得即约定。那么，习惯在生命中呈现出情感的相反含义，根据笛卡尔的《论激情》的令人钦佩的直观，这种含义在"惊奇"中开始并再次开始；习惯决定了我们的品位、才能，并缩小了我们自由处理的领域；可能性的范围自我封闭了；我的生命成形了。并不是说真正的习惯是机械的；正是最灵活、最可转换、最接近图型或方法的习惯，最能体现拉韦松（Ravaisson）②所称的自由回归自然的东西。因为正是以这些成型的习惯的自由处理为代价（这些习惯不具备机械设置的僵化），硬化的相反过程才会发展；这就是为什么我们的习惯非常模棱两可；并非偶然的是，它们赞同两种相反的解释系统，即"学习"的生命和"机械化"的生命，即自发性和惯性。

这种图型的老化，以及这种借由生命所得的事物的模仿，邀请我们在与生命和意愿的自发性交织在一起的原始惯性的一边寻求有限的新模式；就好像通过我们的身体，我们受制存在于实在性各个层面的物质法则。拉韦松说，通过自然化自身，自由经历了"存在的原始法则和最一般的形式，而倾向则在构成存在的行动中得到坚持"（《论习惯》，第 22 页）。实践的有限就是这种持续的形式。

有限的新方面和之前的方面一样，并不是一种不幸：这种惯性是我能力的反面。没有那种没有能力的意愿，没有以约定形式赋予我的能力。没有那种不带有古老的和被废除的我思的当前我思，而它已经成为知识和有，已经成为非现实的。没有人比拉韦松更了解习惯内部**自由处理的能力**和**约定的形式**之间的辩证关系。③

我们可以从时间分析出发来选取一些相同的主题，并展示创新与沉淀的辩证法。

因此，有限首先是视角，然后是自我偏爱，然后是惯性或一种持续的形式。或者，如果我们想概括超出意义核心的视角观念，也就是说超出其在知觉现象学中的使用，我们会说自爱和我的实存所"约定"的习惯形象构成了我实存的情感的和实践的视角。

三、性　格

有限的这些不同方面——视角、自身的源初偏爱、持续和惯性——在性格的概念中汇集在一起。这给它们增加的就是对总体性的思考，即我实存的有限总体性。作为一个总体，性格就是我实存的有限的展开状态。

但是我怎么能把我的实存看作一个有限的总体性呢？这个限制会和量的限制

---

① 拉丁文，意为习惯。——译者注
② 拉韦松（Félix Ravaisson，1813—1900），法国哲学家，法国唯灵论的代表人物。——译者注
③ 参阅，《意愿与非意愿》，第 310 页。

区分开来吗？似乎并不是这样，至少对于常识而言，在性格中除了每个人给其他人提供追踪的"形象"之外没有其他东西；然而，这一形象既是一个**封闭**的形象，即一个封闭状态的轮廓，它将形式与内容分离，也将有限总和与不同的标记分离，后者为外在的旁观者所制订。这个"形象"的隐喻指向了一个性格及其有限类型的完全不准确的观念。性格学本身受到误解，就会冒着维持一种错觉的风险，人们可以用有限数量的简单成分，如感触性、能动性、延缓深刻反应性，以可变的方式进行组合来重建性格；但是性格公式的这种有限只表明了我们抽象组合的无能；它显现了各种一般类型即"理性各种存在者"的贫乏，后者帮助我们实际地认识一个个体并让我们期待他可能的行动。关于性格公式的有限，个体是无限的：这样的公式确实仍然依赖于分类思想；然而，正如康德清楚地看到的那样，规范法则要求将类无限地划分为种和亚种，因为没有种可以将其本身视为一个最终种（《论纯粹理性诸理念的调节性运用》，A 656）。

因此，性格的有限不是性格**科学**中性格学公式的有限。那它是什么？

在此，必须尝试通过在我们看来最初与展开状态的观念联系在一起的视角或视点的观念来解释性格的观念；它本身就可以让我们明白，性格是内在于己身的中介功能的一种限制，即我的展开状态的原始狭隘。

但是如何从视角的观念过渡到性格的观念呢？我的视角是一种**知觉的**有限，也就是说，我对作为**事物**世界这一世界的展开状态的有限方面；因此，对视点概念与某些**显现常量**的显现相关，黑格尔称之为"静态的结果"，其中，变化消失了；显现的流动在变化的具体事物中即在实在的中心形成，并且我的意识生命在这些实在的统一体中超越自身并被停止；我源初的信念就在哲学统一性上。

因此，视角的概念指明了相对于"事物"的事物性的我的有限。视角是我对事物的有限。

如何讨论在所有层面的我的有限呢？

有必要从外部形象即性格公式，追溯到风格的统一即"第一人称"性格的面貌价值。如果注意广义上"表达"所揭示的意义，这是绝对不可能的。柏格森在他对自由行动的著名分析中，看到了哲学反思可以从这些行动和这些感受中获得的所有好处，而这些行动和感情"每一个都代表整个灵魂，因为灵魂的所有内容都反映在它们每一个当中"；他说，在某些表达行为和"整个人格"之间存在着"人们有时会在作品和艺术家之间发现这种无法确定的相似之处"。这些高度表达的行动是否为在自由行动的名义下所寻求的东西这一问题，在此并不引起我们的兴趣，我们感兴趣的只是通过它们得到揭示的总体性。值得注意的事实是，性格是一个总体性，它只在表达式的标志中被给予。从这个意义上说，某些感情是生动的："我们每个人都有自己爱和恨的方式，这种爱，这种恨，反映了他的整个人格。"感情的"深度"无非就是这种整个表达的力量："这些感情，只要达到足够的深度，就都表象了整个灵魂"；性格——柏格森说的人格（personnalité）——完全在其中一个人身上，"前提是我们知道选择它"。

我们可以将这种通过单一行动或单一精心挑选的感情所显现出来的总体性称为**动机的总体领域**（柏格森用这一恰当的表达再次暗示："我们对幸福和荣誉的个人观念"）；动机领域的观念与柏格森的概念相比，具有更少的伦理和更多的心理方面；它还有一个优点，即提醒我们性格根本不是一个可以从外部描绘的形象，而是必须通过与其中一个极富表现力的行动即其中一种我自身经历过的或他人理解的深刻感情保持一致。

那么，性格的有限意味着什么呢？这远非一件被限制的事物，而是**我们在一个整体中考虑的动机领域的限制展开状态**。因此，我们将在知觉视角下所阐述的展开状态和封闭状态的辩证法，应用于通过表达的手段所达到的动机的整体领域的概念。我们在其他地方称之为自由的有限方式的这一性格，在通过视角的观念迂回之后，现在向我们显现为一个在整体中得到考虑的动机领域的视角方向。

这种在"整体灵魂"层面上的展开状态和封闭状态之间的联系可以按如下方式得到解释：我的动机领域的展开状态，是我原则上对所有文化中的所有人的所有价值观的可及性。我的动机领域对整体中的人展开。这就是那句名言的意思："人对我来说没有什么陌生可言。"我有能力做所有的德性和所有的恶习；没有绝对无法理解的人的符号，没有绝对无法翻译的语言，没有我的品位无法触及的艺术作品。我的人性就是这种对我之外的人的原则的可及性。它使每个人都与我相似。

我的性格不是这种人性的对立面：从某个地方看，这就是这种人性；这是从某个角度看到的整个城市。它是部分的总体性；像阿兰 ① 说的那样（他比任何人都更了解人的普遍性和特殊性的矛盾综合）："无论在任何人的身体上，所有的激情都是可能的，所有的错误都是可能的……根据每个人针对自身的独特生命公式，这是正确的。地球上有多少人，就有多少种刻薄和不快乐的方式。但每个人都能得救，而且就是针对有相同的肤色、毛发的人的得救。"有必要相信所有人都可以获得所有价值观，但是是从每个人特定的一面出发的；正是在这个意义上，"每个人"都是"人"。

这就是为什么我的性格从来没有被自身意识到；知觉的起源本身就是知觉的客体。我不以"我"个人的幸福和荣誉观念为意图；而是"唯一的"幸福和"唯一的"荣誉；"我的"性格在我的特殊实存的人性中被表明为我的动机领域的零起源；我也没有将它视为外部限制；因为它不是从外部支配我生命的命运，而是我

---

① 阿兰（Alain，原名 Émile-Auguste Chartier，1868—1951），法国哲学家、记者、散文家。后文的引用出自其著作《论教育》（Propos sur le bonheur）——译者注

以之行使人的自由的独特方式；我只是通过暗示即在通过使我成为与众不同的差异感中来猜测它并指明它；或者更确切地说：不同于我的同胞；因为另一个人是相似的人，但有不同的性格；因此，我无法单独理解一个性格的独特性，而不考虑其普遍的人性，正如我无法将知觉视点的狭隘与其对客体全景的展开状态分开，并且超越这里的客体进入无限的知觉性视域。

性格是这一"整个灵魂"的狭隘，人性是它的展开状态。我的性格和我的人性使我的自由成为一种没有限制的可能性和一种构成的偏见。

这种构成的偏见的观念将帮助我们迈出最后一步：我们说过，性格不是一种从外部支配我的命运；但在某种程度上，它就是命运；这是双重的：首先是不可变的，然后是接受的、遗传的。

如何在没有还原的情况下将性格的这两个"注定"方面重新引入事物当中？对视角主题的最后反思将对我们有所帮助。

如果可以这么说的话，性格的不变性最终不过是视角起源观念的最激进的、最源初的方面。知觉的零起源，也就是我们所说的我们的视点，还不是真正的起源；我可以改变我所有场景的起源：这是一个运动的问题。但是，即使我能改变位置，但我也不能改变性格；**不再会有这种运动，借此，我可以改变我整个动机领域的零起源**；甚至没有这样一种精神运动，它具有改变我最基本评价的起源的优点；最根本的转变不可能是性格的改变，否则我不仅要成为"新生物"，还要成为另一个个体：我的生命可以根据一个新的不变星座来定位，也就是说根据一个新的价值核心，其不受中介价值质疑，更接近日常生命；但是，正如阿兰所说，对于那些有相同的手和毛发的人，我会慷慨并且我会一直吝啬。

因此，我获得了一个在字面意义上我所有视点变化的**固定**起源的观念，即一个**不变**的视角的观念，在我无法"进入"它并且我无法"离开"它的意义上；正是在这个意义上，我的性格是我所有选择的、未选择的根本起源。

从不可变的性格到遗传的性格，我们可以通过以下考虑来推进。

如果我不能改变性格，如果我不能选择或否认它的视角，那么是否必须说性格不仅是一成不变的，而且与我实存的事实是无法区分的。当我将我的性格称为事实时，我想要说什么？在此：据我所知，我**已经**对人的普遍状况持有限的展开状态。这种处境还没有开始，它属于意识，并且可以在自身的选择中得到恢复。所有的视点都来自我所采纳的所有位置的这个未设定的起源；我的性格不来自一种位置的把握。

然而，当我说我**出生**时，我什么也没说。我的出生指明了这个首要的事实，即我的实存本身就是一个事实。对于其他人来说，这是一个事件；对我来说，我的出生是我所有最遥远的记忆之下不可捉摸的限制，即一种已经在先的开始，而我童年的模糊记忆沉浸其中；对于其他人而言，这个事件向我标明了我已经出生的状态。因此，我的出生就是我的性格；说我出生只是标明为我所发现的我的性格；我的出生指明了"曾经存在"，即依附于实存状态的过去的指示。我的出生就是我的性格已经在那儿了。

对我来说，必要的是把这个源初的起源与自身对立起来，把它当作一个客体来对待，从而让我忘记其视角一极的功能，使得它对我显现为一种外在的宿命，即一种从外面压在我的生命上不可撤销的法令。这样就诞生了我们称之为性格学的形象或公式的性格漫画。但是，要施行性格的视角解释的漫长迂回，从而发现作为第一人称实存功能的命运本身。

但我的出生也向我诉说着作为接受的我的实存；不仅**在那里**找到，而且被**他人**给予；我被带到这个世界上；我是我父母的后代；他们是我的先辈，然而，我忽视了这一让我接受自己的生命的给予意味着什么。在此，客观化的眩晕比其他地方更能威胁到我；当我考虑我之外的先辈时，我的出生突然向我显现为众多事物中的一个组合；因此在客观汇合的领域中被取代的我的实存，首先对我来说是偶然的、任意的、无意义的，而且，如果可以这么说的话，是不可能的；然后，下一刻，所有的遭遇都已经发生，在我看来，似乎我只不过是所有这些交叉的必然结果，是完全异化了我的自由的继承资本的承担者。这种遭遇的**偶然性**和结果的**必然性**的混合，恰恰是出生的命运。

但是对于这种"遗传"（它向我宣布我依赖于我所有自律的筹划的起源），我不应该把它放在我之外，即放在我面前，就像现在我的性格一样；我的遗传是我从别人那里得到的性格；我的性格是我整个动机领域的源初方向，而这个动机领域就是我对人性的展开状态。因此，有限最"注定"的方面一步一步地在狭隘和自由处理的辩证法中再次被把握，而知觉的视角给予我们其钥匙。

哲学理解不会从客观已知的遗传走向主观地被理解为知觉景象背后的视角；它从被提供和展开状态的场景走向它的视角的起源，而正是这一理解逐渐被所有情感即实践方面所丰富，这些方面最终在性格即不变且遗传本性的概念中得以形成。然而，性格和遗传的命运揭示了它的意义：它是我对人类的所有可能性的自由展开状态的被给予的即事实上的狭隘。

第二节　幸　福

意义与视角的"比例失调"，想要说与看的"比例失调"，动词与视点的"比例失调"，就像所有变化和所有发展的旋律单元，它最终在幸福与性格的"比例失调"中达到顶点。

人们记得，这种"比例失调"在反思的简单事实中得到了证明；我们说过，人的有限是可以被认识和被言说；只有言语本身已经是对视点即有限视角的违反，人的有限才能得到表达。

但这种言语与视角的"比例失调"仍然只是人的比例失调的理论方面。我们现在试图表达的是这种比例失调的**整体**特征。

在这种总体化的尝试中，我们可以将引导我们在性格有限中对有限的各个方面所进行的总体化的各个中间步骤作为指导。

事实上，通过幸福这一术语，我们所追求的并不是一种特定形式的违反或人的超越，而是违反的所有方面的总意图：亚里士多德说，"所有的技艺与研究，同样地，所有的行动和选择，都以某种善为目的。所以，有人就说，所有事物都以善为目的"（《尼各马可伦理学》，第一卷，1，1094 a，1-4，Tricot 译）。但是，人的行动（τό ἔργον τοῦ ἀνθρωπον）[1]（同上，1097 b，24）在其未分及其总体性中必须受到质疑。

然而，我无法从一开始就把握这个"人的行动"；我必须从意义的理论概念逐步构建它；否则，我以幸福的名义所指定的东西将不是至善，也就是"我们做其他事情时所考虑的东西"；幸福只会是"不间断地伴随着所有实存的生命快意"（这话来自康德，我们现在唤起它并非偶然）的模糊梦想；简而言之，幸福不会是总体性，不是意义和满足的总体性，而只是快乐的总和，或者如康德所说，是欲望能力的物质原则。

因此，有一个关于幸福的第一个天真的观念，它必须**被还原**才能显示出完整的含义。这种天真的观念从直接分析中得出了被单独考虑的人的各种行动：这些行动倾向于结果的意识——满足或消除痛苦——行动在此找到了暂时的平息。游荡的想象**没完没了地**延长了这一平息；相信它会永远存在，想象会延长它并使它永存；它停留在自身之爱的未定有限视角中。幸福是另一回事；它不是一个有限的术语；它必须针对所有人的意图，就像世界针对知觉的意图；正如世界是**事物**的视域一样，幸福是各方面的视域。世界并非在所有方面都是视域；它只是一种类型的有限和一种类型的态度的对应物：我的有限和对事物的态度的对应物；世界的观念只在一个维度上是总体的；它只是类的无限，即事物类的无限；但是"事物"是一种对完整实在的抽象。也有必要超越世界的观念而指向这一观念，就像谈到意志时所说的，我们无法想象比我们所经历的更为广泛、更为充实的观念。

在此，一种直接分析人的欲望的方法，如果忽视了反思的先验阶段，就会走入困境。它没有办法将"人的行动"所追求的完成的总体性与想象中延长的、取

---

① 古希腊文，意为人的活动。——译者注

得结果的、完成计划的、战胜困难的感情区分开来。从亚里士多德对幸福的分析中可以清楚地看出这一点：Stagirite①将自己局限于在人的欲望的实现的意图中来辨别幸福："这件事的原则是事实"，他说道；但直接的心理反思无法将实现的总体性与快意的简单总和区分开来："最喜欢的""特别令人向往的"仍然与"美好的生命"混在一起。

这就是为什么康德有必要从欲望力量的一侧来拒绝道德性"原则"研究的幸福并将其与自爱同一，进而来排除这一幸福，从而谈道："一个有理性的存在者对于不断伴随着他的整个生存的那种生命快意的意识，就是幸福，而使幸福作为自由选择的规定的最高原则的那个原则，就是自爱的原则。"（《实践理性批判》，Picavet 译，第20—21页），并再次强调："获得幸福必然是每个理性且有限的存在者的欲望。"（第24页）

但是这个幸福的**悬置**，被理解为生命的持久快意，恢复了幸福的真正问题，作为实现的总体性。

真正应该质疑的不是"欲望的能力"，而是亚里士多德所说的人的ἔργον②，也就是说，被认为是个体的人的实存筹划；对人的行动及其最广泛和最终意图的调查将揭示幸福是命运的终结，而不是单一欲望的终结；正是在这个意义上，它是一个**总体**，而不是一个**总和**；正是在它的视域内，部分意图即我们生命中零碎的欲望格外突出。

但是我应该如何从总和的观念过渡到总体的观念呢？如果我不能将整个运动与我内心需要**总体性**的理性计划联系起来，人的作品（区别于他部分意图的总和）将逃避我。正是这种总体性或者理性的需求（《纯粹理性批判》，第115页）使我能够区分作为至善的幸福与作为完满欲望补充的幸福。因为"理性""要求"的总体性也是人的行动所"追求"的；康德式的 *verlangen*③（要求、需求、请求）是亚里士多德式 ἐφίεσθαι④（追求、倾向、寻求）意义的先验揭示。康德说，这种"要求"迷失在错觉中；但这种错觉的主要根源是"对事物的一种更高的、不变的秩序的展望（Aussicht）⑤，我们现在已经处在这种秩序中，而且我们从现在起就可以由确定的规范来指导着，按照最高的理性规定在这个秩序中去继续我们的生存"（第116页）。这个言简意赅而令人钦佩的文本——这一"开阔的视野"，这个"我们已经置身其中的秩序"，这个我们根据规定即理性的分配的实存的连续——难道不正是我们在幸福的名义下所寻求的那种完整的总体性吗？只不过，这种总体性

---

① 古希腊文 Σταγιρίτης 的拉丁文转写，意为斯塔基拉，即亚里士多德的出生地。该词也指亚里士多德本人。——译者注
② 古希腊文，意为工作、活动、作品。——译者注
③ 德文，意为要求。——译者注
④ 古希腊文，意为寻求、致力于。——译者注
⑤ 德文，意为展望。——译者注

以某种方式被作为理性的意义总体性需求所过滤掉。诚然，康德还没有称它为幸福，而是"纯粹实践理性的整个客体"（第 117 页）；正是这种实践理性的"整个客体"要求恢复幸福观念；它被排除在道德性原则之外，现在属于纯粹实践理性的辩证法，也就是说，属于道德性的实现和自由的末世论的辩证法。毫无疑问，在康德主义中，幸福的观念只被保存为应得的幸福而不是欲望的幸福；在不低估这种幸福道德化的重要性的情况下，我们是否可以不强调理性的请求（这种请求使德性单独显现为与理性的"整个客体"不平等，而不是强调来自**应得**德性的幸福的道德色彩）？德性**应得**幸福并不比这一事实更重要，即理性**需要**在德性上增加幸福，如此善才能完整和完美："因为需要幸福，也配享幸福，但却没有分享幸福，这是与一个有理性的但同时拥有一切权力的理性存在者的完善意愿根本不能共存，哪怕我们只是尝试表象一下这样一个存在者。"（第 119 页）

我是有限的视角，即对我的身体、习惯和惯性、性格的偏爱，我能够形成"一个理性的同时无所不能的存在的完美意愿"的观念；或者，用上面提到的另一种康德的表达方式，我是"最高的理性规定"的承载者，与此相一致，我可以"继续我的实存"。这种完美意愿的观念和理性的这种规定在我的欲望中挖掘出无限的深度，使之成为对幸福的欲望，而不仅仅是快乐的欲望。

因此，总体性的观念不仅是理论思维的规则；它存在于人的意愿之中；因此，它成为最极端"比例失调"的根源：影响人的**行动**并将其延伸到性格的有限和幸福的无限之间。

这种"比例失调"是如何显现的？

正如我们所见，"性格"从未被注视；它不是客体，而是起源；根据性格的有限方式，我向所有人展开；根据绝对特殊的生命形式的有限视角，我可以接触到人的一切——观念、信念、价值、符号、工具、制度。当我以这种方式进入人的符号时，我考虑的不是我的性格，也不是我的特殊性，而是这些符号的人性；我的性格是我思考的零起源：我只是通过一种对我思考领域狭隘的反思暗示来达到它。

以另一种方式，即与前一种方式截然相反，幸福是由我的经验指定的。正如我收集我知觉的狭隘指示——只是通过其他人的争论——我收集我幸福规定的符号。这些都是特殊的经验，即宝贵的时刻，在此，我在正确的方向收获了存在的保证；突然，视域得到挣脱，没有限制的可能性在我面前展开；接着，"宽广"的感情辩证地回应"狭窄"的感情。

让我们回到动机的总体领域的概念，它帮助我们提出了性格的观念；它仅指明了我们之前称之为"人的作品"或它的"实存的筹划"的瞬间切面；然后，我们会说动机的总体的领域是一个**定向的**领域；性格是这个领域的方向的零起源，幸福是这个方向的无限项。这个形象表明，幸福不在任何经验中被给予；它仅在方向意识中得到指明。没有任何行动给予幸福；但我们生命中最值得称为"事件"

的遭遇，却指出了幸福的方向；特维纳[①]回忆道："只有可感觉的事件，因为它有意义和公认的意义，所以它是一个事件。"[②]谈到幸福的事件就是那些消除障碍的事件，其揭示实存的广阔景观；意义的过剩、过多、巨量，在此，这就是我们"指向"幸福的符号。

但我不会辨别这些符号，我不会将它们解读为幸福的"先验预期"[③]，如果理性对我来说不是总体性的需求。理性要求总体性，但幸福的本能，作为一种期待满足而不是给予的感情，使我确信我**被引导到**理性所**要求**的东西。正是理性打开了总体性的维度，但正是在幸福感中体验到的方向意识，让我确信这个理性对我来说并不陌生，它与我的使命一致，它是内在的，如果可以这么说的话，就是共同起源。

第三节　尊　重

是否在某处存在幸福和性格的综合？当然；而这个综合就是人。人是缺乏一般意识的**自我**，是客体综合的对应物，康德的**我思**的"我"。

但是，如果我们把这个综合看作一个在自我对自我的直接性中被给予和被给予给自身的综合，我们就大错特错了。人仍然是一个被筹划的综合，即一个在任务的即人的观念的表象中把握自身的综合。自我是意图而不是体验。我敢说，这个人还没有针对自我的自我意识；他只是自我观念的表象中的自我意识。

没有关于自在和自为的人的经验。

因此，我们必须像进行理论综合一样进行实践综合；首先有必要从这个构成了人的人格的新的表象和筹划的客体中获得支持，就像当我们将其与我们自身对立时，我们从事物的构成中获得支持；只有这样，才有可能反思地发展并找出人的人格的各种条件。

正是在这种反思运动中，人的脆弱性将第二次显现在我们面前；这种脆弱性表现在新的"中间"的新的分裂中，实践综合正是在其中得以发生。一种类似于先验想象力分析的分析，即"隐藏在自然深处的艺术"，摆在我们面前，在这个意义上，最终可能犯错性的现象学将迈出它的第二个决定性步骤。但与此同时，这第二步似乎不可能是最后一步，我们的反思在很大程度上仍然是形式的，为了进入了一种实践形式主义即人的观念的形式主义，只是摆脱了我们的先验形式主义。

人首先是这样一种筹划，我表象它、反对它并向自己提出它，并且以事物的

---

① 皮埃尔·特维纳（Pierre Thévenaz，1901-1970），是瑞士的哲学家，他的主要研究领域包括哲学史和文化哲学。——译者注

② 皮埃尔·特维纳：《人及其理性（第二卷）》（*L'Homme et sa raison*），纳沙泰尔（Neuchâtel）1956年版，第136页。

③ 斯特拉斯（S. Strasser）：《内心》（*Gemüt*），乌得勒支（Utrecht）和弗里堡（Fribourg）1956年版，第238页及其后续页。

方式但却是以一种绝对不可还原的方式，人的筹划成了一个运作的"综合"，这是首先必须建立的东西。

这个筹划就是我所说的**人性**；不是所有人的集体，而是人的性质；不是对人的个体的详尽列举，而是能够指导和支配人的列举的人的内涵意义。

人性是人的人格，正如客观性是事物的事物性一样；它是一种存在方式，我们称之为人的存在的任何经验显现都必须通过这种方式才能得到调节，它是海德格尔语言中人的"存在者"的存在论构成。

当我思维人的时候，当我宣布人类的时候，我筹划的正是这种构成。

这种人的存在的构成在哪儿？老实说，我们已经知道了这一点，因为我们从人的筹划出发，只能建立起性格和幸福对立的两个概念，并且对于同一个筹划，以同样的方式，我们从事物出发并对于事物，通过依次考虑它通过其的单方面显现、它的轮廓对我的影响，并且我在假定、意指和言说的意义的统一中思考它，只能阐述意义和视角的概念。

同样，正是**在**人的观念**上**，我们才显现了我们所谓的情感的视角、实践的视角和最后的性格的特殊视角：性格只不过是我通过各种文化对所有人的所有价值观接触的狭隘；因此，我们从一个糟糕的主题化观念出发，即由这种对所有人的可及性来定义的动机领域的观念，只能反思性格；如果我和阿兰一样说我有能力做所有的恶和所有的德性，但是"根据每个人出于法则所拥有的不可模仿的生命公式"，我通过设定每个人的特殊性来预设人。如果性格不应该是从外面看到的一个事物或者一个固定的形象，那它就是一种人性的视角。人的相似性隐含在各个特殊性格的相互差异之中。

但是与性格相反的一极，即幸福的一极，我认为它只是人的作品的极端术语；如果我不形成一个受总体性需求所确定的使命即人的指定的观念，我就不会形成幸福的观念；因为人需要意义的总体性，他的欲望指向幸福，即意义和满足的总体性。

因此，如果我只在人的观念上思维性格和幸福，那么我在思维人的时候在思维什么？

当然是一个简单的形式。而且是一种立即规定"综合"的形式。

什么综合？我们记得，客观性只不过是对实在性的期望，它既能够通过在接受性中影响自我而得到显现，又能够让自己被一个明确表达的言语所规定。通过人的这一形式，我向自己提出了一种新的综合：一种作为我的行动目的且实存的综合。因此，一个目的就是，所有手段和所有手段的考虑都从属于一；确切地来说，它是一个自在的目的，也就是说，它的价值不服从于任何其他东西；同时是我们所确认的实存，更确切地来说，人们能够进入相互理解、交流、工作和社会的各种关系所借助的在场。

康德在这方面的各种指示很有启发性；这一点尤为重要，因为他没有专门思考事物的综合与人的综合之间的对称性，他非常关心将人还原为法则的简单"例子"（稍后我们将看到我们将这种人的构成从道德的束缚中解放出来的努力会引起什么样的关注）；他说，"理性存在者被称为人格，因为他们的本性已经使他们凸显为目的本身……"（《道德形而上学奠基》，Delbos 编辑：第 149 页）。"人，与一般而言每一个理性的存在者，都是作为目的本身而实存，不仅仅是作为这个或那个意志可以随意使用的手段而实存"（第 149 页）。根据一个更引人注目的表达（其概要以惊人的方式揭示了人的"综合"构成），他是"一种本身具有绝对价值的实存"；或再次："一个对象的目的，也就是说一个其实存本身即目的的事物。"康德在我们刚才列出的所有命题中最不近似的命题中指出，理性和实存在目的本身的观念中的这种综合："理性的本性作为自在的目的而实存。"（第 150 页）

因此，自我，即作为人的自我，首先在意向中给予自身。正是通过将人定位为实存的目的，意识才变得自我意识。这个自我仍然是一个筹划的自我，因为这一事物是我们所谓"意识"的筹划。就像事物的意识，自我意识也是意向的意识。但是，事物的意向是理论意向，而人的意向是实践意向；它还不是一个经过测试的充实，它是一个"去存在"；人是"去存在"；接近它的唯一方法是"让它存在"；用康德的话来说：人是一种对待他人和对待自身的方式。这就是为什么康德用这些术语来表述命令式："以这样一种方式行事，无论是你个人还是任何其他人，你都将人性作为目的而不是简单地作为手段。"人性是对待人的方式，对待你和我都是一样的。它既不是你也不是我，它是你和我心中"自我"的实践观念。

因此，如果人首先是人的观念，更准确地说，是理性和实存即目的和在场的"综合"，那么就必须有可能从这个观念回到形成它的所经历的经验。

正是在一种特定的道德感中，即在康德所谓的尊重中，人的这种综合得以构建。因此，康德实践哲学中的尊重处境与理论哲学中先验想象力的处境有着惊人的相似之处：客体的综合正是来源于先验想象力；正是在先验想象力中，知性和接受性的两个极点相遇了。作为伦理客体的人的综合也就来源于尊重。我们将看到何种"比例失调"的尊重将成为脆弱的主观综合。

因此，让我们与康德一起走一程，接着，让我们准备扩大尊重分析的狭隘道德视角。①

---

①　我很清楚这里转移了康德对尊重的分析的关键点；对于康德来说，尊重就是尊重法则，人只是一个它的例子；因此，我通过在意向性上将尊重和人直接放在一起来自由地使用康德主义。但是，通过背叛康德的正统，我相信可以带出康德的一种哲学，这种哲学在《奠基》中被勾勒出来并在《纯粹理性批判》中被压制，完全致力于阐明在自律中意志和法则的综合。《奠基》概述了一种发展，这种发展很难将自律奠基还原为简单探索，其目的是充实道德反思的某种完整性，与纯粹形式命令的发展所必需的形式化相反。绝对命令的连续公式正是对这种对完整性的研究进行充实，这些公式先后诉诸自然的概念，然后是人的概念，然后是统治的概念。在此，不仅仅有形式规则的简单说明，而且有形式主义的可能对应物，康德自己提出对其的观念："这就是说，所有的准则都有：①一种立足于普遍性的形式……②一种质料，即目的……③通过那个公式所得的对一切准则一个完备的规定……这里的进程，根据范畴以某种方式取得进展，从（其普遍性的）意志形式的单一性到（客体的，即目的的）物质的多数性，然后到系统的总体性或全体性"（第 164 页）。通过指出这种进展只能使理性接近直观进而接近感情，康德立即限制了这一重要的指示，这一指示邀请考虑人的哲学，不是作为例证，而是作为从"形式"到"质料"的过程，朝着所有准则的完全"规定"的方向发展，这只有通过目的王国的观念才能实现。

正如先验想象力是第三个同时与知性和感性同质的术语，**尊重**也是一个"中间的"悖论，它既属于感性，即在这里属于欲望的能力，也属于理性，即在这里属于实践理性义务的力量。想象是客体中综合的条件，尊重是在人之中综合的条件。

确实，矛盾的中介：因为人们会谈论尊重，甚至比先验想象力更公正，"在人的灵魂深处仍然隐藏着某种东西……"在它的客体即人的人性中，它是清晰的，它本身就是康德称之为先验动因的模糊事物，人们只能通过接近各种相反的术语来谈论它，而不会显示它们的真正统一性。在证明纯粹理性只有在排除欲望能力的情况下才是实践的——"纯粹理性单就自身而言就是实践的，并给予人们一条我们称之为道德法则的普遍法则"（《实践理性批判》，第31页）；"不只是纯粹理性可以是实践的，而且只有纯粹理性且不是经验上受到限制的理性，才是无条件地实践的"（同上，第13页）——必须确定理性只有在"影响"欲望的能力时才是实践的。

我们明白其中缘由：如果理性只是"原则"而不是"动因"，那么它就可以判断、欣赏、谴责，而不能规定行动；从这个词的道德意义上讲，它不是实践的，而只是批判性的。因此，法则必须深入到行动的准则中，也就是说，触及自由选择的核心，它不会立即被法则说服，但根据《奠基》所述，"处于其形式的先天原则和其质料的后天动机的中间，仿佛处于一个十字路口"（第99页）。只有当义务推动意愿时，原则才会是实践的。这就是为什么"原则"必须使自己成为"运动"——如果有人称运动为"一个存在者意志的主观规定的原则，而这个存在者的理性并不是已经由于其本性就必然符合客观规律"（《实践理性批判》，第75页）。

因此，尊重之谜确实是理性和有限的实践综合之谜，因此确实是第三者之谜；一方面，理性"影响"了欲望的能力：然后有必要建立一种先验感情的观念，也就是说，由理性来生产，理性变成"动因，以便使这个法则成为准则"（同上，第81页）；另一方面，感性"进入"理性；这种"进入"被体验为一种被压抑的欲望约束、创伤，这在道德主义者预设的衰退制度中是自然的，康德的分析坚持强调这种影响的消极方面；重要的是，通过这种被压抑的欲望的情绪，欲望的能力应该被"提升"为理性，而自尊就诞生于被提升为理性的有限的中心；这种尊重证明法则"自发地在灵魂中找到了入口"（第91页）。

"尊重"的悖论构成，就像先验想象力的构成一样，证明了实践综合所依赖的这种感情如果不被打破就无法得到反思。在尊重方面，我是服从者的主体，是命令者的主权者；但除非是双重**归属**，我无法表象这种处境，"因而，人格作为属于感官世界的人格，就他同时属于理智世界而言，则服从于他自己的人格"（第91页）。在这种双重显现中，存在着不和谐的可能性，并且其作为实存的"缺陷"，造成了人的脆弱性。

因此，这种对构成人的概念的脆弱经历的分析是利用康德主义的道德资源进行的；在人与法则关系的关键点上，可以对康德主义作出的保留不会从根本上改变分析的伦理特征。另一方面，人们可以反对这种分析，它根本不是可能犯错性的人类学，因为它来自为**根本恶**的理论所支配的悲观人类学。康德道德主义者在对尊重的分析中预设了一种**已经**堕落的感性，并将其排除在道德领域之外。因此，如果没有循环论证，就不可能为可能犯错性的人类学援引一种在衰退循环中运动的道德哲学。对于我们在这里进行的那种调查，甚至有必要更进一步并拒绝任何与伦理世界观相关的人类学：道德主义者由这一处境开始，在此，善恶二元性已经构成，而人已经选择了恶的一面；正是在这种人与人之间、人与自身之间的斗争的处境，出现了和解、和平、统一性等所有道德问题。

反对意见很强烈，人们只能满足于回答说，康德并没有将恶置于感性本身，而是置于意志的准则中，该准则颠倒了法则与感性之间的优先顺序；因为，在伦理世界观中，已经作出了这样一个恶的选择，而感性本身并不是恶的原则，并对道德主义者，表现出了一张被贪欲、力量和荣耀的激情所改变的面孔。从那时起，对尊重的分析被任何"激情"理论所强加的 Logos 和 Pathos 的二元论所粉碎。

仅仅回答康德没有将感性归类为恶的而是经验性的，也是不够的；是批判的严谨而不是道德的严谨强加了它的排斥。

这种将欲望能力排除在道德性范围之外的纯粹"方法论"解释当然是非常有效的，但只适用于《实践理性批判》的第一阶段，即与道德性"原则"的确立相对应的阶段，也就是说，在一般理性存在者中的意志方面实践理性的规定力量；它不再适用于对"动因"的研究，这一研究不再以一般的理性为前提，而是以有限的理性为前提，同时又指的是一种顽固的感性；我们在针对法则对欲望能力的影响的分析中看到了这一点：在康德那里，消极影响超过了积极影响：法则只是通过"击败""感性"来"提升"它。确实是预设了堕落的感性。因此，我们必须在其根本性中获取这一反对意见，因为原则的反对不仅反对康德，还反对所有的伦理世界观。

我们只能这样来回答：除了堕落之外，我们没有其他途径接触到起源；反过来，如果堕落没有给出任何**从哪里**堕落的指示，那么就不可能有起源的哲学，甚至不能说人堕落了；因为堕落的观念本身就涉及一些无辜的丧失，我们出于命名它并指定在场的条件，充分地将其理解为间距即丧失或堕落。我就无法将背叛理解为恶，如果不以信任和忠诚的观念（相对于它，背叛是恶）来衡量背叛。

因此，从方法论的角度来看，处境并非毫无希望；人们必须牢记的是，正是通过一种依赖于堕落的伦理观与**已经**自相矛盾的人的伦理观之间的二元论，我们才必须破译和解释最初的"比例失调"，它对人的实践实存打下了基础并进行了扩张。

我们可以用这些术语来陈述问题：通过伦理二元论并超越其对感性的谴责，找到使这种二元论成为可能的可能犯错性结构。这种回归可以称为对原始"实践"维度在其衍生的"伦理"和二元论方面的重新征服。这种从"伦理"二元性到"实践"比例失调的运动是否可能？

运动不仅是可能的，而且对于"伦理"二元论的可理解性来说也是必要的。我们在康德本人身上找到了这种上升的开端，然后我们将不得不在没有他的情况下继续这一开端。

如果法则不能"接近"感性，那么法则又如何"克服"感性、"贬低"它的假定呢？这种束缚的根源，即这种贬低的起源，是理性对感性的纯粹规定，是理性对欲望能力的夺回，将欲望提升到简单的自然之上；尊重与钦佩和崇高的亲缘关系在这里提供了一个决定性的"类比"；无论康德多么努力区分尊重和钦佩，他都会顺从令人钦佩的事物，当他以卢梭的方式大喊："义务！你这崇高而伟大的名字……等等"（第91页）；因此，尊重植根于某种类似于对理性的欲望的倾向，就像笛卡尔的宽宏一样，它同时是行动和激情，是自由意志的行动和身体深处的情感。这又是柏拉图式的厄若斯，它在与世俗世界的亲缘关系中受苦并欢欣鼓舞。当然，在堕落的结构（即道德的结构）中，尊重不能将其强制的消极方面重新引入到追求的积极方面。但强制和追求不在一个层面上：强制是心理的包裹，即所经历的显相，追求是人类学的根源。这就是为什么《实践理性方法论》（它从*Gemüt*[①]理性法则的"入口"这一角度即其对精神准则的影响出发定位自身）开始克服伦理二元论，走向更激进的人类学，后者以术语 *Gemüt* 为象征。*Gemüt* 是这样一个场所，在此，理性即义务的表象获得直接"力量"，即自身能够带有"偏好"；"如果人的本性不是这样构成的（*geschaffen*）[②]，那就不会有法则的任何表象方式拐弯抹角地以劝说的方式来产生意向的道德性"（第161页）。这种对人的本性构成的求助导致强调"我们的 *Gemüt* 的性质"，即"这种接受（*Empfändlichkeit*）纯粹道德利益的能力"（第162页）。这种屈服于道德动因影响的力量确实是我们试图揭露的根源。但它是应该建立的 *Gemüt* 理论，而不仅仅是有限理性的理论。正是康德在《批判》的著名质问中唤起的这一理论："有两样东西，随着反思对其思索与应用，使得心灵（*Gemüt*）充满常新且日益增长的惊奇与敬畏：我头顶的星空和我心中的道德法则。"赞美与钦佩超出或低于受伤的感性即被破坏的假定；它们证明了感性与理性的亲缘性；然而，康德继续说道，"对于这两者，我不可当作隐蔽在黑暗中的以及在超越领域中的东西而到我的视域之外去寻求和猜测；我看到它们在我眼前，并直接将它们与我的实存意识联系起来"。这个 *Gemüt*，被称为我实存的意识，无非是我们所寻求的欲望与道德法则的积极关系，康德在别处称之

---

① 德文，意为内心。——译者注
② 德文，意为构成。——译者注

为人的"使命"、规定、指定（*Bestimmung*）①，它"无限地提高了我的价值"；这是尊重的根源：它来自"依照法则的我的实存的合目的使命"（aus der zweckmässigen Bestimmung meines Daseins durch dieses Gesetz）②（第 174 页）。

但康德主义在这里抛弃了我们：它的**人类学**根本不是对起源的探索，而是从"激情"和伦理二元论的视角对人的描述。

继续朝着这个将成为"伦理"二元论的"实践"基础的 *Gemüt* 的方向前进的唯一方法是，将尊重的内在二元性置于**视角**和**动词**的二元性的延伸中，而这与对一种堕落的感性即一种根本恶的考虑无关。事实上，作为这种反思性调查的参照点的客观性既非无辜也非有罪；相对于根本恶的问题，客观性是中性的。与以善与恶、价值与非价值的对立以及对已经作出错误选择的人的描述为主导的伦理反思不同，先验反思不预设对客观性的任何反对，不预设感性对理性的抵抗。客观性对它来说不是一种价值，即与非价值对立的东西，它只是"自然之光"，某些东西可以在其中显现并被规定。简而言之，先验反思从一开始就处于源初的层面；它不必通过堕落的条件来达到这一层面。这就是为什么它能够作为探索比伦理二元性更原始的"实践的"比例失调的指南，并**更新一个还不算根本恶的限制原则**。

我们之前对性格与幸福的考察已经满足了这一需求：性格与幸福的"实践"两极构成了一切"伦理"二元论的人类学根源；这种极性并不预设任何堕落：从有限的视角主题出发，有限的所有方面都汇集在一起了；无限的所有方面都来自意义或动词的观念。因此，我们已经可以说，尊重是人的形式在其中得到构成的脆弱综合，就像先验想象力是事物形式在其中得以构成的隐藏综合。

它仍然通过其"情感"时刻的构成来扩展尊重的"实践"时刻的构成，简而言之，揭示 *Gemüt* 即**感情**本身的结构。

---

① 德文，意为规定、使命。——译者注
② 德文，意为根据法则对我此在的合目的的规定。——译者注

第四章　情感的脆弱性

为了等同于神话和苦难修辞中的人的理解，从我面前的事物以及被认为是自我观念的人出发所进行的反思性分析缺少什么？这种反思缺少的是感情的维度。

我们由之出发的"苦难"的理解，确实是一种悲怆的理解；是否有可能为哲学恢复这种悲怆本身？首先必须背弃它，驱除它，还原它：通过将事物和人作为反思参照，这造就了打破悲怆的先验反思的作品。

形式主义的优点在于把最初只是巨大而混乱的情感的问题变成了一个哲学问题。但是，通过严谨获得的东西在丰富性和深度上是不足的。是否有可能从这种严谨中恢复这种充实？是否有可能从还原和排除它的东西出发来理解情感？

这个方法问题涵盖了另一个问题，后者涉及问题的基础：如果感情哲学是可能的，那么它与人的可能犯错性的研究有什么关系？在自我**感情**中，除了在其中构成一般意识的对象筹划和在其中决定自身意识的人的筹划中，还有什么东西呢？在意识之后，在自我意识之后，还有什么实例可以显现出一种新的人的比例失调的情感？

正如我们所看到的，"比例失调"仅**在**事物的客观性即人的人性上得到领会：我们最终是否会怀着这种感情抓住自行生成比例失调的时刻？正是在这里，我们找到了柏拉图关于 θυμός 的宝贵观念，人的灵魂中最卓越的中介功能；θυμός 是从 βίος 到 λόγος[①] 的活生生过渡；它既分离又统一了生命的情感或欲望（ἐπιθυμία）[②]，以及《会饮》所称之为 ἔρως[③] 的精神情感；柏拉图在《理想国》中说，有时，θυμός 与理性一起战斗，它是理性的能量和勇气，有时它与欲望一起战斗，它是欲

---

① 古希腊文，βίος 意为生命、生活，λόγος 意为言辞。——译者注
② 古希腊文，意为欲望。——译者注
③ 古希腊文，意为爱欲。——译者注

望的进取、刺激和愤怒的力量。现代的感情理论能否回归柏拉图的直观?

如果这可能的话,我们将不得不说可能犯错性人类学的第三个例子就是"心灵",即 Gemüt,也就是情感。通过从一般意识逐步发展到自我意识和感情,或者如果人们更喜欢说从理论到实践和情感,哲学人类学将朝着一个既更内在又更脆弱的点前进;我们记得,一般意识的脆弱性时刻是先验想象力,既是理智的又是感性的;但是先验想象力,即认识的盲点,在其对面(事物)中有意地自我超越;言语和显相的综合也是事物本身的综合,或者更确切地说,是事物的客观性的综合。

第二个脆弱性时刻是尊重的时刻;它对应于自我即人的筹划;但是自相矛盾的即比例失调的尊重结构在一种客观的或客体综合的人的表象中被有意地超越了。

"心灵"将是最脆弱的时刻;不安的心灵;所有比例失调(我们看到它们在幸福与性格的比例失调中达到顶点)都内化在其上。

但是,一种"心灵"的哲学不会重新陷入悲怆,而是被带到理性的层面——在字面意义上——带到了不满足于纯粹、根本,而是要求总体、具体的层面,那么这种"心灵"的哲学是可能的吗?

必须在其中寻找我们的情感是为先前反思的运动所指示;这种反思是由悲怆的还原所构成的;但这种悲怆并非没有任何主题;它对言语领域并不完全陌生;它甚至有一种合适的语言:神话和修辞;因此,如果 Pathos 已经是神话,即言语,那么它必须能够在哲学话语的维度上得到恢复。然而,这个神话说的是原始的十字架刑罚,它是中间存在的痛苦。这个主题即简单的对事物的先验反思并没有完全恢复它,更不是对人的实践反思。如果感情哲学是可能的,那么感情应该表达我们作为中间存在的脆弱性。换句话说,感情哲学的关键是"比例失调"的纯粹先验阐释与"苦难"的所经历的经验之间的间距。

这两个问题,即方法的问题和基础的问题,是连在一起的:感情哲学的可能性问题以及完成对感情维度中"比例失调"的沉思的问题。必须一起解决这些问题。

第一节　感情的意向性及其内在性

在感情哲学中完成人类学是可能的,那么对与认识相关的情感的普遍功能的反思足以建立它。事实上,正是在认识与情感的相互发生中,情感的意义才显现出来。在这种相互发生之外得到考虑的感情,只不过是一个涵盖多种部分功能的词:情感调节、情绪和干扰、内部情感状态、模糊直观、激情等。在它们相互促进的运动中得到重新安置的情感和认识相互"解释":一方面,认识的力量通过

等级化，真正产生了感情的程度，并将后者脱离本质的混乱；另一方面，感情真正产生了在各个层面上的认识的**意向**。正是在这种相互发生当中，构成了**情感**、Fühlen①和感觉的统一体。

这种情感和认识的相互关系可以通过相当简单的意向性分析的手段来建立。暂时忽略被质疑的感情的**层次**差异，只考虑感情在自我与世界之间建立的"视域的"关系，我们可以问自己爱与可爱、恨与可恨的关系意指什么；这种我们称之为"视域的"关系必然非常抽象，因为它忽略了情感和认识所意指的在实在性层次上的差异：对事物、人、价值、存在等等的爱。但这种抽象有利于使所有情感模式统一的意向结构的初步研究。

值得注意的是，这种分析立即导致了"困境"。感情——爱、恨——无疑是意向性的：它是一种对"某物"的情感：可爱的、可恨的。但这是一种非常奇怪的意向性，它一方面指明**对**事物、人、世界所感觉到的性质，另一方面是显现，揭示自我受到密切影响的方式。这个悖论很尴尬：在同一个经历中，一个意向和一种感情即一个先验的意图和一种内在的揭示重合了。此外，正是通过以世界上的情感性质为意图，感情才显现为情感的自我。一旦感情的情感的意向性方面消失，感情的**情感**方面也随之消失；或者至少它陷入了无法形容的黑暗中；正是由于它的意图，由于它在一种情感中的克服，在一种情感的"关联"中，这种感情才能用一种文化语言来表达、言说、交流和阐述。我们的"情感"可以在它们发展并反思它的种和差别的世界中得到读解。

因此，人们只能在排除自我感情时刻的情况下排除情感的意向时刻。然而，另一方面，我们理所当然地犹豫将这些感情的相关项称为**客体**。可恨的、可爱的，都是**以事物为"意图"**，但不是那种永远无法结束观察的客体的自存本身。为了在世界上显现，这些性质应该在知觉的和认识的客体中得到"建立"；这些意向相关项的特性是它们不能与事物的表象时刻分开；它们是意向相关项，而没有自主性：知觉的和认识的客体为它们提供了意指的中心即客观性的极点，如果可以这么说的话，就是实在性的名词；可爱的和可恨的本身只是漂浮的定语；当然，它们不是"在"意识中，因为它们是意图和意指；但是外在的时刻不属于它们：它属于知觉本身；被知觉意味着基本延伸，据此，事物被置于我们之外，如果可以这么说的话，被置于它们自身之外，它们被展开、被表象为各部分的外在性和相互排斥；还需要被观察的事物即在场的人的帮助，才能揭示世界上可爱的和可恨的事物。

甚至比外在性时刻更根本的是，情感本身所缺乏的是设定的时刻，即在实存中的自然的信念：这正是知觉的特点，即通过感觉的性质——颜色、声音、味道

---

① 德文，意为情感。——译者注

等——来意指作为存在者的事物；从这个意义上说，感情不设定；它不相信它以之为意图的存在，它不设定任何存在者。正是因为它没有设定存在者，它才显现出我受到影响的方式，尽管它只是通过可爱和可恨的方式显现出来，**我的**爱和**我的**恨是以事物、人、世界为意图的。

这就是感情的悖论。同样的体验如何能**指明**事物的一个方面，并通过事物的这个方面来显现、表达、揭示自我的内在性？

在此，情感和认识的相互关系非常有启发性。认识，因为使对象外化并将其置于存在中，就在客体和主体之间建立了一个根本的断裂。它"分离"客体，将客体"对立"于自我；简而言之，认识构成了主体和客体的二元性。相比之下，感情被理解为与世界的一种关系的显现，这种关系不断地恢复我们的共谋、我们的内在、我们的归属感，比任何极性和任何二元性都更深刻。①

对于这种不能被还原为任何**客体**极性的与世界的关系，我们可以很好地命名，但不能重新捕捉它本身；我们可以称它为前谓语、前反思、前客体，或者也可以称之为超谓语、超反思、超客体。但是，因为我们生活在教育我们语言的主客二元性中，这种关系只能**间接地**达到。

我们可以通过以下方式，推进对被视为客体对应物的感情的理解：感情是这种前-和超-客体关系得以体现的优先模式，但它不是唯一的模式；行为心理学所称的倾向、紧张、冲动的那种东西，就是与世界的这种关系，但以行动或反应的术语得到表达。理解感情与倾向的关系，同时就是理解在这两种支离破碎的语言即行为的语言与体验的语言中得到表达的与世界的关系。如果我们理解行为的客观方向和感情的意图是一回事，即感情就是作为情感的行为方向，那么我们就理解了倾向和感情，通过一个接一个地理解，我们将在更为基本的相互作用的理智即情感和认识的理智中推进它们。

感情通过**以事物为**意图的情感色彩的方式所显现的东西，正是倾向的意向性；可爱的、可恨的、容易的、困难的，正是我们"朝向什么"的接近，"远离什么"的脱离，"反对什么"的对我们欲望的反抗。

这个论点是我们所有反思的基石，值得我们考虑。对于与我们存在的冲动相关并且与对客观的前-和超-与世界中的存在者的联系相关的感情，我们给予了揭示的优先，但这种优先遇到了两种阻力：行为心理学的阻力和心理分析的阻力。

第一种主张，"体验"只构成了行为的意识领域，只构成了行为的一部分，并且整个行为发展出一种完整的意义，从而在其沉默阶段而不是在其意识阶段赋予一种部分的意义。对此我们必须回答，感情不是整体中的一部分，而是整体的一

---

① 威廉·斯特恩（W. Stem）：《个人主义基础上的普通心理学》(*Allgemeine Psychologie auf personalistischer Grundlage*)，尼格夫（Nighoff）1950 年版。斯特拉斯（S. Strasser）：《内心》(*Gemüt*)，乌得勒支（Utrecht）和弗里堡（Fribourg）1956 年版。

个意指时刻。正是情感经历显现了缺乏……，倾向于……，达到……，拥有和享受；行为心理学事实上注定要与隐喻概念一起工作，例如作为平衡、不平衡、紧张、紧张的解决的概念；这些隐喻是有用的：它们激发了完美完成的实验，即将经验结果汇集在一个连贯的视点中；简而言之，这些都是良好的工作概念。但是，这些从实在的另一个"领域"（物理事物的领域）借来的隐喻意指什么？它们是什么的隐喻？行为心理学可以回避这个问题，只要它的概念的内容没有它们的实验结果重要；但是一旦提出问题：冲动、紧张意味着什么？有必要求助于另一种调查，并注意到，只有借助以意向的方式来预期其解决的这一显著性质，紧张即冲动才具有心理特征，因此与类似它们的物理模式不同；物理张力不会以预期的形式包围最终的平衡；目的并不在它的开始和展开中意向地在场；在此，意向分析传递了充满活力的隐喻，并将其保存为隐喻；心理学家可以而且必须继续用冲动来说话，但他不知道自己在说什么；或者更确切地说，他知道这一点要归功于隐含的意向分析，这暗中提醒他，他对充满活力的语言的使用只是隐喻性的。

因此，感情无非是"紧张"和"冲动"的隐含意向的显现。这种来自感情的紧张意向的显现不仅是仅凭自身就能够将物理起源的隐喻保存为心理隐喻，而且仅凭它就可以确证行为心理学在感情中所认识到的"调节"作用：因为正是通过在事物的谓词上展示倾向的意图，感情才能给行动提供客观符号，它可以根据这些符号进行调节；感情通过在外部"表达"倾向，通过将诱发力投射到世界的显相上，来"服务"它；对我们来说，在那边作为一种关于事物性质而显现的东西，是时刻、阶段、状态、倾向的显现；通过这种显现，倾向表明了它所处的状态：缺乏、启动、满足。因此，意向分析远非行为心理学的替代品，而是它的充分确证：心理学的所有努力都是为了阐述一个连贯的"动机"概念，赋予一种功能的意指，一种与行动相关的感情的调节作用，并在对意向意指的反思中找到解释和基础。

但心理分析会反对，体验的感情只给予了生命的表象的意义，有必要通过一种特殊的解释学来破译潜在的意义，它也是实在的意义，而其显现的意义相反只是一种症状。感情是所有面具、所有伪装、所有神秘化的场所；在弗洛伊德之前，通过拉罗什富科 ① 和尼采，我们难道不知道这一点吗？当然。但是，这种观察证实了而不是否定了感情**显现出了**倾向；因为掩饰仍然是一个显现的变动。事实上，就人们能够而且应该对表象意义进行怀疑而言，正是情感将冲动引入了意指的维度；感情是意向性的揭示；即使这一揭示是隐藏的，那么，一种额外的复杂性，不会影响将"行动"与"情感"联系起来的基本显现关系；这确实是为什么潜在意义只能是对显现意义的阐释，就像是寻找更好的意义；无-意义与非意义，还是

---

① 弗朗索瓦·德·拉罗什富科（François de La Rochefoucauld，1613-1680），法国箴言作家。——译者注

在意义的维度上，感情在其中运动；意义的解释学总是从最不重要的意义移动到最重要的意义；心理治疗师在进行这种意义阐释时，除了接受一种新的意义之外别无他求，而这种意义将以更真实的方式被体验，并且将以更真实的方式显现生命的意向实在性。

我们现在可以完全接受情感和认识的辩证法。那么，通过表象，我们将客体与我们对立，感情证明了我们关于实在的结合即我们的和谐和我们选择性的不和谐，而我们内心持有关于"好"和"坏"的情感肖像的实在。经院哲学家有一个绝妙的词来表达活生生的人对适合自己的善和不适合自己的恶的相互适应；他们谈到了我这一存在者与各种存在者之间的一种同源性联系。我们在我们的有倾向性的生命中默默地操纵着这种同源性的纽带；我们在我们所有的情感中以意识和感性的方式来感觉它，但我们只是在反思中通过与认识的客观化运动形成对比来理解它。因此，我们只能通过这种对比来定义感情，即一方面我们借以"分离"自身并"反对"事物和存在的运动，另一方面我们凭借某种方式借以"拥有"它们并将它们内化的运动。

我们理解为什么与认识和客观性的冒险交织的感情应该通过反思来表达我们所说的意向悖论结构；因为正是**在**通过客观化工作所制造的事物上，感情投射了它的情感相关物，即它的情感性质：可爱的和可恨的、欲求的和可恶的、悲伤的和快乐的；因此，它似乎在玩客体游戏。但由于这些性质不是在主体面前的客体，而是与世界不可分的联系的意向表达，这种感情将同时显现为一种灵魂的外表，即一种情感：是这风景在笑，是我在欢快地笑；这种感情表达了我对这片风景的归属，而这又是我内在性的符号和密码。然而，由于我们所有的语言都在客观性的维度上得到了阐述，而在客观性维度中，主体和客体是截然不同的和对立的，这种感情只能以悖论地方式被描述为意向和情感即对世界的意向和自身的感情的统一；但这个悖论只是指向感情之谜的指标，即通过欲望和爱所得的我的实存与各种存在者和存在的不可分割的联系。

一旦我们让自己被我们注定借以表达它的客观性语言所欺骗，我们就会背叛这种意向和情感的统一。我们可能会在两个方面犯错。

在感情中找不到事物的客观性方式，我们称之为"主观的"；然后我们就缺失了它的意向性维度，并歪曲了认识客观性和感情意向性之间的关系；人们不能将这种意向性还原为一种可以与观察、认识和意愿的离心运动对立的向心运动；感情也是离心的，因为它显现了感情的意图。只要它显现为这一意图，它才向我显现为受影响的自身；正是以这些明确的保留为代价，人们才能使深度成为感情的适当维度；这种深度不是意向性的对立面，而是表象特有的客观化的对立面；尽管表象拉开了距离，并且直到在探索的触觉中，"拆下"了这些带有触觉印象的意指的统一体，那么感情则拉近了距离；通过它，客体触动了我；各个不完全客观的客体得到联系；不真实的感情是肤浅的；真正的对象处于远处，而真正的感情位于深处；它们触及我们，有时刺穿我们，就像巨大哀伤的内在伤口。

相反，为了公正对待感情的特殊意向性，我们将称之为**价值**的客体或准客体借给它；诚然，我们大胆地与某些当代心理学家一起在前面谈论"诱发力"，并与经院哲学家们一起命名"善"和"恶"，而笛卡尔有意称之为爱与恨、合适与不合适、适当与不适当、同属和敌对，在其中，我们的行动被调节；感情确实会根据这些"诱发力""善"和"恶"的缺席、距离和在场进行调节；笛卡尔说，爱与恨，欲望、希望与绝望，恐惧与大胆，都可以一一列举，"因为［刺激我们感官的对象］可以通过多种方式伤害我们或刻画我们，或者总体上很重要"（《论激情》，第52条）。我们的意向分析使我们能够达到善与恶、合适与有害的定语（甚至达到诱发力、重要性和危害等名词化的形容词），但不能超出这些。价值概念的引入带来了两个超出我们目前分析范围的操作，我们在此不予评论：我们只能在恰好对"善"和"恶"（因此，在我们刚才所说的意义上，关于善、诱发力、危害性）所进行的"还原"上谈论价值；这种还原，可以恰当地被称为本质还原，它在于将事物的诱发力放在括号中，以便将这时和这里的善与恶的先验本质呈现在精神之前。此外，这些本质只有在相互参照并按偏好顺序掌握时才配得上价值这一名字；正是这种先验偏好通过赋予它们相对价值来揭示作为价值的诱发力；就 ordo amoris①而言，这种向本质的还原和这种偏好的直观是我们有权谈论价值的两个条件；然而，这些都是精神的行动，毫无疑问是同一个精神的行为，既是本质的又是偏好的同一个直观，如果我们想尊重它的固有本性，它不应该被称为感情，而是偏好的直观：快乐的和不快乐的，经过事物的检验，还不是价值；它们只有在还原为本质并以偏好的视野面对其他价值观时才会如此。在这种还原和这种偏好的视野之下，感情只针对"善"和"恶"；然而，这些虚假名词仅表示我们感情的意向符号。

第二节 "Homo simplex in vitalitate, duplex in humanitate."②

如果感情显现了以生命为意图的东西，如果它揭示了使我们的生命走向世界的各种倾向的方向，那么感情必须为对人的实在性的简单先验理解**增加**一个源初维度。反过来，如果感情只是通过与知识的客观化工作对比来显现它的意义，如

---

① 拉丁文，意为爱的秩序。——译者注
② 拉丁文，意为"生命是单一的，人性是双重的。"——译者注

果它的一般功能是内化我们所反对的实在性，那么感情的到来必然与认识的到来同时发生。而且，我们明白，认识的比例失调在感情的比例失调中既可以得到反映，也可以得到完成。

因此，对认识和情感的联合反思现在必须让我们面对这个沉思的中心主题：这就是，情感在一种非客体的方式即在内在冲突的模式上，**像**认识一样具有双重性，其与认识成比例，但又**不同于**认识。

情感和认识的起源确实是双重意义。一方面，客体理论将区分和等级原则引入情感混乱；它解除了先前分析所笼罩的非规定和抽象：我们确实能够反思爱与可爱的之间的关系，而无需具体说明它是事物、人、观念、共同体还是上帝的问题；通过在感情中内化自身，与客体的关系将限定倾向的等级，并在其内在性中区分情感；因此，感情和认识的共同起源的第一个好处是，从爱和可爱的之间的一般**横向**分析，导向了根据客体的程度对感情的程度进行**纵向**分析；因此显现了这种感情的范围及其内在的比例失调。

反过来，正是在感情中，这种迷失在客体中的比例失调得以完成；正是在感情的生命中，中间的“术语”最终得到了反思，我们在“理论”和“实践”的语域中徒劳地悬置了这一中介的活生生的意识；因此，我们对比例失调的所有反思都集中在一个点上，从某种意义上说，这就是比例失调的场所和结点；柏拉图所谓的 θυμός 正是这种情感的结点，他试图将其置于 ἐπιθυμία[①] 与理性之间，前者是感性的欲望，后者的 ἔρως[②] 又是具体欲望。因此，正是在 θυμός 中，与人的欲望的内在冲突更加尖锐；从这个意义上说，正是 θυμός 构成了人的卓越感情。

因此，我们的道路很明确：我们将首先走向极端——ἐπιθυμία 和 ἔρως——从而理解理性范围的形象中的感情范围；那么我们再回到中间的术语——θυμός——通过感情的范围来理解整个人的脆弱性。

因此，感情的范围和“比例失调”首先是认识的范围和“比例失调”的延伸。然而，我们对这个客体的所有反思都围绕着两个意图的主题组织起来，即视角的意图和真理的意图；人显现为这样一种松弛于这一个-这里-这时之中即活生生在场的确定性与在所有真理中完成知识需求之间的存在者。无论我们如何称呼这种原始的二元性——意见与科学、直观与知性、确定性与真理、在场与意义——它都禁止在话语哲学之前形成一种知觉哲学，并要求它们一起即一个与另一个、一个接一个地被阐述。

现在，感情的源初“比例失调”的观念，与认识的源初“比例失调”观念同时存在，与情感心理学从古老的《论激情》中继承下来的偏见发生正面冲突；从斯多葛学派到笛卡尔，经过圣·托马斯；这些论文基于这样一种观念，即人们可

---

　① 古希腊语，意为欲望。——译者注
　② 古希腊语，意为爱欲。——译者注

以按照从简单到复杂的递进顺序，从少数简单、基本或原则的激情开始，推导出所有的"情感"；相反，我们之前的所有反思都在邀请我们放弃这种复杂感情的组合，**不是从简单的而是从双重的开始**；不是基础的，而是极性的。如果不考虑生命欲望与理智之爱（或精神的喜悦）之间最初的比例失调，就会完全忽视人的情感特殊性；人们并不能通过在被认为是动物和人共有的倾向（和情感状态）的层面上增加一个阶段来获得人性；人性就是这种不平衡，这种最初的极性，这种"心灵"所在的各种极端之间情感张力的差异。

这是工作假设；如何检验呢？我们提出的检验将包括质疑结束需求、爱和欲望的运动的情感。事实上可以证明，情感运动有两种**终止**方式：一种是孤立的、局部的、有限的行动或过程的完成和完善：这就是快乐；另一种完善人的全部工作；这些就是命运、使命、实存筹划的终结；这就是幸福，不再是我们迄今为止以之反对性格的幸福的空虚观念，而是幸福或至福的充实。因此，正是这两个终结、这两个完成、这两个**完满**的内在的不和谐，最能显现 ἐπιθυμία 和 ἔρως[1] 这两极。因为正是这种"目的"的二元性激发和调节了"各种运动"即"各种欲望"的二元性，并在内部分裂了人的欲望。

当我们表明视角只有在违反它的真理的意向中才被认为是视角之时，我们有可能对快乐进行我们之前应用于有限视角的相同批评。快乐也是如此。另一个情感意图将其揭示为快乐，即简单的快乐。我们已经可以从感情的加倍力量中看到这一点：我可以在受苦中快乐并在快乐中受苦；这些将情感等级化的第二级感情已经显现出与快乐相关并根据快乐作出行动的感情的力量。这种情感的加倍宣告并引发了一种对快乐原则的内在批判，这一批判为幸福原则在暗中所进行，即情感多过思维的批判，就像是对简单快乐的不满，而这种快乐不会是幸福的符号、承诺和担保。

然而，很难将这种情感批判与在恶的方面拒绝快乐的道德和道德化批判区分开来。在此，有一个容易跌入的陷阱。尽管如此，我们必须努力恢复的是一种恰当的情感批判，它只不过是幸福对快乐的违反的显现。正如亚里士多德在他的《伦理学》中所颂扬的那样，我们只有面对善即快乐的**完满**，而不面对恶，才能找到这种批判的关键。幸福超越的不是快乐的恶，而是快乐的完满。只有以这种代价，快乐的**有限**才能得到显现，比任何突然发生的恶意都更源初。

因此，亚里士多德在这里是很好的向导；他极力抵制以往的整个传统，后者在快乐中看到了一种"起源"、一种"过程"、一种"无限制"的流浪，并且最终看到一种实存不幸的根源；快乐是完美的，因为它是完美的；它不在过程中："它实际上是一个总体，并且人们在任何时候都不能理解一种在时间中延续从而达到

---

① 古希腊文，ἐπιθυμία 意为欲望，ἔρως 意为爱欲。——译者注

形式完满的快乐。"(《尼各马可伦理学》，第十卷，1174 *a*，16-17）

但它的完满是有限的完满。它只存在于瞬间、不稳定、易腐烂，就像这些善，快乐通过愉快来显现这些善的拥有。这种完满也是一种部分的完满，其在整个命运的视域得到突出，而快乐的源初无辜是一种受到威胁的无辜；这种威胁的原则存在于行为视域结构中；人的行动是以一种自给自足的总体性为意图的，这种总体将是至福，即幸福的快乐，同时在受到成功或快乐意识所认可的离散的行动中即"结果"中以有限的实现为意图；在快乐中的状态有可能当场冻结活动的动力并掩盖幸福的视域。

从另一种意义上说，快乐的完满是有限的；快乐为身体生命打上了完满的印记；亚里士多德选择建立它的完满的快乐理论的例子——快乐的情感的理论，更准确地说是看的快乐的理论——证明了快乐打断并认可了我在世界上的有机根基；它放大了我所珍视的贯穿我的生命和我所处的这个视角中心的偏爱；因此，正是快乐的完满使我依附于生命；因为它显现生命不是众多活动中的一项活动，而是所有其他活动的实存条件；快乐地肯定"首要的生命"，快乐就不断暗示"随后哲学"的推迟。然而，这种快乐是总体的，就像幸福一样；它代表瞬间的幸福；但正是瞬间的幸福的收缩威胁着要停止生命庆祝中的行动动力。

所有将快乐视为恶的哲学的错误在于，将这种对生命的自发和倾向的依恋与有效的和先前的实在的衰退混为一谈；这种有限的完满——无论是在时间上还是在功能上——都只是一种封闭状态的威胁，即一种情感视域封闭状态的威胁；恶意需要偏好的特定行动；亚里士多德在"恶"的标题下谈到的"缺乏控制和放纵"不是"激情"（πάθος）[1] 而是行动（πράξις）[2]，并且这种行动在第一种情况下是"自愿的"，在第二情况下是经过深思熟虑的；为了使快乐成为一种 βίος[3]，即一种"生命类型"，恶人必须"喜欢它胜过一切"；然后，他被牵着并被拖着走；但他自己投降了；向他隐藏幸福视域的盲目和阻止他的意愿翱翔的束缚都是恶人的工作。与这种意愿的丧失相关，我明白可能是一种源初快乐的东西，它不会是灵魂的坟墓，而是生命的瞬间完满。

快乐的有限远非原始的恶意，以至于揭示幸福在它之外的情感批判不仅是对快乐的否定，而且是对快乐的接受和重申。令人惊讶的是，亚里士多德在他关于快乐的话语中在两个"场所"之间犹豫不决，而反过来又将其视为对特定的德性与恶、自制与放纵（第七卷）的阐释的心理序言，并作为最低程度的幸福（第十卷）。快乐既是可以在简单生命的层面上阻止自己和阻止我们的东西，也是可以根据人的行动的所有程度辩证化的东西，直到它与作为完满快乐的幸福融为一体。

---

① 古希腊文，意为情感、激情。——译者注
② 古希腊文，意为行动、实践。——译者注
③ 古希腊文，意为生活、生命。——译者注

这种内在于快乐本身的辩证法，因此不会被扔回到生命意志和生命的唯我论的黑暗中，可以用形容词和名词即 ἡδύ 和 ἡδονή[①] 的辩证法来表示；法语通过快乐的（l'agréable）来翻译 ἡδύ 和通过快乐（le plaisir）来翻译 ἡδονή，失去了它的关键之处。快乐的是快乐本身，"快乐的"，强调了行动的辩证法；在"快乐的"所属的形式中，快乐像行动一样被分级；我们还看到它在艺术作品的知觉中得到美化，在过去的记忆中内化自己，在消费和玩耍的快意中成为动因，在学习和努力中变得充满活力，在友谊的快乐中向他人敞开心扉；还有一种带来快乐的快乐；甚至有一种放弃快乐的快乐，即一种牺牲的快乐。没有理由不把所有这些快乐的变化称为"快乐"；根据亚里士多德的黄金法则，快乐是无障碍地完成活动，这一法则使快乐的所有程度得到统一："快乐完善这些活动，也完善着生命，这正是人们所向往的。"（《尼各马可伦理学》，第十卷，1175 a，15）

但是作为纯粹完成的快乐的在快乐中被充实并回归到它的感性和身体的模式：快乐的静止往往会减弱活动的动力，因此也会减弱快乐的所属的动力；这种静止状态巧妙地源于快乐的动力作用，即它通过快乐的所属的吸引力重新启动和增加活动的力量；亚里士多德已经注意到，我们在一项活动中获得的快乐使我们无法从事另一项活动："听长笛演奏的快乐妨碍谈话的活动"（第十卷，1175 b，6）；通过缩小自由处理的领域，它"毁灭"了其他活动（第十卷，1175 b，23）。所以，快乐的跟随活动，倾向于打开游戏；但是快乐使一项活动具有特权并倾向于结束游戏；因此，快乐对以它们为符号的活动产生反应；对快乐的排斥反映在对活动的排斥上。

正是由于快乐的在快乐中的名词化和幸福意识在结果意识中的封闭状态，幸福的问题必然以某种快乐的中止为代价而得到恢复；我们可以通过限制快乐的形容词即快乐的来重新发现幸福；但是必须打破名词快乐的封闭状态。这就是为什么亚里士多德没有将幸福的观念直接建立在快乐的观念上，甚至也不建立在快乐的所属的观念上，而是回到活动及其动力的原则上；幸福是"欲望本身"，而不是"与其他事物有关"（第十卷，1176 b，4）；幸福的最终意向性是在活动本身而不是在快乐的伴随中被解读的；这就是为什么为了幸福的根本意指得到显现以及快乐本身得到重申必须有某种快乐的"悬置"。

为了恢复人的行动的动力和等级并最终重新发现**极致的快乐**，柏拉图已经在《高尔吉亚》与卡利克勒斯的著名辩论中实现了这种对快乐的悬置。卡利克勒斯给他区分"更好的"快乐和"更坏的"快乐的可能性（499 b），其足以使对快乐的批判成为可能并得到开始；"我们所有的行动的 τέλος[②]"——善——被暗示为

---

① 古希腊文，ἡδύ 意为快乐的，ἡδονή 意为快乐。前者为形容词，后者为名词。——译者注
② 古希腊文，意为目的、终点。——译者注

价值的衡量标准或至少是具体衡量标准的原则、基础或需求，例如一种生命类型（βίος）①，即一个"人的工作"的风格（500 c）；因此，善和快乐的所属的二重性是区分快乐的本身的工具；快乐的本身是没有显现秩序的；在"善"的影响下，"卓越"是有等级的，如果真的是每件事物的 ἀρετή② 都包含"一种秩序和一种从秩序中产生的美满的禀性"，并且"每件事物的本性所特有的某种安排之美，正是由于它的在场，使这件事情变成善"（506 d e）的话。因此，"有秩序的灵魂"（506 e）的观念是情感辩证法的共同点。

希腊的"美德"学说无非是通过"悬置"快乐来恢复快乐的所属的源初范围，从而使快乐的或快乐的形容词等同于幸福本身。在《高尔吉亚》令人钦佩的篇章中，柏拉图逐渐构成了"善""德性""秩序"的概念，然后通过"适度"的概念的中介来发现希腊 παιδεία③ 古典"德性"序列——节制、智慧、正义和虔敬、勇气——这一篇章开创了直至今日的所有美德的论文。就其卓越的主要意义而言，"德性"是维持整个活动的意向意图的关键概念；通过指明和区分行动的多重和集体的卓越，"德性"将活动重新定位为持续的和最终的总体性；尤其是节制，它直接关系到正确使用快乐，恢复活动的可供利用性和展开状态；它是快乐的"实践"的 ἐποχή④，多亏了它，偏好的动力又回到了变化之中；快乐的主人，就是行为自由和对幸福的展开；道德的述谓使得这个命题的意义变得如此平庸："幸福是一种符合德性的活动"（《尼各马可伦理学》，第十卷，1177 a，11）。事实上，根据其最根本的意向，快乐的批评最终是作为优先快乐的幸福的确证的漫长迂回："正如我们已经表明的那样，我的朋友卡利克勒斯，节制的人 ⑤ 是公正的、勇敢的和虔诚的，因此也必然是完善的人；让好人做一切既善且美好的事；如此行事，他不可能不获得成功和幸福，而坏人，行事不端，是痛苦的"（《高尔吉亚》，507 c）。

然而，对"善"的人的"卓越"的反思而恢复的这种幸福最终是快乐的所属的最高形式。善的等级是使人完善的快乐的本身的等级。快乐的之于善，就像快乐之于所完成的生命功能：一种经受考验的完善，感觉就像类似于快乐的东西。最后，在名词化快乐悬置结束时重新发现的快乐是作为形容词快乐的顶点的幸福，也就是说快乐的所属的幸福（《尼各马可伦理学》，第十卷，1177 a，23）。

这就是我在对恶、对法则的感性的敌意以及对义务的强制性进行任何反思之

---

① 古希腊文，意为生命、生活。——译者注
② 古希腊文，意为德性、善、至善。——译者注
③ 古希腊文，意为教养。——译者注
④ 古希腊文，意为悬置。——译者注
⑤ 根据《可能犯错的人》英译本和柏拉图原文及其法译本，此处应为节制的人，而非利科所引用的智者。参照 Paul Ricoeur, *Fallible Man*, Trans. by Charles A. Kelbley, New York：Fordham University Press，1986. Plato, *Platonis Opera*, ed. by John Burnet, Oxford：Oxford University Press，1903. Platon, Protagoras, *Euthydème, Gorgias, Ménexène, Ménon, Cratyle*, Traduction par Emile chambry, Paris: Flammarion, 2016.——译者注

前的理解；此外，从快乐的源初规定出发，即从它在人的活动的各个层面上所掌握的"善"的完成功能出发，我只把快乐理解为康德意义上"病理性的"。如果真的是通过对"德性"的反思的迂回，我理解了快乐的所属的情感范围，那么在任何衰退之前，我也就将这些德性理解为充分发展即人的力量或功能的完成，简而言之，就是充分肯定而不是强制和否定。义务是恶的功能；德性是一种形态，即不同于人的"规定"（Bestimmung）①、"工作"（ἔργον）②的一种形式；德性是人的肯定本质，先于任何衰落和任何禁止、限制和悲伤的义务。

在这种情感辩证法上，幸福成为快乐的**关键主题**，在幸福和性格辩证法的狭隘框架内阐述的幸福观念似乎只是一种观念，即一种反对实存视角的特殊性的总体性的需求；这个观念被赋予了巨大的情感意义；从今以后，它本身就是最好的快乐形式；通过将快乐分级，幸福的观念从这个批评中获得了它所缺乏的情感充实：它是最大的快乐。

当代心理学通过其他方式发现，希腊人在沉思幸福和快乐时知觉到的这种感情生命的广度。一方面，所有关于功能性情感**调节**的研究丰富了生命感情的心理学。另一方面，所有可以称为存在论的对感情的沉思丰富了感情的情感哲学。我们绝不能牺牲其中之一，而是利用作为更新快乐与幸福的古老辩证法的手段的当代思想的双重邀请。

"圆满完成"行动的快乐"完满"无障碍地得到了实现，我们今天称之为调节功能；同时代人为区分与情绪混乱的感情相关的符号的有用功能和所有失调的其他形式所做的所有努力，延伸了亚里士多德对快乐的道德与病理性的贬低的反对。

更引人注目的是，作为调节的感情恢复会导致与在当下亚里士多德式的快乐及其完满同等的尴尬。因为从适应生物的环境和文化的环境的角度来看，这种感情只能是功能上的确证。感情表明我们在解决紧张的道路上所处的位置；它的各种形态和情感上的细微差别点缀着任何不平衡和寻求新平衡所引发的行动阶段。因此，感情是生命重新平衡的一种功能；了解它在这一过程中的作用，就是了解它。

困难始于对感情的功能和调节作用的认识；所讨论的是这种规范性最普遍的前提，即适应假定给予环境的观念；这种对适应观念的怀疑支配着所有其他问题：所有这些紧张、解决、平衡、重新调整的概念在人的心理学中的**有效性**是什么？这个问题并没有重复我们之前提到的那个与隐喻本身的价值有关的问题；将在动物心理学中有效的适应性图型转化为人类学是非常正确的。这种扩展需要一种批判，我在希腊的快乐与幸福的辩证法中恰恰找到了这一批判的原则。

这种扩展确实不是非法的；如果这些适应性风格概念没有描述实在的人的处

---

① 德文，意为规定、使命。——译者注
② 古希腊文，意为工作、活动、作品。——译者注

境，它的启发和解释价值将是不可理解的；但它们所描述的处境恰恰是对人的欲望的存在论使命的**遗忘**和**隐瞒**；它是一种人的处境，其被还原为和简化为在文化中以动作和表情来表达生命力。事实上，严格来说，只有周期性出现的重要功能才符合适应标准，因为它们包括对其紧张的有限解决；然而，我们自己以多种方式重新置于类似的处境中；某些专业活动只需要应用我们人格中的一个孤立部分，我们以某种方式将其带给工作；在这个由精确任务所限制的视域内，调整仍然是有限的，可以根据效率标准来完成和衡量；通过这种抽象，在这个词的强烈意义上，人发现自己处于等同于生命机能有限终止的处境。但这种等价是暂时的；因为人**可以**超越这种抽象的限制：一旦他将自己的生命置于任何已完成任务的执行之外，并将他的工作视为谋生的手段时，就会发生这种情况；然后，他的欲望就超越了他的工作，转向了他将能够通过工作获得的东西，在他看来，这一工作只不过是他的自存、他的闲暇和他的生命的社会成本。

更何况，随着我们所扮演的社会"角色"包括越来越不精确和不太容易受到明确衡量的任务，适应的观念越来越倾向于越来越不精确的规定和越来越不准确的标准；任务饱和不再被模棱两可地视为成功。对自己在社会中所处位置的感情调动了与生命层面尤其是特定工作所强加或允许的生命类型同样复杂的事物；人格的方方面面都或多或少地参与了这个评价；这些工作实际上或多或少表现为"展开状态"或"封闭状态"的职业，我们可以在其中提高意图的水平；因此，我们自己就是不平衡的根源，而这些不平衡并不是由社会任务所明确规定的；我们调整的条件不是由环境决定的，而是部分地由我们整个人格展现的需求所规定的，这表现在我们的意图的水平上。因此，通过由标准所定义的任务的观念，到由社会和主体的人格共同规定的意图水平的观念，我们在平衡、适应、调整的观念中心，引入了一个往往会使它们无法使用的不准确因素。

但是我们大多将自己视为客体；社会中的工作和生命需要这种客观化；我们的自由正是基于那些赋予我们习惯性实存的社会规律；因此，我们创造了自身，并在我们自身上创造了现代心理学概念的各种有效性条件；这些概念适用于适应的人。

但这种客观化的实存——更不用说我们后面要讨论的"物化"——并没有穷尽人的根本可能性。以认识的范围为指导，我们总能揭示相应的感情范围，并原则上拒绝将感情等同于情感调节，适应的心理学倾向于后者。

如果人们可以说他的生命、他的工作甚至他的理智在于解决问题，那么他就可以根据适应来完全且彻底地定义。但更为根本的是，人是提出问题、开启问题的人，——只要通过质疑这个社会的基础，而这个社会的基础邀请他以一种非批判的方式适应他工作、财产、权利、休闲、文化的统治。

正是基于质疑的这种腐蚀性力量，任何针对封闭状态调整即有限适应的筹划的批评都会滋生。

在此，爆发出来的动机心理学遇到了哲学及其快乐和幸福的辩证法；因为如果情感调节的当代概念延伸了快乐的古代理论（根据亚里士多德的说法，后者使活动本身变得完美），那么对可以称为精神和存在论的感情的沉思则延伸了柏拉图的"爱欲"，它只是苏格拉底"幸福主义"的一个方面；无论苏格拉底学派内部中善与存在的概念有何不同，所有苏格拉底主义者都力图描绘幸福的人的形象。

但是没有理性哲学的情感心理学是盲目的：在情感混乱中区分幸福意图和快乐意图的是理性，即康德意义上的理性，作为对总体性的需求的理性；幸福与理性具有相同的范围；我们能够幸福，因为理性"为了一个被给予的有条件者要求了诸条件的总体性"（《实践理性辩证法》，序言）。我用理性所"要求"的是我用行动所"追求"的东西与我用感情所"渴望"的东西。我们在第一章中质疑的意义、言语、动词，即在第二章中已经显现在我们面前的实践理性，在幸福的空虚观念下，宣布了一个相应的感情时刻，就像关怀（Souci）的封闭状态中的情感展开状态。

我们回想起这一优秀的文本，其中康德——一位拒绝将幸福作为道德性原则视为起点的哲学家——在所有辩证法和所有先验幻象的根源上发现，"对事物的一种更高的、更不变的秩序的展望（Aussicht）[1]，我们现在已经在其中，并且我们能够根据确定的规范，按照理性的最高规定继续我们的存在"。这一文本清楚地意指理性和感情的相互发生。

一方面，是理性作为对于总体性的展开产生了作为对于幸福展开的感情。反过来，感情内化了理性；它向我揭示了理性就是我的理性，因为通过它我拥有了理性。用柏拉图的语言来说：我们属于观念的种族；走向存在的厄若斯也就是记住存在作为其起源的东西。用康德的语言来说：理性是我的"规定"和我的"使命"——我的"Bestimmung"[2]——一种意图，我能够据以"继续我的实存"。简言之，感情揭示了实存与理性的同一性，它使理性人格化。

毫无疑问，有必要多说几句，以免陷入简单的形式主义，其忽略了感情的揭示本质；在我们上面提到的康德的文本中，这是一个"我们现在已经**存在其中**并且我们能够继续实存**其中**的秩序"的问题。只有通过这种已经在……的意识，即通过这种源初的**内在**，感情才能完全成为它自身。感情不仅仅是在人身上实存与理性的同一性，它是从实存到存在的显现，这一显现的理性就是思维。

在此，尽管是在一种模糊的预期中，我们强烈称之为情感中的意向和情感的同一性的东西得到了充分的显现，而在这种感情中，我们已经认识到主体和客体二元性的对应物。没有感情的理性保持在二元性即距离中；感情证明了，无论我

---

[1] 德文，意为展望。——译者注
[2] 德文，意为规定、使命。——译者注

们是什么：它不是完全的他者，而是中间地带，我们在其中得以继续实存的源初空间。

这种基本的感情，即我们借此得以存在的这种厄若斯，在归属感的多样性中得到了具体说明，这些归属感在某种程度上是它的图型化；这些被称为"精神"的感情不再感受到任何有限的满足；它们构成了我们所有情感生命的无限极。这种图型化是在两个方向上进行的，即在"我们"中相互参与的方向，以及对任务即对作为"理念"的超个人作品的参与的方向。根据第一个方向，基本感情在所有 *philia*[①] 形态中被图型化。*inesse* 采用 *coesse* 的形象[②]；这种感情的无限显现在这样一个事实，即没有有组织的历史、经济、政治、人类文化的共同体能穷尽这种对人的总体化的需求，这一总体化就是一个我们仍然在其中并且"只有我们在其中能够继续我们的实存"的王国；这种存在的人与人之间的图型本身在对远处事物的接纳形式中以及在对身边事物的亲近感中自身分化。但是我无法区分近处和远处，就像我无法区分人与人之间的亲近感和对理念的奉献一样。包容的是人际关系中 *philia* 各种形象之间的辩证法，对应于近处的两张面孔和两种归属感的更广泛的辩证法，后者即属于"我们"和属于"理念"，这显现了我们和整体存在的内在联系。如果没有意识到参与赋予共同体意义并因此赋予其联系和目标这一创造性的主题，人与人之间的参与是不可能的；它始终是一个理念，为"我们"和"亲近感"的发展给予了意义视域；这种对各种观念的积极参与是一种卓越的智慧或精神的感情；我们最清楚地感到，理性不是外来的，而是，我们就是它，我们属于它。

通过这种存在论感情的简要图型的手段，我们达到了所谓的"心灵"和"关怀"的两极。"心灵"既是我们刚才所谓的存在论感情"图型"的器官和象征；我们在其中发现**共在**的人际关系图型，**为⋯⋯而存在**的超个人图型，以及**在⋯⋯中的存在**的基本目的；心总是作为关怀的另一极出现在那里；它固有的可供利用性总是与身体和生命的贪婪相对立；牺牲是一种戏剧形式，在灾难的处境中，为超越所具有；然而，牺牲证明了，在生命的限制上，为朋友献出生命与为观念而死是一回事；牺牲显现了两种归属图型的基本统一，即亲近图型和奉献（或忠诚）图型。亲近之于他人，就像奉献之于观念，两者共同构成了这一展望——*Aussicht*[③]——"在一个我们可以继续实存的秩序中"。

这种存在论感情"图型化"的观念或许可以解决许多与存在论感情概念相关的困难。首先，如果人们认为这里的感情与其说是拥有不如说是承诺，那么带有存在论意图或企图的情感的多样性就不再是对存在论感情这一观念的主要反对意见；它期待的比它给予的更多；同样，所有精神感情都是向幸福过渡的感情。我

---

① 其为古希腊文 φιλία 的拉丁语转写，意为友好、有爱、喜爱。——译者注
② 拉丁文，inesse 意为内在，coesse 意为共在。句意为内在采取了共在的形象。——译者注
③ 德文，意为展望。——译者注

们已经说过，幸福只能由幸福的"符号"来指明，而这些符号只能从性格的角度来得到：因此，幸福的类型学没有任何矛盾，因为存在着个体指向完成的多种方式；一个人徘徊在符号中并享受它们；另一个人感觉到他实存力量的增长并体验到其喜悦；一个人提前品尝他的胜利并欣喜若狂；一个人感到非常满足并充满感激之情；一个人感到生命的重担被释放，感到轻盈，远离了所有威胁，并品尝到一种高级的无忧无虑，一种不可改变的宁静与和平。幸福将同时且永远是所有这些。在我们看来，在别处看来是由性格的多样性所规范的类型学，现在在我们看来是根据源初处境的多样性而进行的图型化，我们从这些原始处境来理解我们可以继续实存的秩序；这种情况突出了人与人之间的联系，需要更多地关注人而不是观念；另一种情况通过这个观念强调了这种联系，并使这种感情看起来像是为某种原因而受苦的能力。

感情"图型化"的观念也许也可以在存在论的范围来解释感情，但是，这些感情并没有被置于属于"理念"或属于"我们"的影响下。也有人说，它们是适当的无形的感情、感情色彩、Stimungen[①]、氛围感。我们刚刚命名了其中的一些幸福类型的情况：享受、喜悦、兴奋、宁静……它们的深层意义可能与"图型化"的感情有关；它们就像这种图型化的对应物；通过它们无形的特征，它们指明了基本感情，而其规定的感情是图型，即人对存在的展开。然而，并非所有的氛围感都是这种存在论的意图，我们在所有的层面寻找实存，特别是在生命层面（安逸感、不安感——好心情、坏心情——轻松、沉重——活泼、疲劳等）；所有的感情都容易成形或回归无形；它是一般感情的意向结构的结果：它交替地，根据它所附加的情感形容词的认识客体而形成，或者根据内在化、内省回归无形，从而投入意向行为由之出现的生命的深处；这就是为什么并非所有的无形都是存在论的；无形也根据人的实存所体验的活动层面进行了分级。但是，如果所有的氛围感都不是存在论的，那么存在论通过无形的情感的"感情色彩"显现出来是可以理解的。可以说，无条件的东西是被思维但不被客体规定的手段所认识的，它是在一种不由感情所形成的形态中被感觉到的；如果存在是"超越本质"的，如果它是视域，那么可以理解的是，最根本地内化理性最高目的的感情本身就是超越形式的；只有"感情色彩"才能使根据理智的规定所显现出的先验与根据实存运动的顺序所显现出的内在一致。归属于存在的最高感情必须是与我们的生命基础最分离的东西——绝对的，在这个词的强烈意义上——成为我们心灵的核心；但是人们不能给它命名，而只能称它为理性所要求的、其内在性由感情显现出来的无条件。

归根结底，会不会有人反对存在论的感情通过将自己分为消极和积极来压抑自己？恐惧和至福的矛盾难道不是在反对存在论感情的观念吗？或许这种对立除

---

① 德文，意为情绪。——译者注

了对于存在的思辨中的 *via negativa* 和 *via analogiae*①之间的区别外，没有其他意义。如果存在就是各种存在者所不是的东西，那么恐惧就是对存在论差异的卓越感情。但正是喜悦证明了我们与各种存在者中的存在缺席有着密切的关系；这就是为什么笛卡尔、马勒伯朗士、斯宾诺莎、柏格森以不同的名称和不同的哲学语境谈论精神上的喜悦、理智之爱、至福，指定唯一值得称为**存在论**的情感"总体性"；恐惧只是缺席和距离的反面。

人能够从恐惧中感受喜悦，通过恐惧感受到喜悦，这是在感情维度上所有"比例失调"的根本原则，也是**人的情感脆弱性**的根源。

第三节　θύμον②：有、能、值（avoir，pouvoir，valoir）

快乐原则与幸福原则之间的比例失调显现了**冲突**的人所特有的意义。的确，只有感情才能将脆弱性揭示为冲突；它的内在化功能，与认识的客观化功能相反，解释了在客体综合中所投射的人的二元性在**冲突**中得到反思。对于简单的先验分析，应该记住，第三者即综合，即康德称之为先验想象力的东西，无非是客体中综合的可能性；它绝不是一种体验，即一种能够被戏剧化的经验；它所属的意识根本不是自我意识，而是客体的形式统一体，即世界的筹划。对于感情来说，情况完全不同；通过内化构成我们的人性的二元性，情感将其戏剧化为冲突；与此相对应，主观性的对立的二元性与客观性的坚实综合相呼应。

在快乐的有限解决和幸福的无限解决之间的二律背反的指导下，对情感动力学的研究能够对仍然只是一个工作假设即阅读指南给予一致性和信任。这项调查将延伸《理想国》第四卷中关于 θυμός 的简短注释；人们会记得，柏拉图在那里看到了人的矛盾的加剧点：他说，有时，它站在欲望的一边，它是欲望的刺激点、刺激、愤怒，有时它为理性而战，它成为愤慨的力量和承担的勇气。这是我们必须寻找的方向，如果我们想显现第三者，而这一第三者不再像先验想象力那样仅仅是客体中意向的和知觉的，而是对心灵的情感；因为 θυμός，恰恰是人的心灵，即心灵的人性。

我们可以在模糊且脆弱的 θυμός 符号下安置处于生命情感和精神情感之间的情感生命的整个中介领域，简而言之，所有处于生命和思维即在 βίος 和 λόγος③ 之间过渡的全部情感。值得注意的是，正是在这个中间领域，**自我**被构成了，它不同于自然存在，也不同于他人。对于生命和思维，我们已经在 ἐπιθυμία 和 ἔρως④

---

① 拉丁文，via negativa 意为否定的方式，via analogiae 意为类比的方式。——译者注
② 拉丁文，意为意气、血气、怒气。并且，θύμον 是阳性宾格单数，θυμός 是阳性主格单数。——译者注
③ 古希腊语，βίος 意为生活、生命，λόγος 意为言辞。——译者注
④ 古希腊文，ἐπιθυμία 意为欲望，ἔρως 意为爱欲。——译者注

的影响下探索了它们的特殊情感，它们依次低于或超越**自我**（Soi）；只有伴随着θυμός，欲望才具有差异和主观性的特征，而这造就了自我；相反，自我在归属于一个共同体或一个观念的各种感情中自我超越。从这个意义上说，**自我**本身就是一个"两者之间"，即一个过渡。然而，对于这一自我差异，必须设法在自我偏好之下捕捉它，因为这种自我偏好使得这种差异变得敌对和恶毒；自我偏好是错误或错误的一个方面，恰恰在差异的这种构成中发现了可能犯错性的结构，这种可能犯错性的结构使其成为可能而不是不可避免的。因此，有必要**在"激情"之下**进行挖掘、钻探，而这些"激情"在人的历史和文化生活中，在骄傲和危险的"偏好"的掩盖下失去"差异"的无辜。

这项任务并不容易；古老的《论激情》完全忽略了这个问题。这些托马斯和笛卡尔的论述，刻意保持在**有限**终结的欲望维度上，只是偶尔遇到两种情感的冲突，例如当它们区分感性快乐和精神喜悦时，或表明情感中它们的相互阻碍或精神对感性的影响。情感辩证法不是它们的主要客体，它们忽略了中间问题，即θυμός。

圣·托马斯对"暴躁"的分析在这方面有所启示；暴躁不是情感生命的源初实例，而只是情欲的复杂化和变化；情欲循环以爱（*amor*）开始，在欲望（*desiderium*）中达到顶点，以快乐（*delectatio, gaudium, laetitia*）结束[1]；同时，仇恨（*odium*）通过排斥（*fuga*）结束痛苦（*dolor, tristitia*）[2]；这些"激情"以它们的客体来区分：可爱的，它就是自然的、适当的、合适的情感的善；欲望的，它就是缺席和疏远的情感的善；快乐的，它就是拥有的善。感性的"善"和"恶"的意向调节了自满、缺乏和在场，正是快乐的特定"平息"给予了这种*intentio*[3]意义（尽管这是最敏感的术语，即欲望，它给整个循环命名）。这句话很重要，因为所有的激情都被整合到这个术语上，它按照执行的秩序被排列到最后一项，但按照意向的秩序则被排列为第一项。"暴躁"并没有真正打破这个循环；它只会使它复杂化；确实，正是基于欲望，圣·托马斯才嫁接了各种新的激情，而它们的通用名字就取自其中之一，即愤怒；它们的客体，其实只是"善"或"恶"的一个方面：它就是艰难的善或恶，即难获得或难取胜；正是这种困难的波折激发了对抗和战斗的激情：使障碍与我们的力量成比例且可以实现善的希望，使善似乎遥不可及的绝望，感觉到作为先于我顽强力量的恶的恐惧，感觉到足以克服障碍的大胆，最后是愤怒，在恶已经在场的情况下，愤怒除了反抗和报复冒犯者之外别无他法。这种对暴躁的发现当然是非常宝贵的，但在适应心理学即有限适应的限制之内；在这些限制中，它具有将攻击性时刻辩别为享乐的漫长迂回的优点；

---

[1] 拉丁文，amor 意为爱，desiderium 意为欲望，delectatio 意为快乐（感官上的），gaudium 意为喜悦（指内省的满足），laetitia 意为狂喜（带有活力的）。——译者注

[2] 拉丁文，odium 意为憎恶、怨恨，fuga 意为逃离、远离，dolor 意为疼痛，tristitia 意为悲伤。——译者注

[3] 拉丁文，意为意向。——译者注

我们感到遗憾的是，笛卡尔放弃了这一发现，通过在其称之为"欲望"的单一"激情"中封锁了托马斯的欲望、其反面逃逸以及暴躁的整个激情群：希望、绝望、恐惧、大胆和愤怒。

这一从所有的"暴躁"到欲望的笛卡尔式还原并非没有道理：它显现了暴躁并不真正构成源初情感的层面，而是一种有限循环（爱-欲望-快乐；仇恨-排斥-痛苦）的简单延伸；在不从根本上改变其意义的情况下，难以实现或无法实现的困难的善，以及难以克服或不可战胜的困难的恶，仍然是感性的善与恶；暴躁的激情也保持与情欲的诱发力一致；它们调节的 *accessus* 和 *recessus*[①] 的波折只是走向消耗过程中的一个生动的插曲，而这个过程在爱的"自满"中被预期，并以快乐的 *intentio quiescens*[②] 为导向。

然而，暴躁这一激情的这种"插入"特征，却受到了细致的描述的质疑；在某些情况下，这种以要消耗-耗尽的善为中心的心理学假设是错误的；感性欲望所指向的可消耗客体之中的他人的插入，比欲望与快乐之间或厌恶与痛苦之间的障碍和危险的插入构建了一个更具决定性的波折（特别是因为生命中最大的障碍和危险来自主体间的实在性）；然而，托马斯的论述与笛卡尔的论述为之所规范的顺从和统一，是对物质利益的顺从和物质利益的统一；甚至必须说，严格来说，爱-欲望-快乐循环的描述只适用于饮食的统一；性爱不是同一种意义上的统一的欲望；我们稍后才谈及的贯穿性爱的各种请求，特别是对相互性的请求，排除了将性欲还原为性高潮的需要，除非出于不成熟或退化的原因，那么对于这一需要，他者只是偶然的手段而不是重要的伴侣；在性需要的生物学结构中，铭刻着对外部信号的诉诸，而这些信号立即将这一需要与同一物种的相似物联系起来，后者不能还原为可消耗的客体。

更不用说，对友谊的爱是不同于对贪婪的爱的另一种秩序；当然，圣·托马斯、笛卡尔和我们一样了解它；他们辨别出他人在除爱之外的许多其他激情中的作用，即在仇恨和愤怒的基本激情中，以及在其他几种"派生"的激情中——嫉妒、猜疑等[③]；但是他们没有从中得出任何理论结论；他们继续笼统地将快乐描

---

① 拉丁文，accessus 意为接近，recessus 意为远离。——译者注
② 拉丁文，意为静态的意向。——译者注
③ 因此，圣·托马斯将友谊之爱与贪婪之爱区分开来；乍一看，区别仅在于强调的不同；第一个转向了我们想要其得到善的人；第二个转向了我们希望给某人的善；而朋友是为自己所爱，"而别人的善只是相对的善。因此，当我们希望一个人过得善时，我们爱他的爱是纯粹而简单的爱；这种爱（一个人将其赋予一事物，从而使它成为另一件事物的善）是一种相对的爱"（《神学大全》，第一集第一卷，问题 26（爱），第 4 条，结论；Corvez 译，Desclée，第一卷，第 93 页）。突然之间，友谊之爱，就像爱情的自态成分一样（参见圣·托马斯的评论者 M. Corvez 对其的评论，同上，第一卷，第 218 页）。
我们不能更好地强调某人的爱给描述某事物的爱带来的剧变。更令人惊讶的是，爱情理论在其中得以结束的快乐理论不再有任何痕迹。愤怒的例子更为显著；它首先被描述为对已经存在的恶的反对；仔细观察，它揭示了两个客体：复仇（愤怒欲求它，并且这是一种善），对手（愤怒反对他，并且这是一种恶）（问题 46）。结果，与之相比较的仇恨也从根本上显现为主体间的，作为对某人做恶的欲望。在这方面，它的恶意甚至比愤怒还大，愤怒通过想要复仇，概述出一种报复运动，因此是惩罚性正义的运动；这句话深刻地改变了最初的仇恨图型；在情欲心理学框架内，仇恨只是对"被认为是敌对的和有害的东西"的欲望的不协调（问题 29，第 1 条，结论）；这一一般性定义并不表明提及他者对它来说是必不可少的。

述为完成一项毫无障碍的活动的东西，而在这种多余的完满中没有进行这样两方面的区分，一方面是针对饮食快乐的消耗，另一方面，友谊的相互联合和更一般地来说其他请求的"满足"模式，而他者就是这些请求模式的对应物或者条件；"善"保持中立，对物与人的区别漠不关心；概言之，贪婪之爱与友情之爱，作为排斥的仇恨与作为伤害意志的仇恨，作为对障碍的刺激的愤怒与作为对他人复仇的愤怒之间的区别，最终被还原为感性的"善"或"恶"观念中的偶然区别。然而，正是与他者的相遇打破了感性欲望的循环和有限形象。

因此，在本质上而非偶然上人际关系的、社会的、文化的激情方面，我们必须寻找 θυμός 的例证。康德的《人类学》在这方面比《论激情》走得更远，占有（Habsucht）、统治（Herrschsucht）、荣誉（Ehrsucht）① 的激情三部曲从一开始就是人的激情的三部曲；从一开始，它就需要具有文化环境和人类历史的典型处境；从一开始，情感的无差别的动物或人的图型的有效性也受到质疑。

但是，由于康德《人类学》的这些激情，困难就不同于托马斯和笛卡尔论述的困难；这些通过将人的情感还原到其动物根源避免了从权力走向道德主义；因此，基本的激情被置于亚里士多德的快乐心理学的净化和解放事业的利益之下；因此，圣·托马斯和笛卡尔可以详细阐述原始情感的"物理学"而不是"伦理学"。相反，通过从特定的人的激情反方向出发，康德立即将自己置于人的情感的**堕落**形象面前；这些激情中的每一个的 Sucht② 都表达了失常即妄想的形态，正是在这一形态之下，它们进入了历史；从"实用主义的视野"所阐述的人类学无疑能够用来推进和考虑作为已经堕落的各种"激情"；但是哲学人类学必须要求更高；它必须着手恢复处于堕落根源的起源；正如亚里士多德描述超越所有"放纵"的快乐完满一样，我们必须在这三重 Sucht 的背后找到人性的"请求"，这种寻求不再是疯狂和奴性的，而是人的实践和人的自我的构成；我们**必须**这样进行：因为尽管我们**凭经验**在它扭曲丑陋的面庞下即在贪欲的形式下只**知道**这些力量和空虚的各种激情的基本请求，但我们从**本质上理解**这些激情只是对……的歪曲；甚至必须说，我们首先理解的是人的欲望的各种原始形态和与人的人性有关的成分；然后，从这些最初的请求出发，我们将"各种激情"理解为间距、偏差、堕落。这种首先起源然后堕落的理解，从起源的方式开始并通过源初的方式，无疑需要一种想象，即无辜的想象，即一种"统治"的想象，在此，有、能和值的请求并不是它们实际上的样子；但这种想象并不是天方夜谭；它是一种"想象的变体"，用胡塞尔的话来说，通过打破事实的威信，它显现了本质；通过想象另一个事实、另一个政权、另一个统治，我看到了可能以及可能中的本质；作为恶的激情的理解，需要

---

① 德文，Habsucht 意为占有癖，Herrschsucht 意为统治癖，Ehrsucht 意为荣誉癖。——译者注
② 德文，意为癖好。——译者注

通过对另一种经验形态的想象，即通过在无辜领域中的例证，要求源初的理解。

那么，在这种本质的想象中，我们是否被剥夺了所有的指导？绝不；通过将这些连续的情感实例与客观性的相应维度联系起来，就有可能理解什么是有、能、值的非激情的请求；如果我们的感情理论是成立的，那么围绕能、有、值的感情必须与在其他层面的客观性构成相关，而不仅仅是简单知觉的事物；更准确地说，它们必须显现我们对事物的依恋，以及对不再是自然的而是文化的事物方面的依恋；客体理论绝不会以表象理论结束；事物不仅仅是其他人所看到的东西；在看的相互性阶段阻止事物的主体间构造的反思仍旧是抽象的；客观性必须加上经济、政治和文化层面；通过接受简单的本性，这些方面把它变成了一个人的世界。因此，客观性的发展必须标记出对人特有的情感的调查。如果这种感情揭示了我对于我们不再反对的作为客体的世界各个方面的附着和内化，那么有必要表明内化在有、能和值的感情中的客观性的新方面是什么。

同时作为与事物的一种新关系，人的特有请求与他人建立新的关系；说实话，注视的相互性是一种相当贫乏的主体间关系；自我的"差异"只有与那些进入经济、政治和文化维度的事物联系才能形成；因此，有必要通过建立在有、能和值主题之上的客观性的手段来具体说明和阐明自我与另一个自我的关系。

这最后一句话同时为我们提供了一种秩序原则；我们将从内在于占有激情的有所属的请求开始：在那里，与事物的各种关系最明显地支配了与人的各种关系；通过从对有所属的请求过渡到对力量的请求，我们将看到与他人的关系优先于与事物的关系，以至于有所属的牺牲可以成为严厉的统治之路；最后，在自我构成中，对他人尊重的请求使得一种信念即一种非物质的"意见"得到承认。但是与事物的关系并没有因此而消失：政治和文化层面的客观性尽管比有所属的情况更不明显，但继续勾勒出相应的人的感情的产生；这种客观性只会越来越难以与人际关系本身区分开来，它将人际关系的事件巩固为一种制度。

所以，我必须首先尝试理解有所属的激情——贪欲、贪婪、嫉妒等等——通过参考可能是无辜的有所属的请求。这个请求是对人性的请求，基于"我"以"我的"构成这一点；正如占有确实是历史上一些最严重的异化的情况，第二个真理同样要求占有的最初真理，其在异化之前是构成性的。

在此，应该作为我们指南的客体的新维度，就是特有的经济维度；实际上，只要人的心理学不寻求客体方面的特殊性，它就仍然依赖于动物需求理论。它不是能够提供经济学关键的对需求的直接反思；相反，正是经济客体的先天构成，才能区分人的需要和动物的需要；在知道什么是经济上的"善"之前，我们不知道人需要什么；人的欲望太可塑、太不确定，以至于无法为政治经济学提供坚实的结构；它恰恰是通过经济化而成为人的，也就是说，通过将自己与"可供利用的"事物联系起来，能够被获取、占有，即进入我的（le mien）与我所属的关系。

这种与经济客体的特定关系具有一种意义，而这是情欲和暴躁所不具有的，因为这些动物倾向将生物与自然环境联系起来的；经济客体不仅仅是快乐的源泉或需要克服的障碍；它是**一种可供利用**的财富。

这种从动物"环境"到人的"世界"的彻底转变显然指的是工作的基本事实。在自然环境中，令人欲求和令人恐惧的事物不是由生物制造的。人因为供养他的自存，所以是一个工作的生物。因为他工作，他与事物建立了一种新的关系，即经济关系：当动物生存的时候，人通过将事物视为财产来生存并在其中安家。

正是通过从作为经济客体的客体回流到相应的情感，人们才能显现与有相关的"感情"的创新；而简单的需求只是定向的缺乏，经济客体的欲望与**我对**这个客体的**可供利用的**有关；正是作为"可供利用的"事物唤起了与获得、占有、拥有、保存相关的整个感情循环；在此，真正意义上的感情是在"我的"形式之下与经济事物的关系的内在化，即在自我中有所属的共鸣；然后自我受到依附于我和我所依附的有所属的影响；通过这种感情，我既体验到我对我可以处置的有所属的掌控，也体验到我对于我以外以及我自己所求助的东西的依赖；我在依赖它的时候处理它；我依赖它，就像依赖某种可以自我逃避、自我堕落、被误导、被把握的事物：不再有所属的或然性铭刻在处理……的倾向中；我的所属的他者性，也就是我和我的之间的断裂，是由这种失去我所拥有的威胁构成的，而这些拥有东西只有在我保留它时才能拥有；因此，拥有是抵抗损失的一组力量。

反过来，这种在特殊感情中与经济事物的关系的内化，和与他人的关系的特定形态同时发生；我的和你的，相互排斥，通过他们的归属范围的手段来区分我和你；根本上说，主体的多样性不是数字上的多样性；每个自我都保留着精神未分化状态的边缘，这使得交流成为可能，并使另一个自我与我相似。但是，相互排斥，起初由身体作为被分割和被占据的空间性来开启，通过相互剥夺而得以继续；对身体的依恋由我的所属的依恋的干扰而改变其特性；如果我因为我的身体而关心我的房子，那么与我身体的关系就会反过来取决于与供养它、给它穿衣服、保护它的事物的经济关系；定居，通过完成肉身化，则彻底改变它。更重要的是，占有关系逐渐侵入精神的领域：我可以在占有关系中与我的思维在一起（我在此有我的想法，我说）；同时，相互剥夺从身体上升到精神，直至在内在性中将我与你分裂。

这是否意味着有所属的任何无辜都是不可想象的，有本来就是有罪的，以及只有以剥夺有为代价，人的共性才有可能？某些占有的历史形式无疑与总体和解不相容；19世纪的社会主义批判在这方面具有重要意义；然而，我无法想象一种如此彻底的有的悬置，以至于它会消除我在我的之中的所有支持点；如果人的善必须是**可能的**，即使作为过去或未来的乌托邦，这种善就包含了某种有的无辜；

必须能够画出一条分界线，这条分界线不是在存在和有之间，而是在不正当的有和正当拥有之间，这将在不相互排斥之下区分人。即使所有的无辜都被私人占有所拒绝，但在"我们"的层面上，人与有之间的关系将得到重申；通过"我们"和"我们的"的中介，"我"将再次与"我的"结合。因此，想象的变化遇到了一个限制，后者证明了本质的抵抗：我无法想象没有我的的我，没有有的人；相反，我可以想象在个人和共同体占有的乌托邦中，人与有之间的无辜关系。天堂或人的神话只拥有人所耕种的东西，即只有人所耕种的东西，而即将到来的乌托邦体现了人与有的源初关系，实际上，这种关系在历史上显示为一种已经堕落的关系。从这种源初关系中，我永远不会通过奇妙的起源带出有的各种激情；这些激情的形式源于其他历史形式，而且是永无止境的形式；心理学永远不会告诉我不纯粹的诞生。无辜占有的想象并没有揭示恶的历史起源的功能，而是构成 *Habsucht*① 的"恶的"意义的功能，将人对有的请求作为其基础，并将 *Habsucht* 指定为这种源初感情的"败坏"。

自我肯定的第二个根源，即转变为 *Herrschsucht*② 的根源，与人的新处境即在力量关系中的实存有关。

人与权力的这种关系不可被还原为前一种关系，尽管它部分地被前一种关系所暗示了。对于人的人之力量甚至双重地包含在人与有的关系中：首先是技术意义上的，然后是经济和社会意义上的；有必要牢记在有中权力的两种含义之间的原则差异，以便理解政治权力和这种派生权力所引发的问题的差异，其隐含在工作关系和拥有关系中。

工作在人与自然之间的力量关系中发挥了人对人的权力关系；事实上，通过工作，人的实存获取了为反对自然而理性地组织起来的事业的方面，而这使自然显现为一个需要克服的力量容器；通过工作，困难成为实在性的一个基本方面；人在事物之中安置成了一种统治现象，这一现象使人成为一种屈从于各种力量的力量。然而，人的劳动力本身就是各种被征服的力量之一。与自然斗争的理性组织也意味着一种根据筹划、计划、程序得到的人的努力的组织；因此，人也被纳入了人要克服的阻力之中；他的工作是一种有待组织的生产力；因此，通过他的工作，他进入了从属关系。但这种从属关系，作为一种简单的技术需求，只是与自然斗争的理性组织的一个方面；它是运作、效率的从属，而不是人的从属；或者更确切地说，这种运作的从属关系在工作本身中通过经济和社会系统以及定义工作制度而不仅仅是其技术的制度整体，才会成为一种命令和服从的关系。从原则上讲，这种工作所要求的人的等级制度源于与自然力量背道而驰的任务；正是

---

① 德文，意为占有癖。——译者注
② 德文，意为统治癖。——译者注

这项任务形成了执行的等级制度，主要是通过投射、计划、强制规定执行的言语与人的姿态的各种形态之间的各种表达方式。

因此，纯技术秩序控制的各种关系指的是源自经济-社会制度统治的各种关系；很明显，正是在有中的人际关系引入了在工作本身中人与人之间的力量关系；合法拥有生产资料的人——个体、群体、国家——要么个体，要么群体——作为事实上或法律上的管理者处置生产资料的人，对工作的人行使力量；由于拥有企业而控制劳动力的企业家的资本主义概念只是这种经济统治和技术控制叠加的最惊人的表达；与其他企业所有权的法律形式一样，工作的经济统治和工作的技术控制之间的这种关系会改变形式但不会消失；无论财产的所有者如何，总会有这样一个人或一群人，他或他们**拥有**劳动力，并对他或他们来说，劳动力是一种生产资料。在最有利的情况下（在此，这一群体拥有经济上的劳动力并完成自己安排的工作），在一群合作者-所有者中工作的社会统治和技术控制这两种功能的重合也许可以结束工作的异化特征，但不会消除两种从属关系之间的差异，即一方面是技术的，另一方面是社会的。

但反过来，生产资料的占有制度（私人的、集体的或国家的）所导致的统治关系得以维持，只是因为它们得到承认，得到制度的保障，而这些制度得到权威的认可，后者最终是政治的。这是千真万确的，经济-社会秩序的各种统治关系只能通过适当的权力政治结构才能得到改变，而这种权力政治结构将制度印在人对人行使权力的所有技术、经济和社会形式上。

政治通过对它来说必不可少的权力现象来关注各种激情的理论。同样重要的是，从纯粹的"激情"解释中剥离出权力，就像剥离出有一样。权威本身并不是恶的。控制是人与人之间必要的"区分"，隐含在政治的本质中。正如艾瑞克·维尔 [1] 所说："国家是历史共同体的组织。作为一个国家而组织起来的共同体能够作出决定。"（《政治哲学》，第131页）这种对政治的纯粹形式的定义不仅涉及一套有机的制度，而且涉及人对人的权力。无论国家及其自身理性的起源如何——根据亚里士多德的说法，这就是城邦的不可分割和自给自足的"本性"，根据霍布斯或卢梭的说法，这就是每个人与每个人或每个人与所有人的契约，根据黑格尔的说法，这就是历史中的客观精神——它的组织和决定的权力通过人的权力，即少数人的权力，达到所有人的限制；主权通过主权者体现，国家通过政府运作，政治通过政策实现，国家通过权力展现。从权力上看，国家是垄断合法物质约束的决策机构；因此，它是针对所有人的某些人的权力，即约束的物质权力。在法治国家中，这种强制的物质权力与要求的道德权力一致或将要一致；但是，即便如此，它仍然是人的权力，当然是一种被制定的权力，但是是一种运用的权力。

---

　① 艾瑞克·维尔（Éric Weil，1904-1977）是一位德裔法国哲学家，自称为后黑格尔的康德主义者。——译者注

这种在制度中人对人的权力的客观化是新的"**客体**",它可以在宽广的感情世界中作为指导,而这一情感世界会在情感上引起各种形态的共鸣,根据这些形态,人的权力被行使、挫败、追求或忍受。一个人可以运用的所有社会角色都会产生各种处境,而政治制度将这些处境巩固为一个客体,情感则将这些处境内在化为主体间的感情,这一主体间的感情在命令-服从的主题上没有限制地进行调节。很明显,没有直接对需求、紧张、倾向的调查——我们应该称它们为"心理发生"以区别于"器官发生"需求①——能够在这个情感迷宫中寻找指南;我们从未根据影响、控制、指导、组织和约束的所有形态,对围绕权力运用的各种感情进行组合和整理。心理上的崩溃是无止境的;秩序的原则只能来自"客体",客体就是权力的人际关系在其中得以实现的形式。

所谓"心理发生"的感情只是将自我与我们可以在广义上称之为文化的各种客体的新层次的关系内化;我们的感情理论,与客观化过程相关且反向,并在这里找到了一个新的应用领域:情感,即被体验为自我的被动变化的感情本身,通过使自己与人的关系在其中凝聚的高级客体变得一致而变得人性化;正是在黑格尔谈到客观精神的意义上,我们谈到在其中获得客体形式的权力和制度;反过来,在权力感情中,这个政治客体是根据对于感情影响的意向性类型来体验的;心理学家只发现了一个"心理发生的"无形的感情群,并且在没有客观指导和直接检查的情况下,无法确定它们与"器官发生的"感情相关的源初性。

另一方面,对于心理学家来说,这些基本感情与康德在他的《实用人类学》中所考察的权力激情无法区分;人与权力关系在其中所构成的激情形象与感情之间的基本区别,并不从属于心理学;它仍然是对客体即对作为制定的实在性的权力的反思,可以像康德在他的《论根本恶》中所说的那样,在权力的"善的使命"和权力的"向恶倾向"之间提出原则上的区别。在客体上,即在其或多或少反常的显现的核心,我可以想象权力的"规定"。事实上,可以肯定的是,政治权力显现为与恶的联系——第一次是因为它只能通过矫正暴力的手段来治愈激情,正如所有个体的悲观哲学所看到的那样,从柏拉图到卢梭、康德和黑格尔,而第二次是因为它自己已经沦为暴力的权力。总之,如果我无法为堕落的权力想象一个无辜的规定,我就不会将权力理解为恶。我可以表象一个权威,而它会提议教育个体自由,这是权力而不是暴力;简而言之,我可以想象权力与暴力之间的区别。上帝之国、上帝之城、精神王国、目的王国的乌托邦,暗示着对非暴力权力的这种想象;这种想象解放了本质;这一本质支配着将权力有效转化为自由教育的所有努力;正是通过这项有意义的任务,我为这一历史"实际地赋予了"意义。通过这种想象和这种乌托邦,我发现了源初内在于人的本质的权力;通过使自己远

---

① 亨利·A. 默里(Henry A. Murray):《人格的探索》(*Exploration de la Personnalité*),1938 年,法译本,巴黎:法国大学出版社(PUF),1953 年。

离这种意义，通过对这种非暴力的权力感变得陌生即异化，人就会远离自身。

如果现在将这种在客体上所想象的权力与暴力之间的区别转移到政治客观性的相关感情上，那么想象作为权力的各种激情根源的感情就是可能的；这些感情是使其失控的激情的起源。参与到命令–服从的关系中的这些纯粹的感情，奠定了人作为一种政治动物这一基础。

根据康德人类学，在第三种激情的背后的"荣誉"即荣耀的激情，是一种更源初的请求，也就是一种在他人的意见中有价值的请求即一种尊重的请求。

最困难的就是区分反常形象和构成的意向即混乱的激情和构成的感情：在他人的意见中，虚荣和自负似乎耗尽了自我这种幽灵般实存的所有谎言本质。然而，最有必要的就是诉诸异化于源初本质的形态。因为正是在这一点上，自我得到构成，在经济和政治的限制上，在这些对我们的归属和对理念的忠诚的感情边界上，而在此，我们已经辨别出上文的一种哲学厄若斯的情感图型化。在对尊重的请求中有一种实存的欲望，不是通过对自身的根本肯定，而是通过他人承认的感激。在这种对尊重的请求与生命的利己主义的和唯我论的设定之间，存在着简单欲望与《精神现象学》所命名的欲望之欲望的东西之间的全部距离。

这种对相互性的请求，是任何生命意志所无法解释的，是从意识到自我意识的真正过渡。然而，这种要求并不能满足于有所属的人际关系即相互排斥的关系，也不能满足于权力的关系即不对等的、等级的、不相互的关系。这就是为什么自身构成在经济和政治领域之外而在人际关系领域中继续进行；在那里，我追求被尊重、认可和承认的意图。在他人的意见中，我自身实存取决于这种构成；对于我的"自我"——如果我敢这么说——我从其他认可他的人的意见中得到他；因此，各个主体的构成是凭借意见的相互构成。

但这种被承认的实存的脆弱性在于，认可他的"尊重"成了"意见"，即 τιμή 是 δόξα[1]；在那儿，有着一种几乎幻想的反思实存的威胁；仅仅成为他人语句中的可能性，即这种对脆弱意见的依赖，恰恰是荣耀激情的契机，而这些激情将他们的虚荣心嫁接到了作为意见的尊重的脆弱性上。这种尊重的顽固本性在情感的中介区域保持对承认的寻求，而这一区域高于生命意志，甚至高于围绕有和能所构成的感情，但低于厄若斯的领域，柏拉图则根据身体和灵魂说其在美中产生：狄奥提玛说，"你知道，创造（ποίησις）[2] 其实五花八门，毕竟，无论什么东西从不存在到存在，其原因就是由于种种创造。（205 b）"。相互尊重中人的相互构成，只要仍是意见，就不会产生这种结果；这就是为什么它仍然属于 θυμός 而不属

---

① 古希腊文，τιμή 意为荣誉、敬重，δόξα 意为意见、信念、荣誉。句意为尊重成了意见。——译者注
② 古希腊文，意为制作、创造。——译者注

于 ἔρως①；但柏拉图也说 θυμός 有时会与理性一起战斗；不是在这种相互尊重中 ἔρως 找到了最好的盟友吗？当它在一个共同的作品（这一作品是为个体在其中得以相互追赶的我们的理念和造物主所居住的）中被图型化时，它不是在其中得到体现了吗？反过来，如果 θυμός 能够"与理性一起战斗"，那不就是他通过他人尊重的手段来热切寻求承认而赶超自己的时候吗？

但是，如果很难将这种对尊重的请求置于生命与精神**之间**以及调解生命与精神的各种"情绪的"感情**之间**，那么反思其**自身**的构成就更难了。到目前为止，我们通常都让自己受客观性构成的指导，而感情则通过内化与之相对应。在有所属的请求中追求经济"商品"的客观性和在权力所属的请求中追求政治制度的客观性之后的客观性在此是什么？似乎已经完全没有了客观性。

同样重要的是，这种尊重的请求被称为"承认"，尽管它可能取决于意见。我不只是想把自我靠在我的之上，我不只是为了实存而统治，我想被承认。承认源于认识是偶然的吗？只有认识的存在才是承认的存在。但是，作为感情的承认依靠哪种构成的客体？

在我看来，我们可以说两件事：尊重包含一种客观性，真的是完全形式的，可以用康德风格的反思来支持：尊重的 quid②，即我在他人身上尊重的东西与我期望别人对我所建立的东西，就是我们可以称之为实存-价值即我们的实存价值的东西；正是在这个意义上，康德说："理性的存在者被称为人格，因为他们的本性已经凸显为目的本身"，甚至"理性的本性就是作为自在的目的而实存：人必然这样表象他自己的实存"（《道德形而上学奠基》，第 149-150 页）。因此，尊重确实包含了一种表象，即一种目的的表象，它不仅是"有待实现的目的"，而且是"自身实存的目的"。被表象的人不会是别的东西。然而，就此目的的价值不仅**对我们而言**而且就**其自身**而言，这种表象具有客观性的等级。对我们而言，目的本身的表象与手段的表象之间的对立本身构成了客观性的一个维度；无法处置他人的人是遇到作为我的任意性的限制的客观性；客观性在于我不能简单地将他人用作手段，也不能将人当作事物来处理："因此，这些不仅仅是主观目的，其实存作为我们行动的结果**对我们来说**有某种价值；它们是客观目的，也就是，其实存本身即为目的的事物，甚至是这样一种目的，它不能被任何其他目的所取代，为了达到目的，客观目的应该简单地将自己作为手段。否则，事实上，人们永远找不到任何具有绝对价值的东西。"（第 150 页）康德给这种客观性起了一个名字，即人性；尊重的恰当客体是个人和他人中的人的观念。

我对他人的期望是，他将我的人性形象还给我，他通过向我宣示我的人性来尊重我。在他人的观点中对客体一致性的自身的脆弱反映，隐藏了实存目的的客

---

① 古希腊文，ἔρως 意为爱欲。——译者注
② 拉丁文，意为什么东西。——译者注

观性，而这限制了任何简单地处置自身的主张；正是在这种客体性中并通过这种客体性，我才能得到承认。

是否应该在这种完全"形式"的人性**观念**中添加这种客观性，即表达这种人性的文化作品的"物质的"客观性？如果经济客观化为商品和有所属的各种形式，政治客观化为制度和所有形式的权力，那么超经济和超政治的人性就会在证明这种寻求承认的不朽的作品中得到表达；艺术和文学的"作品"，以及一般意义上的精神作品，由于不仅反映了一种环境和一个时代，而且展望了人的可能性，才成为真正的"客体"，而这些客体通过它们具体的普遍性来显现人性观念的抽象普遍性。

因此，从有到能，从能到值，客观性的提升仍在继续；有所属的客观性仍然坚持物的客观性：经济商品由于其"可供利用的"特征，在世界上就像事物一样；权力的客观性已经是一种被制度所客观化的人际关系，而且通过约束的物理力量与事物联系起来，这一物质力量体现了要求的道德力量；文化客观性正是人与人之间的关系，其被表象于人性的观念中；只有文化见证以世界上实存的不朽的作品的形式，赋予它事物的密度：但这些事物是"作品"。正是这种人的观念在形式上和质料上的客观性产生了与之相称的情感：尊重感的循环。

那么，什么是自尊感的时刻呢？如果我们对相应的客观性的分析是正确的，那么我通过他人的尊重的手段而寻求的自尊与我对他人的尊重在本性上没有什么不同；如果我尊重他人和我自身的人性，那么我尊重自身就像针对他人的你；我在第二人称上尊重自己；那么，就其本质而言，自爱与同情并没有区别；这意味着反思感情与意向感情没有区别；我像爱别人一样爱自己；这种与价值感相关的他者性区分了自尊和对生命的依恋，例如它出现在使我的生命处于死亡危险的灾难性处境下。对生命的依恋，即"生命的"利己主义，是我和自身之间的一种短暂而直接的关系。自尊，即"情绪的"利己主义，是一种间接的关系，从自我到自我，经过了他人重视的注视。因为与自身的关系是与他人的内化关系，那么意见、信念就是它的灵魂；价值既不是被看到的，也不是被认识的，而是被相信的。我相信在另一个承认我实存的人眼中我是有价值的；最终这个他者就是自身。这种信念——这种相信，这种信用——就我受其影响而言，构成了我的价值感。这种欣赏的情感，即这种情感的欣赏，是自我意识在 θυμός 中所能上升到的最高点。

这种从客体出发的感情构成，反过来又可以作为感情心理学迷宫中的向导，而这些迷宫围绕着自我的价值，并且只能通过或多或少异常的激情形态来表现出来；但是，在信念中的生命尊重是最容易犯错误的：因为它相信，那么自我的价值可能是虚假的、假装的、乱说的；它也可能被轻视、质疑和反对；也可能被鄙视、低估、贬低、羞辱；不论对错，当它被误解时，缺乏自尊可以通过高估自我或贬低他人及其价值来弥补：攻击性、报复性、愤恨、复仇因此是对错误认识的反应，而我只有通过寻求承认才能理解这一反应。因此，可以从支持个人价值感的信念的核心出发，尝试情感意义的融合；当我们试图理解他人或我们自身时，我们隐含地求助于这种情感意义的起源：因为我们理解的不是他人或我们自身，而是信念的内容，是自我和他人在其中得以构成的自身的价值感的意向相关项。

因此，尊重的病理学的可能性被铭刻在作为意见的尊重的本性中；没有什么比受信念摆布的实存更脆弱，更容易受到伤害了；我们知道，"自卑感"可能是神经症发生的导火索。无论这种感情在神经症病因学中有多么重要，我们必须强调，我们不**理解**病理性的和恰当的构成的形式。

对于这种感情的适当的道德扭曲，也必须这样说；它的信念特征使其腐败成为可能：相信的东西是假定的；而被推定的推定可以成为傲慢者的傲慢。但尊重的客体先于荣耀的虚无。从自尊到虚荣，有一个完整的距离，其将恶的可能性和恶的事件分离：**盲目的**人会因为虚荣心的到来而歪曲信任，会因为对承认的追求而对荣誉充满激情。这种盲目来自别处；它不是构成的，而是异常的。因此，不是病态的自爱——在康德的病理学意义上——解释了感情的理性，而是使病理学从任何意义上来说成为可能的源初感情。

第四节　情感的脆弱性

脆弱性是"比例失调"在情感秩序中所采用的名词，我们通过认识、行动和情感来对其进行阐释。脆弱性是感情的人的二元性；我们已经在终止生命欲望和理智欲望的快乐和幸福之间的区别中寻找这种脆弱性的第一个符号；在这种对情感脆弱性观念的最初近似中，我们具有一个继续反思的指示。如果 ἐπιθυμία 和 ἔρως[①] 以两种完成风格的方式得到展开，在"情绪的"请求的终止和完成模式中——有，能，值——，现在有必要寻求这种快乐和幸福的差异。这些请求是否有自己的完成的风格？这种风格如何表达快乐和幸福的二元性？

因此，正是 θυμός 的完成模式显现了它在生命与精神之间的不稳定的位置；事实上，拥有、统治、意见的请求在哪里结束？

值得注意的是，自我永远得不到保证：它所寻求的自身所处的三重请求永远不会完成；正如亚里士多德坚定地确立的那样，快乐是一种暂时的平息，幸福将

---

① 古希腊文，ἐπιθυμία 意为欲望，ἔρως 意为爱欲。——译者注

是一种持久平息，θυμός 却令人担忧。只要"心灵"是 θυμός，心灵本质上就是我内心不安的地方。我什么时候才是充足的？我的权威什么时候才能建立起来？我什么时候才能得到足够的赞赏即承认？这一切的"充分"在哪里？在快乐的有限（它结束了一个明确限制的行动并将让其平息）和幸福的无限之间，θυμός 带来了一种不确定，并且伴随着它，带来了带有无休止追求的威胁。

所有人的行动都带有这种不确定的印记；θυμός 扰乱了生命层面的行动结构，其为缺乏或回避、痛苦、开始、完成、快乐或痛苦的循环所特征化；那些能够严谨地给予情感调节观念的"满足"标准，已经无法再适用了；如果所有的紧张感都被填满而没有剩余，那么"满足"就会实现。行动，就其在自我存在的三个基本请求的影响下展开而言，原则上是一种永恒的运动；爱-欲望-快乐循环的托马斯和笛卡尔的描述已不再适用；仅仅延长这个循环即在其中引入延迟已经不够了，必须展开它；没有任何行动是终结性的；所有的行动都变成奇怪的中介。

我们再次看到，"艰巨""困难""障碍"使循环图型复杂化是多么不充分；因为障碍仍然是有限终止的行动的波折；障碍与手段-目的关系的一种模式相关，即与"接近"模式相关；与工具不同（工具也是手段-目的关系的一种模式），接近呈现出了欲望的和令人生畏的双重价值；但这种模糊性不足以创造出与动物环境截然不同的人的处境；有限目标的概念继续描述障碍与为其所阻碍的目的之间关系的特征。更一般地说，"技术"中介通过插入准备性插曲来延长欲望的行程，但技术中介最终指的是规定的目的。

对有、能和值的欲望的新颖之处在于它们有一个未被规定的终点；欲望的欲望是无止境的。一旦任何欲望被这种欲望的欲望所贯穿，一种恰当的人的处境就会诞生；那么成就，即成功，相对于在不满足欲望背景下突出的"任务"而言，仍然是部分的；我们走得更远。甚至发生了这样一件奇怪的事情，即我们的手段越是精确，我们的目的就通过承担人际间的目的变得更加模糊；手段的技术性与目的的非规定之间的这种对比助长了这种不安全感，这种不安全感侵入了没有指定期限的行动。这种残留的欲望甚至改变了快乐和痛苦的特征，从某种意义上说，快乐和痛苦成为对失败和成功做出反应的活动的引子；因此，人的行动在其永无止境的请求的推动下得以复苏并自我滋养。

因此，人的行动获得了 *Streben*[①] 的特征；对于人的 "conatus"[②] 来说，快乐和痛苦只不过是中途停歇；然后，障碍的各种感情，即希望和恐惧，胆怯和大胆，被纳入到服务不确定行动的特殊感情：勇气，即对成功和失败的第二级反应；然而，勇气是 θυμός 或心灵的另一个名字。

最初在快乐和幸福的延伸中所显现的感情的脆弱性，因此被总结为中介一词，

---

① 德文，意为努力。——译者注
② 拉丁文，意为努力。——译者注

即 θυμός 的不确定性。我们必须更加深入：θυμός 不仅"位于"生命和精神之间；它是它们眼中的"混杂体"。

因此，情感脆弱性将在这样两个方面之间的各种交流中得到表达，一方面是自我不确定的请求与生命层面的循环的、有限的张力之间的交流，另一方面是这些情绪的请求与对幸福的欲望之间的交流；正是在这些复杂的内渗中，θυμός 的"中介"得到表现。

让我们首先考虑在生命与人之间关联：由于动物与人的演变关系，我们身上所有可以在不恰当的意义上被称为"本能"的东西，都被使我们成为人的三重请求重新加工、转变并提升到人性的水平。性的情况在这方面最为显著；性成为人的性，只要它被适当的人的请求所贯穿、重新解释、渗透；这就是为什么人们总能在其中辨别出某种拥有的痕迹、某种统治的细微差别以及相互承认的研究；甚至是人的性的最后一个暗示将互惠引入到了一种关系当中，这种关系从生物学根源上讲是根本不匀称的，对拥有和统治的欲望开始人性化，但要以平等为代价；性的所有丰富性都存在于生命的这种复杂游戏中，而人的丰富性本身是如此不同。由此可见，性满足不再仅仅是物理上的快乐；通过快乐，超越快乐，有时甚至通过快乐的牺牲，人的存在追求一种承载"本能"请求的满足；不确定性就这样进入了它，同时它被人化了；循环往复，本能得以展开且没有止境；唐·璜的整个神话都是从那里开始的。

反过来，在人之中的生命的这种恢复和突变与之相对应的是在 ἐπιθυμία① 中 θυμός 的复兴；这就是柏拉图通过谈及 θυμός 与欲望一起战斗所暗示的。在我看来，从柏拉图那里借用来的这个观念出发，可以重新解释弗洛伊德的力比多概念。力比多既是 ἐπιθυμία 又是 θυμός，即欲望和心灵；当弗洛伊德说力比多是性的而不是特定生殖的，他非常高兴地将他所有的人类学研究都放在这个未定的领域，在那里交配也是配对，对异性的欲望就是对相似的欲望；弗洛伊德所说的"快乐原则"已经是生命与人的混合，但具有生命的主导地位；性角色的差异对力比多来说是必不可少的，但通过这些角色，追求自身梦想的就是对情感的没有限制的欲望；这些感情的脆弱性在于这种双重关系：生殖的欲望在超越了性的温存中升华，而通过在温存中肉身化，承认的欲望则带有性的色彩。这就是为什么性在人类学中占有特殊的地位；它是温存的场所，既是极其本能的，也是极其人的；它实现了对他者的欲望的极端欲望，即不可分割的 ἐπιθυμία 和 θυμός。

但在 θυμός 经历生命的吸引的同时，它也经历了精神的吸引；一种新的"混杂"正在形成，在这种混杂中，承认各种伟大激情的情感结构并非不合法。

对激情作出如此不同且不可调和的判断并非偶然；被动的方式有很多种；每

---

① 古希腊文，意为欲望。——译者注

一种感情，只要自我受到它的**影响**，都是一种痛苦；正是考虑到情感的这种被动性，古代关于激情的论文将我们这里称为感情的整个领域都涵盖在它们的标题下；我们不是在这个意义上产生激情；我们为一类感情保留了激情这个名词，而这一名词不能用生命感情的简单推导、情感的凝结并且通常在快乐的视域内来解释这些情感。我们更愿意想到那些构成人的实存戏剧的巨大波折，想到奥赛罗的嫉妒，想到拉斯蒂涅 ① 的野心。很明显，这些并不是传统上称为爱、恨、欲望、希望、恐惧、大胆、胆怯的那些基本"激情"的复杂化；一种先验的意向栖息在它们身上，而这种意向只能从幸福的无限吸引力中产生。只有一个能够代表全部幸福的客体才能消耗如此多的能量，使人超越他的日常能力，并使他能够牺牲他的快乐并痛苦地生活。但是我们也没有考虑到这些伟大的激情，我想要说的是激情的伟大，通过过快地求助于"非理性"即"幻觉"的原则，即求助于一种虚荣心，而这种虚荣心是一种恶的原则的直接表达。快乐的原则和幻觉的原则加在一起并不会产生激情：黑格尔说，"没有激情的话，任何伟大的事情都不会或不可能完成。这是一种死气沉沉的道德性，甚至经常是一种虚伪的道德性，而这种道德性往往仅仅因为它是激情这一事实而非难激情"（《精神哲学》，"说明"，第 474 节）。过度假定了伟大；激情的奴役是激情生命的堕落形态；从其中可以产生幸福的"偶像"出发，如果激情的异化不是与源初的伟大、冲动、超越的运动同时存在，那么迷恋、囚禁和痛苦的"受苦"将是不可理解的。情感的激情和非理性的激情都不能解释这种"伟大"激情的超越运动。因此，我们必须将激情附加到对幸福的欲望上，而不是对生命的欲望上；事实上，在激情中，人倾注了所有的能量，倾注了全部的心血，因为一个欲望的主题已经成为他的大全；这个"大全"是幸福欲望的标志：生命不想要大全；"大全"这个词对生命没有意义，但对精神有意义：精神想要"大全"，思维"大全"，只有在"大全"中才会平息。

但激情也不是对幸福的模糊期待，即康德意义上的需求。我在激情中看到了我们称之为 θυμός 的没有限制的欲望与对幸福的欲望"混杂体"。如果富有激情的人想要"大全"，他就会把他的"大全"放在我们已经看到的与拥有、统治和价值的自我相关联的那些客体之中；这就是为什么我会很乐意谈论在冲动和 θυμός 的客体中幸福的图型化；在一种情感的直接性中，其中一个客体突然形成了欲望的大全；有人会说，幸福的无限降为焦虑的不确定性；欲望的欲望，即 θυμός 的灵魂，将作为形象即作为直接指出的形象的它所参照的客体提供给无客体的幸福目的。这就是来源，这就是所有的误解，即所有的幻觉。但这误解即幻觉预设了一些更源初的东西，我在 θυμός 中称之为幸福的情感形象。

正是从这种在 θυμός 中幸福的情感形象，激情汲取了它所有的组织力量，即它

---

① 拉斯蒂涅，男，巴尔扎克的小说《高老头》以及《人间喜剧》中的人物。——译者注

所有的**充满活力的**行动；因为，一方面，激情从 θυμός 那里获得了它所有的**不安**。这种放弃和这种不确定的不安先于激情化疯狂的恶无限，并结合到这种疯狂所预设的某种深度。我们知道放弃的时刻：它源于参与一个理念，参与我们，在那里我们认识到了精神欲望的本质；充满激情的生命，是献身的生命，献身于他的主题；这种"被动性"比囚禁和激情的受苦更源初；正是在这第一个"受苦"的基础上，所有其他被动的激情形态得到了嫁接。另一方面，我们在其中得以认识厄若斯特性的这种放弃与 *Thumos*① 主题特有的不安结合在一起：充满激情的人将他所有的幸福能力都集中在自我在其中得以构成的"客体"上；这种将总体性转移到有、能、值循环的"客体"上的投注，构成了我们所说的 *thumos* 主题中幸福的图型化。

这种图型化，在某种程度上延伸了感情中先验想象力的图型化，是所有激情的幻象所预设的起源。只有一个想要总体并在人的欲望的客体中将其图型化的存在才会犯错误，也就是说，把他的主题当作**绝对者**，忘记了幸福与欲望主题之间联系的象征特征：这种遗忘使得象征成了偶像；激情的生命变成了激情的实存。这种遗忘，即这种偶像、奴役和激情痛苦的诞生，源于我们将在别处进行的激情解释学；但是有必要在源初情感即可能犯错性中显示激情的影响之处。充满激情的人的无休止的奉献，就像是充满激情的人的原始无辜，同时又是由其发源的本质脆弱性。没有什么比充满激情的人与充满激情之间的关系更好地理解可能犯错性结构是错误的先决基础。

感情的普遍功能是连接；它连接认识分离的东西；它将我与事物、各种存在者、存在联系起来；虽然整个客观化运动倾向于将一个世界与我相对立，但它将把我推向外部的意向性与让我感觉到实存的情感结合起来；它也总是在主体和客体的二元性外。

但是通过内化自我与世界的所有联系，它创造了一个新的分裂，即从自我到自我。它使在客体中找到平息点的理性和感性的二元性变得可以感觉；它使自我在两个基本的情感意图之间延伸，即在快乐的瞬间完满中完成的有机生命的意图，以及追求总体性即幸福的完满的精神生命的意图。

这种感情的比例失调产生了一种新的中介，即 θυμός、心灵的中介；这种中介，在感情的秩序中，对应于在认识秩序中先验想象力的无声中介；但是，虽然先验想象力完全被还原为意向的综合，即我们面前的客体的投射，但这种介质本身反映在一种不确定的情感请求中，在这种请求中，人的存在的脆弱性得到了证明。那么，**冲突**是由于人的最源初的构成所造就的；客体是综合，自我是冲突；

---

①　其为 θυμός 拉丁文转写，意为意气，血气，怒气。——译者注

人的二元性有意在客体的综合中超越自身，并在主观性的冲突中在情感上被内化。即使打断情感史的实在冲突确实在这个词的正确意义上是偶然事件，即我们的努力、我们的肯定力量与自然、家庭环境、社会、文化的力量之间相遇的事实，那么所有这些外在冲突就无法被内化，如果我们自身与我们自身的潜在冲突没有先于它们，没有收集它们，也没有赋予它们从一开始就具有内在性的注释。我们自身与任何可能赋予我们假定人格的机构之间冲突不可能被吸收，如果我们不是 βίος 与 λόγος① 的比例失调，而我们的"心灵"遭受了这种比例失调的源初不和谐。

_____

① 古希腊文，βίος 意为生命，λόγος 意为言辞。——译者注

结论　可能犯错性概念

当我们说人是可能犯错的，这是什么意思？本质上是这样的：道德恶的**可能性**被铭刻在人的构成中。这个答案需要两点澄清；人们确实可以问，这一源初构成的哪些特征特别容易出现可能犯错的可能性；另一方面，人们可以质疑这种可能性本身的本性。让我们依次考虑这两个方面的问题。

第一节　限制和可能犯错性

在莱布尼茨那里得到最完美表达的一个悠久的哲学传统表明，生物的限制是道德恶的原因；作为道德恶的一个原因，这种限制甚至配得上形而上学的恶的名词。我们之前的所有分析都倾向于在精确意义上纠正这个古老的命题：限制观念本身对于接近道德恶的门槛是不充分的。任何限制都不是犯错的可能性而是**这种**特定的限制，对于人的实在性而言，后者在于与自身的不一致。将限制规定为对虚无或非存在的参与也没有任何意义：我们记得笛卡尔在阐明意志与知性的关系**之前**，阐述了人的实在性的简要存在论，其用"一种虚无的否定观念，也就是说，与各种类型的完满完全相反的观念"来构建存在或完美的观念；因此他可以说："我好像就是介于上帝与虚无之间的。"但并不是每一个存在与虚无的组合都是犯错的条件，因为任何不是作为存在的存在的实在性，在非常普遍的意义上，都是"介于上帝与虚无之间的"。我们知道笛卡尔能够满足于这个简短的概述：他并没有打算建立人的实在性的存在论，而只是排除了这样一个假设，即人被赋予一种犯错的积极力量，这种力量会反对神圣的完满性；通过表明人是由存在和虚无组成的，他不再留下任何空间来考虑存在的缺陷，并将带有简单缺陷的剥夺方面推到意志的不当使用；因此，一个简短的一般生物存在论就足以证明上帝无罪，而一种功能哲学则足以指责人；笛卡尔在这里的设计纯粹是辩护的；它绝不能规定人的恰当存在的方式或程度。但是，如果有人着手详细阐述这样一种存在论，那么限制的观念本身就不能再解释可能犯错性的观念：我们需要的是人的限制概念，它不是一般事物限制的特例；正如康德在质范畴方面所表明的那样，限制的观念只不过是对某物设定和否定的综合。然而，我们需要一个从一开始就是人的限制的限制概念。

在我们看来，"比例失调"的观念似乎满足了人的实在性的直接存在论的需求，而这一需求在一般事物的形式存在论的背景下发展出自己的范畴；一般的限制概念属于这种形式存在论；但是人们不会通过规定从对某物的限制过渡到对人的限制；我们必须添加一些人的实在性的恰当范畴。

这些属于人的限制的恰当范畴必须直接脱胎于有限与无限的比例失调的关系；正是这种关系构成了存在与虚无"之间"的存在论"场所"，或者，如果人们更喜欢这么说的话，即人的"存在的程度""存在的量"。**正是这种关系使人的限制成为可能犯错性的同义词。**

通过一种"先验演绎"，也就是说，通过概念的力量来证明这些概念使客观性的某个领域成为可能，尝试使这些特定范畴摆脱人的限制。如果我们能够证明这些范畴是某种关于人的话语的可能性的条件，那么这些范畴就会获得所有可能被要求的合法性。

我们将通过阐明这些关于人的话语的可能性条件，从而完成我们对苦难悲怆的总体反思的事业；此外，一个混合的神话和苦难的修辞以"正确意见"的方式包含了对这些范畴本身的隐含理解；这些"混合"和"中间"的概念，作为人的状况的伟大修辞的特征，已经是实存的范畴，但以一种悲怆的方式被预感到；反思可以将它们重新捕捉为范畴，当柏拉图从"混合"的神话转向 μεταξύ[①] 和"混杂"的观念时，他自己向我们保证了这一点；"混合"修辞主题与"混杂"辩证概念的词源连续性向我们保证，在这项事业中，语言的优雅伴随着我们。

在这种可能犯错性的演绎中，我们将以康德对质范畴的长篇议论作为指导：实在性、否定性、限制性。为什么优先考虑这个三元组合而不是量、关系和模态？因为先验演绎在任何其他地方都没有如此明显地超出对物理客体的先验构造的严格认识论反思，而更接近以一般客体的显现或出现为中心的先验现象学。康德关于质的图型所说的话本身表明我们建议自由使用相应的范畴：他说，"实在性，是在理解的纯粹概念中与情感相对应的东西。一般来说，因此，它的概念本

---

① 古希腊文，意为在……之间、中间的。——译者注

身指定存在［*ein Sein*］[①]（在时间上）。否定性是其概念代表不存在［*ein Nichtsein*］[②]（在时间中）。这两个事物的对立在被认为是完整或空虚的同一时间的差异中得到解决"。因此诞生了实在性的程度或 quantum[③] 的图型，它无非是"某物填充时间的量"（A 143）。不关心康德的正统性，我们就不会试图将这个三元组合转录成一门关于情感程度的科学[④]；我们宁愿将它转移到哲学人类学的层面，以便系统化贯穿本书的论述。

从物理学公理到哲学人类学，实在性、否定性和限制性的三元组可以用以下三个术语来表达：**源初肯定、实存差异、人的中介**。我们的研究通过认识、行动和情感来表达这三元组的进展；这种辩证法的关键是对真正表象人的人性的第三项的逐渐具体的规定。

与其在我们展开它时总结这个具体的辩证法，我们将确定它们的基础概念，以展示它们如何使值得被称为哲学的人类学**成为可能**。[⑤]

首先，似乎这种人类学的第一个指导概念不是，也不可能是有限的概念。在这种辩证法中，有限是结果而不是起源。从这个意义上说，我们必须同意康德，当他首先提出一般理性存在的观念，然后通过感性的差异来克制这一观念，从而**显现有限理性**存在的观念。这就是为什么，在我们自己的分析中，主要的探讨方向是通过源初肯定的三个时刻所传递的东西，而这三个时刻就是动词、实践总体性或幸福观念、厄若斯或对心灵的感性的幸福。从这些时刻中的第一个到第二个，从第二个到第三个，源初的肯定得到了丰富和内化：它最初只是对（Oui）的强化，它的相关物是"是"（«est»），其为动词所意指——或最好说，超意指；这是原始肯定的"先验"时刻；这一时刻是必要且不充分的；有必要使实存的力量从"生命"的领域转移到"思维"的领域；对我们来说，不充分的是，保证**我们就是这一思维**。然后，我们在总体性的实践观念中肯定我们自身，我们通过所有人的所有意图的始终开始但从未完成的理解达到这一观念，并且我们性格的封闭状态在这一观念中得到解脱。这种原则上的展开状态，即这种对 ἔργον[⑥]、对人本身的"工作"或"筹划"的可及性，通过给予他一种人性的视域来建立人，而这种视域既不是我也不是你，而是将人视为目的而不是手段的任务；如果没有赋予人以任务的人性观念的指导，就不能直接破译该人；从这个意义上说，被理解为使他存在的总体性的人性，是人的可能性条件；但如果人性的观念能够从先验走向实践，它仍然没有告诉我们，我们**就是**这种思维的人性。是厄若斯，是爱，显现了内在

---

① 德文，意为存在。——译者注
② 德文，意为非存在。——译者注
③ 拉丁文，意为量。——译者注
④ 让·维勒芒（J. Vuillemin），《康德物理学和形而上学》（*Physique et Métaphysique kantiennes*），巴黎，1955 年。
⑤ 对于所有这些，参阅"否定和源初肯定"（*Négativité et affirmation originaire*），载《辩证法的各个方面》（*Aspects de la Dialectique*），Desclée de Brouwer，1956 年。
⑥ 古希腊文，意为工作、活动、作品。——译者注

于人的工作的意图，就像在方向感和归属感中预期的幸福一样。只有感情，通过它的无限极，让我确信我可以在思维和行动的展开状态中**"继续我的实存"**；在那里，源初肯定是作为"实存于"让我思维和行动的事物的喜悦而被感觉到的；那么理性就不再是一个他者：我就是它，你就是它，因为我们都是它的一部分。

但是，只有穿过我们称之为视角、性格、生命感情的实存**否定**，源初的肯定才会**成为**人。只有通过参与我们在笛卡尔之前并从珀罗斯和佩尼亚的柏拉图神话中知道的"一种虚无的否定观念"，这个人才是理智的；人就是这种否定，我们从黑格尔到萨特学到了这一点。但是，在否定的胜利前进的过程中，丢失的是它与构成我们的肯定力量的真正关系；人的"自为"决不是在与事物"自在"的对立中得到解决的；这种虚无化的"自为"和物化的"自在"的对立仍然使这两个术语彼此外在，并且与其说是辩证法，不如说是稳定的"存在"和自我分离并自我孤立的"虚无"之间的二分法；对"虚无行动"的描述——从缺席到拒绝，到怀疑和恐惧——很好地说明了人作为非物的提升；但人所虚无化的事物的存在并非全部存在；甚至当"自在"表现出我已经逝去的过去、我的已经成为、我实存的"已经曾在"（*gewesen*）、一成不变的本质（*Wesen*）[①]，我仍然反对外在存在；如果当代哲学极大地增加了这种破裂和孤立的虚无，那是由于对源初肯定的误解，或者如斯宾诺莎所说，对实存的努力的误解（这一努力与当前的本质同一），而这完全是**设定**（*ponere*）和没有必要的**删除**（*tollere*）的力量。[②] 这就是人的存在中所讨论的存在。在此，存在就是肯定、对、喜悦。我不拒绝这种作为生成和死亡的存在，我就是它，我是它的一部分。

实存否定就是肯定的否定；没有任何一种否定比这更接近存在了；这不再是以曾在回退到虚无，而是一个在否定存在的视角中的动词显现，一个在否定它的性格中的目的总体性，一个在否认它对生命的依恋中的爱。如果我们沿着这种实存否定的路径从外部到内部，它首先显现为自我与他者之间的差异，然后显现为自我与自我之间的差异，从而内化在有限的悲伤中。

对视角的最基本的反思概括了所有这些思维过程；因为我只知道视角是违反真理意向的视角；但我只是通过其他视角与我的视角的对立来证实这种违反；因此，意识的"多"不是简单的算术复数；意识的他者性与原始的同一性和统一性有关，后者使得语言的理解、文化的交流和人与人之间的融洽成为可能；他者不仅是另一个人，而且是我的相似者；相反，λόγος 的基本单位是相对于 λέγειν 的差异[③]；这种差异意指人性的统一性只有在交流运动中才能实现。因此，差异不是绝对的——就

---

① 德文，gewesen 意为曾在，为动词 sein（存在）的过去分词，Wesen 意为本质。——译者注
② 拉丁文，ponere 意为设定、放置，tollere 意为消除、举起、提升。——译者注
③ 古希腊文，λόγος 意为言辞，λέγειν 意为说。——译者注

好像意识的多样性是纯粹数字的，它们的共存只是偶然的，而人的存在的统一性也不是绝对的，就好像只有恶的意志的不纯粹因果关系导致了意识的分离。人是多元的、集体的统一体，在这种统一体中，使命的统一和命运的差异是相互理解的。

通过内在化，自我和他者之间的差异变成了自我和自身之间的差异；它不再是命运之间的差异，而是在一个单一的命运中，它的需求和偶然性之间的差异。用康德的语言来说，需求是理性所"要求"（*verlangen*）[1] 的总体性；用亚里士多德的语言来说，它也是人在行动中所"追求"（ἐφίεσθαι）[2] 的幸福。正是这一需求出于表达具有一种性格的偶然性；这种偶然性的意识比与他者的差异意识更接近于源初肯定；正是基于这种感情，我所是的实在性的量将其他人而不是自我所意识到的人性的巨大可能性排除在自我外；差异感将他者性排除在自我之外；偶然性的感情将它内化；在他身上，需求在对立面中被颠倒过来了；我去**存在**所得的事物在感情中被否定了，我没有必要成为这样的人，甚至也没有必要存在，我曾经有可能是一个他者，甚至我不存在；这种感情不能不荒谬地得到陈述，因为我的他者存在的想象是在这个身体和这个生命无可辩驳的在场的背景下产生的，而这一在场实际上排除了所有可能的他者；但恰恰是这里这时如此实存的天然事实，当它与对总体性的需求进行衡量时，被揭示为我所不生产即我所不设定的实存；实存表明自己**只是**实存，即**缺乏通过自身的存在**；想象，形成了不可能存在的可能性，就像是这种通过自身存在的缺乏的揭示者；我没有选择实存，实存是一种被给予的处境：这就是语言在非必然性或偶然性的理性形象中所表达的；我在那里，这不是必要的；在模态范畴中反思其实存的偶然存在者，必须认为它是不必要的；这种非必要性表现出在所有不稳定、依赖、缺乏自存、实存眩晕的感情中被掩饰的否定，这些都是从对生和死的沉思中产生的。因此，在这种情感的眩晕和模态的语言之间产生了一种结合：我是实存的非必要的生物。

我在悲伤的情感模式中所体验到的正是这种实存的非必要性。《伦理学》的作者说，"我所理解的悲伤是一种灵魂借以变得不那么完满的激情"。除了表达我努力实存的间断的悲伤之外，还有一种悲伤的基础，我们可以称之为有限的悲伤。这种悲伤是由所有原始经验滋养的，而为了表达自己，这些经验需要否定：缺乏、损失、恐惧、遗憾、失望、消散和绵延的不可逆转；否定是如此明显地融入其中，以至于人们可以将这种有限体验作为否定的根源之一 [3]；必须承认一个原始事实，即某些感情在话语中与否定有亲缘性，因为它们是否定的；否定语言因为

---

[1]　德文，意为要求。——译者注
[2]　古希腊文，意为寻求、致力于。——译者注
[3]　我并不是说对有限的否定是否定的唯一根源：毫无疑问，必须放弃对否定的起源的统一。他者性，正如柏拉图最先阐述的那样，与属于客观化思维的"区分"运作相关联；被知觉的事物、活生生的个体性、单一的心理的构成假定了某物与另一物之间的区别；客观区别与构成有限悲伤的否定情绪一样，是否定的源初根源。我们将在第三卷中回到这一点。

是在客观领域中构成的，主要是通过辨别和区分的作用而构成的，将同者与他者分开，那么它就能表达这些体验到的感情色彩；需求用"我没有"表达，遗憾用"不再……"表达，不耐烦的欲望用"还没有……"表达；但是口头否定如果不表现出比任何话语都深层的否定性，并且在斯宾诺莎之后借助悲伤这一贴切词得以总结，那么它就不适合这些情感。这种实存的减少影响了灵魂所努力坚持其存在的努力，很可能被称为原始的情感。各种形式的受苦都会提升这种包含多重情感的否定时刻；在受苦中，意识分离、集中并感到被否定。

如果这是源初肯定和实存差异的辩证法，那么可以理解的是，"限制"——康德中质的第三个范畴——立即成为人的脆弱性的同义词。**这个**限制就是人自身。我不直接想到人，而是通过组合，将其思维为源初肯定和实存否定的"混杂"。人是在有限的悲伤中的"对"（Oui）的喜悦。

这种"混杂体"在我们看来是**缺陷的**渐进显现，这种显现使人成为自身之外实在的中介，即成为自身脆弱的中介。

客体的综合是说与显现的无声综合，但**在**事物本身，在客体上；如果这种综合可以被称为意识，那它就不是自我意识；使之成为可能的先验想象力仍然是一种隐藏在本性深处的技艺。人的综合给予混杂体一种实践意义，不再是理论意义，但这种混杂体仍然是一项任务；中介是通过各种"中间"（μεσότης）① 来寻求的，这些中间为亚里士多德在《尼各马可伦理学》中得到阐述，它们与其说是德性的恰当中间，不如说是在对立的深渊之间前进的实践和解的艰难道路，而这些深渊是以行动的各种分离形式来得到表象的；人甚至还在他自身之外投射这些"中间"；他将它们投射到作品中——工匠的作品、艺术家的作品、立法者的作品、教育家的作品；这些不朽的作品、这些制度延伸了事物的综合；事物被**包含**在说和看的统一性中；作品在意义与物质、价值与劳动的统一性中被理解；人、工匠、艺术家、立法者、教育家，对自己而言都是具体的，因为理念在自身中得到体现；尤其是**持久的**艺术作品，因为它所体现的理念被宇宙的持久元素拯救而免于遗忘。但是歌德所钟爱的这种有限的追求，只会在一个人的新的关系中带来需求和偶然性的综合，而这个人恰恰是作品。在他自身和对于他自身，人仍然是分裂的。

正是这种秘密的裂痕，这种自我与自我的非一致，让感情得以揭示；感情是冲突，将人揭示为源初的**冲突**；它显现了中介或限制只是意向的，指向事物或作品，并且人自身内部充满了分裂。但是，人所经历和遭受的这种不和谐只有在一种具体的辩证法中才达到话语的真理，这种辩证法显现了作为**对立的生成**的人的脆弱综合：源初肯定和实存差异的对立。

---

① 古希腊文，意为中间、中道。——译者注

第二节 可能犯错性和错误的可能性

如果能够犯错在于人在客体、人性观念和自己内心中所运作的中介的脆弱性，那么就会出现这样的问题，即知道这种脆弱性在什么意义上是犯错的能力。那是什么能力？

脆弱在多种意义上使恶成为可能，而人们可以按照从**场合**到**起源**以及从起源到**能力**的递增的复杂性秩序对其进行分类。

在第一种意义上，人们会说，人的特殊限制只会使恶成为可能；人们通过可能犯错性来指示场合，即恶可以侵入人的阻力最小的点；然后，脆弱的中介显现为恶的显现的简单空间。以实在性为中心的人，汇集实在的各种极点的人，作为世界的人，也就是实在的脆弱表达。但从这种可能性到恶的实在性，有一个间距，一个飞跃：这确实是错误之谜。在经院哲学的语言中（仍然是笛卡尔的语言），从"缺乏"到"剥夺"，没有连续的通道。在康德《将负量的概念引入哲学的论文》（*Essai de Kant pour introduire en philosophie le concept de grandeur négative*）中，恶是"一种剥夺的虚无"，这意味着现实的反对，真实的厌恶，这是脆弱性观念无法解释的。

可能性与实在性之间的间距反映在对可能犯错性的简单人类学描述与伦理学之间的类似间距上；前者未能触及恶，而后者则发现善与恶的实在对立。事实上，所有伦理学最基本的前提是，有价值与无价值之间已经存在分裂，人已经具备双重能力：真与假、善与恶、美与丑；客观性本身，在先验的视角中仅仅是意义和在场的统一性，在伦理学的视角中成了一项任务，其可以完成也可以不完成；客观性是卓越的综合，作为真理的价值，在有价值与无价值之间进行分裂。在行动上是一样的；我们已经看到，人注定是对幸福的需求与性格和死亡的偶然性之间的中介；但对于伦理学来说，这种中介是一项任务，正如亚里士多德所说，在恶的各种极端之间制定一种"中间"的任务。然而，在美学秩序中，品位自身假定了一种与之相反的恶的品位，尽管人们可以按照《判断力批判》的方式，在不参考这种对立面的情况下，通过表象的自由游戏和"没有概念的快乐"简单的考虑来构成品位的观念。因此，从最广义的角度来看，伦理学涵盖了规范性的整个领域，它总是以这样一个人为前提，这个人已经错过了客体的综合，人性本身的综合以及有限和无限的自身综合；这就是为什么伦理学建议通过科学方法、道德教育学、品位文化的手段来"教育"他；去"教育"他，也就是说，把他从一个已经错失其本质的领域中引导出来。因此，被视为伦理学的哲学不仅预设了有价值和无价值的抽象极性，而且预设了一个已经错过目标的具体的人；这就是哲学在其旅程开始时发现的人：巴门尼德在他的旅程中带其超越白天和黑夜之门的人，柏拉图在有太阳的陡峭路径上吸引其从洞穴中出来的人，笛卡尔通过夸张的怀疑之路让其摆脱偏见并通向真理的人；人，正如哲学在其旅程开始时所把握的那样，走入歧途，迷失了；他忘记了起源。

谜团就是已经堕落的"飞跃"本身；我们的人类学反思仍低于这一飞跃，但伦理学来得太晚了；为了捕捉这一飞跃，有必要重新出发，进行一种新类型的反思，其与意识对它的忏悔以及意识在其中表达这种忏悔的恶的**象征**有关。因此，可能犯错性的现象学与恶的象征之间方法的差距仅表达了人自身在可能犯错性和错误之间的差距。那么，恶的象征采取大迂回而行，在迂回结束时，也许有可能恢复被打断的话语，并将这种象征主义的教义重新整合到真正的**哲学**人类学中。那么，在第一种意义上，可能犯错性**只是**恶的可能性：它指定了领域和实在性，通过它较小的抵抗力，为恶提供了一个"场所"。

但在这第一种意义上，恶的可能性和恶的实在性仍然是彼此外在的。然而，在某种程度上，恶的"飞跃"即恶的"设定"可以根据可能犯错性来理解。在可能这个词的第二种意义上，我们会说人的比例失调是恶的可能性：在这个意义上，就是在此意义上，人的任何缺陷都保持在他的完满范围内，而任何剥夺都指何人的构成，任何的退化都基于"来到实存"——基于 γένεσις εἰς οὐσίαν[①]——就像柏拉图的《斐勒布》一样；人只能发明人的混乱和恶；因此，由于言语是它的规定，所以闲话、谎言和奉承的恶是可能的；我只能把智者表象为哲学家的仿冒品；柏拉图称他为"影象制造者"；而巴力[②]只能是耶和华的"偶像"；因此，起源就是源初、模式、范式，**由此出发**，我可以通过一种 *pseudo*[③] 起源来产生所有的恶（在病理学所说的超–、低–或异–的紊乱的意义上）；人只能根据他的功能和规定的强弱来作恶。

毫无疑问，在柏格森对可能性的批判的风格中，人们会反对，恶之所以成为可能，是因为它是实在的，相反，可能犯错性的概念仅仅是对已经存在的恶的忏悔所产生的反作用，这种反作用影响了对人的限制的描述。的确如此，正是错误在其背后切割自己的可能性，将其作为自己的影子投射到人的源初限制上，从而使它显现为可能犯错的；不可否认的是，只有**通过**人的心灵的当前恶的条件，我们才能辨别出比一切恶更源初的条件：通过仇恨和斗争，人们才能看到构成意识差异的尊重的主体间结构；正是通过误解和谎言，言语的源初结构揭示了意识的同一性和他者性；透过贪婪、僭政、虚荣所领会的有、能和值的三重请求也是如此。简而言之，起源总是"**通过**"（«à travers»）堕落出现。但"通过"是什么意

---

① 古希腊文，意为生成存在。——译者注
② 巴力（Baal）是古代中东宗教中的一个神祇，广泛在迦南、腓尼基和其他地区的宗教信仰中受到崇拜。——译者注
③ 拉丁文，意为假的。——译者注

思？通过堕落所得的起源的透明性意指贪婪、僭政、虚荣，首先在发现的顺序中，通过它们自己指定实存秩序中的优先的有、能和值；而这些"激情"，通过显现出它们扎根于其中的"请求"，从中得到了可以称为堕落指示的回报；故错误之恶，有意回到起源；但反过来，这种对起源的所指构成了作为错误的恶，也就是说作为间距即作为偏差的恶。我可以认为恶只是"来自"（«à partir de»）它所堕落的东西。因此，"通过"与"来自"是互惠的；正是这个"来自"授权我们说可能犯错性是恶的**条件**，尽管恶是可能犯错性的揭示者。

那么我们能否将源初的表象与起源借以得到知觉的恶的描述隔离开来？可以，但只是在**想象的**模式中；无辜的想象无非是对人的生命的表象，这种表象将实现其所有基本可能性，而其源初规定与其历史显现之间没有任何间距。无辜就是没有错误的可能犯错性，而这种可能犯错性只是脆弱性，只是脆弱的，而不是堕落。没关系，我只能通过神话之路来表象无辜，就像一个可以在某时某地中的"别处"和"以前"得以实现的状态，而这在地理上和理性的人的历史上都没有立足之地。无辜神话的本质是给予源初的象征，其在堕落中流露出来并且将其揭露为堕落；我的无辜是我的源初构成，被投射到一个奇幻的历史中。这种想象对哲学来说没有什么可耻的；想象是可能性调查不可或缺的模式；可以说，按照胡塞尔的本质学的风格，无辜是引出源初构成本质的想象变体，通过使它显现**在**另一种实存的**形态上**；然后可能犯错性表现为一种纯粹的可能性，而没有它通常显现的堕落条件。因此，严格来说，说人恶到不知道他的善是什么，就是什么都不说了；因为如果我不理解"善"，我也不理解"恶"；我必须一起理解，仿佛叠加了"善"的源初规定及其在恶中的历史显现；恶是源初的，善是更为源初的。这就是为什么，正如我们将看到的，堕落神话只有在创造和无辜神话的背景下才有可能。如果我们明白这一点，就不会问"上帝的形象"是否应该丢了，就好像人变得恶就不再是人一样；当卢梭顽固地宣称人的本性之善和他的历史和文化的堕落时，也不会有人指责卢梭自相矛盾。

但可能犯错误性的概念在更积极的意义上包含了恶的可能性：人的"比例失调"是犯错的**能力**，从这个意义上说，它使人**有能力**犯错。正如笛卡尔所说："如果我认为自己以某种方式参与了虚无或非存在，也就是说，就我自己并不是至高无上的存在而言，我发现自己处于一种无限缺陷的状态当中，因此我不必奇怪我是会弄错的"（《第四个沉思》）。**我发现自己暴露在……**那是什么意思？难道我们不应该同时肯定"飞跃"、恶的"设定""过程"、从可能犯错性到错误的"过渡"吗？

正如我们将要看到的，最能强调恶的断裂性和突发性特征的堕落神话，同时讲述了微妙的转变，即从无辜到恶的模糊转变，就好像我无法将恶表象为瞬间的涌现而不同时将其思维为在绵延中的渗透和发展。它自我设定，它继续。当然，正是从恶的设定出发，才发现恶的反面是**脆弱的实现**；但是这种屈服于脆弱的运动，在圣经神话中以夏娃的形象作为象征，与恶发生的行动同时存在；有一种眩晕，从脆弱到诱惑，从诱惑到堕落；因此，在我提出"我承认"的那一刻，恶似乎是由于眩晕的连续过渡而产生的人的限制。正是这种从无辜到错误的转变，在恶的设定中得到发现，并给予可能犯错性的概念以其所有模棱两可的深度；脆弱性不仅仅是"场所"，即恶的插入点，甚至也不仅仅是人堕落的"起源"；这是恶的"能力"。说人是脆弱的，就是说与自身不一致的存在的限制是恶产生的源初脆弱。然而，恶从这种脆弱中**产生**，只因为它自我**设定**。这个终极悖论将成为恶的象征的中心。

第二册 恶的象征

［法］保罗·利科著 翁绍军 译

译者前言

保罗·利科（Paul Ricoeur，1913–2005）是当代享有国际声誉的法国哲学家，曾就读巴黎大学，获哲学博士学位。第二次世界大战期间被俘，在德国集中营研读马赛尔、雅斯贝尔斯与胡塞尔等人的著作。1948 年后相继任教于法国斯特拉斯堡大学、巴黎大学、巴黎第十大学、比利时卢汶大学和美国芝加哥大学。在 60 年代前，保罗·利科的学术研究以存在主义和现象学为主，他用法文翻译和注释了胡塞尔的《纯粹现象学和现象学哲学的观念》一书，并提出意志现象学学说。为此，施皮格伯格（H.Spiegelberg）在其 1960 年出版的《现象学运动》中将他称为法国现象学界的权威。在这阶段，他的主要著作是《意志哲学》，它运用现象学和象征学的方法，探讨了意志与非意志的相互作用，以及人的罪错性问题。在 60 年代，保罗·利科的学术研究转向释义学理论，并著有《弗洛伊德和哲学：论解释》及《解释的冲突》等书，他认为，存在的意义只能实现于解释活动甚至互为冲突的解释活动之中；包括象征在内的人的种种外化表现，是间接表达意义的语言的一部分，通过对其意向性的揭示，可得以理解人自身的存在。在 70 年代后，保罗·利科的释义学研究扩伸到语言哲学，在此期间的主要著作有《隐喻的法则》和《行为语义学》，他提出，作为释义学对象的文本，不仅仅是语言符号的文本，人的行为也可当作文本类型，给予意义的阐释。保罗·利科的思想和著作在国际学术界产生了广泛的影响，他与伽达默尔（H.Gadamer）一起被并称为当代释义学大师。

《恶的象征》是保罗·利科《意志哲学》（*Philosophie de la Volonté*）第二卷《有限与有罪》（*Finitude et culpabilité*）一书的第二册；《有限与有罪》原计划写三册，结果只出了二册；第一册书名为《可能犯错的人》（*L'Homme Faillible*），第二册就是《恶的象征》。从《恶的象征》所研究的主题、运用的方法和形成的结论来看，它完全可以说是自成体系、独立成"书"的。保罗·利科在此书中综合运用现象学与释义学方法，描述了恶的原始象征系列，并探讨了神话的动态联系及哲学思想的产生。著名学者萨姆·基恩（Sam Keen）评论说："对于保罗·利科深奥渊博的方法与论点，是难以作简单评说的，但我们可以肯定地说，自马赛尔以来受基督教信仰熏陶的哲学家中，保罗·利科给人留下了印象最为深刻的成就。"无疑，保罗·利科的《恶的象征》也代表了当代西方学术的前沿水准。

在人类思想史中，杰出学者之所以新意迭出、峰峦叠起，其内驱力是对真理的执著追求，而非曲学阿世的观潮迎合。保罗·利科曾说过，他的每一篇著作都是对某种挑战的回应。在他撰写《恶的象征》这本书时，他所面临的是现象学方法的局限性。保罗·利科曾经是坚定的现象学家，他在自己的第一部有关《意志哲学》的著作《意愿和非意愿》中，描写了意愿行为的主体经验，并揭示了人的自由在调和人性中意愿与非意愿成分中的作用。在该部著作中，现象学方法的运用是相当成功的，这促使他将研究深入到罪错意志方面，并把第二部著作的主题确定为"有限与有罪"。在《有限与有罪》的第一册《可能犯错的人》一书中，保罗·利科仍然用现象学方法描述人的存在所具有的"易错性"特征，以及由此导致基本的意志结构的障碍或转变。但"易错性"还只是人身上恶的可能性，完整的研究还必须由恶的可能性进展到恶的现实性，也就是由易有过错进展到犯有过错，作为《有限与有罪》第二册的《恶的象征》就瞄准着这一研究目标。但在这本书的写作中，也就是在研究现实的罪错问题时，保罗·利科深深感到现象学方法的"明显无能"。我们知道，现象学以主体经验结构为基础，这在一定程度上确实不需要其他科学所不可或缺的"预设"，胡塞尔曾因此十分自豪地将现象学称为"绝对科学"。但是，由于现象学构成的最终基点是主观性的，所以它无法澄清主观所体验和描述的意义的客观真理问题。现象学家所谓的"真理"，只是意义的内在连贯性和成体系性。保罗·利科清醒地意识到，当涉及现实问题时，这样的真理乃是"没有确信的真理，隔着一段距离的变了质的真理"。面对"方法论上的迷失"，他不蹈故常，不走"捷径"。他在探索中领悟到，罪错的现实性既然不能仅凭内在经验得以直接理解，那就必须求助外在的中介取得间接理解；中介必须承载人类自我的经验，类似宗教忏悔词、史诗、神话等象征符号就是这样的中介。采用外在中介的间接理解方式，保罗·利科称之为取远道兜圈子的"迂回方式"，不言而喻，"迂回方式"已显然不同于强调内在性与自明性的现象学方法。为保持方法上有一定的连续性，保罗·利科强调采用迂回方式必须有所担保，即担保"听从象征思想的指示"。从这一担保中，人们可以听到"不带成见，让纯粹事实说话"的现象学余音。随着方法论上的转变，保罗·利科完成了象征哲学的理论构想和实际运用。

保罗·利科将哲学家们原先甚少过问的界域，诸如言语、诗、梦、神话、宗教史料、习俗等，都圈进思想的领地，这就是"象征"的界域。"象征是世界自我说明的媒体"，保罗·利科的这句近乎格言的话非常精辟地说出了象征在他心目中的作用，同时，我们从这句话中肯定也嗅得到海德格尔的气味。海德格尔把人称作一种特定的存在——Desein，世界万物在这特定的存在中"栖息"，并由此"成为问题"，"展现自身"，亦即取得意义。这种表述尽管有其深刻的一面，但毕竟太抽象，或者说太别扭了。相比之下，保罗·利科的表述就比较朴实明确。作为人的内在体验的外化，象征是意义的实存。因此，世界通过它的中介，去展现自身和说明自身。保罗·利科对象征显现的规律和区域作了大体的分类，划定了宇宙的、梦的和诗的三大取向。最初，人类的生活体验是通过宇宙中的实际事物得以表现的。人们根据上天，根据太阳和月亮，根据水和植物去解释神祇，在这些象征中得以聚集无数的意义，并渗透与充实到早在思想产生之前就已存在的言语之中。这些象征之物富蕴着多层意义，因此，说天显示神祇，跟说天指的是至高无上、高尚的与无限的、强有力的和有秩序的、有洞察力的和智慧的、有最高权力的、永恒不变的，都是一回事。随着反思意识的增长，人的精神功能得以强化，因此，遂有通过精神现象去表现复杂意义的方式，这就是象征的梦的取向。宇宙的取向和梦的取向是人类自我这个表达主体的同一"表达性"的两极，"我在表达世界的过程中表达了我自己，我在解释世界的神圣性过程中探索了我自己的神圣性"。

宇宙和精神（梦）的双重取向还需要诗的象征作为补充物。诗是言词而不是虚幻的形象，因此，它更具有"在场"的功能。当诗的语言涌出时，诗的象征"就把表达性显示给我们"。当然，三大取向只是理论上的划定，实际上，并不存在三种不相关联的象征形式。以上还只是象征的外在规定，保罗·利科由此进到象征的本质规定。他指出，象征是符号，但象征又不同于符号，象征是具有双重意向性的符号。无论是天空、月亮、大树、山石，还是夜间发生的梦，更不用说诗中的形象，它们都是传达意义的方式，这些意义都可以在有言语作为工具的表达意思的意向中被表明。因此，象征是有所指意的符号，它"使我们加入到潜在的意义之中"，这种潜在的意义是"我们无力从理智上去掌握的"。象征对意义的这一功能，被保罗·利科喻为"探索者的手杖"。

为了解明罪错问题，保罗·利科将恶的象征分为三大类型，即忏悔型象征、神话型象征和思索型象征。《恶的象征》的上篇阐述忏悔型象征，下篇阐述神话型象征。他准备在另一册书里阐述思索型象征，但此愿至今未果。忏悔型象征按照对于罪的忏悔所揭示的体验的不同层次，又可分成亵渎、罪、有罪的象征系列，这是罪错（恶）的最古老的象征，是奴隶意志体验的外化。这些忏悔型象征所揭示的是"最分化、最微妙、最内在"的负罪体验，这些体验由于还没有特定的语言中介，因此，它所形成的语言具有"无识别力、含糊多义、令人反感"这样三个对应的特点。我们这些理性化了的现代人，切不要因此而抛弃这类语言，它们也是一种资源。作者告诉我们，这些语言"具有它们所特有的一种智慧，我们应当显示这种智慧，并当作我们在内在体验这一迷宫中的引路绳"。

　　健忘是人的存在的一个特性，由于时间和思考的原因，语言越来越变得"更精确，更单一含义，更一词一义"，语言原来所拥有的丰富意义被遗忘了，以至于当我们看到"亵渎"一词，就马上想到去求助于词典，希望从有关辞目的定义中求得所谓"知"的满足。其实，这是一种贫乏而又"隔了一层"的"知"。亵渎是一种已被遗忘的过错意识，一则是因为我们的良心不再承认古时的价值标准，"对于被当时传统下的良心看作亵渎的东西，不再就是我们看作罪恶的东西"；二则是由于古人对亵渎的规定（譬如在立法中）也有缺漏，他们也处在遗忘进程中。于是，唤起对这些被遗忘的东西的回忆，修补和充实被遗忘的体验，便成了象征哲学家的任务。

　　保罗·利科根据上古初民对亵渎的规定、区分和称呼，发现当时人心目中的亵渎，是因为接触传染而带来的不洁，是一种象征的玷污。洁与不洁的区分显然不是伦理与非伦理的区分，这说明曾经有过前伦理时期。在此时期，伦理一类的作恶尚未与譬如疾病、苦难、死亡、旱涝灾害一类自然及生理的遭恶区分开来。保罗·利科又发现，洁与不洁的区分不是依从人的有意或无意的主观动机，而是依从是否在事实上违背据说是神的禁忌，因此"是依从敬神和渎神的区分"。保罗·利科接着对这种害怕不洁的意识所特有的畏惧情感进行意向分析。不洁违背了神的命令，会引起正义神的"发怒"，从而遭到报复。因此，报复和亵渎之间有着不可克服的原始联系。通过语言的折射，还可以看到在这种畏惧情感中内含的逐级深化的意向。首先，对报复的害怕已经夹杂了一种要求，要求一种公正的惩罚。其次，通过一种公正的惩罚的预期，这种预期夹杂了希望，希望对报复的害怕本身将会从有良心的人生中消失。显然，这已经是一种伦理的目标，而不是肉体生理上的目标。报复引致受难，由于惩罚的中介，整个自然秩序被纳入伦理秩序。保罗·利科指出："经由害怕而不是经由爱，人类才进入伦理世界。"

　　巴比伦和亚述遗存下来的忏悔诗与赎罪祈祷文，为保罗·利科提供了由亵渎转变到罪的典型性例子。譬如，有这样一则祈祷文："哦，我的神！还要多时你才忘了我的罪？我竟被看成不怕神也不怕女神的人。"在这里，确定过错的已经不是玷污带来的不洁，而是对神与女神的不敬。保罗·利科指出："这里确定罪与亵渎区别的精髓处已经是跟神的一种私人关系。"人与神的这种私人关系是一种契约的关系，由于这种契约关系的"先在确立"，才把违背契约当作罪。这种人神关系反映了人作为上帝牺牲品的处境，这一处境可以分解为上帝的表达和人的表达。神召是上帝谕令的表达，祈祷是人的虔敬的表达，从神召和祈祷之间的交流中，我们可以体验到古人对于罪的体验。

　　罪错意识的第三种象征形式是有罪。罪的忏悔在个人内心产生强烈的有罪感，被神召的"汝"变成了自责的"我"。保罗·利科从几个方面考察有罪本身：从伦理-法律方面考察惩罚与责任的关系；从伦理-宗教方面考察微妙审慎的良心；从心理-神学方面考察深受诅咒和谴责的良心。这也是产生有罪意识的体验的三种取向。同时，刑罚的合理化、伦理意识的内在化和细腻化，以及人的苦恼意识被称为有罪意识的三向分裂。

由《恶的象征》下篇，我们进入神话型象征的界域。神话是意义的富矿，它需要利用哲学的注释和理解去开采。神话是对亵渎、罪和有罪的内在体验所形成的初级象征的一种再创造，它把这些体验通过特定的语言，以故事形式表述出来。神话是一种象征，它具有敞开和泄露的功能。神话以故事的特殊手段完成其象征功能，它表达一种戏剧性事件；正是这种原始的戏剧性事件，表现和揭示了人的体验中隐蔽的意义。神话把人类作为整体包容在一个虚构的历史之中，譬如，亚当就代表人类出现在创世之际。神话还以故事形式将人类的体验作时间的演化，并用这种故事暗示人的原本清白的存在向邪恶的现实存在的转变。保罗·利科归纳出四种神话类型：第一种类型有关罪恶的起源和终结，也可称创世神话，流传下来的有苏梅尔神统神话、荷马和赫西俄德的神统神话；第二种类型是古希腊悲剧神话；第三种类型是亚当神话；第四种类型是灵魂放逐的神话，即俄耳甫斯神话。在这四类神话中，保罗·利科指出，亚当神话非同寻常，理解亚当神话也就依次理解了其他神话。亚当神话因其复杂性和内在牵制，在不同程度上重申了其他神话的内在真理。

保罗·利科通过罪的原始体验所暗示的神话意向去理解亚当神话的结构，他指出，亚当神话有一个双重结构。一方面，它倾向于将所有历史的罪恶都集中在一个人及一个行为上，也就是集中在唯一的事件上。"一个人"与"一个行为"就是这个神话的第一模式，被称为"事件"模式。"一个人"是指亚当。据说，编纂《圣经》的"耶和华派"是在有关不服从禁令而被逐出乐园的一对夫妇的非常原始的神话中，衍生出由一个祖先去代表不同种族集团的观念。其中的意义是由回溯地理解历史而得出的。要把握它，看来要反思以色列民族起源的全过程。在亚当身上，有我们全体人类的缩影，人的始祖的神话形象为处在历史源头上的人类多样性整体提供了一个焦点。"一个行为"是指亚当摘了禁果并吃了它。这个行为使一个清白时代终结，又开始了一个可诅咒的时代。另一方面，亚当神话又在一幕"戏剧"里展开这个事件，这幕戏剧把时间引进一连串事件中，并展开在亚当、夏娃、蛇这几个角色上。戏剧在蛇和女人之间开始。女人夏娃代表弱点，代表在诱惑面前让步，她并不是"第二性征"意义上的女人，每个女人和每个男人都是夏娃。在诱惑面前让步是人的一种有限的自由，可见，人之所以堕落，其原因并非性欲，而在于这种有限自由的结果。正是在这种意义上，恶才因自由而有可能。蛇通过夏娃去引诱亚当。在蛇的形象上，《圣经》编纂者把诱惑的体验戏剧化，我们可以把诱惑解释成是一种来自外界的勾引，也可以解释成是我们自己对自己的诱惑。这后一种解释更加妥帖，诚如使徒雅各所援引的："各人被试探，乃是被自己的私欲牵引诱惑的。"把这种解释延伸下去，我们就可以说，蛇代表欲望的心理投影。总之，亚当神话可提供多层次的意义开掘，保罗·利科的释义学运作，具体揭示了亚当神话与其他三种神话的联系。

显然，亚当神话的精髓是神人之间的联系，这也是它与其他三种神话的共同点。俄耳甫斯神话以"灵魂"与"肉体"的构想表达这种神人联系，这个神话以"灵魂"的净化作为人得以拯救的途径，又以各种祭礼赛会作为有罪之人赎罪与净化的仪式。保罗·利科指出，俄耳甫斯的"净化"已处于哲学的"入口"：一是毕达哥拉斯派哲学家的作品清楚表明了"一种俄耳甫斯教的回声"，他们宣称人和神的种系是统一的；一是柏拉图和新柏拉图主义，在俄耳甫斯"灵魂"意识中，包含了"柏拉图和新柏拉图主义"，在俄耳甫斯"灵魂"意识中，包含了"柏拉图和新柏拉图类型的'哲学'"。

《恶的象征》的结论是：象征导致思想。无论是忏悔型象征，还是神话型象征，在保罗·利科的释义学中都成了蕴含意义丰富的言语的一部分。现代学者的任务应当是，通过对象征给出的意义的破译，去作理解与批判的努力。保罗·利科认为，由此获得的思想，"对人和对人的存在与一切存在之间的联系会有更好的认识"。我们知道，现象学方法导致的真理，是个人与个人之间难以共同确信的真理；而通过伽达默尔释义学导致的真理，由于偏向理解主体的"成见"而带上浓重的"主观"色彩；因此，相比较而言，保罗·利科所运用的象征，不仅被赋予历史的意义，也被赋予经验存在的意义，从而在一定程度上更带有"客观"的色彩。

《现象学运动》一书的作者施皮格伯格将《恶的象征》的出版看作是现象学运动史上的重要事件，他指出，一方面，这本书对象征的解释及其对释义理论的展开，表明了对现象学局限性的超越；另一方面，这本书又表明，向释义学的"转向"并不意味着取代现象学，相反，意味着释义学与现象学的互补性，它们是互相依存、互为条件的。应当指出，《恶的象征》所利用的资源还只是局部的，它只是将以色列和古希腊有关罪错的意识史作为主要参照点。但即便如此，我们仍不得不承认，这本书的理论与方法有相当的可借鉴价值，它所发掘到的大量意义，无疑深化了对人的存在的诸多方面的认识。

《恶的象征》一书搜罗丰富，引证的大量资料出自古巴比伦、以色列、希腊、罗马的诗歌、神话、戏剧、宗教、哲学等方面的文献，其中不少用古希腊语及拉丁语原文。为了方便中国读者以及提高中译本的质量，译者将这些原文及文献书目均一一译出。本书有关《圣经》的中译文，采用《圣经》"和合本"（"上帝"版）。本书还提及大量人（包括神、灵、异）名与地名，其中有些是人所熟知的，如柏拉图、韦伯等，还有一些则是译者不详的学者，如穆兰、拉德等，他们都是古文献专家或某一专门领域的学者，但关于他们的更详细情况却难以查证；除上述两种情况外，我都作了简注。因译者水准有限，错误或不妥处在所难免，幸予匡正。本书的出版得到上海人民出版社大力支持，谨志感谢。

公车　庚辰年初夏于沪上

上　篇

原始象征：亵渎、罪、有罪

导　言　"忏悔"现象学

第一节　思索、神话和象征

我们将如何实现由人身上的恶的可能到恶的现实的转变、从易有过错到犯过错的转变呢？[①]

我们将试图通过在我们自己身上"重新演现"（répétition）产生宗教意识的忏悔，去不期而遇这种转变。

当然，所想象的这种合意的"重新演现"不可能取代有关过错的哲学。值得注意的依然是，哲学家怎样对待它——也就是说，他怎样把它同本书第一册在有限与无限的辩证法影响之下所开始的有关人的论述相结合。这方面论述的最终展开将出现在第三册。我们尚不能预期它将出现的趋向，因为我们尚不知道，行将迫使哲学选定其方向的新局面究竟如何。[②]

然而，即使这种由宗教意识而来的对于人之罪恶的忏悔的"重新演现"取代不了哲学，忏悔也仍然处在哲学所感兴趣的范围之内，因为它是一种表达，一种人类关于他自身的表达；而且，任何表达都可以和应当被吸收作为哲学论述的组成部分。我们随后将指出这种不再是宗教体验而且也不是哲学的"重新演现"的哲学的所在（如果可以这么说的话）。但我们首先要指出，在我们称作由宗教意识而来的对于人的罪恶的忏悔的这个表达中究竟说了什么。

首先，它一开始所感兴趣的似乎是那忏悔的最刻意的、最合理的表达方式，希望那些表达方式因其"说明的"特点而会最接近于哲学的语言。因此，这会使

[①]　本书系作者《意志哲学》（*philosophie de la Volonté*）第二卷《有限与有罪》（*Finitude et Culpabilité*）一书的第 2 册。第 1 册为《可能犯错的人》（*L'Homme Faillible*）。——译者注（脚注均为译者注）

[②]　见下篇结论："象征导致思想"。

人认为，它反对近来关于原罪（péché originel）所作的奥古斯丁时代（l'époque augustinienne）的解释，那是要求哲学去估量自身的解释。许多古典的和现代的哲学把这个假定的概念理解为一个宗教和神学的依据，并把有关过错的哲学问题归结为对原罪观念的评论。

原罪概念最经受不起与哲学直接冲突的检验，因为它的合理性显得最靠不住。而哲学理性所应当倾听的，倒正是对于恶的忏悔的最漫不经心的、最不能言喻的表达方式。所以，我们应当从"思辨的"表达方式退回到"自发的"表达方式。尤其是，一开始就必须确信，原罪的概念不是处在一种生活的体验、基督教关于罪的体验的循环的开端，而是处在它的终端。此外，它给予这种体验的解释只是对基督教所说的罪恶根源尽可能合理化的解释。被传统抹上防腐香油并已成为基督教人类学的基石的这种合理化，自始至终都属于以"认知"上帝秘密和人类命运的诺斯底派 [①] 主张为标志的思想的时期。原罪并不是一个诺斯底派的概念；相反，这是一个反诺斯底派的概念。但就它试图去将基督徒对根本罪恶的体验加以合理化而言，和提出"灵知"（gnose）作为"认识"包含有索菲亚（Sophia）[②] 降世和其他任何先于人的实体在内的原始初期二元论的伪哲学解释，犹如同一方式，在这个意义上，原罪属于灵知的时期。正是由于伪哲学的这种污染，最终使我们不敢把对于忏悔的大多数合理化的看法当作出发点。

思考把我们归于什么？归于生活的体验？还不是。我们在思考的背后，和在灵知及反灵知的解释的下方，发现了神话。神话在这里将被用来指现在在宗教史中所发现的东西：不是某种借助形象和寓言的虚假解释，而是与最早所发生的事件有关的口传讲述，这种讲述对现今人们的礼仪活动有着提供依据的效用，并以某种笼统的方式，建立人类借以在其世界中了解他自己的各种行为方式和思考方式。对于我们现代人来说，一篇神话仅仅只是一篇神话，因为我们既不再有可能将那个时代与我们运用批判方法所书写的那个历史时代联系起来，也不可能将神话的地点与我们的地理学空间联系起来。这就是神话不再有可能成为一种解释的原因；排斥其原因论的意向是所有必要的神话破译（démythologisation）的主题。但随着神话失去其解释的权利，又显露了它具有探索的意义及其对认知的贡献，我们稍后将把这些称之为神话的象征功能——也就是说，它具有揭示和显露在人和人所视为神圣的东西之间的联结的能力。这看上去似乎是自相矛盾的，神话通过与符合科学的历史相接触而被去除神话的形式，并被提高到一种象征的高度，与此同时，它又是现代思维的一个方向。

但这种被探究、揭示、显露着的又是什么呢？我们并不自诩要在本书提出一个全面的神话理论；我们对于这问题的贡献将严格限于恶的起源与终结的神话。

---

① 诺斯底派（gnostique）：罗马帝国时期的一个秘传宗教，主张把握"诺斯"（Gnose，灵知）才能获救。
② 索菲亚（Sophia），诺斯底派的神话人物，代表天的智慧。

对我们的研究作出的这个限定，希望能通过对我们上面故意含糊地称之为在人和人所视为神圣的东西之间的联结相关的神话的功能，有一种更精确的了解而得到补偿。罪恶——亵渎（souillure）或罪（péché）——是敏感点，并且可以说是神话以其特有的方式使之显现的这个联结的"钮结点"。由于把我们自己限定在起源和终结的神话之内，我们对神话就得以有一种深入的而不是粗浅的了解。实际上，正因为罪恶是对神祇的严酷体验的极点，所以，人和神祇之间联结消失的威胁才使我们最强烈地意识到人对神祇的威力的依赖。因此，作为"钮结点"的神话同时又是"总体"的神话：在叙述这些事物怎样开始和它们将怎样结束的过程中，神话将人的体验放在从讲述中获取倾向性和意义的一个总体之中。这样，将人的现实作为总体的理解由于神话凭借一种话旧和一种期待而得以完成。①

我们由此就能着手去解释恶的起源和终结的神话么？还不能。貌似合理的思考所指点我们的神话层次，反过来使我们涉及比任何讲述或任何灵知更低层次上的一种体验。因此，《圣经》对堕落的描述，即使其来自比以色列先知们的说教更古老的传说，也只是从本身作为犹太人的虔诚的对于恶的体验中获得其意义的。正是祭礼上"对于恶的忏悔"和先知们对"正义与正直"的呼吁，为神话提供了意义的基础。

这样，关于原罪的思考使我们退回到有关堕落的神话，而这有关堕落的神话转而又使我们退回到对罪的忏悔。堕落神话绝不是犹太—基督教有关罪的概念的基础，所以这种神话所认定的人类罪恶史起因的亚当（Adam）形象，实际上对于所有《旧约》作者来说依然还是一个不可言传的形象。信徒之父，上帝选民的始祖亚伯拉罕（Abraham）②和洪水后人类之父挪亚（Noé）在《圣经》的历史神学中比亚当的形象有更大的反响，亚当的形象一直处在一种无知无觉的状态，也就是说，直到圣保罗（Saint Paul）③使耶稣基督（Jésus Christ）成为类似的亚当第二，才使其复苏过来。同时，基督的"事件"反过来又把亚当的堕落变成一个类似的"事件"；后一个亚当的历史真实性通过反思赋予前一个亚当以相当的历史真实性，以及和基督的历史真实性相一致的个性特征。堕落故事的神话破译由于保罗的基督学对于亚当的象征的这种反作用而变得更加迫切。

现在，这象征方面只能通过对由神话而得以明确的体验的"重新演现"而被重新发现。于是，我们应当努力去揭示的正是这种体验。

然而，这种"重新演现"是可能的吗？我们所不得不假定的思考和神话，不是事先就宣告这种要重建前神话和前思考的根据的企图是注定要失败的吗？倘若比灵知和神话更低的层次不再可能有任何语言的话，这冒险兴许是没有希望的。

---

① 关于神话的理论，见下篇导言。
② 亚伯拉罕（Abraham），《圣经》中犹太人的始祖，耶和华立他为多国之父。
③ 圣保罗（Saint Paul，-64 年），宗教人物，新约中的十余封书信，传说为他所写，统称保罗书信，其主题思想构成后世基督教教义和神学的重要依据。

但事实并非如此，还有忏悔的语言，它存在于被提高到第二级和第三级的神话的语言和思考的语言之中。

这种忏悔的语言与它所揭示的体验有三种对应：无识别力，含糊多义，令人反感。

忏悔者做忏悔的那种体验仍是深陷于情感、恐惧、苦恼原状之中的无识别力的体验。正是这种情感的暗示，形成忏悔供述的客观化；忏悔表达了情感，从而推向了外界，没有忏悔，情感本身就可能封闭着，犹若灵魂中的一个印记。语言是情感之光。透过忏悔，对于过错的意识投入言语的光亮之中；透过忏悔，人留下言语，甚至在对他自己的荒谬、苦难和苦恼的体验中。

此外，这种体验又是错综复杂的，并不像人们可能料想到的简单体验，对于罪的忏悔揭示了体验的各个层次。在个人内心深处对可耻的一种感受这一确切的意义上说，"有罪"（culpabilité）只是一种最为个性化与内心化的高位体验。这种对有罪的感受暗示了一种更基本的体验——"罪"的体验，这种"罪"的体验把所有人都包括在内，并暗示了人在上帝面前的真正地位，不管人知道与否。堕落神话所说的降生到世界的那种罪，以及对原罪的思考所想要上升为一种教义的那种罪，恰好都是这种罪。但罪本身又是对过错的一种更古老的想法——以受外界污染的血缘或污点为借口去构想"亵渎"（souillure）的想法——的一种纠正，甚至一种革命。这样，有罪、罪和亵渎就构成了体验的一种原始多样性。因此，这包含的感受不仅因其出自情感而无识别的；也因其充满意义的多样性而含糊多义的。这就是再次需要语言去解释对过失的意识所隐蔽的各个扭结的原因所在。

最后，信徒在对罪的忏悔中所产生的那种体验，由于其非常生疏而造成一种适合它自身的语言；这既是自身又与自身疏远了的体验得以按质疑的方式直接在语言的水准上被译出。作为跟自身疏远的罪，是一种甚至比自然界奇观更使人惊讶、困惑和令人反感的体验，并且由于这个原因，它是质疑的思想的最丰富来源。在最古老的巴比伦诗篇中，信徒问道："哦，主啊，有多久了？我冒犯了什么神？我犯了什么罪？"罪使我难以理解自己：上帝是神秘的；事情的过程不再具有意义。正是与这种质疑相一致，并且为防止无意义的威胁，神话才讲述"那是怎样开始的"？而且灵知才提出著名的问题：恶从何而来？（πσθεντὰ Kaká？）并想尽一切办法去解释。罪也许是疑问的最重要近因，但由于作出不成熟的回答，它也是错误推论的近因。不过，正像在康德看来，先验论的错误是由对理性的无限能力的极度困惑所证实的，同样，灵知以及成因论（étiologiques）神话的不合时宜的回答也证实了人类的最生动体验，那是作为一个罪人的迷茫的体验，他需要理解，需要与他人交流，并以这种具有令人反感的特性的体验去引人注意。

经过这三重次序，人对于过错的内在体验本身形成了一种语言：一种尽管有无识别力的特性仍要去表达它的语言；一种使它的矛盾及其内在变革变得明确的语言；最后，还是一种揭示同样惊人的异化体验的语言。

现在，希伯来文献和古希腊文献都提供了用来表明这种对于过错的意识所迸发的存在体验的一种语言创造能力的证据。正是通过对那些语言创造力的促动因素的发现，我们才重新演现从亵渎到罪和有罪的进程。因此，表达过错意识的希伯来语和古希腊语具有它们所特有的一种智慧，我们应当显示这种智慧，并当作我们在内在体验这一迷宫中的引路绳。因此，在我们试图去深挖有关恶的神话的根子时，我们并没有变得无法表达；我们仍提出一种语言。

此外，我们从表示过错的词汇中得到的纯语义的理解，是作为神话的释义学准备的一种练习。事实上，它本身已经是一种释义学，因为最原始和最少虚构的语言已经是一种象征的语言：亵渎是在一个疵点或污点的象征之下被表明的，罪则是在未达到目标、一条弯路、非法侵入等象征之下被表明的。总之，过错更喜欢选择的语言看来是间接的和基于意象之上的语言。在这语言中有十分令人吃惊的东西：最低限度的自我意识似乎借助了象征系列构成自身，并且只是后来才借助于它的原始象征的自发的释义学设计出一种抽象语言。我们后面将看到这个主张的广泛内涵。它暂时已足以证实，在合意的想象中，"重新演现"始终活跃在语言的要素中，就像反思从灵知回复到神话，并从神话回复到过错的忏悔中所利用的原始象征的表达方式上一样。这种向原始象征的回复，使我们从此以后可以把神话和灵知看作是建立在解释初级象征基础之上的第二级和第三级的象征。

因此，我们必须把初级的忏悔语言、进一步的神话语言，和刻意形成的灵知与反灵知的语言，当成一个整体。思索不是自发的，神话本身也是第二级的；但要是没有第二级和第三级的刻意制作，思索和神话就都不会有对过错的直接意识。我们应当了解的正是由忏悔、神话和思索组成的完整系列。

于是，倘若我们要着手去解释内在的体验，我们就不应当无视那体验是抽象的这一事实，尽管它显得贴切真实；它是抽象的，因为它与意义的总体相分离，我们为了说教的目的而把它从这总体中分离出来。我们也不应当忘记，这种体验从来不是直接的；它只能借助于为其在神话和思索中的待遇开辟道路的初级象征系列去表达。[①]

第二节　象征的准则学

我们已说过，忏悔始终出现在语言的要素中。现在，那种语言实质上是象征的语言。因此，一种涉及使忏悔与自我意识相结合的哲学不可能回避至少大体上

[①]　这第二册的思路没有超出神话的范围；提出思索型象征将是第三册的目的。看来，对灵知的直接讨论实际上是由哲学进行的，因此，灵知应当在一种有关过错的哲学架构内去考察。

提出一个象征准则学的任务。

在着手对象征系列进行直接的意向分析之前，我们应当确定其显现区域的范围和种类。事实上，不回复到它素朴的形式上，就不可能理解象征系列的反思运用——例如，像人们在审视巴比伦忏悔者或以色列忏悔者的良心中所见到的——在那里，反思意识的特性决定于祭事者的宇宙概貌，决定于梦的产物的夜间概貌，甚或还决定于诗的语言的创造力。这象征系列的三个取向——宇宙的、梦的和诗的——表现在任何真正的象征之中。我们将进一步去考察的象征的反思一面（亵渎、偏离、迷路、放逐、过失的重负等），只有在它与象征的这三种功能相关联时，才是可以理解的。

人最初是根据这世界，根据这世界上的某些要素或方面，根据上天，根据太阳和月亮，根据水和植物去解释神祇的。这样，有所表示的象征系列可回溯到神祇的各种表现形式上，回溯到祭事，在那里，神祇被显示在宇宙的某一部分上，那一部分的具体界限于是就消失，获得了富蕴无数的意义，并与最多数的人类浩瀚的体验成分相结合又相一致。① 于是，最初太阳、月亮、水——也就是宇宙中的实际事物——才是象征。因此，我们能不能说，似乎与宇宙相一致的象征，是先于语言的，甚或与语言不相关的？不能。因为这些作为象征的实际事物把大量真实意义聚集在一起，在产生思想之前，就产生了言语。表现为某一事物的象征形式是作为言词的象征意义的母体。我们从未停止过在天上寻找意义 [如埃利亚代（Eliade）进行其比较现象学的第一个例子]。说天显示神祇与说天指的是至高无上、高尚的与无限的、强有力的和有秩序的、有洞察力的和智慧的，有最高权力的、永恒不变的，都是一回事，通过事物去表现就像压缩一篇冗长的讲稿；这显示和意指恰恰是同时发生的和相应的；固有的事物是富蕴有宇宙、伦理与政治的无穷意义的相应物。因此，象征物具有无数要被表示的象征可能性，另一方面，这些象征又被一起结合在一种单一的宇宙表现形式之中。

因此，虽然我们只涉及要被表示的象征，并且事实上只涉及对自我的象征，但千万不要忘记，在我们看来，这些与自我意识的阐明和理智化结构相比较还是初级的象征，本身已处在摆脱象征系列的宇宙根源的过程中。我们将从亵渎的象征系列到罪的象征系列，然后再到同样适当地称作有罪的象征系列的这一运动，看作同时又是逐渐背离象征系列的宇宙基础的运动。亵渎的象征系列仍然还陷在宇宙基础之中，在不洁、献祭和神祇之间所隐蔽着的等同和一致，也许是抹煞不了的。首先产生不洁"本体论系统"② 特色的正是作为一个现实领域的祭事；后来用于象征表示的那种灵魂冒险的亵渎最初是在被禁止作不洁体验的事物面前的冒险，如果人们不是在仪式上有所准备的话，就不可能不冒风险就去接近这些事

---

① 埃利亚代（Eliade）：《宗教史论者》（*Traité d'Histoire des Religions*），巴黎，1949 年，第 385 页。
② 埃利亚代：上引书，第 27 页。

物。禁忌就是这种情况，一些物体，行为或人，因为与它们接触会有危险，因此被"隔离"或"禁止"（出处同上）。正因为亵渎的象征系列仍多方面地根系于宇宙的神圣化上，正因为亵渎依附于任何异常的事物之上，依附于这世界上任何使人惊恐的、又想接近又不敢接近的事物之上，所以这象征系列最终是取之不竭和无法根除的。我们将会看到，更多地是历史的而不是宇宙的罪的象征系列和有罪的象征系列由于更古老又远更丰裕的亵渎的象征系列的一系列复苏和变换，才弥补了它的意象的贫乏和抽象。亵渎的象征系列甚至在它完全融入人心时，它的丰富多彩也是其植根于宇宙的必然结果。

这些宇宙的共鸣，甚至在反思意识中所达到的共鸣，如果考虑象征系列的第二取向——梦的取向，就不会出人意料了。正是在梦中，才可能发现通过"宇宙"功能到"精神"功能的人性的最基本不变的象征系列。如果我们把由宗教现象学所描述的祭事与由弗洛伊德（Freud）[①]及荣格（Jung）[②]的精神分析学所描述的梦的产物对立起来，就无法理解象征何以能表示人的存在和总体的存在之间的联系（至少是那些由弗洛伊德本人所承认的，越出对个人历史的臆测，并将实验对象的个人考古学根源放到一种文化的共同表象之中，或放到作为一个整体的人性的民俗学之中的精神分析学）。在"宇宙"之上去表现"神祇"和在"普赛克"（*Psyché*）[③]之中去表现"神祇"是一回事。

也许我们还应当拒绝在这两种解释之间作选择，一种解释把这些象征作为婴儿期的伪装表示和心理主义的本能部分，另一种解释则在这些象征中寻找对我们的个体发育和成熟的可能性的预期。我们后面还必须探索一种解释，按照这种解释，"倒退"是"前进"的一种迂回方式，也是探究我们潜在性的一种迂回方式。[④]至于我们将要揭示的远不止弗洛伊德元心理学的层次（自我、本我、超我）和荣格的元心理学的层次（能和原型），或使我们自己直接受弗洛伊德和荣格治疗学的指导，这无疑是对不同类型的病人提出的。重新再沉浸在我们的古代言语之中，无疑是我们借以使自己沉浸到古代言语那种人性之中的迂回方式，并且这双重的"倒退"也许还是有关我们自己的某种发现、探索和预言的途径。

象征作为探索者手杖和作为"自我发生"指南的这种功能，应当是跟宗教现象学描述祭事中所表现的象征在"宇宙"方面的功能相一致而不是相对立的。宇宙和普赛克是同一"表达性"的两极；我在表达世界的过程中表达了我自己；我在译解世界的神圣性过程中探索了我自己的神圣性。

---

① 弗洛伊德（S.Freud，1856-1939），奥地利精神病学家和心理学家，心理分析学派的创始人。
② 荣格（C.Jung，1875-1961），瑞士精神病学家、心理学家。
③ 普赛克，以少女形象出现的人类灵魂的化身，在这里表示人的精神。
④ 海因兹·哈特曼（Heinz Hartmann）：《自我的心理学和适应问题》（*Ego Psychology and the problem of Adaptation*，1939 年），载拉帕普特（David Rapaport）编：《有机体和思想病理学》（*Organization and pathology of Thought*），哥伦比亚大学出版社，1951 年。

现在，这双重的"表达性"——宇宙的和精神的——还有象征的第三种样式作为它的补充物：诗的想象。但要恰当地理解它，必然需要严格地把想象与形象区分开来，如果把形象理解为一种不在场（absence）的功能，一种用虚构的不真实去否弃真实，按这不在场原型的模式去设想的形象—表象依然还取决于组成不真实的事物：它仍然是使世界万物对自我构成在场（rendre présentes）的过程。诗的形象更接近一个词而不是一个原型。巴什拉（M.Bachelard）[①] 说得好，它"将我们置于所述人生的根源之中；它成为我们语言的一个新特质，它在使我们成为它要表达的那种东西的过程中表达我们"。与象征的其他两种样式——祭事的样式和梦的样式——不同，诗的象征在其萌生状态中就把表达性显示给了我们。在诗中，象征是在它使语言涌出的瞬间，"在它使语言处于浮现状态"[②] 的瞬间被把握的，而不是以它在仪式和神话保护下的神圣不变性去看待它，像在宗教史中那样，或者说，不是通过被压抑的婴儿期的复苏去解释。

应当明白，不存在三种不相关联的象征形式。诗的形象的结构也是梦的结构，在梦的结构由我们过去的蛛丝马迹引申出对我们未来的预兆时；诗的形象的结构也是祭事的结构，祭事使神祇显现在天上和水中，显现在草木和石头之中。

我们是否可能依靠一种生动逼真的直接分析去获得这样一个可以说明宗教的象征系列、梦的象征系列和诗的象征系列的非凡整合的结构呢？依靠一种意向性分析在一定程度上去揭示上面各系列的统一原理是可能的。但是，就像所有生动逼真的反思一样，这种意向性分析惟一只存在于象征与不是象征的区分之中，并因此直接去注意对意义的有同一来源的核心的或多或少是直觉的把握上面。

那么，我们就开始通过一系列步骤，去逐渐接近一个象征的本质。

一、象征是符号，那是确凿无疑的：它们是传达意义的表达方式；这意义在一种有言语作为其工具的表示意思的意向里被表明。即使这些象征是大千世界（天空、水、月亮）或事物（树、垒垒山石）的组成部分，这些现实事物所具有的象征一方（献祭或祈祷的言语，神话的表达）则仍然处在讲述的领域内。迪美西尔（Dumézil）说得非常好："今日（在宗教史方面）研究所采取的立场，是在逻各斯（logos）的符号之下，而不是在超自然力量（mana）的符号之下。"[③]

同样，尽管梦是夜间发生的，但它原本也接近言语，因为梦能被讲述和传达。最后，大家知道，诗的形象本身实质上就是言语。

二、但是，说象征是符号无异引出了一个过大的领域，而现在本应当使领域收得更小。任何符号都意在其自身外的东西，并且象征那种东西；但并非任何符号都是一个象征。我们应当说，象征在其目标中具有双重的意向性。以"玷

---

① 巴什拉（M. Bachelard，1884-1962），法国哲学家、科学家、诗人。
② 巴什拉（G. Bachelard）：《论宇宙的诗》（*La poétique de l'Espace*），巴黎，1957 年。
③ 埃利亚代：《宗教史论著》（*Traité d'Histoire des Religions*）序言。

污""不洁"为例。这含有某种意义的措辞代表了最初或字面上的意向性，像任何有某种意义的措辞一样，假定了约定符号高出自然符号。例如"玷污"的字面意义是"污点"，这一字面意义已经是一种约定符号；"玷污""不洁"等词语并不类似于被表示的东西。但在这最初的意向性之上形成又一种意向性，它通过肉体上的"不洁"，暗示人在祭礼上却正被玷污、不洁的某种状况。于是，这字面上明白的意义暗示它自身之外的像是一个污点或斑点的东西。这样，与一目了然的专门符号相反，专门符号只表明它们所要表明的东西就是预定它们所表示的东西，象征的符号则是不透明的，因为这最初的、字面上的、一目了然的意义本身类比地暗示不能不由它去表示的另一意义（我们还将讨论这一点，以便把象征和寓言区别开来）。这种不透明性构成象征的深度，后面将说到，这种深度是不可穷尽的。

三、还是让我们正确地理解字面的意义和象征的意义之间相类比的联系吧。尽管类比是由象征的第四比例项去进行的没有结论的推理——A 之对于 B 如同 C 之对于 D，我们不可能将联系后一意义与前一意义的类比关系客观化。正由于在前一意义中，它对我暗示它自身之外的东西；象征的意义存在于并依据于字面的意义，这字面的意义在表示类似物过程中实现类比。布隆代尔（Maurice Blondel）说：

> 类比更多地不是基于概念的相似性，而是基于一种内在的刺激作用，基于一种同化的诱发（intentio ad assimilationem）。①

实际上，象征不同于我们从外部去考虑的一种比较，它是使我们加入到潜在的意义之中、从而使我们同化到我们无力从理智上去掌握其相似的那种被象征的东西中去的本来意义的运动。正是在这意义上，象征是赠给的（donnant）；它是赠给的，因为它是一种类比地提出后一意义的最初的意向性。

四、象征和寓言之间的区别是我们对由字面的意义本身所引起的类比讨论的延伸。佩平（M. Pépin）已非常出色地解释了这个问题：② 在寓言中，原先所表示的东西——也就是字面上的意义——是出人意料的，尔后被表示的象征的意义本身，表面上是足以直接理解的。因此，在这两种意义之间有一种转译的关系；一旦实现了转译，不再有用的寓言就可以丢弃。现在，作为和寓言相对立的象征的特性已缓慢而充满艰难地被揭示出来。在历史上，寓言与其说曾经是人为地用假的象征去解释的文学与修辞学过程，不如说是把神话看作寓言的方式。斯多葛（stoïc）派③ 对荷

---

① 布隆代尔（Maurice Blondel）：《存在与存在者》（L'Etre et Les Etres），第 225-226 页。引自拉朗德（Lalande）：《哲学小词典》（Vocabulaire Philosophique），艺术类，"类比"条目。
② 《神话和寓言》（Mythe et alle'gorie），巴黎，1958 年。
③ 斯多葛派，古代希腊罗马时期的一个哲学学派，主张服从命运，宣扬泛神论思想。

马（Homère）[1] 与赫西俄德（Hésiode）[2] 神话的解释就是这样，他们把神话看作是一种被掩饰的哲学。于是，解释就是识破其伪饰，从而使它变得无用。换句话说，比起符号的自发创造来，寓言远更是一种释义学的方式。因此，谈论寓言性解释要比谈论寓言更好。再则，象征和寓言的立足点不同：象征先于释义学；寓言已经是释义学。这是因为象征是以截然不同于依靠转译的方式透明地显示其意义的。人们完全可以说，象征是在古希腊语 αἰνίττεσθαι（"谜"这个词出自于它）的意义上，唤起或暗示意义的。它不是通过转译而是在一个谜的不透明的透明性（transparence）中显示其意义的。因此，我把象征的透明性中的意义赠给和依据寓言的转译的解释对立起来。

五、是否一定要把这里讨论的这种象征与以同样名义称作象征逻辑的那种东西说成毫无一点关系呢？事实上，正好相反。但这样回答还不够，还应当知其所以然。对于象征的逻辑来说，象征系列是最为形式主义的。在演绎理论中，形式逻辑以代表一切事物的符号取代"名词"；但关系——比如，"一切""某些""是""意指"这些表示——尚未和日常语言的表示完全隔断。在象征的逻辑中，这些表示本身由不再需要说明的字母或书写的符号所取代，人们利用它们而无需问自己，它们怎样体现在一种推理的义务学（déontologie）中而被人们去推测。[3] 于是，这些不再是熟悉的文字所表示的缩写，而是莱布尼茨[4] 意义上的"书写符号"（charactères）——也就是说是一种演算的分子。显然，我们这里所涉及的这种象征是一种相反的分子。它属于一种思索，受其内容的束缚，并因此未被形式化，而且在其原来意向和从属意向之间的内在联系和除按类比的实际运作就不可能对自己显示象征的意义的这种不可能性是由象征的语言组成的，这一语言其实同它的内容相结合，并通过其原来的内容，和其从属的内容相结合。在这个意义上，它与一种绝对的形式主义完全相反。人们也许会惊讶，象征竟具有如此截然相反的两种应用。这原因也许应当在字面意义的结构中去寻找，这结构既是一种不在场的作用，又是一种在场的作用：说它是不在场的作用，皆因为它的表示是空洞的，即它在事物以外由代用的符号去表明事物；说它是在场的作用，皆因为它的表示是要表示"某种东西"，并最终表示世界。[5] 字面意义因其结构，不但使形式主义总体——即把符号归纳为"书写符号"并最终归纳为一种演算分子——而且使一种富蕴意向并与它不可思议的其他赠给物有类比关系的语言的恢复同时都有了可能。

---

① 荷马（Homère），希腊传说人物，盲诗人，行吟歌手。
② 赫西俄德（Hésiode，公元前 8 世纪），古希腊诗人，现传存的著作有《神谱》、《劳作与农时》。
③ 布朗歇（R. Blanch'e）：《现代逻辑引论》（*Introduction à La Logique Contemporaine*），巴黎，1957 年；迪拜勒（D. Dubarle）：《逻辑学入门》（*Initiation á La Logique*），巴黎，1957 年。
④ 莱布尼茨（Leibniz，1646-1716），德国哲学家、数学家、自然科学家。
⑤ 关于缺乏内在意义的名称和表明某种东西的对象指谓之间的关系，参考胡塞尔（Husserl）：《逻辑研究》（*Logische Untersuchungen*）第二卷，初步研究，"表达和涵义"（Expression et signification），第 12-14 节。

六、最终的准则：如何区分神话和象征？对比神话和寓言是较容易的，而要把神话与象征明确区分开来就困难得多。有时，象征好像是用非寓言手段产生神话的一种方式。这样，象征和寓言都可能是释义学的有意向的看法或安排；从而象征的解释和寓言的解释可能都是带有相同神话内容的同一解释的两个方面。与这种解释相反，我将始终在一种更加原始的意义上利用象征去理解自发形成的和直接表明的类比的意义，例如，玷污的类比、亵渎；偏离的类比，罪；谴责的类比，有罪。这些象征是跟比如把水作为洪水的威胁，作为在洗礼中的复活意义，处于同一水准上，并最终和原始的祭事处于同一水准上。在这个意义上，象征比神话更加基本。我将把神话看作象征的一类，好比是以故事形式出现并把某时某地衔接起来的象征，这某时某地不可能按照批判方法与历史学地理学中的时间空间相并列。比如，放逐是人的异化的一个原始象征，但亚当和夏娃（Ève）被逐出伊甸园是属于利用传说中的人物、地点、时间与情节的次一级神话故事。放逐是原始象征而不是神话，因为它是用来类比地表示人的异化的一个历史事件；但同样的异化为自己创作了一个想象出来的放逐出伊甸园（Eden）的历史，在彼时彼地（in illo tempore）所发生的历史就是神话。我们将会看到，讲述这部分是神话所必不可少的，即使不把试图解释原因论的神话对其从属性质的强调考虑在内。我将在本书研究恶的象征系列的下篇开始时，再回到这个问题上来。

第三节　忏悔在哲学上的"重新演现"

这种忏悔的重新演现，完全是在忏悔的象征化水准上进行的——对哲学来说，这种重新演现又是什么呢？要重新着手这悬搁起来的问题，其哲学性何在？

我们现在探索的还不是有关过错的哲学；而可能只是初步准备。神话已经是逻各斯，但它一直不得不被吸收到哲学的论述中来。这个初步准备仍处在允许虔信的灵魂去诉述的纯描述的现象学水准之上。哲学家临时地采用虔信的灵魂的动机和意向。他并不在其原本的素朴中感受它们；他以中立的方式，以"仿佛如此"的方式去"再感受"它们。正是在这意义上，现象学是在同情的想象之中的重新演现。但这种现象学达不到充分意义上的反思，就像本书第一部分直到易有过错性概念为止所做的那样。问题依然是：怎样把这种同情的想象之中的重新演现纳入反思？怎样借助对有束缚的自由的象征研究，去为反思提供一个新起点？

我们暂且还不能回答这个问题，它将在本书第三部分中寻求到解答。不过，我们将在这一卷的最后，由一段绝妙的警句标题提出这一解答的原则：象征导致思想。然后我们将说明为什么必须放弃一种没有前提的哲学幻想，并从一种充分的语言着手。但我们现在可以用老实的态度说明，首先是什么束缚着我们的方法论。

由于要从一个象征系列着手，这样，我们就已经为自己提供了要考虑的东西；但与此同时，我们也把一种基本的偶然性引进了我们的讨论中。首先是要有象征；然而我偶然才遇见它们，发现它们；它们像是古老哲学的天生观念。它们何以如此？它们的原因何在？这是引进讨论的文化上的偶然性。再则，我全然不知道它们；我的研究领域有所侧重，正因为它有所侧重，它才有一定的范围。那么，这个侧重取决于什么呢？不仅取决于我自己在象征领域中的地位，而且自相矛盾地取决于哲学问题本身在历史上、地理上、文化上的起源。

我们的哲学诞生于古希腊。它的宗旨和它的诸多方面主张都是被"注定了的"。哲学家的话并非信口无凭，而是来自他那古希腊记忆的深处，那里出现这样一个问题：存在是什么？（τι το ὄν ?）这个问题一开始就带着古希腊人的口吻，它包含了后来的所有问题，包括那些有关人生与理性的问题，从而也包括那些有关有限和过错的问题。这个古希腊最早出现的问题，事实上决定了通向哲学研究的宗教人类学空间的取向。

并非因为原则上要把任何文化都排除在外，而是因为在这个由最早的古希腊问题取向的领域内，存在有必然属于我们的文化记忆结构的"亲近"和"间隔"的关系。因而就有古希腊文化与犹太文化"亲近"的荣幸；这两个乍看起来可能没有什么特别优越之处的文化构成了我们哲学记忆的最初一层。更确切地说，犹太源流和古希腊源流的遭遇（rencontre）是建立我们文化的交会点。犹太的源流是哲学最早的"他者"，哲学最亲近的"他者"；产生那遭遇的玄虚难解的偶然事实正是我们西方文化实存的命运。由于我们的实存是由它开始的，就它是我们无可否认的现实的前提而言，这遭遇又成为必然的。这就是我们把古希腊和以色列有关过错的意识史永远作为主要参照点的原因所在；它是我们在这个精神的间隔系统中最"亲近"的起因。

其他随着雅典（Athènes）和耶路撒冷（Jérusalem）的这种互相影响而来的，还有对属于本研究范围内，我们的精神发生一步一步按照由"近"和"远"所表示的动机形成路线起过作用的一切东西。

那么，这"一步一步"是指什么意思呢？它表示多种取向关系："纵向"关系，"横向"关系，"反馈"关系。

首先是"纵向关系"。可以说，今天我们看来还有宗教意识的主题出现在我们目前动机形成的时"暗"时明之中。这方面最好的例子是作为亵渎的过错概念；它通过我们所有的古希腊文献与希伯来文献显示出来。过错意识的这种分层次结构的重要性是怎么估计也不会过高的。我们将看到，精神分析试图使符合逻辑的古语同这种文化的"间隔"一致起来。正是为了阐明我们文化记忆的这种沉积（sedimentation）作用，我们才可能对不属于那种记忆的有关文明的文献感兴趣，比如，非洲、大洋洲、亚洲等文明，它们通常总是同时期的文明。人类文化学（ethnologie）在那些文明与我们自己的文明之间发现有客观的类同，这就允许我们可以利用有关那些文明的知识去诊断我们自己的文明中因遗忘而被隐匿或掩盖的部分。完全是因为这些文明对我们的记忆具有相关的诊断价值，我们才求助于有关行为方式和过错意识的人类文化学证据。

但要说明我们记忆深处的"纵向"关系，还必须了解"横向"关系。比如，今天要理解希伯来的资料，就必须将其信仰及风俗放在古代中东文化的框架内，因为它重现了那种文化的某些基本主题（由于直接借用，由于涉及共同史料，或由于物质文化条件的类似），尤其是它深刻地改变了那种文化的另外一些基本主题。对那些一致和不一致地方的了解，从此以后也就属于对我们记忆中的希伯来资料的合适了解，因此，古代中东文化本身大致上也在我们的记忆之中。

这些"深度"和"广度"的关系因反馈关系而得以更新。我们的文化记忆由于新的发现、源头的回归、改良和复兴的回馈，而不断得以更新，这些并非过去的复苏，并在我们之后构成所谓"新的过去"（néo-passé）。这样，我们的希腊人文主义（hellénisme），严格说来并不就是亚历山大时期的希腊人文主义、教父的希腊人文主义、经院哲学的希腊人文主义、文艺复兴时期的希腊人文主义、启蒙运动（Aufklärung）的希腊人文主义；或者比如像现代人所认为的重新发现悲剧的希腊人文主义。因此，由于"现在"的连续不断的反馈，我们的过去也不断地在改变着它的意义；现在对过去的借用改变了那些激发我们的来自过去的纵深处的东西。

应当提一下这种"新的过去"的两种样式：缺失中介的恢复和间隔的后来消除。

这些已缺失的中介是我们记忆处境的一部分；但它们的恢复立刻改变了我们在满是空白的过去基础上对于自己所具有的认识。这样，犹太荒漠中手稿的发现就在犹太—基督教的过去中恢复了一个重要的过渡时期。直到最近，对于那段过渡时期的无知还是我们意识中动机形成的一部分；现在的发现使原来确认的传统有所变化，证明了模糊的动机，从而使我们产生一个新的记忆。

我们新形成的记忆的另一来源出自后来在我们意识根源之间"间隔"的变更。对于宗教的科学研究把相互尚未遭遇的文化"引向一起"。但把这些文化"引向一起"的做法仍然是武断的，因为它们之间没有形成任何联系，可以像在希伯来文化和古希腊文化之间那样，产生出那种使我们的遗产得以更新的伟大成果，它们相互之间某种程度上令人印象深刻的遭遇对于形成我们的记忆是决定性的。但是，也有只在学者头脑中被引向一起的那些文化，那些文化相互之间还没有发生能从根本上改变我们传统的那种遭遇；比如远东诸文明就是这样。这解释了为什么由源自古希腊的哲学问题取向的现象学不能公正对待印度与中国的伟大经验的原因所在。这里，显然不仅有偶然性，也有我们传统的局限。有一度取向原则成了一种限制的原则。那些文明会不无道理地被说成和古希腊文明及犹太文明具有同样的价值。但从这个角度也可以认为这种价值的平等尚不存在，只有当一种普遍的人类文化把所有文化都汇集成一个整体，它才可能存在。在此以前，无论是宗教史或者哲学都不可能是有能力囊括所有人类经验的具体领域。一方面，不偏不倚的科学客观性除了使文化的价值中立化，并不把它们拉平；它不可能为它们有平等价值去考虑明确的理由。另一方面，被公认出自古代希腊并在西方得以永存的哲学，只要还没有产生任何将这些文明带进我们的经验领域并同时消除其局限的重要遭遇和相互澄清，就将依然胜任不了这种囊括所有人类经验的具体领域。这种遭遇和这种相互澄清还没有真正发生。它们对于某些人和某些团体来说已经发生，并且对他们的生活产生了巨大的影响；但它们对于我们整个文化来说，依然只是一段小插曲而已。这就是它们直到现在还不具有一种根本的意义（像古希腊问题和希伯来宗教的遭遇那样）和一种再创造的意义（像西方文化深处各种复兴和源头回归所具有的意义）的原因所在。它们的现象学特性恰恰表现为它们总是一段插曲，因此，我们的文化和远东文化的关系总像和某种遥远的东西的关系。无疑，我们正在临近一种有所创造的遭遇的时刻，和临近基于"近"和"远"对立之上的一种记忆更形（remaniement）的时刻；但我们无法想象，对于我们的本体论范畴以及对于我们所读到的前苏格拉底哲学、古希腊悲剧和《圣经》来说，那将意味着什么。但可以肯定：没有我们的记忆，我们就不会加入到每一文化和所有文化的这场大辩论；我们的文明与我们今日仍以为"遥远的"那些文明之间的距离的缩短将不会消除我们记忆的结构状态，但会使它变得更加复杂。确凿无疑的是，由于古希腊人我们才有哲学，而且作为哲学家，我们在遭遇印度人和中国人之前，就遭遇了犹太人。

对于我们的记忆的这种偶然的组成方式，我们会感到意外或反感吗？但偶然性不仅是哲学及其"他者"之间对话所不可避免的弱点，它也寓于哲学本身的历史之中；它破坏了自身所形成的历史连续；思想家及其著作的出现是不可预见的；应当觉察到，理性的连续总是处在偶然性之中。任何想逃避历史遭遇中的这种偶然性并以一种不受处境制约的"客观性"名义置身于游戏之外的人至多是对一切都知晓，但对一切都不理解。实际上，他探索不到任何东西，不会从关注问题中受到激励。

第一章 亵渎

第一节 不 洁

畏惧不洁以及洁身仪式（rites de purification），是我们所有和过错有关的感情与行为的背景。哲学家能从这些情感和行为方式中了解到什么呢？

他可能会不假思索地回答：什么都了解不到。亵渎（souillure）本身只是一种表象，而表象所具有的东西沉浸在某种阻碍思索的特有畏惧之中。我们因亵渎而进入恐惧（terreur）的领域。因此，哲学家会回想起斯宾诺莎（Spinoza）① 的"无所欲求，就无所畏惧（*nec spe nec metu nec spe nec metu*）"；并且，他从精神分析家那里得知，这种畏惧是近于着魔的一种精神官能症。对他们来说，洁身礼试图通过一种特定活动去消除亵渎的罪恶；但我们不再可能把这种仪式活动和我们今日能为之建立一门理论的任何类型的活动——体育活动、心理影响、自我意识——等同起来。总之，甚至深处在一种特有畏惧之中并依附于仪式活动的亵渎表象也属于一种思想模式，看来我们不再可能去"重新演现"它，即使是"在富有同情的想象之中"。当我们和佩塔佐尼（Pettazzoni）② 一起把亵渎定义成"一种引申出罪恶、不洁、变卦、神秘莫测和能自动地也即不可思议地起作用的有害东西的行为"时，③ 我们想到什么呢？

与思考相抵触的是一种准物质性东西的观念，它的伤害具有无形的特性，但不过是在我们不可分割的精神与肉体的存在界域中以力的方式起作用的。我们不再理解罪恶的物质力量会是什么，某种把纯洁本身作为免除亵渎并用洁身礼去消

---

① 斯宾诺莎（B. Spinoza，1632-1677），荷兰哲学家。
② 佩塔佐尼（Pettazzoni，1883-1959），意大利宗教史学家。
③ 佩塔佐尼：《罪的忏悔》（*La Confession des péchés*），波伦亚，1929-1936 年，三卷本；法译本，第 1 卷（1931 年），第 184 页。

除亵渎的东西的效力会是什么。

有可能"重新演现"这种亵渎的意义吗？它的非理性的特点只允许对它做一种间接的探讨。在本研究的第一阶段内，我们将利用人类文化学，而撇开它的内容；于是，在我们看来，亵渎将是我们已遗忘的一种意识要素，这样，我们通过把情感和我们已摒弃的行为相对照去理解。但在第二阶段，对于亵渎领域的这种新的审视可以为较直接地了解亵渎的那些容易被遗忘的方面开路。在这里，我们将着手说明这种过错体验的象征的丰富性；因为正是由于它具有使用象征的无限可能性，我们才一直缠住它不放。我们将尽可能仔细地探讨一种没有直接被遗忘而被保留下来的体验，这种体验也许隐藏有不可能被遗忘的东西，因此，即使千变万化，它还是留存了下来。

我们基于两个着眼点，把亵渎看作一种已被遗忘的过错意识的要素：客观的着眼点和主观的着眼点。

首先，我们的良心不再承认老一套亵渎：对于被当时体系下的良心看作亵渎的东西，不再就是我们看作罪恶的东西。这套货色的变更表明一种动机的转移。正因为我们已不再有可能在不洁行为中分辨出哪些触犯了道德神，哪些违背了我们理应给予他人的公正，哪些贬低了个人尊严，因此，对于我们来说，它们都被排除出恶的范围。

这样，在我们看来，老一套亵渎有时过广，有时过狭，或者说，它们是不均衡的。比如，当我们注意到，甚或把人的有意或无意行为、动物的行为——跳入火中的蛙，在住所附近拉屎的犬——都称作亵渎，我们会大吃一惊。我们为什么要吃惊？因为我们没有在这些行为或事情中找到任何可以给个人加上罪名甚或干脆给人类加上罪名的东西；我们必须给自己灌输一种意识，这种意识认为，衡量不洁的根据不是致罪的主动因，而是对禁忌的事实上的违背。

另一方面，老一套亵渎的缺漏也使我们吃惊。同样的禁忌体系充满了对我们说来不带道德色彩范围的详细规定是常有的，但不要把犹太法典和古希腊立法告诫我们并说成罪恶的那些行为——偷盗、说谎，有时甚至还包括杀人——看成亵渎。这些行为只是在除了与对尊神忏悔、尊重人际关系和自我尊重有关的接触性传染以外的一种参照系内才成为罪恶。

这样，在亵渎体系下的那一套过错，相比世上发生的事情而言是较广的，相比动因的意向而言又是较狭的。

这种广与狭为曾经有过罪恶与灾祸不分的阶段提供了证据，在这阶段，伦理一类的作恶尚未与宇宙—生物学一类的遭恶——疾苦，病患，死亡，失败——区分开来，我们不久将看到，在害怕不洁的内心深处，对惩罚的预感强化了罪恶和灾祸的联系：惩罚以灾祸形式降落到人们身上，并将一切可能的疾苦，一切可能的病患，一切可能的死亡，一切可能的失败都转变为亵渎的一种符号。因此，亵渎的范围在其不洁的种类中还包括不洁的行为或事情的后果；逐渐地，所有的东西就都只可能是纯洁的或不纯洁的。因此，纯洁和不纯洁的区分并不顾及在自然和伦理之间的任何区分，而是依从敬神和渎神的区分，这种区分对于我们来说已经变得荒谬的了。

最后，作为被遗忘的老一套过错货色的古代特征，不仅由它所列罪恶事物的加减消长这外延方面的变化显示出来，还由强度方面的变化，由这种或那种违背禁忌所引起的严重性程度的变化显示出来。

这样，人们会对亵渎体系中违背带有性的性质的禁令的重要性和严重性留下颇深印象。触犯乱伦、鸡奸、流产的禁令，在被禁时期内——有时是在被禁地区内——事关重大，以至于在性行为和亵渎之间某种难解难分的共犯关系似乎远古以来就已经形成。这种对性禁忌的强调，当它与上面提到的其他两个特性——禁忌延伸到无道德色彩的行为，和千篇一律的祭礼法典皆不提及说谎、偷盗，甚或杀人——相比较时，就变得更加不可思议。这种特性的偏重揭示了作为性行为本身的亵渎这一主题，是和对尊神的忏悔所产生的道德观不相关的，同样也和围绕道德个人的公正或正直这条理化的道德观问题不相关的。性行为的亵渎是相应前伦理的一种信仰；它可能成为伦理的，就像杀人犯的亵渎一旦触犯了人际契约的相互关系时，尽管它先于任何第二人称的伦理观，并且还充满着流血会产生有害效果的古代信念，仍有可能成为伦理的一样。性行为和凶杀表现形式不同，实质相同，因此两者可以进行比较：在这两种场合里，不洁都和通过接触与传播去传播自身的一种物质性"东西"的在场有关。我们接着就要说到，在有关亵渎的意识中，有什么东西可以抵制对不洁接触作一种字面上的、现实主义的，甚至唯物主义的说明。如果亵渎从一开始就不是一种象征的玷污，那就无法理解，又怎么有可能去纠正对于亵渎和纯洁的看法，并把这种看法吸收到注重性行为中欲求的或献身的方面——总之，吸收到注重与另一方关系性质的一种人际关系的伦理观中。不过，性行为以其多种特性证实了亵渎具有可作多样性解释的一种唯物性质。这样，婴儿因父亲一方精液的传染、因母亲生殖器里外的不洁，和因分娩时外加的不洁，而可以被认为生下来就带有不洁。这样的信念会继续萦绕在现代人的意识之中，而且它们对于原罪的思考也会起一种决定性的作用。这个看法实际上不仅总是由谈论与生俱来的感染的传染所用的接触和传染的一般意象决定，而且它一直受到公认是不洁之最的性亵渎主题的吸引。[1]

这种把性亵渎拉往一种物质性不洁方向的有限定的解释，因洁身仪式的场面而再次得到强化，这里的洁身仪式同其他任何地方一样，都具有一种免除亵渎的消极意义。在各种仪式中，结婚仪式不就是那样吗？它的目的在于划出一个性行

---

[1]　佩塔佐尼，上引书，第163-164，169页。

为在其中不再是一种亵渎的圈子，以便不把性行为当作普遍的不洁，如果违背对地点、时间和性行为的规定，就有重新沦为一种亵渎的危险。在我们上面遇到的原始性行为的亵渎主题的一端出现纯洁的童贞的同一：童贞与无瑕就像性行为与污染一样紧密联系在一起。这种两两对应处在我们整个伦理观的背景之中，构成了最经得起批评的上古研究。这之所以确实，是因为它并非来自能着手提炼过错意识的对于性行为的思考，而是来自非性的生存领域：来自劳动、占有、政治所产生的人类关系。正是在那里，有可能形成一种与他人关系的伦理观，一种能返回到性行为，重新和超脱地评估它的公正与爱的伦理观。

第二节　伦理的恐惧

直到现在，我们一直把亵渎看作一个客观的事件；我们已说过，因接触而传染的是某种东西。但这种传染的接触是在畏惧一类特定情感中被主观地体验的。经由害怕而不是经由爱，人类才进入伦理世界。

又由于这后一特性，不洁意识似乎是难以在想象力和同情心中达到任何重新演现的一个要素，由于道德意识本身的进步才被取消的要素。不过，畏惧从开始就包含了后来的所有要素，因为它自身隐藏着它自己消失的秘密；由于它已经是伦理的畏惧，而不仅仅是肉体上的害怕，因此所畏惧的危险本身是伦理的，并且在更高级的罪恶意识中，这将是不能再去爱的危险，成为目标王国中一个多余的人的危险。

这就是原始的畏惧值得当作我们最古老的回忆去加以审视的原因所在。

那畏惧的起因是报复与亵渎之间的原始联系。这一"综合"是先于任何证明的；它是任何想象为报仇和抵罪的惩罚的题中应有之义。它能够改变、调换并赋予自身以精神的意义。这本身以它种种变异和升华为前提。首先，不洁得到报复。因为这种报复将可能以一个受损害的正义神的"发怒"（passion）而归入命令（ordre）的观念，甚至归入拯救（salut）的观念。亵渎意识的最初直觉所余留下来的是：受难是以违背命令而付出的代价；受难是为"满足"因纯洁而报复的要求。

理解恐惧起因——也就是说，理解恐惧原型——的这种最初直觉是原始宿命论的直觉。报复和亵渎之间不可克服的联结是先于任何制度、任何意向、任何政令的；它是这样的原始，以至于甚至先于一个报复神的表象。原始意识所敬畏的这种自动制裁作用，表达了报应的天谴的这种先天（a priori）综合，仿佛过错伤害了发号施令的神力，又仿佛那种伤害必然要得到回报。人类早在其认识到自然秩序的规律性之前就承认有这种必然性。当他最初想去表示世界秩序时，他首先用惩罚语言去表示它。阿那克西曼德（Anaximandre）①的著名残篇就是一个例子：

> 万物由它产生，毁灭后又复归于它，这都是按必然性进行的，它们按照
> 时间的程序，由于它们的不正义而得到惩罚和相互补偿。[第尔斯（Diels），
> 《残篇》B1]

这种无名的天谴，这种不露面的惩罚暴力，以受难的文字被铭刻在人世间。报仇引致受难。由于惩罚的中介作用，整个自然秩序因此被纳入这一伦理秩序；受难的罪恶假想地与过错的罪恶联系起来；"罪恶"这个词的模棱两可是有根据的，这根据就在于这惩罚法则是被亵渎意识带着害怕与颤抖去揭示的。受难的罪恶依附于行为的罪恶，就像惩罚必然出自亵渎一样。

这样，亵渎领域再一次是先于在伦理和自然之间作区分的领域。伦理观与受难的自然现象相混合，尽管受难充满了伦理的意义。

正因为把违背禁忌作为一种受难的罪恶而对人施加报复，受难才有可能获得一种征兆的价值和作用：如一个人在钓鱼或打猎中运道不佳，都是因为他的妻子犯有通奸。由于同样的原因，用洁身仪式去防范亵渎就获得防范受难的价值：如果你希望分娩生育时免受痛苦或不幸，希望自己免受某种灾难（风暴、日蚀或月蚀、地震），希望在非凡的或危险的事业（航海、翻山越岭、渔猎）中免受挫折，就要谨守为涤荡或驱除亵渎的礼俗。

这种在害怕与颤抖中所体验到的亵渎与受难之间的联结，已变得更加坚牢，因为它长时期地提供了一个合理化的组合，一个最初的因果关系轮廓。如果你遭难，如果你失败，如果你生病，如果你死亡，那是因为你犯了罪过。受难对于亵渎所具有的征兆和察觉的价值，表现为道德上的罪恶所具有的解释和原因论的价值。而且，不仅是明智，连虔敬都将极度依附于对受难的这一解释。如果人的受难确实是因为他的不洁所致，那么，上帝就是清白的。这样，伦理恐惧的领域就保留了遗风中有关受难的罪恶的一种最为牢固的"合理化"。那就是为什么需要去怀疑这最初的合理化的原因所在。巴比伦的约伯（Job babylonien）和希伯来的约伯（Job hébraïque）都是罪的伦理领域从受难的自然领域中分离出来这一转折时刻的最好证据。这种分离已成为代表人的良心苦恼的最主要根源之一，因为受难必须成为荒谬的和耻辱的，这样才可以使罪获得严格精神上的意义。付出这样高的代价，从属于它的害怕就会变成对于不能充分去爱的害怕，并且会从对于受难和失败的害怕中分离出来；总之，对精神死亡的害怕会从对肉体死亡的害怕中分离出来。这是一种代价昂贵的收获。其结果是丧失了受难的最初解释这最初的合理

---

① 阿那克西曼德（Anaximandre，前611-前546），古希腊哲学家。

化。受难只得成为一种无法说明的耻辱的罪恶，这样，亵渎的罪恶就可能成为过错的罪恶。① 正直的人受难的形象，不公正受难的形象与类型，成了消解对灾难的过早合理化的障碍。从此以后，它将不可能在一种直接的说明中把行为的罪恶与受难的罪恶等同起来。

因此，正是在最初合理化的这一危机之前，在灾难（受难、疾病、死亡、失败）和过错分离之前，对不洁的畏惧才展示了它的忧虑：对亵渎的防范承担了所有害怕和所有悲痛；人在受到某种直接谴责之前，已经暗中被指控给世界带来灾祸；这样，在我们看来，当人开始有伦理的体验时，就已受到错误的指控。

受难和惩罚的混淆也说明了禁止的一些特点。尽管禁止先于报应，但禁止的意识预期了报应。禁止更甚于否定的价值判断，更甚于简单的"不应这样"，"不要这样做"；它也更甚于我仿佛威胁地用手指指点那处的"不许"。在禁止上面已经投下报复的阴影，如果违背了禁止，就会得到报复。"禁止"的严重性、分量都来自"否则，你就要死"。因此，禁止本身预期了受难的惩罚，并且，禁止的道德强制本身就戴着情感的面具。禁忌无非是：由于禁止而从情感上对惩罚的预期和防范。因此，禁止的力量——就它提早产生害怕而言——是一种令人难以忍受的力量。

如果进一步追溯上去，惩罚的阴影还延伸到禁止的整个领域，尤其是禁止的根源，并使对于神祇的体验变得模糊不清。从禁止预期报复与受难的角度看，神祇作为超人揭示了人的灭亡；人的死亡被写在最初的纯洁中。所以，在害怕亵渎的过程中，人类害怕超越者（le transcendant）的否定性；那是人类不可能站到其面前的超越者；任何人都不可能见到不朽的上帝——甚或禁忌和禁止中的神。报应这令人难以忍受的力量来自天谴和恐惧，神祇正是从这里获得其独自的特性。它是不可触犯的，倘若触犯了它——也就是玷污了它——它就会发出致命的威力。

第三节　玷污的象征系列

这是古时亵渎在客观方面和主观方面的两个特点：一是某种传染的"东西"，一是因预期禁止会带来报复的天谴而产生的畏惧。这是两个我们不再理解的特点，除非我们已越出罪恶的表象。

令人吃惊的还有，这两个特点几乎从来没有消失过，而且还在新阶段中得到保留和转化。在古希腊人中，雅典城邦的悲剧诗人和演说家都是一种与亵渎有关

---

① 雅克列维奇（V. Jankélévitch），《恶》（Le Mal），巴黎，1947 年

的描写和宣泄做法复苏的见证人。① 如果它只是那些过时的信念的某种迟来的复苏，那就无实际问题可言。但亵渎领域不仅以遗风形式保存着；它还提供了想象的模式，在这模式的基础上，构成哲学上的净化（purification philosophique）的基本观念。那么，仪式上的不洁原则上何以会有可能产生这样一种"变换"（transposition）呢？

希伯来人的例子一直很引人注目。② 事实上，可以断言，古希腊人的禀性中从未有过罪恶感，带有强烈罪恶感的民族，惟有以色列民族，而那就是古希腊人除了"在哲学上变换"亵渎的模式外，没有任何其他依托的原因。还应当说明为什么洁和不洁的主题恰好能适合这一变换。希伯来人的体验甚至使这个问题变得更加迫切。使以色列人在亵渎方面的信念得以保存下来的不仅仅是仪式上的规则；甚至对于罪本身的体验——我们接着将在与亵渎体验的比较中表明这种体验的深刻创造力——也表现在古时有关亵渎的语言中。因此先知以赛亚（Isaïe）在圣殿得见主的荣光时喊道："祸哉！我灭亡了。因为我是嘴唇不洁的人……又因我眼见大君王万军之耶和华。"并在六翼天使从坛上取下烧红的炭去沾他的嘴后说："看哪！这炭沾了你的嘴——你的罪孽便除掉——你的罪恶被赦免了。"（《以赛亚书》，6：5，7）后来，在这件事之后被说成大卫（David）的忏悔中——对这忏悔，我们将不仅在罪的意识框架中，还在罪恶感的框架中去引证——《诗篇》作者恳求说："上帝啊，求你按你的慈爱怜恤我，按你丰盛的慈悲涂抹我的过犯。求你将我的罪孽洗除净尽，并洁除我的罪……上帝啊，求你为我造清洁的心。"（《诗篇》，51）亵渎的主题一定是非常强烈和非常丰富的，这样才会留下作为它最初媒介的巫术的观念和祭礼的观念。

亵渎的形象又何以会留存下来，如果它一开始还没有象征能力的话？

实际上，亵渎在字面上从来就不具一种玷污的意思；不洁在字面上从来就不是污秽、肮脏的意思。不洁也确实从来没有达到过卑劣（indigne）这样抽象的水准，否则，接触和传染的魔力就会消失。亵渎和表象寓于双关的眼光之中，这种眼光把类似肉体的传染看作是对类似道德上的卑劣的暗示。这种意义的模棱两可不是从概念上去表示的，而是从附着于不洁表象的害怕那半自然、半伦理的特性中有意识地体验到的。

但如果说亵渎的象征结构既不是反思的，也不是表象的，那么它至少也是

---

① 库尔特·拉特（Kurt Latte）：《希腊宗教中的罪恶和过失》（*Schuld und Sünde in der griechischen Religion*），载《宗教学》第 20 期（1920-1921 年），第 254-298 页；穆兰（Moulinier）：《从荷马到亚里士多德的古希腊思想中的洁和不洁》（*Le pur et l'impur dans La pensée des Grecs d'Homere á Aristote*），巴黎，1952 年；多兹（E.R. Dodds）：《古希腊人和非理性主义》（*The Greeks and the Irrational*），加利福尼亚大学出版社，1951 年。

② 艾克洛特（Eichrodt）：《旧约中的神学》（*Theologie des alten Testaments*），莱比锡，1933-1939 年，第三卷，第 23 节；思文·赫尔纳（Sven Herner）：《以色列人的赎罪和宽恕》（*Sühne und Vergebung in Israel*），隆德，1942 年；封·拉德（G. von. Rad）：《旧约中的神学》（*Theologie des alten Testaments*），慕尼黑，1957 年，第一卷，第一部分，第 157-165，249-279 页。

"动作出来的"（agie）。人们在净化的行为中可以发现它，并从禁止的行为追溯到被禁止的"事情"。正是仪式，展示了亵渎的象征系列；[1] 并且就像仪式上的禁止是象征的，亵渎的传染也是象征的。

实际上，甚至沐浴仪式也从来不是简单的冲洗；沐浴仪式已经是有所偏重和有所想象的行为。并且，正因为沐浴仪式已经是一种象征性的冲洗过程，才有可能用同等意义的多样性动作去表达它消除（亵渎）的意思，这些动作彼此都是象征性的，同时又完全象征同样的活动，所以基本上是一个整体；就像这种亵渎的消除不是由任何完整和直接的行动去产生的一样，它始终是用局部的、代用的和简化的示意动作——燃烧、移动、追逐、投掷、诅咒、掩盖、埋葬——去表示。这每一个动作都划出一个仪式的空间，在这空间内任何动作都不像使用文字那样淋漓尽致表达出它的意思。这些动作被当作不可分割的整体，代表了对人有所表示的一个总体活动。

因此，就其作为这种仪式所要禁止的"对象"而言，亵渎本身就是罪恶的一个象征。亵渎就是由于玷污或污点而要被冲洗掉的东西。亵渎不是玷污，而是像玷污；它是象征的玷污。这样，消除（亵渎）的仪式的象征系列实际上揭示了传染的表象所固有的象征系列。

最重要的还不在于此。如果以其象征性动作去消除（亵渎）的仪式，将它所要消除的东西引进它所划出的象征领域，那么还被当作动作或手势看待的仪式仍然是不用言语表达的。尔后，亵渎经过言语或词语（parole）进入人的世界；它的苦恼被言语所传达；在被传达之前，言语已经决定和规范了它；洁和不洁是被说成对立的，是表达它的词语形成这种对立的。不用言语表示，玷污仍是玷污；不洁只是因言词的告诫才成为禁忌。

在这方面，谋杀者的例子引人注意。[2] 我们上面已说过流血为亵渎的字面解释所提供的依据。比较起来，在性行为中，更难以把亵渎和玷污区分开来。可以说，我们所知道的性行为方式都触及不洁的相关事例。不过，由流血引起的亵渎并不是用冲洗就可以消除得了的东西。而且，谋杀者带有的邪恶力并不是与需要词语去表示亵渎的人在场的区域无关的一种绝对存在的玷污。只是在某些人眼中，在某些人的语言中，才有一个被玷污的人。他之成为玷污的，只因为被看成这样；要有一个法去说明它；禁止本身就是这种规范性的表示。还有必要去说明，要使不洁成为洁，需要做点什么；没有赋予活动以某种意义并认可其效验的词语，就不会有任何仪式；仪式从来就是有所表达的；倘若没有任何词语伴随它，那么，早先所说的东西就为它提供依据。

---

[1] 卡泽诺夫（J. Cazeneuve）：《宗教仪式和人的状况》（*Les rites et la condition humaine*），巴黎，1958 年，第37–154 页。

[2] 穆兰，上引书，第 176 页起。

这种由语言的规范和立法作用所引起的有关不洁的情感"教育"是至关重要的。由于它，仪式是象征的，而不再只是动作和手势；作为表象的洁和不洁本身，也为自己创造了能传达由祭礼激起的情感的一种象征的语言（un langage symbolique）。一套洁和不洁语汇的形成——它完全可以开拓玷污的象征系列的来源——因此是最早的"罪感"的语言学和语义学基础。

对我们西方人来说，我们应当把自己的洁和不洁的语汇归诸古代希腊人。[1] 现在，值得注意的是，形成这种亵渎的语言取决于大都跟想象中的例子有关联的一种想象中的体验。它是试图重新解释一个虚构的过去并引起希腊人一种伦理的回忆的比较晚的名副其实的文化创造。

其实，在前5世纪不多见的有关亵渎与净化做法的证据突然被发现多了起来：狄摩西尼（Démosthène）为首的演说家评论关于放逐与公共禁令的德拉古法律（Ioi de Dracon）[2]，其中公共禁令把公民和那些罪犯隔离开来，而按照同一法律，这些罪犯不过被宣布为"非故意的"罪犯，以区别于"故意的"罪犯。至于修昔底德（Thucydide），他描述了在神庙祭坛的一次凶杀所犯下的渎圣罪行，为此判处阿尔克迈翁家族（Alcméonides）[3] 成员流放（ἐναγεις），使他们承受赎罪（l'Expiation）的重重压力。最后我们还从戏剧了解到，奥瑞斯提亚（Oreste）[4] 和俄狄浦斯（Œdipe）[5] 都是亵渎的。

从单纯语义学观点看来，也正是戏剧在形成某种象征语言的过程中起了最重要的作用。有人注意到，当散文谈及凶杀时，很少出现亵渎（μιασμα）、玷污（κηλις）、污秽（μύσος）、污点（μίαίνειν）等词；它们只用来解释某一学说，或陈述某一传说。诗人们正是从传说的那些罪人的十分荒诞的亵渎中，敞开了象征不洁的方面。

至于纯洁（καθαρός）这一支配整个亵渎语汇的词，极好地表现了摆动在自然与伦理之间的模棱两可。它主要被用来表示免除（l'exemption de）不洁：不混杂、不弄脏、不模糊、不混乱；并且这种不在场（absence）利用了字面意义和比喻意义的中断。净化（κάθαρσις）本身可表示肉体的冲洗，另外，在医术意义上，还表示导泄，情绪的净化。不过，这净化也可象征宗教仪式的净化，而且完全是一种道德的纯洁。这样，纯洁——净化（καθαρός-κάθαρσις）词组逐渐表示头脑清楚，文风简明，意思明确的神谕，最后还表示道德的清白。由于此词适应意义的变迁，它进而表示智慧和哲学方面那种本质的净化。由此，确实需要一种新神话的介入，

---

[1] 穆兰，上引书，第149页起。
[2] 德拉古法律，据传是雅典立法者德拉古约于公元前621年制订的雅典第一批成文法，以苛酷闻名。
[3] 阿尔克迈翁家族，公元前6-前5世纪在雅典政治中起过重要作用的一个有权势的家族。
[4] 奥瑞斯提亚，埃斯库罗斯（Eschyle，约前525-前456）戏剧《奥瑞斯提亚》中的人物，为父报仇，杀死母亲。
[5] 俄狄浦斯，索福克勒斯（Sophocle，约前495-前406）戏剧《俄狄浦斯王》中的人物，底比斯王，杀父娶母。

它把放逐到肉体里的灵魂当作被迫混杂的一种原本是纯洁物的范例；但"净化"这一希腊式的冒险预先假定了对纯洁和不纯洁的体验从一开始就有这种种的协调，并"准备了"这种种的变换。

因此，这与我们关系不大，因为我们只对象征系列的组成、经典作家归之于传说中英雄时代的那些亵渎实际上是否为那古代人们所知这些问题感兴趣。纯粹的历史学家有相当理由去怀疑它。在这个问题上，荷马（Homère）的沉默似乎表明，公元前 6 世纪和前 5 世纪的罪感文化（la guilt-culture）完全不知道这位古代诗人。[①] 诚如穆兰（Moulinier）注意到的，荷马诗中的英雄喜爱清洁，并经常洗澡；这些都是肉体上的净化；他们反感的是肮脏——流血、尘垢、出汗、泥浆和邋遢，因为肮脏有损于外表（αίσχύνειν）。荷马诗中杀过人的英雄并不亵渎，而且在《伊里亚特》（I Iliade）、《奥德赛》（I'Odyssée）中找不到"任何作为古典时代最典型的亵渎"（第 30 页），谋杀、分娩、死亡、渎圣。但一方面，"《伊里亚特》和《奥德赛》并非风俗小说，而且，即使它们模仿生活，也是高品位和力求高品位的"（第 33 页）。这样，不说荷马沉默也好，有所主张也好，都证明不了什么。另一方面，我们对古典时代演说家、历史学家和诗人从文学上表现亵渎这一文化事件的关注更胜于对公元前 7 世纪人的实际信念的关注。古希腊人讲述他们自己的过去和表达他们信念的方式是希腊人对罪恶主题的独特贡献。正是在这里，亵渎主题留迹于我们由以系统出发的文学作品内，并影响了一种属于我们的逻各斯（Logos）。

最重要的还不在于此。古希腊人对于亵渎的看法在其赋予文学表现的过程中不仅熏陶了情感，而且也是哲学的非哲学来源之一。古希腊哲学是在和神话的接触中形成的，这些神话本身就是对亵渎相关的信念和习俗的解释，是对它们作描述性和阐明性的注释。由于古希腊哲学所争执或否弃的那些悲剧性质的和俄耳甫斯（Orphique）性质的神话，我们的哲学不仅思考有罪和罪，而且也思考亵渎。在亵渎、净化和哲学之间的这种联系是如此重要，以致促使我们注意到这个主题的精神潜力。由于它和哲学的联系，它不可能只是一种简单的保留或丧失，而是一个意义的发源地。

因此，如果对历史学家、演说家和戏剧家那些证据的意义只作一种社会学的解释，并且只看到其中古代家族势力对城邦新法律的抵制，那就完全看偏了。这种解释有其正确的地方。[②] 但这并不排斥另一种"理解"，这种理解关系到亵渎、纯洁与净化主题的象征形式及相互变换的无限可能性。恰恰是亵渎和用来表示亵渎的词语之间的联系揭明了洁与不洁表象的原始象征特性。因此，不准被告进入所有神圣场所和公共场所——因为是公共的才神圣——的"禁令"表明拒绝让亵

---

① 多兹，上引书，第二章，"从耻辱文化到罪感文化"（From Shame-Culture to Guilt-Culture）。
② 古斯塔夫·格洛兹（Gustave Glotz）：《古希腊家族在刑事法权上的一致》（La solidarite de la famille dans le droit Criminel en Grèce），巴黎，1904 年。

渎者进入神圣之地。判决之后的犯人要为甚至更严酷的可以说是要取消他和他的亵渎的禁令所苦。放逐和死亡就是这一类对亵渎者和亵渎的取消。

否认对同一凶手的两种表示的不一致性当然没有什么问题——把凶手归在"非故意的"类型中，是更属法律的（juridique）表示，这在我们将赋予有罪这个词的确切意义上，已属于有罪的范围，而把它归在"不洁"的标签之下，更属宗教的（religieuse）表示；但如果考虑到对亵渎的表示有涵义颇多的变通性，这种对比就显得微不足道了。被放逐者不是仅仅被赶出一个有形的接触区域；他是被赶出由法律划定的人的境域。从此以后，被放逐者将不再出没于祖国这人的空间；祖国的界限也是他亵渎的禁区。在雅典人的国界内杀死一个凶手等于是净化这个界域；在那界域之外杀死他，就等于杀死一个雅典人。换了不同的眼光，在另一种立法管辖范围内，对接纳异乡避难者的新习俗，会使他得到一种新的纯洁。①

甚至在弗雷泽（Frazer）② 和佩塔佐尼（Pettazzoni）所研究的最原始形式的亵渎禁律中也揭示了古希腊作品所明确表示的这种关于规范语言和人的处境的关系。非故意行为或无意识行为、物质性事件、引起不洁感的事故和要求一个净化过程，都不仅仅是偶然发生的；它们总是表示一种人的处境。蛙所跳入的炉火，狗拉屎处附近的帐篷，都属于人出没的地方，由人的在场及其行为所决定。

因此，玷污总是在引起其羞耻感的他人心目中和在表示什么是洁和不洁的词语影响下，才成为亵渎的。

第四节　畏惧的升华

亵渎的"客观"表示因其象征的结构而适合于把它作为过错之恶的永久性象征的所有变换，在此同时，与这洁与不洁概念的"主观"和感情方面相对应的畏惧无疑从一开始也能有一种感情的变换。我们将看到，当接近罪的领域时，畏惧并未消除，但改变了它的意义。在这里，"体验"是"对象"更换的必然结果。

实际上，就像亵渎是一种玷污或污点，对不洁的畏惧也不是肉体上的怕。对不洁的畏惧类似怕，但它面对的是一种意在弱化生存，使生命失去作为个人核心的威胁，这种威胁超出了受苦和死亡的威胁。

再则，畏惧正是经由词语才获得其伦理特性。我们刚才把词语当作一种规范洁和不洁的手段，现在，它渐渐潜入作为一种手段的体验之中。亵渎的自我凭借这种手段意识到自身。亵渎不仅因禁令也因忏悔而涉足词的领域。被禁令和对禁令的怕压垮了的意识，既对它物又对自身敞开；它不仅开始有所传达，而且揭示

---

① 穆兰，上引书，第 81-85 页。
② 弗雷泽（J.G. Frazer, 1854-1941），英国人类学家。

了自我质疑的无限前景。人类问自己：我犯了什么罪，要去体验这挫折、这病患、这罪恶？由此而生怀疑；行为看来引起了争议；从而开始一种真诚的努力；一个彻底忏悔的规划，完全无遗地暴露种种行为的内在意图，即使还不是所有人的意向，但却出自最谦恭的"罪的忏悔"的内心。

当然，不能否认忏悔的语言总是与不可思议的排除（邪恶）程序有关的；[①] 它被假定是不可思议地起作用的——也就是说，不是通过向他人或向自己传达一种被理解的意思，而是通过一种效验，这种效验堪与被除邪恶的效验相比，堪与诅咒的、葬礼的、流放的效验相比。对那种效验是无可争议的。但语言除了扩充那些程序的象征一面外，还增加了与用言语驱除罪恶有关的一种新成分，这种新成分就是严格意义上的忏悔。它既是借用的开始，同时又是用言语要素阐明畏惧的开始。用言语表明的畏惧不再只是哭喊，而是一种供认。总之，正是通过言语的折射，畏惧揭示了一个伦理上的而不是肉体上的目标。

这目标在我看来似乎包括三个连续的层级，三个不断深化的意向参照。

首先，对报复的害怕并非单纯被动的；它已经夹杂了一种要求（une exigence），要求一种公正的惩罚。报应法则最早表达并暂时接近这种要求。前面说过，这个法则起初被认为是压倒一切的命运；它是因违禁的桀骜不驯而激发自然力的天谴。但这主宰人的命运夹杂一种合法性的要求，这是产生公正报应的一种正义（Justice）的合法性。一个人倘因其犯罪而被惩罚，他是应该按他的罪被罚。透过害怕和颤抖所发现的这个应该（devoir），是我们对惩罚的所有看法的原则。

相信一切受难都是这种报应的事实上的实现，这种看法首先带来困惑并陷入绝境，以至于把公正惩罚的要求混同于对实际受难的解释。但对公正惩罚的要求作这种"成因论"的运用，并未穷尽报应法则，报应法则在宗教意识危机之后还幸存下来，这场危机动摇并摧毁了受难皆因犯罪的解释。报应法则不仅幸存下来，而且亏得那场危机，它本身才表现为一种超出任何解释的要求。并且，良心不再在实际受难中寻找报应法则的表现方式，而是期待它在其他方面得到满足，不论在历史的结局，上帝的最后审判（Jugement dernier），或者在某个非常事件中，比如为赎今世的罪而供奉牺牲的献祭；或者借助由社会制订的并意在使罪罚相当的刑法，或者借助接受苦行的一种纯内在的处罚。这里，我们并不关心报应法则的这些多样性表达方式——上帝的最后审判、赎罪的献祭、法律上的处罚、内心的苦修——的合法性和一致性。只要列举它们就足以证明，上古时候以过错的罪恶去解释人类的一切不幸并未穷尽报应法则的内在要求。

但这种对于公正惩罚的呼吁仍未表达出原始的忧虑所内含的一切。被惩罚终究是受难，即使是公正的也好；任何惩罚都是一种处罚；任何处罚都是令人苦恼

---

① 佩塔佐尼带着和弗雷泽（Frazer）同样的口气写道："早期忏悔是一种罪的申明，作这申明的目的是要排除其不良后果。"上引书，第 183 页。

的，即使不是在我们的法典已接受的专门意义上，至少也在这个词的感情意义上。惩罚总使人苦恼，惩罚属于痛苦或悲伤的一类。我们要求一个人公平地受苦，期待痛苦不仅有一个限度，而且有一个范围——也就是说，有一个终结。我们上面说过，在宗教意识的上古阶段，神祇被理解为那种不容人涉足的东西，那种致人死命的东西。但这种否定并非自我封闭。报复观念暗藏有某种其他的东西；报复不仅是破坏，而且也是通过破坏再建立。随着畏惧的深入、消失，还感知到秩序——不论哪一种秩序——被恢复起来的动向。那已建立而现在已破坏的东西都是重新建立的。通过否定，秩序重又肯定了自身。

因此，在惩罚的否定要素中，先在地已绝对肯定了原始的完善；并且与此相关，对报复性惩罚的畏惧是一种更加基本的赞美的负面表现（l'enveloppe négative），这是对秩序的赞美，对任何秩序——甚至暂时性的秩序和注定要消灭的秩序——的赞美。也许任何禁忌都带有某种敬畏，某种对秩序的崇拜。正是出于同样的混淆，对于秩序的内心感受已经在屈从报复性受难命运的意识中激起了恐怖（terreur）。

柏拉图（Platon）暗示了这一先在的方面：真正的惩罚是那种在恢复秩序过程中产生幸福的东西；真正的惩罚导致幸福。这就是《高尔吉亚篇》（Gorgias）那著名悖论的意思："不义之人是不快活的"（471d）；"逃避惩罚比忍受惩罚更糟"（474b）；忍受惩罚和以受罚去抵偿我们的过错都是得到幸福的惟一途径。

于是，惩罚不可能再是人在神祇面前的死，而是着眼于秩序的苦行和着眼于幸福的痛苦。

这上古时候的畏惧所包含的第二种先在性，在我看来，似乎支配了第一种先在性；如果处罚不想得到任何结果，如果它没有任何目的，那又为什么要求与过错相当的一种处罚呢？倘若没有处罚的目的，处罚的轻重是无意义的。换句话说，报复旨在抵罪——即为了被除亵渎而去处罚；但这种被除亵渎的消极做法旨在重新肯定秩序。现在，秩序倘若还得不到有罪之人内心的重新肯定，就不可能在有罪之人外部得到重新肯定。因此，所以要借助报复和抵罪，目的皆在于改过——也就是说，通过一种公正的惩罚去恢复有罪之人作为一个人的价值。

这伦理的忧虑所包含的第二种意向，在我看来似乎隐藏着第三种要素。如果对一种公正惩罚的要求夹杂了对义关秩序的一种惩罚的预期（attente），那么这种预期夹杂了希望，希望那害怕本身将会从有良心的人生中消失，作为其升华的结果。

斯宾诺莎的全部哲学致力于从受理性指引的人生调摄中排除害怕和痛苦这些消极属性。明智者的行为不是出于对惩罚的害怕，他并不考虑痛苦或悲伤。智慧是对上帝、自然和自身的一种不带杂念的肯定。《新约》（Evangile）在斯宾诺莎之前就劝诫说："澄明的爱驱散害怕。"

但人类有可能完全免除消极情感吗？在我看来，取消害怕似乎只是伦理意识最隐约的目标，从怕报复到爱秩序这一准则的变化——我们接着就将用希伯来人的契约（alliance）概念去思考这一最重要的事件——并未简单地取消害怕，而是在新的情感领域内去接受和改造它。

一切真正的教育，其灵魂不是直接（immédiate）取消害怕，而是害怕的间接（médiate）升华，其着眼点在于最终减轻害怕。在包括家庭、学校、公民等一切形式的教育中，害怕依然是一个必不可少的要素，同样，在防止公民违禁的社会措施中，害怕也依然是一个必不可少的要素。设计一套可以不用禁令和惩罚、从而不用害怕的教育，这做法不仅徒然，也是有害的。更多的还是要经由害怕和服从——包括还无需去害怕的失礼——学会接受教训。这过程中有些伤害是难免的。某些严格说来是公民（civique）关系的人际关系形式也许任何时候都不可能超出害怕的阶段。可以去设想愈来愈重悔改而不重肉体折磨的处罚，但也许难以去设想不必通过制裁的威胁而使法律得到尊重的国家，这种制裁的威胁能使不受惩罚威胁就对什么被允许和什么被禁止仍糊里糊涂的良心得以唤醒。总之，人类有机整合的部分，即公共（publique）的部分，也许本身就不可能超脱对惩罚的害怕，而且人类正是利用害怕这一必不可少的手段，才朝着一种不同的有点超越伦理的秩序前进，在那里，害怕才有可能完全与爱相融合。

因此，害怕的取消只可能是个远景（horizon），并且就好像是末世论中人类道德的未来。在驱除害怕之前，由爱去改变和取代它。奋发但尚未成功的良心要不停地去揭示越来越强烈的痛苦。害怕爱的不充分是纯粹又最有害的怕。这是圣徒所知道的害怕，由爱本身引起的害怕。而正因为人类从来没有充分地爱过，所以对不被充分爱的害怕才不会被取消。只有十足的爱才驱散怕。

这就是怕的未来，那在禁止中预期到报复的古代的畏惧的未来。由于这还只是潜在的未来，所以"早先"对于不洁的畏惧在良心的历史中将不会是一种被简单取消的要素，而相反将可能被融入最初否定它的新的情感形式之中。

然而，倘若有人问，在亵渎的所有象征中，那始终不变的核心是什么？那我们只得回答说，只有在良心的进展中，在它大大地前进的同时仍保存亵渎的概念时，才会显示出它的意义。当我们穿越了全部恶的原始象征系列后，我们将努力说明这种意义。暂时让我们满足于《克拉底鲁篇》（le Cratyle，404e-406a）中苏格拉底的双关语："阿波罗（Apollon）神是'洗刷的'（ἀπολούύν）神，也是讲'明白'真理的（ἁπλούν）神。"[1] 倘然真实可以是一种象征性的洗刷，那么，任何恶用象征表示就是一种玷污。玷污是恶的最初模式。

---

[1] 两者都有同一词根（ἀπολού）。

第二章　罪

　　有必要对亵渎和罪（Péché）两者之间的意义偏差做一个恰如其分的估价。这更多是"现象学"的偏差，而不是"历史"的偏差。在运用宗教史去研究的社会中，会不断观察到由过错的一种形式到另一种形式的转变。在古希腊语中，以带有免除亵渎意义的纯洁（καθαρός）为一方，和以未做明确区分的诸如 ἁγνός（用做献祭的，贞洁的，清白的）、ἅγιος（可敬可畏的，用以表示神的威严的），ὅσιος（取悦诸神、虔诚的、带有神总是正义的、神总是正确的意思）等一系列概念为另一方，形成了意义的结合。① 这样就不难从纯洁的意思转到虔诚的和神圣的意思，而且也不难转到正义的意思。于是，这种必定涉及虔诚观念的与诸神的关系——这使人想起柏拉图的《尤息弗罗篇》（l'Euthyphron）——就连续不断地渐渐渗入到亵渎的领域。倘若有可能沉降到序言所提到的古代深渊处，至少会发现由亵渎到罪的那种不甚明了的转变，总是与或多或少人格化了的某种人性的东西有关。不洁可能曾与害怕恶魔有关，所以也与面对超常力量的惊恐有关，这样尽管会有混淆不洁和罪各自特有的意向之虞，② 但这个事实至少表明，在各种情感和表象中确实有这种混淆。从作为现象学类型的角度看，由亵渎"转变"到罪的最值得注意的例子是由巴比伦人对罪的忏悔提供的。③ 亵渎的象征由"黏合"（liement）的象征支配，"黏合"的象征仍然是外在性的象征，但那象征表示占领、中邪、束缚，而不是表示感染和沾染物：比如有这样一个忏悔的祈求："但愿在我体内、在

---

　　① 参见穆兰（Moulinier），上引书，索引"Verborum et Rerum"，第 431 页起，其中包括有关洁与不洁的古希腊语词汇的一切有用的出处。
　　② 参考上书，第 29 页。
　　③ 查理·琼（Charles Fr. Jean）：《巴比伦人和美索不达米亚人作品中的恶》（Le péché chez les Babyloniens et les Mésopotamiens），巴黎，1925 年；托姆（Dhorme）编：《巴比伦和亚述的宗教》（Les religions de Babylonie et d'Assyrie），巴黎，1945 年，第 229-230、239、247、250 页；以及《巴比伦和亚述的文学》（La Litterature babylonienne et Assyrienne），巴黎，1937 年，第六章，《抒情文学》，第 73-84 页。重要原文见兰登（S. Langdon）：《巴比伦人的忏悔诗篇》（Babylonian Penitential Psalms），牛津，1927 年。

我肌腱内的罪恶今天可以离去"，但在亵渎的模式被合并到中邪的模式同时，加上了犯乱和邪恶的概念："请解除我头上的咒语吧……罪恶迷住了我，我身体内有不洁的病，作乱、邪恶和罪，邪恶的幽灵紧紧跟随着我。"这里确定罪与亵渎区别的精髓处已经是与神的一种私人关系；忏悔者感到没有神就会受到恶魔的威胁："不幸的咒语使这个人像一头羔羊任人宰割；他的神已离开他的身体，他的女神离他远远的。"所有的神弃他而去，忏悔者开始意识到他的罪是他生存的一个方面，而不再只是纠缠他的现实；由此引起了良心的审察和带有疑虑的思索：忏悔者从这些事实中追寻行为及其难以理解的背景："他惹怒神、藐视女神了吗？他献祭时有否可能藐视了他的神的名誉？他是否扣下应当献祭的供品？"那痛苦而被抛弃的重重迷宫，使人发问："叫喊吗？无人听见。而且我要垮了。大声呼喊吗？无人回答。那真使我难受。"并且，被抛弃的感受给忏悔以新的促动，为不知冒犯哪个神或女神而忏悔，这些被遗忘或尚不知道的罪使他陷入了深渊："我不知犯了什么过错……我不知犯了什么罪……哦，识或不识的神啊，忘了我的罪吧；识或不识的女神啊，忘了我的罪吧。"而忏悔又给疑问以新的促动："哦，我的神啊！还要多时你才忘了我的罪？我竟被看成不怕神也不怕女神的人。"

倘若不对这忏悔难以捉摸的精神实质估计过高，不忘记它在礼拜仪式背景中的地位，也不忽视它与害怕的联系，就能明了那预示犹太人对罪的体验及其已经在初生状态中显示的一切。"向神"恸哭，以应答祈祷的方式，包含了希伯来人忏悔的实质：

> 主啊，我罪孽深重，
> 我的神！我罪孽深重，
> 我的女神！我罪孽深重，
> 识和不识的上帝，我罪孽深重；
> 你的心胸也许会像我生母的心胸，
> 让我得到慰藉！
> 你像生我的父母，使我得到慰藉！[1]

兰登（S. Langdon）从所有巴比伦和亚述的忏悔诗与赎罪祈祷文的背景中发现，尼普尔（Nippur）[2] 学派即使在关于"生就的"和"固有的"罪的神学方面也

---

[1] 托姆（Dhorme）编，上引书，第81—82页。詹姆斯·普里恰特（James B. Pritchard）编，《古代近东与旧约相关的经文》（*Ancient Near Eastern Texts Relating to the Old Testament*）第二版，普林斯顿，1955年，第391—392页。

[2] 尼普尔：美索不达米亚的古城，它的出土物是苏梅尔文献的主要来源。

十分成功，[1] 这关于罪的神学在对罪有较深意识的同时，使一切受难都变得容易理解起来，并推迟了巴比伦"智慧"在以色列人之前所面临的危机，这种智慧纠缠在无辜者受难的问题上。[2] 而且，反证也是确凿的：那些最先将罪构想成"面对上帝"的宗教方面的文化——并且，首先是希伯来文化——从来没有停歇过对亵渎的描述。保存在希伯来及基督教《圣经》的正式经典中利未人的（Levitiques）[3] 惯例就足以证明这一点。就像我们相信的那样，即使他们有不同甚至相反的意图，但仍在一起生活，并且常常交互感染，达到难以区分的程度。在这篇有关过错的宗教意识记录结束处，我们应当对这些感染做一个说明。但我们完全有理由不从那个方面着手，正像我们撇开恶魔或神——不妨说，由于这些神道的存在，不洁才成其为不洁——去理解亵渎的观念一样，我们也将在其最纯粹的表述中去理解罪。这里，我们又一次"重新演现"并非历史的再现；它是堪称哲学的现象学，这种现象学设计出诸神"类型"，从而辨明这些类型混合前的状况。

第一节 "面对上帝"的范畴：立约

支配罪的概念的范畴是"面向"上帝的范畴。[4] 但要是这一范畴决定了"罪"的概念的所有严格用法，我们就不应当一开头就过于限定它。

面对上帝并不意味着面对"完全他者"（le Tout Autre），像黑格尔（Hegel）对苦恼意识的分析才使它开始带有的那种意思。严格说来，那个分析引错了方向；在最初阶段，实存并未与其意义相分离，人类意识的空虚和自负使它缺乏去作为吸引着它的一种绝对的实质条件，最初阶段并不是一无所有的人类面对拥有一切的上帝。最初阶段不是"苦恼意识"，而是"立约"，犹太人的契约（bérit）。正因为开始就定位在遭遇和对话上，才有可能出现诸如相应人生的徒劳与空虚的上帝不在场和沉默的事情。而且，就罪的意识而言，重要的正是契约关系的先在确立；把违背契约当做罪的，正是这种先在确立。

我们是否应当说，罪以"有神论"看法为前提？提出这问题比较合理，但要依据两个条件：一，我们是在既表示一神论又表示多神论的意义上理解有神论命题的；二，我们把先于任何神学构想的有神论当作人的根本处境，他发觉自身

---

[1] 兰登（S. Langdon）：《巴比伦智慧》（*Babylonian Wisdom*），伦敦，1923 年，第 19 页。我们在后面（下篇，第一章）还会看到这类忏悔所处的神话背景。

[2] 施塔姆（J. J. Stamm）：《巴比伦和以色列无辜者的苦难》（*Das Leiden des Unschuldigen in Babylon und Israel*），苏黎世，1948 年。关于这一点，参考下篇第五章第二节，"悲剧的重新肯定"。

[3] 利未人：古以色列人的一个支派，他们有特殊的宗教地位，担任宗教职务。

[4] 有关罪的观念和契约观念的一般关系，见艾克洛特（Eichrodt）的权威著作，《旧约全书的神学》（*Theologie des alten Testaments*）（莱比锡，1933–1939 年，三卷本），特别是第三卷 §23 "罪和赦罪"。还可参考耶可比（Jacob）编：《旧约全书中神学的主要题材》（*Les themes essentiels d'une theologie de l'Ancien Testament*）（纳沙泰尔，1955 年），第 75–82，91–94，170–177，226–240 页。

处在某人牵动的初始时期，此人站在他一边，实质上是向着人类的；神具有人的形象，如果你希望这样的话，但神首先与人类有关；在拟人化之前先是人类转义的神。

这最初处境，这召唤和选择，突然出现又销声匿迹的初始时期，和亵渎、禁止及报复一样，都与哲学的论述——至少是那种由普遍性与非短暂性规定的理性所着手进行的论述——无关。但就像亵渎具有语言或言词（parole）——禁令或仪式上的言词、忏悔的言词——的性质而与哲学思索有关，同样，作为言词的契约也渗入到反思的同一空间之中。《旧约全书》中耶和华的 ruah——由于缺乏更合适的措词，我们意译成精神（espirit）——是指立约非理性方面的意思；而这个 ruah 也是 davar、言词（parole）。[1] 古希腊语 logos（逻各斯）是希伯来语 davar 惟一合适的对应词，这绝不是偶然的。这种转译，纵然只是近似的和不精确的，但本身是一个重要的文化事件。首先，它表明了对所有语言都可以相互转译，而且所有文化都属于单一的（seule）人性的确信；其次，它表明我们应当在逻各斯中寻求上帝对人的感召的比较恰当的对应词，古希腊人在逻各斯中认识到理由（ratio）和论述（oratio）的统一。希伯来语 davar（言词）在古希腊语 logos（逻各斯）上面的投射——这在某种意义上是孕育着歧义的投射——首先表明了对以下这个事实的承认：人作为上帝牺牲品这最初处境，因它本身可以分解为上帝的表达和人的表达，分解为神召（vocation）和祈祷（invocation）的交互作用，而有可能进入论述界域。因此，处在精神（espirit）强权阴影之下的初始境遇也就出现在言词的光明之中。

从神召和祈祷之间的这种交流中，可感受到对罪的完整体验。

限定"面向上帝"视域的另一方式可能是过早地把这词（parole）变成一种要求我们把上帝或诸神当作一种立法或执法权力去求助的道德圣训。这个由契约演化出来的总括性的词远远超出由立法者（législateur）提出并由士师（juge）批准的法令（loi）。命令这词的伦理性质已经是抽象的结果。律法的概念只有在命令词本身将要从感召的处境和对话的关系中分离出来时才会出现。于是，它就成了一种圣训，这圣训可以被理解成一种"你务必如此这般"（tu dois）的命令，除了一位绝对的立法者，谁也不会有这等口气。无疑事后一定会把圣训归结于某人，因为首先没有任何圣训会按一种可能有效的价值观（une ldée-Valeur）方式而具有一种意义，并独自去作出命令。首先有的不是本质而是在场；而圣训就是一种在场方式，也即一种神圣意志的表达。因此，罪在作为伦理之前是一种宗教取向；罪不是对抽象准则或价值准则的违背，而是对私人契约的违背。这就是罪的涵义深化要同精神与言词那种原始关系的意义深化相联系的原因所在。只要神还是众神的一个

---

[1] 奈尔（A. Neher）：《预言的本质》（*L'Essence du prophétisone*），巴黎，1955 年，第 85-116 页。

神，并且只要与那个神的契约还只是为战斗而建立的一种联盟，在这战争中神和人是胜败相关的，那么，违背只在人和神之间才有的契约，其影响就不会严于神与契约的影响。因此罪始终是一种宗教取向而不是道德取向。

在宗教史所要研究的并为我们现象学重视的文献中，反映了命令（l'impératif）从属于包含它并使它带有召唤或联合的戏剧性调子的言词或表达力的这种关系。"法典"不是我们务必了解的惟一文献，甚至还不是最重要的文献。与其他闪族人一样，犹太人制订了仪式的、刑事的、民事的和政治的法典去规范行为；但我们应当在这些法典的生命力及其转化方面而不是在它们的形式中去寻求希伯来人对罪的体验。现在，使法典得以产生的生命力和推动力也出现在法典以外的文献中——出现在讲述罪和死亡故事的《历代志》（chroniques）中，像有关扫罗（Saül）和大卫（David）的历代志；出现在唱诵悲哀、忏悔和祈求的"赞美诗"（hymnes）中；出现在先知借以谴责、告诫、威胁世人的"神谕"（oracles）中；最后还出现在把法典命令、诗篇挽歌、神谕恫吓都表现为智慧的"格言"（sentences）中。以上这些都是罪的"知识"的大调色板；这与立约所显示的广瀚表达力是相称的。①

这种表达力，这种言词，要比命令、"思索"更广瀚。就像加尔文（Calvin）②在《基督教原理》（l'hnstitution Chrétienne）开头所说，对于上帝和人的知识并不是在古希腊哲学意义上，甚至也不是在拉比犹太教的、伊斯兰教的，和基督教的神学意义上的"思想"，因为这些都是以哲学思考为前提的；对于上帝和人的知识不存在类似方法论研究或探索定义的东西。先知经由他们所表达的这个词［这里我把先知的概念扩大到诸如亚伯拉罕（Abraham）和摩西（Moïse）③这类人物］并不是古希腊语意义上的"思想"；他大声叫喊、恫吓、号令、呻吟、狂喜。他那形成历代志、法典、赞美诗和格言的"神谕"具有构成对话处境的原始言词的广度和深度，罪就突然发生在这处境之中。

哲学现象学想要重新演现对于罪是必不可少的"面向上帝"，就必须重新规定与产生哲学的古希腊语思索这词最不相关的"词"的形式，也即，先知的"神谕"，是一个与古希腊语逻各斯无关的词，但不过又是在古希腊语逻各斯的译义中来到非犹太人（Gentils）中的一个词。

---

① 罗司（A Lods）在他的《希伯来和犹太文学史》（*Histoire de La Littérature hebraique et juive*，巴黎，1950年）一书中依循一个很有价值的历史与文学的指导方针。封·拉德（G. Von Rad）在他的《旧约全书中的神学》（*Theologie des alten Testaments*，第一卷，《以色列人历史传统中的神学》，慕尼黑，1957年）一书中比罗司更远离了韦尔豪森（Wellhausen）对"资料"所做的解释，并认为韦尔豪森派所假定的比先知书稍晚的编纂的文献起源于一个更远的过去。他宁愿按文献的归类，而不按艾克洛特方法所提倡的围绕几个主题去进行神学研究，这使他的不朽著作具有相当大的价值。

② 加尔文（J. Calvin，1509–1564），基督教新教加尔文宗的创始人。

③ 摩西（Moïse），犹太人古代领袖，向犹太民族传授上帝律法。

第二节　无限要求和有限戒律

先知并不"反思"罪；他"预示"背逆（contre）。

宣读神谕本身并不是古代希伯来人所特有的；其他民族的仪式上也有他们的预言家、占卜人。[1] 绝对新的和令人困惑的不是预言形式，而是神谕的内容。其中关系到罪的发现的主要有如下两个特点：

1. 先知阿摩司（Amos）[2]，以及在他之后的何西阿（Osée）[3] 与以赛亚（Isaïe）[4]，宣告了耶和华之民的灭亡。于是，人类向自身展现的，是总的凶险兆象的胁迫，和一种上帝对其民族的干犯。不应当冲淡这种使人恐慌的"宣示"，而应当理解这最初的狂怒：你将要灭亡、将被放逐、将被劫掠。我们很难想象，这种宣示必定会引起一种宗教创伤。这不是一个陌生、遥远、威胁人的上帝，而是像陶工那样造就他的子民的上帝，像祖先那样生养了他们的上帝；这又是像敌人一样出现的上帝。作为一个罪人，就是发觉自己遭受了带有敌意的神谴："耶和华之日将暗无天日。"

2. 但这可怕的威胁带有一种愤慨和责备，从而使它烙上特有的伦理性质：

> 大马士革（Damas）三番四次地犯罪，
> 迦萨（Gaza）三番四次地犯罪，
> 泰尔（Tyr）三番四次地犯罪。

作为对罪的沉思，预言就是这种威胁和愤慨的结合，这种迫近的恐怖和伦理的谴责的结合。这样，在神谴和愤慨的交加中得以认识到罪。

随着从训导说教的角度研究亵渎，我们将从"客观"一极进到"主观"一极。这样，在不洁表象之后，我们将直接进到罪的伦理要素；然后，我们将按照预言的内容努力去了解新的一类与罪相联系的畏惧；最后，我们将设法摆脱这种过错体验中特有的象征系列。

预言的"伦理"要素在于什么？假若把这恶之宗教意识的另一要素归结于道德法则（loi morale）战胜仪式法则（loirituelle），就会过于简化和歪曲它的意义。我们宁可像柏格森（Bergson）一样说，正因为预言的要求针对未来，才会有道德法则。伦理观毋宁对根本说来是极度伦理的一种冲击的缓和。恶之意识中的预言

---

[1]　奈尔，上引书，第 17—85 页。
[2]　阿摩司（Amos），提哥亚牧人，公元前 8 世纪希伯来先知。
[3]　何西阿（Osée），公元前 8 世纪希伯来先知，《旧约》十二先知中第一位先知。
[4]　以赛亚（Isaïe），《旧约》四大先知之一。

要素是在上帝对人提出无限量要求中展现的。正是这种无限要求在上帝和人类之间产生了深不可测的距离和悲伤。但这种无限要求在所谓早先的空白中并不明朗，不过，本身适用于古代闪族人（Sémitiques）"法典"的早先内容，[①] 同样，这种无限要求使整个希伯来伦理观带上它所特有的一种紧张状态，在无限要求和有限戒律之间的紧张状态。我们应当重视的，正是这种两极化；我们现在要完整理解的就是这种无边际愤慨和具体律例的辩证法。

阿摩司——牧羊人阿摩司——最早把公平和公义（《阿摩司书》5：7；5：21；6：12）提到高于祭礼及其仪式的地位。[②] 但这些概念和所有附属于它们的概念——善、恶、生命、不义——无疑比照于智者（sophistes）和苏格拉底（Socrate）在他们教学式思考中费心设计的那些概念。阿摩司声称"公平和公义"带有愤慨和谴责的倾向；这些词暗示了比列举任何过错更彻底的一种要求的倾向。被列举的例子——战争中首领的残忍、名人的奢侈放纵、奴隶买卖、苛待下人——都是先知称作"不义"这一首恶的分布较广又极有代表性的迹象。这样，先知就针对了产生不义的邪恶内心。"活的"和"快要死了"这类措辞暗示了在所讨论的公义和不义的实存中这未分开的起源；要求的无限性显示了人的罪恶是多么根深蒂固。然而，先知向他当面斥责的人，他从未与其断绝关系的邻人所表示的，却与仪式的法典的有限要求相反。因此，就其先验的起源而言，就其实存的起源而言，就他人而言，就具体体现"公平和公义"呼吁的那些低层的人而言，这要求是无限的。以上那些就是以立约为核心，愤慨所产生的伦理差距。任何指向不义所在的谴责都是要唤起比任何局部改邪更全面的归正："追求永恒（l'Éternel），你将得生。"追求和生——这两个词暗示了归正的根本标准——是根本的，就像恶是根本的一样。

何西阿确实用他婚约的隐喻将一个变得温和的暗示引进罪的意识之中。他用包括弃从在内的爱的立约取代仪式的立约："他们却不知道是我医治他们；我用慈绳爱索牵引他们……"但这种爱和阿摩司的公义要求并无二致；上帝温柔地对待一位妒忌的丈夫，这位丈夫妒忌一个喜欢他的姘妇的情人；而这位先知甚至在他

---

① 《圣经》留有尚未受到这种无限要求影响的立法痕迹。在先知们之前，耶和华、战事中的上帝、部落的上帝，都还不是要求正义的神圣上帝；反巴力神（Baals，近东民族崇拜的司生生化育之神——中译者注）的斗争，不带任何特殊的道德性质，只是一场争夺受崇拜权的斗争；用作证据的，不是内心的纯洁，而是祭礼上出于嫉妒的排斥。在罗司看来（上引书，§3，"法律"），这就是当时还不用先知们的激进要求量罪的原因所在；这样，《出埃及记》（Exode，34：14-26）的前十诫，有时又称作"另附的十诫"，总把留意节期、礼拜义务和完全禁止祭祀自己所铸造的神像放在首位。立约书（Livre de l'Alliance，《出埃及记》，20：24-23：19）更加有趣：立约书与古代近东其他法典的相似之处在于它所宣示的祭祀、犯罪、民事和道德方面的律例。所有东方法律的亲缘关系（罗司，第210-211页）是我们这论题所感兴趣的；这种亲缘关系告诫我们，在法典的细节方面是寻找不到《圣经》所特有的"启示性"的。诸如更人道的方面（关于陌生人、寡妇及孤儿的律例。归还抵押品、公平等律例）并非《圣经》所特有的：罗司注意到，实际上，立约书的许多条目代表了东方立法进展中更早于比如说巴比伦法典的阶段，尽管巴比伦法典实际要早十个世纪。换句话说，《圣经》中罪的发现并不在于依据法典去衡量过错。罗司的这些观点由于封·拉德略欠展开的解释（上引书，第192页起）而得到补充。

② 有关基督教《圣经》中先知们对于罪的主题的这一贡献，见奈尔上引书第213页起，以及罗司上引书第二时期。

自己的性行为中也模仿通奸、谴责和遗弃的比喻。这样，通奸，可耻地选择别的情人，就成为罪的一个比喻，同时，上帝就显得像那个遗弃妻子的男主人。这种遗弃的象征是令人害怕的；它宣告由于上帝的离去，人才被遗弃。在何西阿看来，这种上帝的不在，已经是对当时人的抛弃，也就是说，是一种比受难更糟的不安全感和苦恼。出自这种遗弃配偶的凄凉内心，何西阿竭力煽动归向运动："是时间了……归向我吧。"

但在圣殿充满荣光的显圣中（《以赛亚书》，6：1—13），以赛亚揭示了上帝的另一面，因此也是罪的新的一面：在公义的上帝之后，在婚约被背叛的上帝之后，现在是掌有君权与最高权力的上帝，神圣的上帝。按照他的标准，人看来"口和心都是不干净的"。从此以后，罪表现为对宗主权的侵犯；罪是骄傲、傲慢、夜郎自大。以赛亚由此得出一种先于耶利米（Jérémie）[①] 在耶路撒冷（Jérusalem）受困期间的失败主义政策；假若罪就是纯人类统治的夜郎自大，那么，犹大（Judah）[②] 就不应当试图以它的力量或联合去求生存；如果犹大听任自身乖乖投降，自暴自弃，不抵御，不联合，也许它已经得到拯救。这种乖乖投降才真正与罪相反，由此看来，以赛亚像是最早呼唤信念的。这样，就像历史不安全感的增长，就像破坏者作为历史迹象取代胜利的迹象，并且就像王权的失败成为对圣主的圣事一样，罪的意识也增长泛滥并变得漫无边际。无穷威胁的他就是无穷要求的他。

我们该不该说，这种无限的尺度，这种绝对充满的不可度量性，这种伦理的庞然大物造成了人的"软弱无能"，造成了人面对够不着的他者（autre）而被疏远的"不幸"？该不该说，罪使上帝成了完全他者（le Tout Autre）？

这个问题应当放在立约背景里，这是《圣经》中上帝与人关系的无所不包的因素。然而它表现为一种特有的形式：立约的联系怎么体现圣殿显光的神圣上帝与口心都不洁的人类之间的"伦理差距"？立约怎么包含这种愤慨和这种差距？这里就揭示了无限要求和有限戒律的辩证法。

如果我们只考虑良心高踞与它无关的戒律之上，就不可能理解《圣经》中的罪；人们就是这样轻松地谈论"西奈（Sinaï）[③] 的道德"。如果我们只简单地把"先知的道德"作为一种开放的道德去和教士与利未人的仪式的、墨守成规的、地方主义的一种封闭的道德相对立，我们就不能更深地理解它。法典和无限要求的辩证法是立约的基本伦理结构。

我们已间接提到早于以色列先知的业绩并使以色列人跟其近东邻邦相关联的法典。先知言论引进了绝对完满的不可度量性和戒律的度量之间的一种紧张关系。

---

① 耶利米（Jérémie），公元前六、七世纪希伯来先知。
② 犹大，指公元前 935 年希伯来统一王国分裂后，南部以耶路撒冷为都城的犹大王国。
③ 西奈，埃及的一个半岛，岛上有西奈山。

罪的意识反映了这种紧张关系：一方面，它穿透过错而接近到影响不可分割的"内心"气质的一种根本的恶；另一方面，它根据具体戒律杜撰成种种受谴责的违规。这样，先知言论不断从犯规倾斜到罪，而教法主义（légalisme）不断从罪反偏到犯规；但先知言论和教法主义还是形成不可分割的整体。《出埃及记》第二十章中的十诫（Décalogue）是这种辩证法的主证；纵然不用说我们现在更不相信，就是前辈人也会怀疑，十诫是否真的表达了先知说教已在宗教界深入人心；但它确实表达了无疑要比《圣经》中先知更早那个时代的一种紧张状态；因为古代闪族人法典是以近于先知的精神被修订改正的。十诫的特殊性质更多地不在它各条款的实质内容上，而在古代法典有过较高水准这种高度的意义上。尽管十诫有其作为禁止的消极性，它陆续引进"上帝意志"，它的发布显然不计较动机，但其中仍可见到先知言论和教法主义的调和。这一点，可从不许"崇拜异教神"的禁令与先知宣扬公义的、仁慈的、忠诚的上帝密切不可分中看出，也可从它与"引领你出埃及，脱离奴隶洞穴的上帝"有密不可分的关系看出；因此，法典成了被解放民族的证书。这种调和还显见于在十诫第十条认定"贪婪"是比各种被禁止的行为更固有的一种邪恶意图："贪婪"使人想起出自敬神的无休止要求，他要求让邻人及一切属于他的东西都变得无限可敬。

有一度《圣经》评论家意识不到先知言论和教法主义的调和对于希伯来人罪的概念是必不可少的。他们还表现出对教法主义的过于蔑视，他们说，教法主义总是受到古代禁律消极性的影响，忽视动机，并且最终分割"碾碎""上帝的意志"。这种绝对而无形的要求与有限律法之间的紧张状态是一个"教员"，它有助于悔罪者确定何以他是一个罪人；他由于跪拜偶像、不孝敬父母等而成一个罪人。如果他只认定罪就是他的这些被列举的过错，那么他确实有可能会倒退到道德主义；而先知言论的突破如果不在古代引起对修订更古老法典的推动，并给予在不明确的要求和明确的戒律之间的调和以新的促动的话，那么，先知言论的突破可能仍是徒然的。再则，迄今为止，先知言论预先假定的律法和提及的律法是由先知内部向祭司的古代宗教让步而来的律法。由于先知和利未人的这种交替，立约才存留下来。如果先知的愤慨不表示为明确的指责：剥削穷人，残忍对待敌方、奢华傲慢，那他怎么会忿然反对不义呢？

可以认为，古代法典的这一保留同时又是一个圈套，紧张状态可以在和解立约中得到缓和。历史进一步肯定了这个事实：与目前考证通常认作《申命记》（Deutéronome）这一多少有点偶然的发现有关，约书亚（Josias）①的改革又把对高地的镇压、将礼拜集中在耶路撒冷、消灭异教神和巴力神（baals）放在首位。那改革在某种意义上是十诫第一诫的延伸；但它同时又带来与仪式一道的宗教严

_____

① 约书亚（Josias），摩西的继承人，率领以色列人攻占巴勒斯坦。

谨性。①

与律法（Loi）的这一重点转移相对应的是历史编纂的一种新风格。尽管较古老的关于扫罗（Saül）和大卫（David）、亚哈（Achab）②和耶户（Jéhu）③的编年史还带有先知精神的烙印，并显示了在有罪的以色列王和斥责他们的先知之间因对抗产生的十足悲剧，但新编的列王史却集中在由于约书亚的改革而受到谴责的"罪"的上面：撇开圣庙外高地诸邦的礼拜仪式，与巴力神及其异教神的宗教结合。这些罪被《列王纪》各卷称为"亚哈的罪""耶罗波安（Jéroboam）④的罪"。⑤

不过，同样是仪式主义和教法主义的《申命记》，⑥在它开始部分中，对信仰和爱提出无限要求的几页是最富有活力的，从而以最激进的方式使罪内在化。在期待摩西去颁布将准予这民族紧急建立在被许可的土地上的道德和礼拜宪章的时刻，他所呼吁的正是内心深处的服从（《申命记》，6，11，29，30）。这样，《申命记》在先于犹太教和律法书宗教的一个新时期重演了无限要求和有限戒律的同一平衡。耶稣（Jésus）教我们既要超出律法，同时又要保留律法，他从《申命记》而不是从先知书去理解《律法概览》（le sommaire de la loi）是并非偶然的："以色列阿，你要听。耶和华我们上帝是惟一的主。你要尽心、尽性、尽力，爱耶和华你的上帝。我今日吩咐你的话，都要记在心上。"（《申命记》，6：4-6）对上帝"害怕"就像十诫所列举的"贪婪"，都出自先知以恫吓与愤慨去强化的实存的最细微处。

约书亚的改革已将一种虚假保障引进罪的意识，这由耶利米和以西结（Ézéchiel）⑦令人困惑与反感的行为得到充分证明。那些能符合《申命记》对礼拜改革要求的人面对袭击犹大的风暴，也许会怀着一种合理的自信。但在这点上，正是耶利米继续了阿摩司的吼叫："你必因你的罪而灭亡。"他的不抵抗起而斥责教法主义的虔敬所展示的虚假自信，使他的预言越过约书亚改革而与早期先知们的谴责相联系。他正是在历史已显示的天谴视界内，粉碎了虔诚者因其遵守戒律

---

① 罗司，上引书，第371-374页，作者在《申命记》中发现，犹太教的诞生——在诞生这词的确切意义上——有书面言语为证："而且，《申命记》在犹太人看来是律法书（Tora）的第一层，是上帝意志的明确书面表述。它同时（从而也具有更广泛的历史价值）作为《圣经》的基本核心，又被说成神授的人生标准。"（第374页）

② 亚哈（Achab），以色列王。

③ 耶户（Jéhu），以色列第十代王。

④ 耶罗波安（Jéroboam），以色列第一代王。

⑤ 罗司，上引书，第375页起。

⑥ 封·拉德在他的《申命记研究》（Deutero nomiumstudien）（1948年）和《旧约全书中的神学》，第218-230页，运用类似形式历史学派（l'école de la Formgeschichte）的方法重新说明《申命记》的结构，及劝诫、律令、祈祝与诅咒之间的平衡等问题，从中寻求礼拜仪式发展的统一性。托拉（Torah）一词（我们译为律法书，因为缺乏更好的译名）决定了《申命记》全卷的神学统一性，而且掩盖了耶和华的所有干预，并趋向于把最初作为礼拜仪式整体出现的东西提高到"说教的"高度。应当把劝诫（第六—十一章）和一批律法（从第十二章开始）放在这个整体之中，而且，这批律法采用劝诫的方式，因此听起来像是说教而不是法律。立法与礼拜方面于是获得一种直接针对迦南自然宗教的论战性的和富于战斗性的新意义。最后，绝不应忽视这个事实，即所有这些条令都是因认识到上帝对最初喜爱的以色列人的不计回报的仁慈选择所发的。甚至假定《申命记》为摩西（Moïse）所宣布的处境也充满象征的意义：介于埃及与迦南之间，介于出与进之间，介于许诺与兑现之间，那精神的"要素"才是律法书（Tora）的要素。

⑦ 以西结（Ézéchiel），《旧约》四大先知之一。

而得到的任何自信；即使戏剧结局最后也应当是圆满的，而以色列人则既不应当有土地，也不应当有神殿，不应当有王（有两个王，一受保护，另一被放逐，但耶利米和以西结始终努力去消除他们的影响）。总之，从人类的角度来看，以色列人应当一无所有，没有任何政治希望，以使以赛亚第二可以听到希望之歌。

希伯来人罪的意识必须有这种政治"虚无主义"；事实上，之所以对历史上的挫折作教诫式的表示，目的正是使伦理要求超出任何可指定的历史结局，超出任何有限的尊奉，超出任何自我称义。于是，《申命记》精神只不过是介于阿摩司令人敬畏的正义说教和耶利米、以西结的失败主义——用以掩饰他们让自我听凭耶和华神的无限要求——之间的一段插曲。

这样，立约所必不可少的自阿摩司到以西结的伦理紧张局面，即使在这一方面或另一方面—— 一方面，绝对但又无形的要求，发觉恶根源于内心；另一方面，用来量罪明罪，并把罪划分成可列明的"违法"的有限律法，为后世提出决疑的办法——被延伸，但却从未被打破过。[1] 如果中止这种辩证法，那么，无限要求的上帝就退而成为远离或不在场的完全他者；或者，立法者就难以区分戒律和有限的道德意识，并把它混同于称义者（Juste Se）对自己心迹的表白。以这双重方式所组成的"面对上帝"的悖论——距离与在场——就在罪的意识深处得以消除。

第三节　上帝的震怒

当我们的注意力由罪的意识的"客观"一极转向"主观"一极，我们就被带回到恐怖与害怕，我们暂时将它们放在括号内，以便考虑先知愤慨的伦理内容，也就是在无限要求与有限戒律之间的平衡。上面已说过，希伯来预言不可能把上帝震怒与愤慨、恐怖与谴责分离开来。

因此，有必要正视这个谜：在亵渎意识上升到罪的意识过程中，害怕和苦恼并未消失；相反，它们改变了自己的特性。构成所谓恶的意识"主观"一极的正是苦恼这新的特性。如果将苦恼与以上所研究的两个特性——"面对上帝"和"无限要求"——联系起来，换句话说，如果把它放在立约范围内，并且从中看到作为立约要素的对话关系的戏剧化，那么，我们也许就会理解苦恼这特性的意义。

怎样去表示畏惧这种新方式呢？

它具有人与上帝一切关系的印记；以色列人的宗教相信人活着就不可能见到上帝；摩西在何烈山（Horeb），以赛亚在圣殿，以西结见到上帝的光轮，都以恐

---

[1] "放逐后的"犹太教确实无可争议地是以历史定位的；但我们想要把握的这个阶段此后被远远抛在后面。我们将在思考审慎（scrupulousness）的框架内发现第二圣殿时期犹太教的贡献（以下第三章，§3）。

怖打动人心；他们以整个民族的名义体验上帝与人的不相容。① 这种恐怖表达了有罪之人面对上帝的处境。它是一种无真理关系的真理。所以，能真实用以描述上帝的就是"天谴"：并非上帝不怀好意，而因为天谴是神给有罪之人的脸色。

　　这种上帝的天谴，耶和华之日（Jour de Jahvé）的象征直接关系到全体以色列人的政治命运。这一点至关重要，并在很大程度上支配了后面将介绍的罪与有罪的区别。有罪代表罪的意识的内在化和人格化。这双重作用将会遇到对罪——它在上帝的天谴和耶和华之日的主题中找到最有力的象征——作历史的及社会的解释的抵抗。事实上，作为一个民族的以色列人是经由先知之口感觉到危险的来临；这个民族通过历史神学的迂回方式，通过预言未来社会的迂回方式，才感受到谴责。历史上的挫折就这样被上升为谴责的一种象征。

> 大马士革三番四次的犯罪，
> 我必不免去他的刑罚！
> ……我却要降火在哈薛（Hagaél）的家中……
>
> 《阿摩司书》1：3-4
>
> 迦萨三番四次的犯罪，
> 我必不免去他的刑罚！
> ……我却要降火在迦萨的城内。
>
> 《阿摩司书》1：6-7
>
> 以色列人三番四次的犯罪，
> 我必不免去他们的刑罚！
> ……我必压你们……
>
> 《阿摩司书》2：6，13
>
> 亚扪人三番四次的犯罪，
> 我必不免去他们的刑罚！
> 因为他们剖开基列（Galaad）的孕妇，
> 扩张自己的境界。
> 我却要在争战呐喊的日子，
> 旋风狂暴的时候，
> 点火在拉巴（Rabba）的城内，
> 烧灭其中的宫殿。
> 他们的王和首领，

---

① 迪拜勒（A.M. Dubarle）：《圣经中的原罪》（Le péché originel dans l'Ecriture），巴黎，1950 年，第一章"旧约中人类的状况"，特别是"上帝与人的不相容"，第 22–25 页。关于上帝的天谴，见耶可比（Jacob）编，上引书，第 91–94 页。

必一同被掳去。

这是耶和华说的。

《阿摩司书》1：13-15

还有：

> 想望耶和华日子来到的，有祸了。
> 你们为何想望耶和华的日子呢？
> 那日黑暗没有光明。
> 景况好像人躲避狮子，
> 又遇见熊！
> 或是进房屋以手靠墙，
> 就被蛇咬！
> 耶和华的日子，不是黑暗没有光明么？
> 不是幽暗毫无光辉么。

《阿摩司书》5：18-20

何西阿，温柔的何西阿，令人生畏的何西阿，同样强烈地呼喊：

> 我必向以法莲（Ephraïm）如狮子，
> 向犹大家如少壮狮子：
> 我必撕裂而去，
> 我要夺去，无人搭救。

《何西阿书》5：4

以赛亚，非凡的神圣崇高的先知，辨认出如同古希腊人称作 hybris 的骄傲自大之罪，他也看到在耶和华之日，这一天一切傲慢都被化作泡影：

> 眼目高傲的必降为卑，
> 性情狂傲的都必屈膝，
> 惟独耶和华被尊奉。
> 必有万军耶和华降罚的
> 一个日子，
> 要临到骄傲狂妄的，
> 一切自高的都必降为卑。

151

又临到黎巴嫩高大的香柏树，

和巴珊（Bashân）的橡树。

又临到一切高山的峻岭。

又临到高台，

和坚固城墙。

又临到他施（Tarsis）的船只，

并一切可爱的美物。

骄傲的必屈膝，

狂妄的必降卑。

在那日，

惟独耶和华被尊崇。

偶像必全然废弃。

耶和华兴起，

使地大震动的时候，

人就进入石洞，

进入土穴，

躲避耶和华的惊吓

和他威严的荣光。

《以赛亚书》2：11-19

耶利米毫不怀疑真正的先知是不幸的。当先知哈拿尼雅（Hananya）① 预言奴役结束，并取下和折断套在先知耶利米颈项上有比喻意义的轭时，耶利米用这些话回击他："现在听着，哈拿尼雅！耶和华并没有差遣你，你竟使这百姓倚靠谎言。所以耶和华如此说：看哪，我要叫你去世；你今年必死，因为你向耶和华说了叛逆的话。"（《耶利米书》28：15-16）

以西结和耶利米甚至走上主动和因政治失败主义的灾祸相配合的地步。这种失败主义和事实上的叛逆具有一种深刻的宗教意义；它们对辨认历史中上帝的天谴起了一定的作用；先知以失败主义和叛逆实行了上帝对其民族的敌意。任何解说都不可能重构侵犯人的安全这种情感的残忍，因为任何其他民族还不曾被要求受到这样残忍的报应。

然而我们应当在立约的视域内，从罪的这一研究开始就去考虑所谓宗教意识的创伤症（un traumatisme de la Conscience religieuse）。

立约的联系没有被打破，而是被延伸，从而被深化。

---

① 哈拿尼雅（Hananya），希伯来先知。

首先领悟到它的广度，它的通用范围。先知用失败的密码把历史运动表示作为一个整体；部落的神变得更加遥远；耶和华不再是他的民族在历史上成功的保证人；罪的意识以耶和华之日的象征和一段敌意的历史揭示了它的另外一极：历史之主（Le Seigneur de l'Histoire）。这种超越和这种广度都是经由无限要求被表现为另一种方式的伦理神圣的相关物。威胁使主（le seigneur）离历史更远，并破坏了他与选民在历史上的共谋关系，就像无限要求引进法典而拉大了上帝与人之间的伦理差距一样。

同时，这种震怒看来不再是对禁忌的维护，也不再是像最古老的诸神那样悠久的一种原始无秩序状态的复苏，而是神圣震怒（la Colére de la Sainteté）本身。无疑，要理解或推测到上帝的震怒（la Colére de Dieu）只是爱的悲哀，依然还有很长一段路要走。这种震怒必将被改变成为耶和华仆人（Serviteur de Jahvé）的悲伤和耶稣基督（人子）（Fils de l'Homme）的低卑。

然而，"上帝的震怒"这象征亏得它的一些特性接近于神圣的象征，由此可预期它以后会被吸收到由爱（Amour）的神学产生的另一组象征之中。

首先，事实上非常可怕的"耶和华之日"的威胁，仍十分明显地是历史内在的一种威胁；丝毫没有外在于历史时间和地理空间的"地狱"或"永远受罚"的痕迹；没有任何无救助的"时间"，没有任何无归向的"空间"。这样，决定性的保证从未放在被预言的灾祸上；[①] 预言总保持在对真实历史的一种刑事解释的界限内（不应忘记，放逐和其他被预言的灾难实际上是碰巧发生的）。于是，预言就在于事先赋予未来历史一种和民族的伦理生活相关的意义去译解未来的历史。这说法意义深远，因为用"耶和华之日"词句所要表明的灾难并非确切地存在于失败和毁灭的偶发事件之中。作为碰巧发生的事情，这种偶发事件是无法取消的，并且先知是作为碰巧发生和无法取消的事去预期它的。而灾难相反存在于附加给偶发事件的意义上，存在于对被预言事件的刑事（pénale）解释上。这就是耶和华之日不仅仅内在于历史之中的原因；它内在于对历史的解释之中。

再则，倘若历史只有借此去解释的预言被揭示为惩罚，那么，纯粹偶发事件就会被预言为是无法取消的，而其意义为可以取消的。

这也是实际发生的情况：同样一位宣告大难临头的先知把希望与威胁结合起来。[②] 于是，预言的母细胞不再是对灾难的预报，而是灾难和拯救的双重危急。这双重神谕保持了立约所特有的暂时紧张状态。当然，这种"辩证法"不是"思想"；它绝不会上升到"思辨"和"存在逻辑"的高度；它是想象和体验中的辩

---

① 地狱（Hell）似乎是《启示录》（Apocalypses）的产物。就像耶稣基督在但以理书（Daniel）、以诺书（Hénoch）和福音书中显现于"天上的云端"一样，审判日和永久惩罚的场所同样也与我们的历史及我们居住处相分离的。"死者的住所"或"示阿勒"（scheol，阴间）确实属希伯来人思想的最古老的表示，但它不是纯粹大灾祸的场所，它根本不是"地狱"。

② 关于双重神谕，参考奈尔：《先知理论的本质》，第213-247页。

证法。这模仿任何先知都熟悉的契约象征系列。对于阿摩司，拯救是一个谨慎的"或许"，它使不可抗拒者有了一种希望的情调："你必将死……或许上帝会施恩。"对于何西阿，生死这两个连续事件被一道虚无的间隔所分离。对于以赛亚，拯救"幸存者"是和圣殿（temple）毁灭同时的，就像树倒的同时就出现树桩一样；而对于以赛亚第二，新时代是在悲伤中诞生的。

这种毁灭和拯救的辩证法有时甚至允许一种暂停，由此，不可抗拒者似乎服从人的选择："倘秉公行义，或许上帝会施恩"（《阿摩司书》，5∶15）。预言耶和华之日的先知甚至带更强求的口气，以上帝的名义大声疾呼："我将生死陈明在你面前；拣选生命，你得存活。"（《申命记》，30∶19）

这呼吁——单独考虑的话——似乎宣称通过人的伦理选择去中止历史的模棱两可；耶和华之日——单独考虑的话——可能会变成历史的命运。这里的悖谬就在于，不可抗拒者因呼吁正确选择而被改变，但选择本身不附带上帝的天谴，或上帝对人所做抉择的宽恕。

这样，威胁总连带上"然而"，这是表明和解最终是可能的和有指望的"然而"；而爱情剧中也描写的妒忌者（jalouxse）的怒火却被减弱，而总不致达到决裂的地步。这样，苦恼所揭示的差距并没有使上帝简单地成为完全他者（le Tout Autre）；苦恼使立约戏剧化，而永远不会达到与绝对他者无关的决裂地步。就像妒忌是一种爱情的折磨，同样，苦恼是使对话辩证化而又不取消它的要素。

"耶和华之日"的说教所包藏的对于差距与在场的调和因《诗篇》（Psaume）的诗歌结构而明朗化。正是《诗篇》中罪人的"苦恼意识"揭示了与上帝分离仍不失为一种关系。[①] 先知拿单（Nathan）[②] 来面见大卫，最古老的《历代志》表明，大卫处在被谴责地位，这传说就出自著名的第五十一篇诗，这篇诗被称作一首悔罪诗。诗篇中的哀求者供认他犯罪得罪了上帝；而这种"得罪"上帝只是在表明对话关系的祈祷动作中揭示的：啊，上帝，我犯罪得罪了你。第一百三十篇诗是这样开头的，"耶和华啊，我从深处向你求告"。第六篇诗则哀哭，"耶和华啊，求你转回，搭救我的心"。表示哀求者祈祷的对上帝呼唤，阻止了决裂时刻的来临，回到参与的联系之中；假若上帝真是完全他者的话，就不再有任何可能向他祈求。而假若罪人只是先知谴责的对象，他就不再有任何可能去祈求。在祈祷动作中，罪人完全成了罪的主体，就像毁灭的可畏上帝同时成了至上的你（Toi）一样。

这样，《诗篇》揭示了先知的谴责实质上愈趋于温和，并宣告，本身已显明是神圣震怒（Colère de la sainteté）的天谴也许只是出于爱的震怒（la Colère de l'Amour），如果敢于这样说的话。

---

① 关于悔罪诗的研究，参考赫尔纳（Sven Herner）：《以色列人的赎罪和宽恕》（Sühne und Vergebung in Israel）第 92—109 页（特别是对第 51，130，32，6 篇诗的研究）。我们在第三章还要说到这个问题。

② 拿单（Nathan），大卫时的先知，他指责大卫谋夫夺妇。

第四节　罪的象征系列：（1）作为"虚无"的罪

我们已设法尽可能靠近立约（l'Alliance）戏剧去估量对于过错的新体验，这种新体验是因立约而获得意义的。但这种体验不是缄默无言的；先知的召唤、罪人的供认都是在语言环境中产生的。而且，一旦我们审视先知表示谴责的多种方式：按阿摩司所说的不义，按何西阿所说的通奸，按以赛亚所说的傲慢，按耶利米所说的无信等等，我们就不可能忽视罪的体验对语词的这一影响。

现在可以用更系统的方式去考虑相应这新系列体验所创造的语词。我们将参考在过错意识前一阶段所形成的亵渎象征系列。我们还记得，这是对由接触而传染与玷污的某种东西、某种实在力量的表象；即使那些表象不是从文字上去理解，而是从象征上去理解，但贯穿玷污文字意义的第二意向还是表明了亵渎的正面特性和纯洁的反面特性。这就是亵渎的象征系列在新的体验逼迫下必然被粉碎并逐渐被新的象征系列取代的原因所在。如果罪者先是一种关系的决裂，那就很难再用亵渎去表示它。我们将在罪的词汇中寻找这一从正面向反面转化的痕迹。

罪的象征系列就在这最初外表下放弃亵渎的象征系列。但罪不仅是一种关系的破裂；它也是对主宰人的一种力量的体验。在这方面，罪的象征系列重新发现了亵渎象征系列的主要意向；罪也是某种东西，某种"实在"。这样，我们必须在说明一个新提出的象征系列的同时，去说明在新象征系列指导下旧的残存的象征系列。

当罪的象征系列得到赎罪的象征系列补充时，放弃亵渎的象征系列并在新的层面上去重新肯定它就变得更引人注目；实际上，不理解彼方，就不可能理解此方。不提及净化，就也不可能提及亵渎。契约的建立、否定和再肯定，有更充分的理由形成一个连贯的象征整体。虽然对于恶的象征的研究，主要重点应当放在罪的象征系列上，但这种象征系列本身并不完整，除非从赎罪信念的角度去回顾考虑它。有鉴于此，我们将用赎罪的象征去标志与此相平行的罪的象征的各个阶段。

那么，让我们首先考虑最与亵渎的象征系列对立的罪与赎罪这一对。立约是一种类似私人关系的象征，罪的基本象征系列表示一种关系的丧失，一种根源的丧失，一种本体论基础的丧失。从赎罪方面，与此相对应的是"归向"（retour）的基本象征系列。

值得注意的是，《希伯来圣经》（*la Bible hébraïque*）不用任何抽象的词表示罪，而是用一堆具体的表达措词，每种表达都各具特色，成为可能做出一系列解释并预示某种所谓"神学词源"（theologoumenon）的一种比喻方式的起源。① 此外，当我们列举希伯来语的比喻和词根去注释古希腊语中相应的比喻与词根时，是一定会有好处的，而这些在《圣经》译成希腊语时也能够对希伯来语隐喻提供恰当的译法。而且，这种翻译是重要的文化活动；它结合了两种语言的命运，并促进希腊语—希伯来语（Helléno-Hébraïque）的系统化和概念化，超出这种系统化和概念化，翻译就不再可能复原。

我们有一个最初的词根（*chattat*），它原意是射不中靶子，我们可用另一象征——一条弯路（*a'won*）——与它相联系。这两个相互连接的词根预示一个不规则的概念，一个偏离秩序、偏离直路的纯形式概念，它们被看作是与行为动机及行为者的内在特性无关的。古希腊语 ἁμάρτημα 类似这最初的希伯来词根，它经由拉丁语 *peccatum*（罪恶）提供了罪的抽象概念。另一方面，"路"或"道路"的象征系列从毕达哥拉斯主义（Pythagorisme）以来就是众所周知的；而且，这几乎是普遍的。与它相似的有路程的象征系列，它为巴门尼德（Parménide）② 的《序诗》（*Prélude de Poème*）提供了主导模式："载着我的驷马高车引我前进，极力驰骋随我高兴，后来它把我带上女神的天下闻名的道路，这条路引导有学识的人走遍所有城市"。古希腊人所提出的"路"的象征确实不如希伯来人提出迂回曲折蜿蜒的路的象征那么明确。作为谬误或走入迷途的象征，它适合于真理的而不是代替它的合乎伦理的服从问题。另外，我们接着就将发现希伯来人中近似走入迷途一类象征。

第三个词根表示造反（*pesha'*）、反抗、桀骜不驯。这里所指的是恶的意向本身而非对上帝意志的客观背离。这里，决裂一开始就成为主题；并且就像上帝和人的一种私人关系成了程式化框架一样，提供这比喻核心的正是人的意志与神的意志的对立：罪就是"反对"上帝，就像存在就是"面对"上帝一样。反抗这主体间的社会性象征由此成了罪的最少形式又最关存在的象征。提及无宗教信仰、通奸、不听不闻、耳聋与头颈强直等言词与比喻都属于这个系列。古希腊人总让自己朝向人与诸神的一种私人性质的关系，他们探讨骄傲自大这题目，并从中看到人的罪恶；但悲剧的甚至前悲剧的傲慢（*hybris*）——看起来似乎非常接近于被以赛亚和《申命记》谴责的骄傲自大——远比违约、打断对话的观念更密切地和诸神对人的越轨倾向的"提防"有关。因此，不应当过高地估计比喻之间的类近，即使"上帝的震怒"这象征和耶和华"妒忌"伪神这象征都为比照"圣经"中的骄傲和古希腊语的傲慢留下一定的余地。

最后还有一个象征（*shagah*），由于明显缺乏情感的共鸣，恰好表示罪人发觉

---

① 基特（N.T. Kittel）编，《神学词典》，艺术，I，第 267 页起，"ἁμαρτάνω（未达到），ἁμάρτημα（失败），ἁμαρτια（罪过）"；科勒（Ludwig Köhler），《旧约全书中的神学》（*Theologie des alten Testaments*），图宾根，1936 年；耶可比（Jacob）编，上引书，第 226 页；艾克洛特，上引书，第三卷，§23。

② 巴门尼德（Parménide，前 500-?），古希腊哲学家。

自己已走入迷途的失落处境。但倘若说反抗这比喻更有说服力的话，那么走入迷途这比喻就是更基本的，因为它直接正视迷途和失落状态这总的处境。它由此预示了异化与抛弃这些更近代的象征；对话中断业已成为一种处境，它使人与其本体论境遇相离异。上帝的沉默、上帝的不在场，某种程度上是与走入迷途的象征、失落的象征相关的象征；因为已迷路的人是被上帝所"抛弃的"。大家知道，巴门尼德在《诗篇》所说的"错误"，至少在比喻层次上，与此不无相似之处："然而你还要避开另一条研究途径，在那条路上什么都不知道的凡人们两头彷徨。由于无计可施，因而摇摆不定的念头进入胸中。所以人们又瞎又聋。无所适从，为无判断力的群氓所推动——群氓认为存在与非存在同一又不相同，认为一切事物都在相反的方向中行动"。但真理和意见（vérité et opinion）的疑难使巴门尼德所说的"错误"和以色列先知们所说的"迷路"相分离，这简直就和诸神"提防"的悲剧问题同刚才已提及的使古希腊语的傲慢和希伯来语的骄傲（pride）相分离一样。然而，象征在结构上的联系仍允许交流，甚至在意义的层次上。如果错误确实不止是智力的错误，而已是道德过错的话，另一方面，如果没有"意见方面"和善的"外观"表象方面的某种改变，就不存在任何过错的话，那么，"走入迷途"和"错误"这两个象征会交叉它们的火力，并在反思恶的一个更有思辨性的高度上交流它们的意向，就成为可以理解的了。但这种发展方向直到后来都没有出现。

这样，全然不同于亵渎的概念化的罪的最初概念化在象征层级上以各种各样方式被勾画出来：打不中目标、偏离、造反、迷路，都不如违背关系更表示一种有害的实质。这种由恶的新体验所引起的象征因比喻本身基础层次上的遽变而带来意向性的变化：定向的关系取代空间接触的关系；路、直线、迷路，像路程比喻一样，都是被看作对一个整体的存在活动的比拟。可是，象征不顾及由空间到时间；"路"是命运演进动向在空间上的投射。这样，在比喻方面的变革为意义本身的变革开辟了道路。

于是，罪的象征系列暗示一种关系破裂的观念。但其中依然包含罪的否定性；并且我们接着就将能够从罪的"力量"的角度去审视这些同样关键的比喻，并且也能从中获得对人的罪恶确实性的暗示。这就是让那些使消极要素变得明确并暗示有罪之人一种"虚无"想法的其他表达与最初的象征结合起来会有所助益的原因。当然，一种尚未产生存在观念的文化是不会有虚无概念的；但它经由失败、背离、造反、走入迷途而可以有否定性的象征系列。罪人"离开了"上帝；他"忘记了"上帝；他"愚蠢""无知"。但这种否定性有更引人注目的表达方式，这些表达方式可以归入过而不留的"气息"一类，或者归入并非真正的上帝而须行骗的"偶像"一类。① 前一种修辞手段更具体，并相应于一个不算最早的概念化阶

---

① 基特编，《神学词典》，"μάταιος"（无意义）条目；科勒，《旧约全书中的神学》有关 Elil（诸神＝无），Hebel（薄雾，烟雾，尘土＝空虚＝虚无的偶像），Aven（空虚，不存在，无）的条目。

段；但它为虚无提供了最打动情感的类似物。有了与薄雾、气息、尘土这些物质性比喻相联系的虚无缥缈、纤细轻浮的先入为主印象，使人乍一看就会领悟到人生作为"被抛弃"的总体特性；"人好像一口气；他的年日，如同影儿快快过去。"（《诗篇》144：4）"下流人真是虚空，上流人也是虚假；放在天平里就必浮起，他们一共比空气还轻。"（《诗篇》62：9）我们可以把荒漠，及其空寂凄凉的比喻，和这气息的比喻联系起来："万民在他面前好像虚无，被他看为不及虚无，乃为虚无。"（《以赛亚书》40：17）经书（le Qohélet）重视这种"空虚"比喻是众所周知的。在那本书中，它差点就达到虚无的抽象概念。但即使该词已失去其具体意义，并倾向于错误的非存在或希腊人更系统地酌定的错误状态，即使它几乎相当于巴门尼德在《序诗》所说的"凡人们的意见"（doxa des mortels），它也永远不会完全摆脱最早"薄雾"或"气息"的比喻："看，一切都是空虚和捕风捉影的。"（1：14）

这种存在为空虚（vain）的比喻和"偶像"的比喻相配合，"偶像"的比喻出自对伪神更复杂的神学反思。它不是在烟云、薄雾、雾霭、风、尘土等虚无缥缈中产生，而是在祭祀伪神的场面中产生。从这空虚中得到其超验的意义："外邦的神都属于偶像，惟独耶和华创造诸天"（《诗篇》96：5）（《耶路撒冷圣经》（la Bible de Jérusalem）译为："外邦的神都属虚无"）对于伪神，耶和华借以赛亚第二之口宣布："你们属乎虚无，你们的作为也属乎虚无。那选择你们的是可憎恶的"（《以赛亚书》41：24）。因此，伪神的教士与传神谕者也分担它们的虚无："他们和他们的工作都是虚空，且是虚无，他们所铸的偶像都是风，都是虚的。"（41：29）这里，耶和华"妒忌"的意义就显而易见了：偶像的"虚无"是空无（Rien）的他者（Autre）的象征，而对于空无，耶和华是"妒忌的"。但即使在耶和华眼里，偶像是空无（Rien），对人来说，它仍是真正的非—存在。这就是耶和华对在他看来是空无的东西是妒忌的原因所在，但那种东西在人看来是一种伪假的东西。阿摩司已杜撰了在"善""恶"之间作选择的比喻，那相当于在"上帝"和"空无"之间作一个根本的选择。① 对于所有先知来说，偶像不只是"雕塑"的像；它是虚无的原型。因此，爱慕偶像的人就是空无；不是由主耶和华赐降的显圣和预言就是空无；原来由通奸去象征的罪本身现在由偶像崇拜去象征。最后，气息与偶像这两个比喻对换了涵义，并交融了它们的意义：气息的空虚成了偶像的空虚，"随从虚无的神，自己成为虚妄的"（《耶利米书》2：5）；因为人变成了他所崇拜的那种东

① 奈尔非常明智地比较了《阿摩司书》5：14-15的伦理选择（"要求善不要求恶……要恶恶好善"）与5：5提出的本体论的选择："不要往伯特利（Beth-El），不要进入吉甲（Guilgal），不要过到别是巴（Beer-sheba）[这些都是圣所，高地；伯特利尤指上帝的住所]；因为吉甲必将变成监禁地，伯特利将成为 Aven [= 虚空，无有，无]。"奈尔写道（《阿摩司》第112页）："善是上帝；恶是非上帝、偶像，或用阿摩司的术语，是虚空，无。这里，从伯特利到 Beth-Aven 的文字游戏中获得证实……与 EI 相对，上帝是 Aven，无，无有。"《申命记》重复同一修辞手段：一方面是伦理的选择："看哪，我今日将生与福，死与祸，陈明在你面前……我将生死、祸福陈明在你面前，所以你要拣选生命。"（30：15和19）；另一方面是本体论选择："他们以那不算为神的，触动我的愤恨，以虚无的神惹了我的怒气，我也要以那不成子民的触动他们的愤恨，以愚昧的国民惹了他们的怒气。"（32：21）奈尔在上引书第113页引摘。

西："造他的要和他一样，凡靠他的也要如此。"（《诗篇》115：8）

偶像与偶像崇拜的"虚无"模式，从人的方面来说，是与我们在耶和华之日的神谕中直接把握的"上帝的天谴"模式相关的：被抛弃的人是抛弃者上帝的表现；人对上帝的轻视与忽略被反映在上帝对人的轻视与忽略上。这样，上帝不再是"说话称是"中的"是"（Yes）；上帝是人的偶像及其一切虚空的邪恶的抑制者的不许（Non）：

> 我们因你的怒气而消失，
> 因你的忿怒而惊惶，
> 你将我们的罪孽摆在你面前，
> 将我们的隐恶摆在你面光之中。
> 我们经过的日子，都在你震怒之下，
> 我们度尽的年岁，好像一声叹息。

（《诗篇》90：7-9）

在有关堕落的神话中，兴许连禁止所表示的"不许"[1] 也是出自罪本身的一种虚无在清白界内的真实投射。兴许创世的次序即使外表显得不协调、对立和原始的不对称，也会完全得到肯定的认可："听其如此。"即使这次序表示对人的一种限制，这限制也仍然由人组成；它保护人的自由，并因此完全附属于人在存在物中的地位。兴许正是出于罪的虚空的虚无，才使这最初的创世限制变成一种禁止。这样，虚空就渐渐蔓延到一切事物之上，并使上帝本身作为表示禁止与摧毁的"不许"（Non）出现，就像撒旦（Satan）那样，其意志力被总括在死亡对罪人的追逐之中。于是，对人来说，上帝就可能只是天谴和死亡意志，人也许促成了这可能发生的令人惊恐的结局，他真的会沉到深渊之中，由此发出一阵哭喊："我的上帝，我的上帝，为什么离弃我？"（《诗篇》22：1）人类的极度痛苦在这阵哭喊中达到了顶点。

当罪从那超越它的也就是"宽恕"的角度上去回想时，这罪的象征系列就重新突现出来。在本书第一部分（上篇）结束时，我们还将强调这样的事实，即只有在这回想中，才会弄明白罪的具体完整的意义。

让我们暂时撇开"赎罪"这一复杂的概念，在我们说明亵渎的象征系列恢复于罪的象征系列之前，是难以理解这个概念的。我们相反倒要关注比较容易解释的宽恕和归向这一对，它们不必作详细的神学说明，不需要任何概念辩证法，不需要在上帝主动和人类主动之间作任何协调或合作的努力。在产生这两个概念并

---

[1]　参考后面下篇第三章"亚当神话"。

159

具有象征能力的比喻（或模式）层面上，正是"宽恕—归向"的结合充满了意义，而且总的表示立约的恢复。

让我们把神的"宽恕"这一端作为出发点。我们接着就会发觉它与人的"归向"这另一端的相关处。①

"宽恕"主题本身是一个非常丰富的象征，它与上帝的震怒这象征具有同样的性质，而且只有与这象征相联系才能详细说明它的意义。可以说，宽恕是神的震怒的忘却或放弃；它经常采取"耶和华后悔"（repentir de Dieu）（《出埃及记》32∶14）的比喻形式，仿佛上帝改变了自己的行为习惯和对付人们的办法。这一被设想为上帝身上的变化涵义很多；它意味着源于上帝的在人与上帝关系上所表现的新倾向是由神采取主动的。这个起源、这个主动代表了发生在神界内的一件大事；上帝以唤发人类代替谴责人类。天谴和宽恕有时相兼采用：当耶和华的名被宣告（《出埃及记》，34）耶和华被称为有怜悯的上帝，不轻易发怒并有丰足的慈爱和诚实。为千万人存留慈爱，赦免罪孽、过犯和罪恶，万不以有罪的为无罪，必追讨他的罪，自父及子，直到三、四代（《出埃及记》34∶6-7）。"三代人"与"千万代人"的关系抢在"究竟有多少代"的争论之前，那争论是下面要进一步说到的圣保罗所熟悉的。我们在《何西阿书》中读到更令人惊讶的东西：

> 我必不发猛烈的怒气，
> 也不再毁灭以法莲；
> 因我是上帝，并非世人，
> 是你们中间的圣者，
> 并且我不爱毁灭。

（《何西阿书》11∶9）

《圣经》的作者们在历史本身中，在被说成有神启作用的事件过程中觉察这种对于震怒的后悔。它有时是灾难的推迟、瘟疫的结束、疾病的治愈，这些都被直接理解成"宽恕"。这样，宽恕的模式，像大多数希伯来人的模式那样，被历史神学所采纳。更微妙的是，有时宽恕不是在现实的甚至物质的解救中被发现，而是在惩罚本身中被发现，这惩罚本身尽管是痛苦的，甚至残忍的，但已不再老是板着谴责的面孔，《撒母耳记》下篇（Samuel Ⅱ，12∶13-14）记载大卫（David）犯罪的结局就是这样；宽恕并不取消受难，而是给予一种暂缓，这被解释成出自神

---

① 最重要的论著有第契（E.K. Dietrich）的《旧约和犹太教的悔过》（Die Umkehr in A.T. und in Judentum）（1936年）。整卷研究"宽恕"与"赎罪"概念的，见赫尔纳，《以色列人的赎罪和宽恕》。耶可比在他所编的《旧约全书中神学的主要题材》第233页起提出一个出色的综述。沃尔夫（H.W.Wolf）在《旧约中预言的主题"悔过"》（载《神学与教会杂志》1951年）考察了神学的内涵。施塔姆（J.J. Stamm）在《旧约中的拯救与宽恕》（Erlösen und Vergebung im A.T.，伯尔尼，1940年）结合了注释家和神学家的观点。

的忍耐的胸怀。另一种看法于是可能包括在这种通过惩罚去表示宽恕的想法中：宽恕除了表示减轻惩罚外，还表示由一种障碍向一种考验的转化；惩罚变成促使觉悟的手段和忏悔的途径。宽恕已非常显著地表现出具有恢复人认识自身在立约中真实地位的能力。这样，被看作一种受苦的处罚既有惩罚的一面，同时又有宽恕的一面。而且，"宽恕"又是"归向"；因为归向，就上帝而言（a parte Dei）不外是责备的取消，罪的指控的撤销："我向你陈明我的罪，不隐瞒我的恶。我说，我要向耶和华承认我的过犯，你就赦免我的罪恶。"（《诗篇》32∶5）

这种由宽恕模式引致的"归向"模式（词根 shub），是我们对后悔的所有看法的起因（后面我们将看到，第二圣殿期间的犹太教借助我们将译为后悔的新名词 teshubah，在说明这个概念中所起的作用）。[1] "归向"这个象征的和音为数众多。一方面，它属于"路"的比喻系列。就像罪是一条"弯路"，归向也是从罪恶之路折回，耶利米说："让每人都自他的罪恶之路折回。"这种折回预示了后来抛弃（renoncement）的观念。另一方面，归向恢复原先的联系，是一种关系的重建。这样，它常与接近生命基石的安宁和休息的比喻联系起来："你们得救在乎返回安息"（《以赛亚书》30∶15）。因此，归向相当于一种稳定性的复原；它是该隐（Caïn）那种精神恍惚的结束，"在这地方仍然居住"的可能性（《耶利米书》7∶3-7；25∶5）。归向模式还和夫妻关系方面的隐喻有共同之处；对于何西阿来说，它是通奸的结束，卖淫的结束。耶利米带着使人深信不疑的悲哀提出爱的主题："回来吧，背道的以色列人"（3∶22）。对于以赛亚第二来说，"归向"就是"追求上帝"；归向成了对活水的追求，就像约翰福音所说的那样。

这些就是宽恕—归向这一对象征的丰富涵义：如果我们想在比喻的层面上捕捉它，它会一下子把我们扔进一个悖谬之中，那也许是任何体系神学使尽招数都无法对付的悖谬。这样，先知毫不含糊地规劝人们"归向"，仿佛这完全取决于人，而恳求给予"归向"，则仿佛又全然取决于上帝，耶利米大声喊叫："你应允我归向，我就将归向"，有时只强调上帝的方面；于是，"归向"就是看不见的至圣自由选择的结果，这是一种爱的效果，一种超出任何理由的慈爱（hésèd）的效果（《申命记》7∶5 起）。比如，耶利米朝着普遍和谐的方向夸张和引申这种慈爱，甚至不排斥野性的自然界。于是，"宽恕"和"归向"在以"慈悲心肠"的恩赐取代"铁石心肠"方面是一致的（这是耶利米和以西结的共同主题）。而生物的虚无是无法与恩典相比拟的，对于这一点，以赛亚第二也许有最敏锐的感觉（比如，《以赛亚书》40∶1 起）。然而，话又要说回来：又是耶利米，传达了这些话："我所说的那一邦，若是转意离开他们的恶，我就必后悔，不将我想要施行的灾祸降与他们。"（《耶利米书》18∶8）人的选择的未决能力，似乎以宽恕为条件，把

---

[1]　舍贝格（Erik Sjöberg），《巴勒斯坦犹太教的天主和罪人》（Gott und die Sünder im palestinischem Judentum），斯图加特，1939 年，第 125-184 页。

我们引回到《申命记》那有名的选择："看哪，我今日将祝福与诅咒的话，都陈明在你们面前……"（11∶26）"看哪，我今日将生与福，死与祸，陈明在你面前。"（30∶15）① 这样，"归向"的象征系列和"宽恕"的象征系列，在其诞生的那片土地上，包含了神学有关恩典与自由意志、命定与自由的所有悬而未决的疑难。但也许它也包含了思考将这些词分隔和对立起来所保存下来的超逻辑一致。

让我们暂时留下这赎罪（rédemption）的象征系列，待到一个新阶段——相应于罪的象征系列的一个新阶段——我们将再次着手探讨它。

第五节　罪的象征系列：（2）确实的罪

我们顺着罪的象征的否定性斜坡得出最终结果：违反契约使上帝成为完全他者，使人成为主面前的空无（rien）。这是"苦恼意识"的时刻。

然而，罪的象征系列结构不可能圈在这介于虚空的"虚无"和亵渎的"实有"之间的基本对立之中。罪具有也许可称之为实际的罪的其他特性，它又是确实的，就像克尔凯戈尔 ②（Kierkegaard）要说的那样。正是这些特性，保证了在两个象征系列和亵渎的象征在新的罪的象征中的恢复之间具有一定的连续性。

在探讨我们将称作有罪（culpabilité）这过错意识的新因素之前，是很难充分理解这种罪的"实在论"的。严格说来，正是由于这新的要素，罪的意识才成为过错的标准和尺度。有罪感将恰好与一个人自觉有罪并难以与过错"本身"相区分的意识相合。

而罪的"忏悔"却不是这样；"忏悔"是对先知的召唤所揭示与谴责的实际罪恶的新开拓视域，那种实际罪恶不是用罪人对它的意识来衡量的。这就是罪的"实在"——甚至可以说罪的本体论一面——必须与有罪意识的"主观性"相对照的原因所在。罪恶的是人的"内心"——也就是说，是他的存在，不管他对罪恶会有什么样的意识。

正是这种罪的实在论，允许忏悔者对被遗忘的罪或无意犯下的罪表示后悔——总之，罪之所以是罪，皆因为它们表示了它在立约中真正地位的特性。这第一个特性就是那些最显然保证亵渎的系列和罪的系列之间连续性的特性。如果我们在这种结构关系中只看到古代对客观渎圣罪想法的残余，那么我们就还只看到事物的表面。当然，大量的犯罪——不包括有罪的真正犯罪——可以这样去解

---

① 奈尔：《阿摩司》（*Amos*），第108页。《申命记》的所有规劝都建立在这模式之上：如果你遵守戒律，那么你将有福；或者：执守戒律，为了你的幸福。但同时这些规律又暗示：记住，你已被仁慈地救出埃及；耶和华选择你，不是因你伟大，而因他爱你。这悖谬不能从思辨去说明；它留在宗教惯例层次上，并借助戒律而保持牵制力。

② 克尔凯戈尔（Kierkegaard，1813-1855），丹麦宗教思想家，被称为存在主义哲学之父。

释，① 和如下教训一样："若有人犯罪，行了耶和华所吩咐不可行的什么事，他虽然不知道，还是有了罪，就要担当他的罪孽。"（《利未记》，5：17）但用某些残余的禁忌、渎圣，和宗教仪式上赎罪的系统来解释这些例子，不应当掩盖使这些残存系统成为可能的更重要的事实，那就是，作为在伦理—司法上表达契约的律法已取代了禁忌不可名状力量及其自动的报复作用，并为罪建立起一个超主观的参照系。人在立约中的"真正"地位是罪的最终尺度，并使罪成为与有罪意识相关的一种真正的超然存在。

第二个特性进一步证实了这种罪的实在论，因为这种实在论不可能归结为它的主观尺度，而罪也不可能归结为它的个体一面；它原先就既是个人的又是公共的。② 建立在集体归罪主题上的惩罚理论，它所认定的罪行，在我们探讨原因论（etiological）神话问题时将得到充分的注意；但我们不应当因这民族作罪的忏悔认可了第二级构造和早熟的理性化，就抹煞这种忏悔在生活经验层面上及表示它的原始象征层面上的深刻意义。对于传自人的始祖所犯的一种罪的思考是后来混杂了伦理范畴与生物学范畴的一种理性化。事实上，正因为这种罪已失去了个人和公共的原始意义，于是就想通过建立在传统模式的一种生物学层面上的一致去补偿有罪的个人主义。但在遗传的罪这伪概念中，这种范畴的混淆有意识地反映了由礼拜仪式对罪的忏悔所证实的一种公共的联系。由此，我们应当努力再现对所传个人性质的罪作任何思考前的阶段之特定的我们、"我们这些可怜罪人"的忏悔，由此证实"民族"甚而"人类"的超生物学与超历史的一致。亚当神话表示了由罪的忏悔所承认的这种具体的普遍一致；它表示这种普遍一致，但并不创造它；相反，它预先假定了普遍一致概念，并只是借助一种想象的解释去描述它。

把过错归罪于个人是对令人反感的想让无罪之人也受到惩罚的集体责任的否定，这确实标志一种进步。但应当知道，这一前进的代价是由过错的不止是生物学上与历史上的联系而共同"面向上帝"的人类统一的丧失。原罪伪概念只是经

---

① 一件不知凶犯的谋杀将要引起一场灾祸，祭司必须用特别的赎罪法去驱除这灾祸，防御血的报复（《申命记》21：1-9）。在耶利哥（Jéricho）城毁灭的时刻发表反对这个城的咒诅，只要连无名之辈都不去渎圣，这咒诅就是不可侵犯的；渎圣则迎来报复；神圣的抽签指定"有罪之人"；他本人及家室、财产将被用石头砸死、用火焚烧（《约书亚记》7），那就是罪的"后果"，"行为"和导致行为的"内心"都是组成罪的原因。在语义学看来，这些措词的矛盾心理就像下面所提到的："倘若你们不这样行，就得罪耶和华；要知道你们的罪必追上你们"（《民数记》32：23）；或"将这罪加在我们身上"（《民数记》12：11），这一表达方式与"担当刑罚"（《创世记》4：13）毫无二致。意向、行为、后果、刑罚——是罪的全部过程（G. 封·拉德，上引书，第262-267页）。那就是何以只要罪不被宽恕，它就"被担当"的原因所在；也是何以要摆脱罪，可以用"替罪羊"的转移象征地表示的原因所在，那替罪羊在赎罪日，"担当他们的一切罪孽"（《利未记》，16：22）。如我们将在一种成熟的有关罪的神学看到的，这种驱除（罪孽）仪式的恢复通过罪的"实在论"和通过净化仪式到宽恕罪的阶段的象征变换而得到精确的说明。

② 迪拜勒，《圣经中的原罪》，第25-38页，作者研究了在氏族和部落内部各代人之间的休戚相关；在同时代人之间，比如在君王和他的臣民之间的休戚相关，君王会因他的罪而遭惩罚；以及最后，集体的罪，比如巴别塔（Babel，《圣经》中挪亚子孙想造而未完成的高塔——中译者注）建造者的妄自尊大的意图，或更好一些的，整个民族的偶像崇拜。那两个例子引人注目，因为它们排除了个人有罪的限定：语言混淆、团体的对立、礼拜的形式，都是无个性特征的现象，在语言和制度的层次上，它同时又揭示了人的罪恶的公共尺度；交往障碍和偶像诱惑力代了一种纯文化上的疏远和败坏。我们在本书第三卷将回到这一点。

由亚当神话的第三级的理性化，对其中谜一般的立约，为忏悔罪的"我们"所承认而不是理解。

罪的超主观实在的第三个特性是：我的罪皆在上帝绝对鉴察下。上帝——而不是我的意识——是罪的"自为"（pour soi）。这是否意味着，被上帝察见羞耻的忏悔者，发觉因此而被剥夺他的主观性，并变成一种客观状态？那并不是信徒在承认被上帝察见时所听到的最主要暗示；惊讶于"寻找绳索和心"的这一鉴察，足以把对上帝的畏怕保持在尊敬和威严的界域内（《诗篇》139：1-6）。支配所有那些带这种被上帝鉴察的意识情调的，仍然是立约的对话关系。祈祷的做法——啊，上帝，你注视着我！——从降到对象的地位起就保持被鉴察的意识；祈求的第一人称发觉自己成了被真正看透这种感觉的第二人称。最后，如果主要重点不放在被上帝察见这处境所特有的卑劣性上，那么，这种察见的原始意义就是构成我处境的真理，伦理判断的合理公正才可能传到我身上。那就是绝不阻止自我（soi）产生的察见所以引起自我意识的原因；它进入主观领域，作为更好认知自己的任务；正是这种察见为应该（devoir être）这自我意识打下了基础。良心的审察由此被证明是正当的：我对我自己的观察是自我意识努力接近绝对的眼光；我求你鉴察我，知道我的心思（《诗篇》139：23-24）。这种意识行为更喜欢追问行为与动机意义的提问方式。[1] 绝对的眼光用怀疑这把锐刃将现象与实在分离开来。由此，从绝对鉴察我自己的角度提出对自我的怀疑；它从此与怀疑思潮的增长相配合，这种思潮的增长更应归于罪恶的问题而不是气象学之谜。

这种被绝对鉴察（regard）所唤起的意识最先表明在知道人为"虚空"的"智慧"中，就像上帝所知道的那样："耶和华知道人的意念是虚妄的。"（《诗篇》94：11）我们知道，得知人生皆"空"并不是目的；而是要穿越真理的关口，闯入拯救的领地。

这种对于上帝鉴察的真理与正义所持的信仰在信仰者发觉自己成为一种对象之前必将逐渐趋于淡薄。意识因绝对鉴察与自我间原始关系的解体而凝成一种物体。《约伯记》（le livre de Job）是这一转折的证据：约伯觉得绝对鉴察像追踪并最终要杀死他的怀有敌意的鉴察。我们后面将说到，受难问题怎样影响罪的问题，以及旧的惩罚理论的消解怎样引起对这突然表现为看不见的上帝让人类因不义而受难的鉴察的怀疑。于是，绝对鉴察不再是引起自我意识的鉴察，而是猎人（chasseur）用箭瞄准猎物的鉴察。然后，即使在这接近破裂的关口，对上帝的责备依然用祈祷做掩盖，掩盖受其怨恨对象的亏；这意味着，对敌意鉴察的发现总是印在一种关系里，由于这种关系，绝对鉴察将继续是我对自己所持看法的真理基础。

---

① 古代东方忏悔者的良心审察的提问结构尤其引人注目。参考查理·琼（Ch.F. Jean）：《巴比伦人和美索不达米亚人作品中的恶》，第99-104页。

因为这是认识自身所可能存在的真理，所以，除了我对自己存在所具有的意识外，鉴察还维护存在的真实性，尤其是除有罪感外的罪的真实性。

我们刚才所分析的几个特性证实了人的存在所固有的罪，与从"外部"影响它的亵渎相反，同样不能归结为有罪意识；它既是内在的，又是客观的。这第一组特性确保了亵渎和罪之间在现象学上的连续性。

第二组特性强化了这种结构上的连续性。我们上面在与亵渎的"确实性"相比较中坚持罪的"否定性"——气息的虚空和偶像的虚空。不过，那种对比过于简单；因为使人的存在丧失其力量的"虚空"，在某种程度上也是一种能力。

再则，在这里不难认识到，亵渎系列的残余和中邪（possession）主题的残余都属于那个系列。描述的处境则更复杂。

使一种类型到另一种类型得以连续的是变更的意识，疏远的意识，这是两个类型共同的东西。这种意识首先固定在对一种有害实体的描写中，那种有害实体的外表必然戏剧化为精灵或恶神的模样。另一方面，古代东方的宗教经文表明过滥描写被虚构的个人力量的恶魔般人物，是这种疏远意识所处阶段所固有的，这恶魔般人物取代了神，并从字面上看已紧附罪人身上。罪和疾病之间难以根除的混淆为使罪人中邪并制约他的人格化力量的描写起了推波助澜的作用。这里，我们还处在一个对疾病和过错不加区分的阶段，这一区分和以过错归咎的确切意义认识有罪密切相关。这种疾病和过错的分离带有某种二元论的意思，这不一定就是灵魂与肉体的二元论，而是作为道德上恶的根源的一种道德动因和导致疾病、苦难及死亡的一种活动过程的二元论。与罪和疾病的混淆相对应的是把宽恕解释为兼有治愈、解脱束缚和拯救的意思。哀告者乞求道，"但愿在我体内、在我肌腱内的罪恶今天可以离开"，"请解除我头上的咒语吧……因为罪恶迷住了我，我身体内有不洁的病、作乱、邪恶和罪，邪恶的幽灵紧紧跟随着我"，"让神愤怒的是'恶的精灵'大声喧嚷匆匆赶去的地方。倘若神离开一个人，它们就会落到他上面，像衣服那样盖在他身上"。

在这些引文中，可以看到正反两面在神的放逐（或善的守护神的放逐）和恶魔入侵相结合的形式下的一种混合："不幸的咒语使这个人像一头羔羊任人宰割；他的神已离开他的身体，他的女神离他远远的。"并且，在充斥恶魔形象的冗长连祷中，一个接一个恶魔被准确无误地说到。[1]

先知说教同样不乏诸神、恶魔、精灵的描写——对神话的破译也可以这样说——它竟然保持了对制约罪人的罪的力量的体验。值得注意的是，当其中恶魔描写最为自由自在时，这一体验就变得最为敏锐。[2]《圣经》作者正是在所谓分离、反叛、走入迷途的恶的意向的实质中分辨出一种迷惑、纠缠、激奋的力量。人的

---

① 引自查理·琼，上引书各处。
② 我们在下章将看到，关于堕落的神话多大程度上在心理方面还包含在撒旦形象下恶魔的神话残余。

机能因一种腐蚀其内心的趋恶倾向而不可思议地中了邪："因为他们的淫心使他们失迷，他们就行淫离弃上帝，不守约束"（《何西阿书》4：12）；[①]"邪恶像火焚烧，烧灭荆棘和蒺藜。在稠密的树林中着起来，就成为烟柱，旋转上腾。"（《以赛亚书》9：18）耶利米也许比其他人更带着恐惧地感到冷酷心肠对恶的倾向（3：17，9：14，16：12）；他将之比作未开化的本性、野兽的欲心（《耶利米书》2：23-25；[②] 还有8：6）。这种倾向在人的意志中是如此的根深蒂固，以至于像古实人（l'Ethiopien，又称埃塞俄比亚人）的黑皮肤或豹的斑点那样的去不掉（《耶利米书》13：23）。先知明确表示了根本罪恶的主题："人心比万物都诡诈，坏到极处，谁能识透呢？……我，耶和华是鉴察人心，试验人肺腑的，要照各人所行的，和他做事的结果报应他"（《耶利米书》17：9-10）。以西结称这种不接受神感召的人内心深处的顽冥不化为"石头心肠"。负责编纂《创世记》开头那些悲观章节基本部分的耶和华派一笔概括了论述邪恶的神学（《创世记》，6：5[③] 和8：21）："耶和华见人在地上罪恶很大，终日所思想的尽都是恶。"

　　这里可见到一种人类学的端倪，这人类学不仅是悲观主义的——就是说，其中，最坏的情况就是人们担心会发生的情况，而且严格说来又是"悲剧的"——就是说，（如同我们在下篇论悲剧一章将表明的），其中，最坏的情况，不仅是担心会发生的情况，而且严格说来是不可避免的，因为上帝和人协力促成了罪恶。在这方面，旧约的一些原文所说的顽灵不化和荷马诗篇及古希腊悲剧作家所说的"盲目"（até）没有多大的差异。"顽灵不化"在这里被描述为难以与罪人内心深处相区分的一种状态，而且这似乎是他不应当负责的一种状态；这种顽灵不化不完全只限于他，而且也是神天谴的作用："我将使法老（Phara-on）的心肠变得冷酷。"我们将在起源和终结的神话框架中更详细地讨论这一有关"引入歧途的上帝"的神学。眼下我们只需说，这种神学仅在《希伯来圣经》中留下一点痕迹，尽管它塑造的完善世界，只是在古希腊悲剧中才见到。它在《希伯来圣经》中，一方面受圣洁神学的牵制，另一方面又受恩宠神学的牵制。不过，可以设想这种早产的神学，因为是一种罪的意识的基本体验的延伸，是一种被动性的体验，一种变更的体验，一种荒谬地与故意违背的体验相混杂的疏远的体验，故因此是一种能动性、一种恶的主动的体验。

---

　　① 何西阿（Osée）在这里引申包括各种罪在内的通奸比喻。

　　② 以西结（Ezéchiel）采用同样刺目的比喻："（耶路撒冷）贪恋情人（巴比伦少年）身壮精足，如驴如马"（23：20）。"人必向你行这些事，因为你随从外邦人行邪淫，被他们的偶像玷污了。"（23：30）

　　③ 《创世记》8：21还说："我不再因人的缘故咒诅他，人从小时心里就怀着恶念。"这 ieser，我们译"怀着"（dessein）——在想象和倾向的双重意义里——将是进一步讨论关于法利赛人和谨小慎微的主题；犹太拉比文学把这一主题用来引进关于罪恶的理论，它比亚当神话更能引进不同的一面。对罪的心理方面不感兴趣的《圣经》作者，在罪恶中看到充满"地上"的"败坏"和"强暴"（《创世记》6：11，13），从而赋予罪恶一种与淹没"众生"乃至"毁灭它们与地上"的洪水相称并与示意挪亚（Noah）宇宙立约相称的犹如宇宙一般的广度（《创世记》9）。

这种疏远的体验同样地是后来原罪教义的组成之一。[①] 我们在关于罪的普遍性中曾提到它。如果那普遍性原本就不只是可能有助于伪生物学的理性化和表现为世代遗传的描述的生物学上和历史上的——"我们"作为罪人是一致的—— 一种关系，那么，这正是通过疏远的体验为媒介。

实际上，一种普遍关系同时又是一种被动性的体验，这提示了一种用出生去作的"解释"。那么，顽灵不化不被说成是罪人的"本性"，因此是"他生来就有的"吗?《诗篇》第五十一篇极好地表达了这一尚不成熟的教义："啊! 我是在罪孽里生的，在我母亲怀胎的时候，就有了罪。"[②] 不仅如此，无论对罪的普遍性的忏悔，或者对它的疏远性的供认，都不足以说明产生这教义的复杂因素。此外，还有必要在罪的系列中重现亵渎的那些由感情引起的范畴。这种重现不会使我们感到意外：罪所具有的实在与能力的双重性，使它与亵渎有关，并有可能把亵渎的系列包括在罪的系列之内。在历史上，这种重现通过古代以色列人的礼拜宗教包括在先知所宣扬的伦理宗教内而得到显示；同样，仪式上的不洁和诸如暴力、背叛、残忍等"不义行为"相并列，这两种系列的命运就被结合在一起。作为这些感染与交流的结果之一，明显带有反上帝意义的罪，变成充满亵渎情感，明显带有不洁接触的意义。还是第五十一诗篇，尽管它出自个人对精确意义上有罪的过错的一种敏锐的体验，但还是采用亵渎方面的语言："求你将我的罪孽洗除净尽，并洁除我的罪! ……求你用牛膝草洁净我，我就干净，求你洗涤我，我就比雪更白。"在罪和亵渎之间的这种部分相似并非没有危险；可以说，罪的体验就是被亵渎的体验朝后拖的。我们可以将古代亵渎和性行为联在一起的倾向，重又频繁出现在罪的忏悔之中，作为这种后退倾向的例子，上面我们已指出，这种联系极富情感复杂性：性行为就像分娩一样，为不洁接触的象征提供了有形的根据。被供认的过错本身倘属于性的一类——像第五十一诗篇的忏悔那样，在那里，大卫王对强奸拔示巴（Bath-Seba）[③] 和谋杀乌利亚（Uri）[④] 表示后悔——就足以相继重新恢复以罪的普遍性与疏远为一方和以不洁接触的象征系列为另一方的联系，这也是性在亵渎主题上的回声。最后，由人的始祖犯下的第一个罪，传给照"他的形象"设想的他的后裔的神话，将在一种追根的"解释"中去印证所有这些联系，我们进一步还将研究"解释"的结构。但这种与亵渎主题相衔接的古代联系的重新恢复只相应于罪的象征系列对亵渎的象征系列的吸收。

---

① 迪拜勒，上引书，第 14-18 页。

② 弗依耶（A. Feuillet）：《米泽勒的第七首诗和原罪》（Verset 7 du Miserere et le péché Originel，载《宗教学研究》，1944 年），第 5-26 页，那诗并非指性行为本身应受谴责，作者运用附于观念和分娩之上的仪式亵渎的流行看法以便表达更深刻的观点，即在任何个人行为面前，人发觉已与上帝相分离；由分娩而形成的世代人之间的结合成了那罪恶之源的象征。此外还应注意，那诗并不表示，我们存在的"在"的状态构成一种罪的倾向，它也不表示，那状态是由祖先犯罪造成的。见迪拜勒上引书第 21 页。

③ 拔示巴（Bath-Seba），赫人乌利亚的妻子，大卫跟她同房，使她怀孕。

④ 乌利亚（Uri），赫人，大卫夺他妻子后，派他上战场，阵亡。

这第二系列罪的象征——保证了亵渎的象征系列被吸收到罪的象征系列中来——发觉它延伸到赎罪的象征系列之中，赎罪的象征系列完成了我们所悬搁的宽恕的象征系列，并且它又确保了"净化"的象征系列将被吸收到"宽恕"的象征系列之中。

事实上有必要加上一组"归向"的象征。这新一组象征以"赎救"为轴心。"归向"的象征系列使我们求助于把罪当作破坏立约联系的观念；"赎救"的象征系列使我们求助于主宰人的一种力量的观念，应当付出赎金去交换对这种力量的抑制。

表示解救观念的三个词根，各自都展开了交换的一方面，[①]《费多篇》(*Phédon*)也有类似这种交换的思想，它提出用热情"换取"德行。词根 gaal 保存了表示报仇者或防御者都可以甚或应当与近亲的寡妇结婚意思的 goel 概念。这词根提供了整整一连串象征：保护，带隐藏意思的掩盖，赎救、解救。如同所有象征一样，它保持了最初同源词的某种联系，但接着就超出这种联系而越向存在处境方面。

邻接的一个象征——词根 padah——是用赎金赎救要献祭的长子或奴隶这惯例提供的。众所周知，这种赎金、赎救的比喻，足以为（意指赎救的）赎罪的概念化提供有力的支持。

词根 kapar，被比作阿拉伯语"掩盖"，又被比作阿卡德语"抹掉"，它提供的一个象征与前面的有关：*kopher* 是可用来免受严惩或用来救人性命的赎金。确实是人提供了 *kopher*；但这象征化的延伸最终为"赎罪"提供基础的比喻，我们将暂时把"赎罪"搁在一边，以不越出"赎救"的系列。

这"赎救"象征系列的部分力量应归于它和描述离开埃及的《出埃及记》的结合，那个事件是以色列人这篇原始声明（Urbekenntnis d'Israël）的核心；[②] 经过《圣经》作者用历史神学重新解释，它代表了所有的解救。当《出埃及记》还没有穿越"赎救"象征系列之门时，它并未显示出伦理象征化的力量；《出埃及记》就是一种赎救；赎救和离开或攀登这两个象征互相补充，使《出埃及记》得以成为以色列人命运中最有意义的标记："所以你要对以色列人说，我是耶和华，我要用伸出来的膀臂重重的刑罚埃及人，救赎你们脱离他们的重担，不作他们的苦工"（《出埃及记》6：6）。

但如同在许多诗篇中所见到的那样，这象征从一种变换到另一种。在这些变换的终点，"赎救"其民族的"解放者"主题几乎完全不受刚开始那种历史神学的

---

① 耶可比编，《旧约全书中神学的主要题材》，第 235-236 页。

② 拉德，上引书，第 177-181 页，从一种历史方式的观点研究在这一由军事奇迹的简单故事开路的历史忏悔中所积淀的意义（《出埃及记》14）。这已经有作为"赎救"的解救价值（V.30；参见《申命记》26：5 的表白）。"水的威胁"主题（《诗篇》106：9；114：3）赋予历史事件以宇宙的反响，而在《申命记》7：6-8 中如此有力地表述的拣选的神学，使它变成所有"赎救"、所有"拯救"的征兆和允诺（《以赛亚第二》43，44 起），归根结蒂，《出埃及记》的象征很难与"归向"的象征相区分（《以赛亚书》51：9-10）。

影响，并最终指明某种内在的拯救。但《出埃及记》中绝大多数历史庆典都已附加上所有这些意义层面。在各层面上，"赎救"的象征、"宽恕"的象征和"归向"的象征都有它们的一份力量，我们在《以赛亚书》中读到："你当归向我，因我救赎了你。""耶和华啊，求你赦免你所救赎的以色列民。"(《申命记》21：8)

随着追溯，罪的所有疑难也增多起来：而埃及本身则成了囚禁的代名词，甚至成了在恶的影响下人的状况的最有力象征。十诫是用这些一本正经的话开头的："我是耶和华，你的上帝，曾将你从埃及地为奴之家领出来。"(《出埃及记》20：2)

囚禁从字面上是一种社会的、主体间的处境。在变成罪的象征的过程中，这代名词显示了罪的疏远性；罪人处"在"罪之中，就像希伯来人处"在"奴役之中一样，从而罪就是一种人被捉"在其中"的恶。那就是只有上帝才可能超越意识同时了解个人和公共的实在与真相的原因：而且那也是上帝作为制约人、锻炼人和俘获人的一种力量的原因；并且，正由于体验到作为俘虏的软弱无力，才有可能接受亵渎的主题。不过，束缚的本性也许是人心所"固有的"，事实上，束缚形成一种封闭的处境，就像人被捉"在其中"的一张罗网；所以，有某种不洁接触的东西留在把罪作为"囚禁"的这种看法里。

从此以后，人的存在的基本问题更多地将不是被理解成面对根本抉择而作出选择意义上自由的问题，而是解放的问题；被罪囚禁的人是将被解救的人。我们对拯救的想法，赎罪的想法——也就是说，赎救的想法——都出自这最初的代名词。

对罪与解救这第二组象征的思考，为我们尽可能理解亵渎及净化的象征系列在与设想成中邪的罪的象征系列以及设想成赎救与解救的宽恕象征系列的接触中怎么可能被吸收、重申甚或引申作了准备。面对像《利未记》(*Lévitique*) 那样令人头疼并通常属于 P 组（祭司抄本或教士文献）的文本，这理解的努力是绝对必要的，其中明显突出一种仪式赎罪的意思更令人困惑，因为这是在放逐之后才编纂的。（当然，这并不排除内容是古代的，甚至远古的。[①]）

要尽可能理解……但应当承认，就反思（réflexion）而言，还有无法透过的东西留在仪式赎罪的想法中，这种东西甚至不能被归到最丰富的"宽恕"象征系列。不能归到反思的东西是仪式的惯例本身。这种惯例不能以它的本质去反思；献祭就是这样而非那样去进行；仪式规矩是从其他礼拜活动的接续中继承而来的，这些规矩的含义以及在多数场合下甚至对它们的回忆都是主持仪式的教士和信徒所不知的。现代考据也总是在某一仪式的起源发现其他的仪式，并且通常从不存在于仪式产生之时。那就是仪式的名目——例如，《利未记》中的名目——最后总留有无法言表和弄懂之处的原因所在，这在区分献祭种类时尤甚：燔祭（用火焚烧

---

① 杜塞特（R. Dussaud），《犹太教牲祭的迦南起源地》(Les origines cananéennes du sacrifice israëlite)，巴黎，1921 年。

动物的献祭）、感恩的献祭（将动物最好部分燔祭和祭斋）、素祭（用面粉、油、馨香）、"为罪"的赎罪祭（hattat）（《利未记》4：1-5，13 和 6：7-13）、"为一件罪"的赎罪祭（âšâm）（5：14-19）。在哪种情况下提供这个或那个献祭（第四和第五类）的说明并不多见：在哪种情况下，"一个人由于无知而违反耶和华一条戒律"，在哪种情况下，一个人由于无知而留下了应供祭物，或者，由于无知或诡诈的发誓而占用一笔存款、一件抵押品、一件拾得物，或作不义的扣押。但这些情况最终都难以规定。① 在仪式中，主要重点不是放在这一类情况上，而是放在仪式的惯例上。诚如封·拉德所说，"宗教仪式程序的理论"及其"基本想法"，至今尚未揭晓；而且，同一仪式顺应动机的转变与替换；仪式是一种存放礼拜的容器，它能寻找到思索，它能容纳各种各样连续的含义，而不被其中任何一种含义所穷尽。事实是，仪式不理会主观性，而只承认惯例的正确性。②

至于仪式的赎罪，尽管不可简化为任何纯主观的或内在的作用，但在以色列人与上帝的全部实际关系中，它并非是不相干的部分；因为如果祭礼出自比先知、摩西，甚至以色列民族本身还早的时代，那么，正是以色列人的信念内在地改变了它，并表达了当时信念的整体状况。

首先，放逐后出现的赎罪思想是与只强调"现实"一面和"危险"一面的一种罪的思想相一致的。我们知道，罪总是在亵渎中发现它本身的象征，不过，这亵渎已有根本的改变。早在《以西结书》中就可发现"担当"罪孽的说法（14：10）——这是后来在保罗（Paul）那里常见的说法——用以表达尚未被宽恕之罪的主观压力和客观邪恶性。无疑，这种令人不安的口气一定还夹杂有对祭司各种讲话与警告所暗示的死亡、"发怒"或"伤害"的威胁感到恐惧的情调（比如，《利未记》10：6；《民数记》1：53；17：12；18：3）。对于人总可能被上帝消灭的这一忧虑部分地说明了对以色列人的祭礼何以始终强调赎罪仪式的原因。因此，对于被看作一种死亡威胁的罪的敏感，事实上使早先各种亵渎的表象得以复苏，就没有什么可惊讶的。另一方面，古时对亵渎的看法则被先知们提到体验罪的高度。③

此外，就献祭本身来说，它的客观功效与所理解的"宽恕"不无关系，就像不论任何献祭，我们都必须设法去理解它一样。"赎罪"（kipper④）这词，因其道德上的一致，而与赎救及赎金这些其他象征有关；"掩盖"的示意，或者更可能

---

① 《圣经词典续编》（*Supplément au Dictionnaire de la Bible*）第三卷，"赎罪"条目，第55-68页。耶可比编，上引书，第236-238页。拉德，上引书，第249-274页。赫尔纳，《以色列人的赎罪和宽恕》，隆德，1942年，第77-92页。

② 各种献祭程序发生在"超出人及其内心的界域内……不论多么深入，即使对古代献祭作最有综合性的解释，也都越不出一个绝对界线，在这界线外，没有任何进一步的解释。注释家被迫承认，在那界线之外，恰恰才是献祭最实质的东西"（封·拉德，上引书，第252页和259页）。

③ 拉德，上引书，第267-268页。

④ 《圣经词典续编》，"赎罪"条目，第48-55页。

是冲洗"擦掉"的示意直接以象征为中介，并表示宽恕本身（相反，宽恕——salach——这个词使人想起仪式上洒水的示意[①]）。最初人们也许相信，宽恕和赎罪对应于上帝的解救作用和人（祭司）"引起赎罪"的作用。但"引起赎罪"的说法并不预先就判断这些表示与这动词有任何联系；它相当于：完成仪式所规定的赎罪活动。仪式程序所显示的并不表明每次发生了的情况："祭司要为他们赎罪，他们必蒙赦免"（《利未记》4：20，26，31，35和5：10和13）；不能由此就去推定，祭司及其做法对神祇有一种魔力般的控制。相反，《利未记》的陈述在神学献祭方面那独特的突破——由于其例外的性质而更加可贵——暗示了赎罪仪式所示意的象征系列有可能包括在纯精神上的宽恕象征系列之内。原文如下：

> 凡以色列家中的人，或是寄居在他们中间的外人，若饮什么血，我必向那饮血的人变脸，把他从民中剪除。因为活物的生命是在血中，我把这血赐给你们，可以在坛上为你们的生命赎罪，因血是有生命，所以能赎罪。
>
> （《利未记》，17：10-11）

这段原文表明血的象征系列（lesymbolisme du sang）构成了赎罪仪式和对宽恕的信念（一种本身跟罪的忏悔与悔悟有关的信念）之间的联系。事实上，不仅禁止饮血（《创世记》9：4）是出自对血中生命的考虑（"因为活物的生命是在血中"或如另一段经文所说，"血是生命"《申命记》12：23）；血，在这里不再当作亵渎之物，而被留作"为你灵魂"赎罪。怎样用来赎罪呢？七十子希腊文本（Les Lxx）[②] 把起作用的连接词（血通过灵魂——因此在祭牲生命中——去赎罪）翻译成古希腊语中对应代替的前置词，它们被译为："它的血将代替灵魂去赎罪"（τὸ γὰρ αἷμα αὐτοῦ ἀντὶ τῆς ψυχῆς ἐξιλάσεται）。这样，译者作了选择：血的象征是一种恩赐的象征；信徒本人以祭牲的形象出现，以此表明他与上帝一致的愿望。于是，血的象征系列只是丰富了一种礼赠、祭品的象征系列；它为这种象征系列追加了介于他的祭品和他本人、他本人和他的上帝之间一种内在连续的明快意义。不难看出，在这一解释中，赎罪实际上由人"引起"，但他"引来"的是一种恩赐。并且，这种恩赐没有任何刑事受罚的区别，至少就洒水的仪式而言，他们本人认为是不计及祭品的；在流血相祭的仪式上确实没有任何受罚的想法。祭品只是向可能取代惩罚的想法敞开大门；信徒带着悔悟的内心认为代表他的祭牲的死可替代他的死。

如果拒绝七十子希腊文本的翻译所表示的赞成对犹太人献祭作基督学的解释，并坚持说："血正是通过灵魂赎罪"，即表明赎罪手段并没有揭示其作用的秘密，

---

① 耶可比，上引书，第235页。
② 七十子希腊文本指《希伯来圣经》最早的希腊文译本。基督教最早应用的《旧约圣经》即此译本。

那么，重点就依然放在祭品上，但这次是放在上帝恩赐的赎罪手段上："我在坛上把它赐给你们，为了……"这重点也许比由七十子所暗示的代替赎罪（sa-tisfactio vicaria）神学更重要，因为它使人联想到，"引起赎罪"的教士是一种秘密仪式的执行人，这仪式的意义是上帝"赋予的"，通过血的象征系列和生命的象征系列，这仪式无论如何都会起作用。这赎罪手段的恩赐是和宽恕本身密切相关的。[①]

于是，仪式的赎罪和"归向"及"宽恕"的主题不再互不相关。这主题某种程度上被具体表现在一个笑剧中。不存在两个世界：一个仪式的世界和一个悔悟的世界；前一世界象征后一世界，就像哑谜一样。"赎罪日"之礼（《利未记》16）很能说明这两个象征系列的综合：罪的忏悔是必不可少的条件，而包括多种洒水动作在内的赎罪则占中心地位；并且，山羊被赶进沙漠以带走以色列人罪恶的仪式最终使所有人都亲眼目睹罪完全得到了宽恕。这样，驱赶仪式更全面地表达了新生仪式上已表示的东西，它形象化表明通过宽恕去达到和解。[②] 最后，正因为仪式的赎罪这不相干的赘生物像瘤一样长在"悔悟"与"宽恕"树上，赎罪的象征系列才可能反过来充实"宽恕"的象征系列；所以，人们才把《诗篇》所祈求的上帝看作赎罪的原因（78：38；65：3；79：9）。[③] 说上帝"赎罪"就是说他"宽恕"。于是，赎罪的象征系列归还了它借自宽恕的象征系列的东西。

[①] 耶可比所编的书将献祭仪式附加到"赎救"和"赎金"的主题上，并在"代替"的观念中找到共同的核心。他把有罪之人死的象征化服从神对罪人生命的沟通："这样，献祭的本质并非祭牲性的死，而是他生命的提供"（上引书，第237页）。封·拉德在《旧约全书中的神学》引述了科勒意思相近的话："献祭中没有任何惩罚性的正义行为被表演，祭坛无论如何可比作法庭。"封·拉德补充说："况且，赎罪并非惩罚性行为，而是一种拯救的方法"，上引书，第270页。

[②] 密西拿（Mishnah）指出高级祭司在这场合所宣读的套话："啊！耶和华，你以色列家中的人已在你面前犯下不义、侵越和罪孽；啊！耶和华，宽恕你以色列家中的人已在你面前犯下的不义、侵越和罪孽，就像在你仆人摩西的律法书中所写的那样"（Yoma 6：2，引自《圣经词典续编》，"赎罪"条目，分卷第78页）。

[③] 赫尔纳，上引书，第92页起。

第三章 有 罪

有罪（culpabilité）与过错并非同义。我们考虑再三，反对将两者视为同一，因为这会破坏过错意识必要的牵制。

我们反对把过错归于有罪，主要有两个理由。首先，可从几方面考虑有罪本身：从伦理—法律方面考虑惩罚与责任的关系；从伦理—宗教方面考虑微妙审慎的良心；以及最后，从心理—神学方面考虑深受诅咒和谴责的良心。刑罚以古希腊方式合理化，伦理意识以犹太方式内在化和细腻化，人的苦恼意识以保罗教义方式受辖于律法和律法书——这些都是有罪概念所具有的三向分离的可能性。现在，不可能直接理解有罪这三个方面的密切联系，这三个方面，两两相对，处于永恒对立之中：古希腊人的合理性反对犹太教徒与基督教徒的宗教狂热；"虔诚"的内在性反对城市或受恩得救的外在性；保罗教义的反教法主义（antilégalisme）反对法庭的法律和摩西的律法。本章其余部分将完全用来论述有罪观念这三向分裂的过程。但要能理解有罪这固有的辩证法，还应当将它置于范围更广的辩证法之中，这是过错的三要素——亵渎（souillure）、罪（péché）、有罪（culpabilité）——的辩证法。

有罪经由从过错其他二阶段出发的双重运动而得以理解：一个是分离的运动，一个是承续的运动。分离的运动引起出现有罪之人的一个新阶段，而通过承续的运动，这新的体验充满早先罪的象征系列，甚至亵渎象征系列，以便表示过错观念面对的悖谬——也就是既把人看作有责任而被迷住，相反，又把人看作应对被迷住负责——总之，表示奴隶意志（serf-arbitre）的概念。

第一节　新阶段的诞生

让我们考虑这双重的运动，通过这运动，有罪本身不再受亵渎与罪的束缚，但又继承它们原始的象征系列。

可以非常笼统地说，有罪把过错中主观的要素指定为它本体论要素的罪。罪指明了人面对上帝的真正处境，不论他对之有什么意识。应当揭示处境这词的本来意义：先知作为人能够向上帝报告其能力微薄和徒劳。有罪是对这真正处境的意识，也许可以说是这种"自在"的"自为"。

这要素最初是从属和被遮蔽的。它可能在亵渎主题中已初露端倪。我们已看到，亵渎所特有的畏惧是对惩罚的预期和防止。这样被预期的惩罚就将其阴影扩大到当前意识之上，使当前意识感到这威胁压迫着它的重压。有罪的实质已包含在这种负"重压"的"负重"意识中。有罪绝非被预期惩罚本身之外被内在化和已压迫意识的东西；并且，就像畏惧一开始就是亵渎本身内在化的方式——虽然恶在根本上是外在性的——有罪也是一种与亵渎本身同时发生的要素。但在这阶段，这要素依然是从属的：正因为人在仪式上是不洁的，他才"负上"过错的包袱；他不必是恶的罪魁祸首才觉得自己为恶及其后果所累。有罪无非就是准备忍受惩罚并使自己成为惩罚的主体。正是在这意义上，并且仅仅在这意义上，有罪才可以说被包含在亵渎的意思之中。无疑我们会说，这种有罪已经等于责任，倘若责任是指可能对一个行为的后果负责的话；但这种责任的意识只是附属于对预期惩罚而充满压力的意识；它并非出自对罪魁祸首的意识。责任社会学在这里非常有启发性；人在意识原因、动因、罪魁祸首之前就有责任的意识。正是他那与禁止相关的处境，使他最先成为应负责任的人。

那就是有罪意识在恶的体验中形成的一场名副其实革命的原因所在：那原本的东西不再是亵渎的现实、客观上违背禁令，或者因那违背而施行的报复（vengeance），而是罪恶利用自由感觉到自我价值有种内在的缩小。这场革命值得注意：它颠倒了惩罚和有罪的关系。到目前为止，有罪一直是从由报复而来的惩罚得出的，而现在自我价值的缩小可能成为惩罚的起因，并可能要求它治愈和改善。这样，有罪最先通过惩罚意识引起惩罚意识的革命化，并完全颠倒了它的意义。正是有罪，要求惩罚本身从旨在报复的赎罪转变到引起教育作用的赎罪——总之，转变到改过自新上来。

倘若跳过罪的阶段，直接对比有罪和不洁，那么，有罪引进惩罚的这场革命就非常明显。但要寻找罪向有罪的转折点就困难得多。

事实上，过错意识的第三阶段和第二阶段的关系远为复杂。一方面，从第二阶段到第三阶段的连续是没有疑问的。不过，其中有某种新东西出现，那新东西所构成的，如果不是一种罪的感受的意义转化，至少也是一个对衡量标准来说是重要的"转折点"，尽管这新东西的转折点都是由罪的感受的深化产生的。另一方面，罪的感受是一种有罪感；有罪是罪的负重：就那种失落被感受而言，它失落了同起源的联系。在这意义上，有罪是罪获得的内在性。这种内在化是对人提出的要求逐渐深化的结果。我们还记得，那深化是双重的：在成为伦理的而不再只是仪式的过程中，禁止（l'interdiction）提高责任的主体一端，这主体一端不再可能只是对禁令负责的人，也不再可能是对在惩罚主体基本意义上负责的人，而是一个有主见的人，决定行为的人。禁止不仅这样地从仪式到伦理，它还像任何职责或德行细目都无法包罗的完美无缺所要求的那样变得没有约束。这种"完美无缺"的要求揭示了行为背后的可能存在的深处。实际上，就像要求人无比完美超出了他的多重职责一样，他向自己显示不仅是他许多行为的原主，还是他行为动机的原主，以及除动机外，最根本可能性的原主，这些可能性突然化为单纯的选择：上帝还是虚无。我们前面已谈起"《申命记》的选择"："我已将生与死放在你面前；选择善，你将生。"这一根本选择的要求与自身相反提高了主体一端，响应者不再是在受惩罚者的意义上而是在生存者的意义上，这生存者有能力领会他整个人生并认为这是一种完全由简单选择所决定的命运。这样，先知的要求就把契约从耶和华与他子民间的一种简单的法律契约变成个人的谴责和誓言。从此以后，由于有了先知以上帝名义与之讲话的"你"，也就有了"我"。

最后，罪的忏悔完成了罪在个人有罪中的内在化运动：被召唤的"你"成了自责的"我"。但同时也出现了使罪的意义转向有罪感的重点转移；所强调的不再是"面向上帝"，"向你犯罪，唯独得罪你"，有罪感强调"那正是我"。希伯来文学的忏悔诗篇出色地显示了这重点的两重性：

> 因为我知道我的过犯，
> 我的罪常在我面前。
> 我向你犯罪，唯独得罪了你，
> 在你眼前行了这恶。

《诗篇》51：5-6

强调"我"而不是强调"在你面前"，甚至忽略"在你面前"，过错的意识就成了有罪，并且完全不再是罪；现在，"良心"成了纯个人体验中罪恶的度量标准。在许多语言中，同一个词既表示道德意识（道德良心），又表示心理和思考的意识，这绝不是偶然的；有罪首先表示"良心"上升到至高无上的地位。

在宗教文献中，我们所考察的有罪完全取代罪还从未出现过；以上所引《诗篇》作者的忏悔仍表示两种审判和两种度量标准还势均力敌：以察见罪的存在的上帝眼光为代表的绝对度量标准，和以鉴察任何明显起来的有罪的良心审判为代表的主观度量标准。但这一过程的开始处于罪的"实在论"的终端，这种"实在论"通过对被疏忽或未认识到的罪的忏悔得到阐明，它完全可能被有罪的"现象论"连同那些假象与伪装的把戏所取代。这终端只有清算了罪的宗教观念才能达到。于是，只有当人自觉有罪时，他才是有罪的；纯粹状态的有罪已成为人的一种度量标准方式。正是这种截然分出有罪和罪的可能性，将出现在我们要研究的三种方式里：在刑法意义上罪过的个体化中，在谨小慎微者极度敏感的良心中，尤其是在宣告有罪的地狱中。

"度量标准"的诞生是过错观念史上一件决定性的大事；它代表了不可能再倒退回去的双重进步。

一方面，有罪意味着所谓恶归罪于个人的判决；这种有罪的个体化否弃了罪忏悔中的"我们"。放逐（exil）期间的犹太先知是由共同的罪变化为个人有罪的目击者，并且这种变化是与一定的历史处境相符合的。罪的说教代表了一种先知召唤的方式，用这种方式告诫全体民众牢记像《出埃及记》那样的集体解救，并害怕耶和华之日那种集体面临的威胁。而现在，不幸的时刻已经到来，现在是，家园被摧毁，民众被驱逐，同样的说教，过去能够呼吁集体的改良，现在却引起绝望；它已完全失却召唤力，并带有虚无主义色彩。共同之罪的说教不再表示选择之门还敞开着，而表示命运对整个民族已关上大门，从这一时刻起，个人有罪的说教才具有希望的价值。因为只有罪是个体的，拯救才可能同样是个体的。即使出离埃及不可能重现出离巴比伦，即使无限期推迟归向（retour），就个人而言，仍然会有希望。

说真的，要是整个民族不顾及个人而受惩罚，那么世世代代都与过错及制裁结下不解之缘，儿辈为父辈受惩罚；于是，巴比伦之囚（le Captif de Babylone）就是因一个他未曾犯下的罪而受到的惩罚。因此，就像《以西结书》所宣布的："你们在以色列地怎么用这俗语说，父亲吃了酸葡萄，儿子的牙酸倒了呢？主耶和华说，我指着我的永生起誓，你们在以色列中，必不再有用这俗语的因由。看哪，世人都是属于我的……犯罪的他必死亡。"（《以西结书》18：2-4）从此以后，受到召唤的是个人；"走上邪路"和"皈依改正"是个人得以成为"义人"和"恶人"的决定。重点最终放在宽恕上，这一点毋庸置疑："我对恶人说，你必定死亡，他若转离他的罪，行正直与合理的事。还人的当头和所抢夺的，遵行生命的律例，不作罪孽，他必定存活，不至死亡。"（《以西结书》33：14-15）《耶利米书》带有《以西结书》上面的那些话，甚至更强烈地宣布个人的责任与报应："当那些日子，人不再说，父亲吃了酸葡萄，儿子的牙酸倒了。但各人必因自己的罪死亡，凡吃酸葡萄的，自己的牙也酸倒"（31：29-30），这必定和宣告一个新契约的到来密切相关，在新契约中，律法将"深入人心"并将"铭写在他们心上"；于是"他们从最小的到最大的，都必认识我。我要赦免他们的罪孽，不再记念他们的罪恶，这是耶和华说的"。（31：31-34）这样就连带对不仅影响亵渎系列还影响罪的系列的古代恐怖统治那种世代父罪子替的集体归罪提出怀疑。有可能使自己摆脱这行为锁链，就像有可能打破这世代锁链一样；一个废除旧契约的时刻取代了一种超历史的命运。

类似对世袭亵渎的批评在公元前 5 世纪的希腊人中是显而易见的。在那里，套在世代人头上的诅咒也为一个新时代和新的诸神所代替；厄里倪厄斯（les Erinnye）变成了欧墨尼得斯（les Euménides）①，同时，陈年债务被个人责任所代替。这时代可能是激进谴责的时代，或者是适于宽恕的时代。当时建立了全新的世俗经济：债务世袭的法律被违背；人们因自身的过错而受罚；每个人随时都可以重新开始，"归向永恒"（Eternel）。我们后面将看到，这一发现加剧而不是消除报应学说所出现的危机。恶有恶报这一点恰正是约伯（Job）②所怀疑的，并且，这一发现将形成悲剧的一个新看法（参考下篇，第 5 章）。

这样，罪的"实在论"和有罪的"现象论"之间的牵制如其最初的结果一样，使归罪个体化。过错意识出现了新的对立：按照罪的模式，恶是一种处境，"由此"，人类被当作一个集体去理解；按照有罪的模式，恶是各人着手的一种行为。这种把过错碾碎成无数主观的有罪，引起对罪忏悔中"我们"的怀疑，并突出了自己觉得有罪的良心的孤独。

与过错个体化同时的第二个收获是对有罪具有不同程度的看法。罪是一种定性的情况——它是或不是——而有罪则标示强度上能多能少的量。这里是圣保罗取自《诗篇》作者在罪方面全有或全无的规则："没有义人，连一个也没有，没有明白的，没有寻求上帝的。都是偏离正路，一同变为无用。没有行善的，连一个也没有。"（《罗马书》3：10 起）相反，自觉有罪的良心供认，它的过错允许有多有少，它具有不同的严重程度。于是，倘有罪具有不同程度的话，它也具有"邪恶"和"正义"两相反形象所指的不同极端。而且正义本身将是相对的正义，它不再比照无法达到的无限完美，而是比照"义人"形象所体现的一种最令人满意的正义去衡量。这"义人"形象——属于我们中间的义人——也许始终自相矛盾地伴随绝对正义的说教。这样，《创世记》的同一章并列有两种说法：一方面，"耶和华见人在地上罪恶很大，终日所思想的尽都是恶"。（6：5）而另一方面，"挪亚是个义人，在当时的世代是个完全人，挪亚与上帝同行"（6：9）。一个属于耶和华的传说，另一个属于教士的传说，这一点并未改变最终编纂者会把这两个主题并列起来，并尊重它们的分歧这样的事实。挪亚是"这世代中惟一的义人"，这一点并不阻止由

---

①　厄里倪厄斯和欧墨尼得斯都是复仇女神的总称，厄里倪厄斯变成欧墨尼得斯指被害者鬼魂变成复仇女神。

②　约伯（Job），《圣经》人物，神为试探他，夺去其儿女和财产，他极有忍耐精神，最后神遂把儿女还他，并给了他加倍的财产。

这例外本身所形成的谜。况且，这并不是惟一的例外；以诺（Hénoch）① 也"与上帝同行"（《创世记》5：24）。而且约伯也是"完全正直，敬畏上帝，远离恶事"（《约伯记》1：1）。在第三十一章，约伯令人惊讶的"辩解"是相对和有限正义的描述，最令人满意的正义不像绝对的完美，它有可能接近甚至达到，反过来它又决定了相对不义的不同程度，这就有可能按不同程度去构想"虔诚"者的脆弱拘谨的良心。

我们后面将谈及正义和虔诚在伦理观上的重要性（第三节）；还将说到它的假象和它的不足（第四节）。但量级化的有罪体验与平等主义的罪的体验相对立将不再有可能回溯和取消这良心的要素；它之所以更不可能，都因为在其他方面，被不仅道德上还有法律上和刑事上的任何一种归罪所预先假定的，就是对有罪不同程度的这种供认。尽管一个人彻头彻尾是个罪人，但他也是不同程度上有罪；因此包括罪错等级在内的处罚等级才有可能。于是，对不同程度上有罪的供认不仅滋生了"虔诚"的脆弱良心和囿于其自身正义苦境中的苦恼良心，还滋生了立法者与法官的良心（第二节）。

于是，有罪的意义就是"人这度量标准"高于"上帝的鉴察"而占首位的可能性；区分个人的过错和民族的罪，量级化归罪和统而笼之谴责的对立，都预期了这一转化。以所有这些特性的思考把我们引到这新体验由以继续下去的三个途径的交叉点。

第二节　有罪和刑法归罪

于是，有罪意识的最初运动方向是我们伦理—审判（éthicojuridique）体验的方向。我们将看到，审判这隐喻渗入了有罪意识的方方面面。但在成为道德意识的隐喻之前，审判是城市一项真正的制度，这项制度是重新形成罪的宗教意识的途径。这是什么意思呢？

像前面几章一样，本章仍致力于论述过错经由其最先几个象征得以初步概念化的过程。我们将不讨论现代形式的刑法及因法律与犯罪学的冲突所提出的问题；我们后面将回到那些问题。我们也不求助于罗马刑法；它将条理引进其概念之中，这条理与我们想在其最初状态去把握的不洁、不诚和不义等主题相比较，已经是较晚的了。对良心"起源"更富揭示性的是古希腊人的刑法体验；② 这恰恰因为它

---

① 以诺（Hénoch），《圣经》人物，亚当第七世孙，后被上帝接去。

② 格耐特（Gernet）：《关于古希腊人法律与道德思想发展的探讨》（*Recherches sur le développement de la pensée juridique et morael en Grece*），巴黎，1917 年。穆兰（Moulinier）：《从荷马到亚里士多德的古希腊思想中的洁与不洁》（*Le pur et l'impur dans la pensée des Grecs d'Homére à Aristote*），巴黎，1952 年。拉德（Kurt Latte）：《希腊宗教关于罪孽和过错》（*Schuld und Sünde in der griechischen Religion*），载《宗教科学》第二十期，案卷 f（1920–1921 年）。

从未达到过罗马人刑法体验的条理与严密，它提供了一个机会去观察最初状态的刑事概念化。再则，它是与智者、柏拉图、亚里士多德的哲学思考同时发生的，这种哲学思考既表现它，又变更它。此外，它和悲剧的关系使它与哲学若即若离。最后，与处罚判决相关形成有罪的古希腊词汇是一个重大的文化事件：任性的暴力行为（ὕβρις）、罪（ἁμάρτημα）、罪过（ἀδικια）的大胆提出是我们西方人良心的大胆表露；甚至要经古希腊语的翻译，圣经才得以影响我们的文化。于是，选择对应圣经中的罪及出自希伯来语的所有伦理—宗教概念的古希腊语本身也是对我们这些象征意义的决断；按照这个标准，我们不能把古希腊人和古犹太人分割出来。这样，经古希腊人的审判与刑事体验形成有罪概念的过程不只是古典时代希腊刑法制度的简单历史，它属于我们正追溯其主动力的伦理—宗教意识的历史。

　　古希腊人对于过错意识第三个阶段的贡献全然不同于犹太人的贡献，因为古希腊人的贡献是通过直接运思于城邦及其立法和刑法编制而起作用的。这里，并非一种伦理—神教的契约，并非唤起被告主观性这相反一极的上帝和人的个人关系；而是城邦中人的伦理观成了有理由提出起诉的焦点。当然，这过程仍还沿着宗教意识推进；城邦保留了"供神的"大事；它在古典时代还保留祭神事务，以致不义一直与不敬神同义。[①] 反过来，在希腊说到不敬神，乃至不洁，也总与不义有关。你无论从哪一个开始，纯洁、神圣和正义这三个要素在古典时代鼎盛期都是不断相互渗透的。应当说，在希腊人意识的演替过渡中从未明显表示出堪与因以色列先知的说教所引起的转折相比的一些转折；诗人以及首先是悲剧作家对于古时境遇的体验，文学和戏剧使古代神话中亵渎与净化得以复原，这些都使不同概念间的冲突甚至变得更加无法摆脱。应当承认，倘若我们只有古希腊的证据，我们对亵渎、罪与有罪在类型学上的演替，恐怕连稍微连贯一些的看法都得不到。

　　这样，ἀδικεῖν（不义的）概念——常被抽象地理解成犯不义意思，还有非正义意思——标志着在不洁的邪恶功效之外一种纯道德意义上恶的概念的出现。但不义就像正义本身那样，根子也下伸到不纯与纯的古代意识中。正是 δικη（正确、正义），在理性化过程中确认了 ἀδικημα（错误）的合理性。这种合理性实质在于宇宙（Cosmos）和城邦（city）的划分。在阿那克西曼德（Anaximandre）《残篇》中，同样的正义、同样的不义、同样的赎罪都作为"按时间秩序"总体的自然整体的范畴，因专用于公民和审判而定形成专属人类的东西。并且这种专用实质上在于用以规定城邦的活动性。狄摩西尼（Démosthène）在注释"故意的"谋杀和"非故意的"谋杀的区别时写道："如果一个人在一场争夺中杀死另一个人，立法

---

① 词 ἀσεβεῖν 表示犯不敬神罪，与表示犯不义罪的词 ἀδικεῖν 是相联系的，这证明不义是始终与城邦祭祀有关的不敬神。Αδικεῖν τὴν πόλιν（市民的不义）是有关 ἱερὰ καἱὅσια（祭司及祭神）的罪过（格耐特，上引书，第一部分，第一章，论不义 [ἀδικεῖν]）。

者确定（在解释意义上），他尚未犯下不义：那谁还会因犯罪的理由而被判死刑呢？（ἄν τις ἐν ἄθλοις ἀποκτείνῃ τινά, τοῦτον ὥρισεν ούκ άδικεῖν）" 赫拉克利特（Héraclite）[①] 恰当地描述了全然由城邦决策活动产生的这一区分："对于神，一切都是善的、美的和公正的；而人则认为（ύπειλήφασι）有一些东西公正，另一些东西不公正。"（《残篇》102）格耐特（Gernet）强调，这种分界的做法，除了那些城邦祭神法律濒于危急的地方，是不可能出现的。公众渎神罪（就攻击城邦祖传遗物及其神殿的确切意义而言）和叛国罪会不断唤起一种神圣的恐怖，而个人的罪过伤害个人并赋予他们起诉的特权，这为通过裁定和估量的斟酌对遭受与被罚的坏事形成更客观的概念提供了机会。[②] 不难看出，这种由人类法庭去解说和估量的做法适用于处罚本身之上，并且正由于量刑和为了量刑，城邦才估量有罪本身。这样，在犹太人中间不啻是共同忏悔中个人沉思所得的有罪程度概念，在古希腊人中间是与处罚的演进相关的。

格耐特通过对一些古希腊词的批判研究，设计了处罚标准这一成果。κολάζειν（禁止，处罚）表示社会出于公愤的镇压，在古典时代的希腊，开始表示起改造作用的处罚，于是就有双重意义：一方面带有处罚的性质（κολάζειν 表示适度的处罚，比如家庭中父亲所采用的从鞭打到责骂的处罚），另一方面带有治病救人的性质，重改过轻报复。关于这一点，柏拉图在《普罗泰戈拉篇》(le Protagoras) 和《高尔吉亚篇》(le Gorgias) 的论述是众所周知的。[③] 但尤其当 τιμωρια（处罚、挽救、报复）用来表示对受害者的赔偿而不是公愤时，它就注定要作为最重要变化的媒介由处罚的度量标准概念引进审判良心（狄摩西尼说，要求有无量援助的挽救之念 [ούδεῖ τάς τιμωριας άπεράντους εῖναι]）。度量标准已成为处罚所必不可少的，以致对违法者本人可以这样说，"他得到应有的惩罚"（τυγχάνειν τιμωριας）。而对违法者 "施加处罚"（τιμωριαι）并给予受害者赔偿的法律，正是城邦的正义（δικη）。这样，正义（δικη），不再表示宇宙的秩序，而变得与法庭程序相一致。

处罚的理性化过程反过来又引起对有罪的一种类似的鉴别。鉴于从惩罚退回到有罪的过程，我们必须坚持说，最早对 "故意" 和 "非故意" 的明确区分，比如我们在德拉古（Dracon）立法中所见到的那种区分，并不是一种内省的结果，不是 "认识你自己" 的心理方式。它是一种冒用古时暴力与专断观念，使机构的区分有可能表示法庭的重组的先天区分：从此以后，雅典最高法院（l'Aréopage）受理被来自家族的城邦作为复仇接收的 "故意" 谋杀的起诉；雅典娜神殿（Palladion）受理一些可从宽或被放逐的有争议的 "非故意" 犯罪；特尔斐

---

① 赫拉克利特（Héraclite，前 535—前 475），古希腊哲学家。
② "正是通过审判实践，社会思想才提高到客观的罪过概念，并且正是个人罪过，利用这概念，并暗示审判的形式"（第 94 页）。
③ 《普罗泰戈拉篇》(Prot)，324ab；《高尔吉亚篇》(Gorg) 418a，505b，480cd；和《法律篇》(Law) 第六卷 762c，777e；第十卷 854d，867c；第十二卷，944d，964bc。

神殿（Delphinion）受理依然出现在运动会上或战场上的分明是"非故意"的杀人者。法庭在前面开路，心理学跟上来。并且心理本身很少是直接的；它采用诗歌的——格言的、挽歌体的、悲剧的——间接方式，它们从各方面发展了一种认识手段（γνωμή）、一种自我反省和细致的行为分析。尤其是，悲剧从史诗那里接过传说中有关犯罪的富于想象的论述，更为像构想诸神引起亵渎和盲目去思考"故意"和"非故意"提供了机会。这样，俄狄浦斯（Œdipe）晚年就从各个角度去思考非故意犯罪的问题，有时是乱伦，这使他接连灾祸临头的罪行，有时是伤害他自己身体的天谴，使他时而谴责自己，时而原谅自己。① 当然，我们还应当把特尔斐神殿对神的信徒们给予公正的苦行赎罪所作"解释"的更朴实的作用加到对神犯下罪行的这种富于想象的论述上。

对刑法、对传说中的犯罪以及对给予信徒的苦行赎罪的集中思考形成了一些基本概念，《法律篇》（Lois）作者柏拉图，特别是《尼各马可伦理学》（l'Éthique à Nicomaque）的作者（指亚里士多德——中译者注），后来使这些基本概念达到某种精确的程度，这些基本概念有：（a）纯然有意或故意（ἑκού σιον），以及与此相反，强制（βια）或无知（ἄγνοια）的非故意后果；（b）与手段有关的优先选择（προαίρεσις），和审慎（βούγη，βούγευσις），它使选择成为慎重的要求（βουλευτικὴ ὄρεξις）；（c）与目标有关的愿望（βούλησις）。在未经思考这番改造之前，故意和非故意之间纯刑法上的区分总是不精确的；这样，"故意"有时包含预谋的意思，有时只指意志，而"非故意"包含错失、疏忽、轻率的意思，有时则指失去自制力或纯意外的情况。

对不同特定情况——比如在赛场上或战争中因轻率或疏忽造成的过失——的说明，在也许可称之为有罪的微妙心理中起有决定性的作用。事实上无预谋的责任构成"故意"的一个准备区域，这对法学上的区分是十分有利的；在争论最激化时打了对方，在喝醉的情况下伤人，出于受通奸丑事的伤害而报复——所有这些行为，当行为人恢复理智后就会悔悟，像吕西阿斯（Lysias）所说，② 同样也有一种丝毫未被察觉的过错（πρόνοια），甚至与法律还有点一致。更确切地说，正是赛场上的事故和战争中的过失，刺激了最严密的思考；并且人们能看出所以然。在这两种场合，使比赛和战争得以进行的社会联系是公民的联系，它到处蔓延，并吞没因谋杀而成原告被告双方的家族集团。在这一诉讼中，社会开始意识到它对凶手的同情和纵容；而这种同情——到处蔓延，并吞没被害家族的怒火——也由

---

① 词 ἀέκων（非故意）在《俄狄浦斯在科罗诺斯》（Œdipe at Colonus）重复出现并不偶然。《安提戈涅》（Antigone）最先讲到她老父亲的"无意行为"（230—240）。后来严正声明他"遭受"而非"干下"他的行为（256—257）；"一种不相干的灾祸压在我身上；是的，我不由自主地（ἀέκων）被它所压。请神做个证人吧！我没有任何行为是有意的（αὐθαιρετου）"（522—523）。他回答克瑞翁（Kreon）说："你指责我谋杀、乱伦，我已带有罪恶，我是不幸的，这违背我的意愿（ἄκων）"。（964）对父亲的谋杀（977）是非故意（ἄκων），跟他母亲结合（987）是非故意。

② 穆兰：《从荷马到亚里士多德的古希腊思想中的洁与不洁》，第 190 页。

于形成一个适宜的刑法范畴为自己发明了一个审判上的措辞。

在所有这些情况中，接着而来的是概念分析；概念差别由公愤与谴责的轻重所调节，而审判通过法律程序和律师辩论产生教育效用。这样，概念分析始终要兜过立法、法律争议和法官判决的圈子才有所进展。

但这种分析不仅仅是使有罪雾障逐渐澄明所致。亵渎、渎神或冒犯众神这些宗教概念的残余影响也导致一些最主要概念的更新。

从这些观点看来，格耐特和穆兰（Moulinier）所研究的两个概念是颇有启发性的：ἁμαρτία（失败、罪过、罪）带有对人生的悲剧看法，表示重大罪行中命定走入歧途的罪过，还有ὕβρις（任性），带有同样的世界观，意指引起人不守本分的任性放荡。

首先是出人意料的发现ἁμαρτία在刑法背景中，从而也在有关责任意向的伦理观中，带有使可原谅的过失变得更无足轻重的意思。[①] 可以说，这种从神学非故意到心理非故意关系的确定是最不同寻常的；因为这众神蒙蔽所致的ἁμαρτία仿佛被动地留在人们心中：“如果这里有人对国家还有其他的祈求”——《阿伽门农》(Agamennon)一剧的合唱队歌长高声说——“让他因心术不正而受到报应”(φρενῶν ν……ἁμαρτάν，《阿伽门农》，502)。克瑞翁回答合唱队说：“这是我心术不正的罪过”(ἰὼ φρενῶν δυσφρόνων ἁμαρτήματα)，合唱队刚才已将另一个人（ἀλλοτρίαν ἄτην）的灾祸与这人自己的过错做了对照（αὑτὸς ἁμαρτών；《安提戈涅》，1259-1261)。这个词的历史表明，它后来表示不义的意向要素，尔后，在“故意”范围内，表示亚里士多德用来介于显然是故意的不义和显然是非故意的过失之间的罪行程度，就像《修辞学》(la Rhét)卷一，12-13 中所说：“ἁμαρτήματα是在事先考虑后犯的过错，但并不蓄意犯罪；而ἀδικήματα既指预先考虑过又指蓄意犯罪，ἀτυχήματα则没有这二层意思”。[②]

我们将怎样去说明这一显得像意义转换的演变呢？也许我们会说，悲剧神话本身提供了原则上开脱的不需负责的模式；如果英雄的轻率盲目是神所使然，那么他的有罪就不是他的过错。在我们上面引用的《俄狄浦斯在科罗诺斯》的悲剧中，ἁμαρτία的意思显然是矛盾和含糊的。他承受那些无情事实的打击，尽管他本人（ἄκων）不断因“过错”受责（τῶν πρὶν ἡμαρτημένων，439)。俄狄浦斯甚至可以说：“在我个人身上，你找不到一件过错 [ἁμαρτίας] 可以指责我犯了这些针对我自己和针对我亲属的罪行”(τάδ᾽εἰς ἐμαυτὸν τοὺς ἐμοὺς θ᾽ἡμάρτανον，967-968)。俄狄浦斯俨然是不可饶恕之罪和可原谅之过错、神的魅惑（ἄτη）和人的不

---

① 穆兰还要求注意ἁμάρτημα（罪、过失、错误）概念：“我们觉得难以理解它，恰正是因为它似乎把机会与有罪、清白与责任混淆了”(第 188 页)。

② 穆兰，上引书，第 188 页。

幸（συμφορά）的象征，就像合唱队歌长后来所说的那样（1014）。

ἁμαρτια 朝可原谅过错方向的这一演变并不妨碍这概念朝相反方面的发展，这同样也是一开始因犯罪引起的愤慨所固有的。我们在索福克勒斯（Sophocle）[①] 的《安提戈涅》（Antigone）中见有"别人惹出的祸事"（ἀλλοτριαν ἄτην）与"自己做错了事"（αὐτὸς ἁμαρτών，1260）的对比提法，于是，Ἁμάρτημα 不妨仍引致与受法庭制裁的过错造成对比的道德过错的概念。在希腊文《圣经》中，ἁμάρτημα 表示过错中伦理—宗教一面，就是这一意义的延伸。索福克勒斯在《安提戈涅》中大体上暗示了同一意思。

ἁμάρτημα 的这一意义超载也见于表明罪行减轻界限的 ἀτύχημα 之中。[②] 我们上面提到亚里士多德按"不义"、"可原谅过错"和"过失"次序排列的做法。但应当记住，τύχη，在表示非刑事责任界限，并因此表示和属于故意及预谋罪的那种有罪相反之前，是由 μοîρα 而来的；在悲剧看来，它不跟罪行相反，而是作为命中注定的罪行本身。在最大的罪行中，就有表现为交厄运的灾祸（ξυμφορά）。在狄摩西尼那里，可以看到把被放逐凶手所犯预谋的罪称作 ἀτυχοῦντές（穆兰，第189页）。这样，相同的词竟表现出不同概念"系列"——"亵渎"系列和"不义"系列，"灾祸"系列和"故意"系列——的枝蔓。

这种以审判和刑法的眼光去重新解释宗教、诗和悲剧的词汇甚至还走得更远，因为就像格耐特所指出的，ὕβρις 能向刑法思想提供一种有理智的见恶有利而行恶的犯罪——一种类似于有预谋意志，不同于利欲引诱，不同于因发怒而失去自控的犯罪——的个人原理。

同一概念既可用来支持悲剧世界观，又可用来支持司法归罪，这点也许令人惊讶；至于 ἁμαρτια 由悲剧的盲目转到心理上，就辩解与免罪提供一个理由，那就更令人惊讶。如果 ὕβρις 沿着不同的途径，得以为指控归罪提供原则基础，这都因为 ὕβρις 从一开始就比 ἁμαρτια 更自相矛盾。ὕβρις 不像入歧途的那种"罪过"，它是主动犯罪，而且要理解这概念的原意就不可能假定人的盲目是神所使然。ἁμαρτια 作为可原谅过错自然要失去宗教的意义，而 ὕβρις 的自相矛盾，在演化过程中，使它不从神学上解释沉沦精神的——总之，坏念头的恶根，或格耐特所谓"好比纯粹犯罪意志"（第394页）或者在康德之前人们也许敢说的，万恶之源的原恶——心理部分得以解放。这种心理部分从一开始就是存在的。在荷马那里，ὕβρις 看来最早显示了蹂躏抢劫的桀骜不驯心理；在赫西俄德（Hésiode）那里，

[①] 索福克勒斯（Sophocle，前496-前406），古雅典悲剧作家。

[②] 在体育训练时出的事故，在安提丰（Antiphon）的第二部四联剧（tetralogy）中恰恰是当作 ἁμαρτια 去探讨的。穆兰对这一探讨作了概述（上引书，第188-189页），他指出，被告及其罪名都被指控为 ἁμαρτια 所确定的疏忽或轻率，但被告说：那并不构成谋杀，甚至不是非故意谋杀，而只是一个灾难（ξυμφορά），不属过错而属怠慢。按罪名，既有过错、杀人和怠慢，并需要涤罪，因为大意和疏忽，应该受到谴责（教练在被告用标枪掷中他时，已命令将所有标枪收拢）。

ΰβρις 带有转弯抹角的指责；在梭伦（Solon）① 那里，与踌躇满志（κόρος）有关的 ΰβρις 相当于傲慢（τικτει γάρκόρος ΰβριν），这种傲慢有时由财产一类（ΰβριν τικτει πλοῦτος）欲望引起，有时由统治欲望引起："狂妄带来暴政"。

这种悲剧ΰβρις 和刑法ΰβρις 之间令人吃惊的关系甚或有更深的根源。惩罚，甚至由城邦给予的惩罚，也需要面对邪恶之谜。这邪恶之谜与法官的义愤相对；它为法官及其判决提供依据；违法者的罪恶意志证实了法庭的问心无愧。这样，城邦的祭神要按除犯罪行为外，因恶有利而自愿行恶的犯罪去重建，这种自愿行恶的犯罪类似于沉沦精神，照悲剧看来，这种沉沦精神是意志所成；而威胁城邦祭神的危险，就在于这种意志付诸行动。这样，城邦为自身利益而倾向于重新证实众神对所有咄咄逼人的伟大事物的"妒忌"；任何对城邦来说是"傲慢"的犯罪，对神来说则是诗人所歌颂的神圣正义（Justice）。

兜了这一圈子，古希腊人的刑法思想产生出堪与犹太人的有罪概念相比的一些概念。城邦的祭神特性使古希腊刑法思想堪与犹太人的虔敬在放逐之后产生的概念相比照。

第三节　审　　慎

突发有罪意识的另一趋向是敏感而审慎的良心的趋向。我们一贯的做法就是在一个特别清楚的例子中获得各种体验最基本的可能性，我们毫不迟疑地在法利赛人② 的信仰中寻找这种意识的发祥地及其最完满的极点。

从《以斯拉记》（d'Esdras）（也即由放逐返回途中）至塔木德（Talmud）③（也即纪元最初六个世纪）期间思想倾向的症结在于法利赛人。正是他们使犹太教具有至今还一直保持的特性；并且，基督教和伊斯兰教的存在也应归功于他们。（但愿是因为犹太教为圣保罗最坚决摒弃的那些东西提供了最好的表达方式。）

我们将尽力在有罪型历史的教学范式冒险中发挥例证的作用。事实上，犹太人尤其不该阻挡我们，因为正是为了所有"民族"的利益——也就是说为了全人类的利益，法利赛人才认为他们的民族是"祭司的王国与献身神的民族"。这种体验所带有的普遍性恰恰应当到它的"排他主义"（particularisme）中寻找。那么，法利赛人为所有人提供什么利益呢？

以我们所通晓的出自《圣经》的宗教作为出发点，有可能接近这种体验的核心。不用想方设法拿阿摩司到耶利米的以色列先知时代的思想相比较去贬低第二

---

① 梭伦（Solon，前 638-前 559），古希腊政治改革家，曾任雅典执政官。
② 法利赛人：公元前 2 世纪至公元 2 世纪犹太教内一个派别，由文士和经师组成。
③ 塔木德：犹太教口传律法集，即口传托拉。

圣殿时期犹太教的新思想，我们也应毫不犹豫地承认，"犹太经师和法利赛人"的犹太教深深扎根于先知理论（prophétisme）中，从而扎根于放逐前及放逐中以色列人的——严格说来是摩西那样的——宗教体验中。[1]无疑从摩西开始，不管什么样的立法者和民族领袖，以色列人特有的冒险活动就套上一种伦理观，而且那实质上是普遍的伦理观相反套在使以色列人与其他民族分离开来的冒险活动上。我们曾经坚持过这双重特性。一方面，以色列人的一神教是伦理的一神教：上帝赐予的律法（la Loi）支配着从埃及出走、漂泊旷野和拓展迦南（Cannan）；先知们给他们所发现的正在到来的大灾难渲染上一种伦理的意义；以色列人的所有历史体验都从伦理方面去阐明。而另一方面，以色列人的一神论又是历史的一神论：上帝赐予的律法并不是抽象和非世俗的；在希伯来人的意识中，这是与从埃及出走、领出"为奴之家"这一"事件"的描写密切相关的。所以伦理观本身完完全全是历史的；它是一个被选民族的伦理观。那就是整个罪与悔悟的象征系列本身也是一种以某些有意义事件（被俘—解救）为"原型"的"历史的"象征的原因所在。

这一由"伦理"和"历史"的联系所产生的律法，对犹太人来说，永远不可能在一种非世俗的道德自然神论中完全被理性化和普遍化；因为律法与历史事件密切相关，所以它本身是一个良心的事件，一份事实陈述书（factum）；以色列人在各民族中的区别标志就是它具有这一律法。《申命记》矜持地声称："有哪一大国有这样公义的律例、典章，像我们今日在你们面前所陈明的这一切律法呢？"（《申命记》，4：8）这一律法不可能归纳为普遍良心的一种形式结构；它保持由《圣经》作者的历史神学所理解的那种历史形象、文化守护神；所以，它的结构必须是偶然的。这样，犹太教应当具有的伦理特性从开始就是可预料的。就像一位有名的犹太教经师所说，从最初历史一神论出发，就把用来规范犹太人行为的六百一十三条律法和六十七条基本义务的区分强加给所有的挪亚子孙。[2]法利赛人始终如一的他治是一神论"历史"特性的写照，一代又一代立法者将这种一神论置于摩西权威之下，它无疑由摩西本人所创立。

先知们预先假定了这种伦理和历史的一神论。他们的怀疑和谴责基本上不是直接冲着它的，倒是冲着历史上成功时期因社会不义同样也因对周围世界的宗教信仰同化让步而将它遗忘这件事的。了不起的"决疑法"（casuistique）[3]运作——这是放逐和返归期间犹太经师特有的——应当在放逐前就已开始。和罗马法的概念化与系统化相比较，犹太人的理智是通过"法官与学者可借以类推的大量典型

---

[1] 巴龙（S. W. Baron）：《犹太人的社会史和宗教史》（*A Social and Religious History of the Jews*），纽约，1952年，第二版。这部八卷本巨著前二卷叙述原始时期到塔木德时期。

[2] 同上书，卷一，第12页。

[3] 决疑法：在通常情况下辨别是非的一套法则。

案件的收集"启动的。[①] 这样，所谓犹太人的法典学说，尽管确切说来是一种法学创造力，但还是明显带有放逐前的历史特性。法利赛人试图使整个民族——集体与个人——都在律法指引下，并依据律法过上一种现实又讲究实效的生活，这种想法顺藤追溯，最早就出自放逐前时期，还有约书亚（Josias）那流产的改革——我们把《申命记》中的立法也归之于这一改革。但《申命记》仍与现实保持一段距离，像日常生活中的乌托邦。法利赛人及其经师孜孜以求的正是实现这种由律法指引并依靠律法的生活。

正是在放逐（exil）期间，也就是在《以西结书》和《耶利米书》这预言书最后两颗明珠的时代，以色列人构想出顺从又讲究实效的生活方案；放逐时期的处境类似埃及之囚与漂泊旷野的处境，实质上也许可称之为摩西的处境。就是在放逐期间，以色列人开始按历史的和政治的成功标准把自己推断为是一个软弱可鄙的民族，只有依靠律法才能成为伟大神圣的民族；从此以后，律法为犹太民族与个人塑造了形象。

正因为摩西精神在前面开了路，[②] 尼希米（Néhémie）才有可能率领一群离井背乡者回到耶路撒冷，重建圣殿，使以色列从废墟上复兴，并且有一天让犹太经师以斯拉（Esdras）去读"耶和华借摩西传给以色列人的律法书"（《尼希米记》8∶1）。问题是，这"从清早到晌午"被读的书，和由那样博学的人给百姓"解释"，"使他们明白"这所读的书，单单是《利未记》还只是整个《旧约全书》前五卷（或至少是《摩西五书》大部分章节）。可以肯定的是，以斯拉揭示良心的历史时代"犹若'预言书'出现一样重要，只是还不及'摩西书'重要"。[③] 这就是被恰当地称为律法书（Tôrâ）宗教的时代（我们后面还将讲到 Tôrâ 这个词及其古希腊语翻译，Nomos，律法）。它不再是激励和促动人们在旷野说教的时代，而是律法学者和注释者的学院时代；不再是创造的时代，而是解释的时代；也不再是挑战的时代，而是生活重建与指导的时代。它也不是无限欲求的时代，而是根据环境与实情进行周详实践的时代。[④] 正是这不屈不挠的锋刃先后锲入波斯人帝国、塞琉西（séleucide）王国和罗马帝国，从而保证了犹太民族的生存及其使命意义的完善体现。正是为了这个目的，一个民族相信自己有必要依靠律法离群索居，同时又依靠律法使内部团结起来。[⑤]

---

① 巴龙：《犹太人的社会史和宗教史》，第 80 页。
② 先知和法利赛人之间的一个重要环节无疑就是哈西德（Hassidim）派或团体，那些"虔诚者"，那些祈祷守护人，接近于讲授悔罪、宗教仪式和道德教训及实施夜间祈祷纪律的利未人和先知。他们已是"隔离者"，如同后来的法利赛人那样（"法利赛"原意即隔离）。奈尔（A. Neher）：《预言学的本质》（*Essence du prophetisme*），第 264-276，294-295 页。
③ 特拉弗斯·黑尔福德（R. Travers Herford）：《法利赛人》（*The Pharisees*），纽约，1924 年，第 18 页。
④ "这样，法典学说的谴责代替了灵感性的谴责"（巴龙，上引书，卷一，第 226 页）。
⑤ S. W. 巴龙整部著作都以也许是含糊的方式把这根本选择解释成利于"矫揉造作的与违反自然的"选择（卷一，第 164 页）。

就法利赛人本身而言，将他们作为与撒都该人 [①]（他们本身的出现不大可能早于公元前 2 世纪末）对立并牵涉到审讯耶稣的一个派别的角色也许是个大错。从以斯拉到塔木德编纂者甚至直到今日犹太民族教育者所展示的整个精神历史中，他们是决定性的因素。因此，我们要从现象学上研究审慎的良心，就不可忽视法利赛人本身的陈述。

法利赛人主要是指律法书文士。[②] 我们首先有种先入之见：律法书文士可能就是那些墨守法典、道德奴化、铁石心肠、死守条文的人。那判断如果正确的话，法利赛人就可能完全与典型性的体验、概念与象征的解释无关；他们就只好归入道德畸形学。如果说，我们把他们的体验和古希腊人的伦理—法律观及圣保罗的伦理—神学观相提并论，那是因为我们把他们本身看作一种不可归约的道德体验类型的最纯粹代表，任何人都可以从他们身上辨认出基本上就是他自己的人性的可能性。

但要与这种类型的体验相通，我们还必须破除重重偏见。

法利赛人墨守法典吗？我们首先还应当像法利赛人自己那样去理解律法书一词。希腊七十子将这个词译为 νόμος；圣保罗也说 νόμος；并且在所有现代语言中，νόμος 表示法律（Lex）和"律法"。但我们都受出自拉丁人（Latin）精神的罗马法与重大法制化的影响，对我们来说，法律是抽象的、普遍的和书面的；因此，我们为自己描述的审慎良心总会引向按总则系统分类而成的一组规则。法利赛人的律法书（Tôrâ）肯定是一部书，摩西律法、《旧约全书》前五卷（Le Pentateuque）；但因它出自上帝的教训，才使律法书成为法律。律法书意指教导、教训，而不是法律。律法书的法既是宗教的又是伦理的：因其要求、命令，所以是伦理的；因其是上帝有关人类旨意的明白传达，所以是宗教的。对于法利赛人来说，全部问题就是：在这世界上，怎样效忠上帝？

正是在这一点上，法利赛人遭到道德奴化的传统谴责。法利赛人把美德看作一种他治，这一点不容置疑；但它是一种彻底的他治。在提出怎样应接上帝旨意这问题时，法利赛人所面对的是大先知们的失败，他们无力去改变自己民族的困境以及遭放逐的事实，这些通常被看作是对以色列人的惩罚。因此，法利赛人希望以一种详细的伦理观实现先知们的道德要求。这个时代的任务就是使律法书在仪式与伦理、家庭与社会、刑法与经济等各个生活领域连最小场合都得到具体的

[①] 撒都该人：公元前 2 世纪至公元 2 世纪犹太教内一个派别，由祭司、贵族和富商组成，他们和法利赛人不同，不相信口传律法。

[②] 穆尔（Geroge Foot Moore）：《基督教时代最初几个世纪的犹太教》（*Judaism in the First Centuries of the Christian Era*），哈佛大学出版社，1927-1930 年，三卷本；至于律法书（Torah）的新发现，见第一卷，第 235-280 页。还可参见博西尔文（J. Bonsirven）《耶稣基督时代巴勒斯坦的犹太教》（*Le Judaïsme palestinien au temps de Jésus-Christ*，巴黎，1934 年，二卷本）第一卷，第 247-307 页，和拉格朗日（M. J. Lagrange）《耶稣基督之前的犹太教》（*Le Judaïsme avant Jésus-Christ*），巴黎，1931 年）。

落实。法利赛人的信仰就是这种始终听任他治而把日常生活无保留地押在"上帝律例"之上的决心。这样就把他治全然转变成一种无条件的接受和心甘情愿的服从；放弃自由的选择就成了这决心的至上要求。这种乐意的放弃并决心受律法指导，有《诗篇》19 和 119 这两篇最美好的抒情诗为证：

> 我喜悦你的法度，
> 如同喜悦一切的财物。
>
> 《诗篇》119：14
>
> 我要在你的命令中自乐，
> 这命令素来是我所爱的。
>
> 119：47
>
> 你的话是我脚前的灯，
> 是我路上的光。
>
> 119：105
>
> 耶和华的律法全备，
> 能苏醒人心；
> 耶和华的法度确定，
> 能使愚人有智慧。
> 耶和华的训词正直，
> 能快活人的心。
> 耶和华命令清洁，
> 能明亮人的眼目。
> 耶和华的道理洁净，
> 存到永远。
> 耶和华的典章真实，
> 全然公义。
> 都比金子可羡慕，
> 且比极多的精金可羡慕；
> 他的话比蜜甘甜，
> 且比蜂房下滴的蜜甘甜。
>
> 19：7-10

这种信仰的提出与人们在法利赛人那里欣然看到的对友谊及相互友好帮助的感受力不无有关，这是他们一流注释家在谈到法利赛人"温文有礼"时所提供的证据之一。① 法利赛派运动代表了理解力压倒人间僧侣、权贵们那种傲慢无知的武断的最有意义的胜利之一。这一特点使他们俨然像许多古希腊"贤人"，比如毕达哥拉斯分子（des Pythagoriciens），以及犬儒哲学家等小苏格拉底派学人。

对法利赛人最后也是最严正的谴责是指责他们用词句扼杀精神，由于以上这些评论，我们就会带着某种怀疑的眼光去看待这种指责。法利赛人或某些法利赛人是什么样的人，这是一码事，他们希望是什么样的人，这是另一码事。现在，他们努力要造就的恰恰不是永久性的文字疏证；因为在他们看来，头等重要的是"执行"律法和先知书，因此，不可能把经文（Écritures）——也就是成文律法书（la Tôrâ écrite）——当作祖训去坚持。正是这一点使他们与撒都该人绝交。与撒都该人相反，他们的目的是要把口头传说提高到跟律法书相并列——他们将口头传说称为非成文律法书——以便把它当作一种神的教训，能现实而又生动地起到作为摩西五经（Pentateuque）书面文本的指南和解释者的作用。这目的是法利赛精神在更大范围选择的结果：如果律法书是上帝本身当即对犹太人的教训，而不是一种抽象的道德体系，如果宗教就在于当即服从上帝，那么，律法书就应当是现实而又生动的。现在，生活所形成的状况、处境、场合是成文律法书所无法表达的；因此，需要一种解释，这种解释既要信实，同时又要有所创造，它可以被看作是摩西律法书（la Tôrâ de Moïse）的揭示，尽管不是成文的。犹太经师与法利赛人用来进行伦理—宗教教学的恰恰正是：他们"学"和"教"的都是律法书。带着这样坚定的信念——即任何生活领域都有机会或义务去服从上帝（mitzvah）——他们要问的是，在这特殊场合，正道是什么？非成文律法书（la Tôrâ nonécrite）适合这特殊场合的是什么？"贤人"并不创造它，他们只是发现它，并且，直到长老们磋商并由多数批准之前，解释都不作为官方决议——哈拉卡（halachah）②。③ 那么，就只有哈拉卡才是"不变的"，尽管它仍可能被另一哈拉卡修正或禁止。这整

---

① 路易·费凯尔斯坦因（Louis Finkelstein）《法利赛人，他们信仰的社会学背景》（*The Pharisees, the Sociological Background of Their Faith*，费城，1940 年，两卷本）："正是这种宗教的热情与理智的客观的矛盾结合，使法利赛人的容忍有别于某些撒都该人做作的容忍"（第一卷，第 10 页）。在作者看来，法利赛人表明了平民——更确切地说，是城市平民——反对当时由撒都该人为代表的贵族的反作用（"撒都该人的影响出自圣殿，法利赛人的影响出自市场"，上引书，第 81 页）。这也解释了他们与先知的关系，因为先知应该属同样的社会地位（这一分析得出的主要论点是，先知、法利赛人、犹太拉比的传统是在被淹无土地集团和他们的压迫者大土地所有者之间于巴勒斯坦一场持续达十五个世纪的文化斗争的产物。上引书，第 2 页）。同样的解释也可用来表示法利赛人的合作精神，他们的容忍，他们在刑事问题上的宽容，特别是他们的钻研热情（"这种追求理智的献身精神实质上是城市的……法利赛人信仰的主要特色是钻研，撒都该人信仰的主要特色是轻蔑学问"，上引书，第 97 页）。费凯尔斯坦因还——在我看来，不很成功——说明了法利赛人有关天意与自由意志、天使学及死而复生所持一些观点的内容。更有趣的是把他的论点运用来理解法利赛人在两条战线上的战斗：一方面，为口头传说而战斗，费凯尔斯坦因由此揭示一种"对律法书的平民解释"（第一卷，第 74 页），反对祭司和贵族的守旧性；另一方面，为使整个民族更严格遵守《利未记》的洁净律法而战斗，这律法使他们与异教徒、"外省人"对立起来，在他们眼里，外省人不仅为农民，还包括异教徒。像所有社会学解释那样，费凯尔斯坦因的解释表明了这一教派的社会影响，但未说明其相关意义的起因。

② 哈拉卡（halachah）：犹太教口传法规。

③ 博西尔文这样定义哈拉卡："具有法律效力的决议、规则，独立思考而无关经文……有其审判作用的律法。"（同上，第 293 页）这里，作者对犹太经师和拉比所注疏的规则作了很好的说明（同上，第 295—303 页）。特拉弗斯·黑尔福德强调作为"可适用一定场合神的意志的特定声明"（第 73 页）的哈拉卡的命令性和表示任何非律法书戒律一类东西的哈加达的强使性之间的对立。

整一大批哈拉卡对那些试图依据律法书生活的全体公众来说就是具有约束力的法规。这样，律法书就变得不可穷尽，它是可塑的，而不是僵化的；依靠注释和决疑法的律法书成了教育每个人和一切人的生动资料。一旦作了两个假定———是假定有适合任何境况的哈拉卡，二是假定用来解释成文律法书的口传法规是不成文的律法书——对律法书的解释就变得不受约束。按照一位拉比后来的评论："从此以后，聪明的信徒都要当着他拉比（Rabbi，老师）的面讲解摩西在西奈山上所说的"。①

现在让我们设法鉴定带有这种法利赛精神的体验（并且，通常也是犹太教的体验）为范例的"类型"，并澄清这种有罪类型特有的一面。

我们已说过，这种类型体验的核心是审慎（scrupule）；并且，我们与这类特定有罪相联系的审慎也依附这类型。审慎可以被描述成自愿彻底他治的一般治理方式。犹太教声称律法书是启示、启示是律法书，借以表达这种他治。律法书是启示：按犹太教的说法，摩西完全知道由"面对面说话"（《民数记》12：6-8）、"面对面认识"（《申命记》34：10）所传达给他的律法，所以释义学（herméneutique）只能是引申，它借助不断前进的历史，借助本身没有任何历史或至少只有一种历史——"赐予律法"这绝对事件的历史——的圣训；而那圣训是过去发生的，它是全然定形了的；事实上可以把它估计得非常古老，要是它真的等同于哲人书中所称"智慧"（sagesse）的话；用来解释它的口传律法，不论被看作习俗，还是《圣经》注释的产物，抑或决疑法的天意，本身都被认定是那原始智慧的功效。但倘若律法书是启示，那反过来，启示也是律法书：上帝—人关系的核心是有关怎么办的圣训；即使这圣训不止只是律法，还是被心甘情愿地写上：上帝是道德的，并且人和上帝之间的联系是一种服从圣训的联系。

由彼此相反的这两个命题——律法书是启示和启示是律法书——中引申出审慎的所有特性以及审慎所特有的有罪意识的所有特性。对于审慎的良心，圣训是"神圣、正确、和善"；圣训对审慎的良心来说是过去的绝对，是其意义的完满启示，尽管过去的启示只有借助惯例、注释和决疑法才得以被理解，但依然需要颖悟与谦恭，这些都是审慎的生动表现。审慎良心的根本选择因此恰恰与圣保罗（Saint Paul）的"上帝儿女们的光辉自由"或圣奥古斯丁（Saint Augustin）②的"爱你所想爱，做你所想做"意义上的冒险者选择相反。但这种选择的伟大在于，它的直到最后的他治权利，它事事处处每一细节都听从神的教训：事事——也就是说，任何生存领域都不例外；处处——也就是说，即使在逆境之中，即使遭到权贵禁止，即使有外来风俗习惯的障碍，甚或受到迫害；每一细节——也就是说，事无巨细都一样重视。审慎的良心是快乐的，因为它是直到最后的他治权利；它

---

① 黑尔福德：《法利赛人》，第85页。
② 奥古斯丁（Augustin，354-430），基督教神学家，哲学家。

在无保留的劳碌中找到自己的幸福，在他看来，无保留的劳碌是上帝此刻的教训；它是依从，而不是疏远；因为它并非"外来的"，而是"内在的"，因为他始终心甘情愿地接受无自由状态。

那么，审慎对于过错意识又有什么特殊贡献呢？

凡审慎良心所及的一切都处于"犯罪"域内；[①] 而这一点无疑是审慎良心略显褊狭的原因所在。但在说它褊狭之前，我们应当承认它的深刻；因为它的褊狭恰恰与它的深刻互补。

审慎是有罪的前哨点，在它把本章开始就着手分析的两个特性——恶归罪于个人和义人恶人两极化——引向极端的意义上。我们知道，把个人作为有罪所在去谴责，是《耶利米书》和《以西结书》教训的结果；法利赛教派延续了最后一批伟大先知的这种说教。与此同时，《诗篇》中大量忏悔诗开始表达对罪的忏悔，这成了纤弱良心在犹太教堂氛围中的礼拜仪式；而审慎从中找到它更喜欢的语言及其特有的幸福。义和恶的对立也不是法利赛人所发明，而是有罪具有不同程度这看法的最终结果；如果"犯罪"有大小之分，义和恶就表示这大小尺度上的两极。但法利赛人进而如此强调这一道德两极化的意义，以致不仅使遵守律法成为一种理想极限，而且成为一种生活的实践纲领；最终不可能的尽善尽美是可以适度做到的正义的背景；无所要求的人就一无所为。

有罪语言的功德（mérite，*Zàchùth*）概念带有伦理—宗教体验的特征，黑尔福德（Travers Herford）说，这功德概念"常被运用在拉比文学中，（尽管它）未出现在《旧约全书》中"。[②] 这位作者清楚地看到功德概念是与整个法利赛精神相一致的：犹太教的上帝（le Dieu du Judaïsme）并不超越善恶之外；他是宗教和道德关系的基础；说上帝是义就是承认这个基础；另一方面，这特征不是某种被思考的东西，而是"要被人了解"的东西；它直接就是"实践的"，不是思辨的："你们要圣洁，因为我耶和华你们的上帝是圣洁的"（《利未记》19∶2）。因而在行善的人和行恶的人之间有种内在的区别；一个讨上帝喜欢，另一个不讨上帝喜欢。现在，这种讨上帝喜欢的特性对一个人来说并不总是外在的，这是他和神圣上帝的实际关系所规定的；这使他的个性和他的内心生活添加了某种东西。这某种东西就是"功德"。功德是正义行为所特有的印记；可以说，它是善良意志的化身；它是一个人价值的增长，这价值是由他行为的价值产生的。在功德概念中，又一想法被加到个人价值增长的想法上，那就是它与"报答"的想法有关。这古时的"报答"观在《旧约全书》中处处可见，而《新约全书》也并不否弃它（《马太福音》6∶4和12；10∶42）。在《旧约全书》中，它游移于一时的成功、此刻面对上帝的内心

---

① 穆尔：《犹太教》（*Judaism*），第一卷，第 443—552 页："人、罪、赎罪"（Man，Sin，Atonement）。在那篇论文中，可发现有关故意犯罪、因无知与粗心的犯罪及相应赎罪类型的所有必要的分析。

② 黑尔福德：《法利赛人》，第 125 页。

愉悦和期盼一种末世学实现之间。这都不是法利赛人所特有的。法利赛教派所特有的似乎是"报答"概念和"功德"概念的联系：有了功德就应当受到某种奖赏；那就是应当受到某种报答；反过来，报答又是对功德的报答。在法利赛人的伦理眼光看来，服从上帝的意志是高于一切的，它是拥有律法的一种幸福，由此就有顺从（mitzvoth）的机会，并有求取功德的可能性。这是用另一种方式去表明顺从的人是"有福的"，他已"寻得生命"，他已承蒙"上帝的恩惠"。（《箴言》8：34-35）

倘若"功德"由此表示法利赛人在处理归罪于个人及义与恶两极化这两个主题过程中所显示的新概念化，那么，法利赛精神对有罪概念的贡献显然可被预期是类似与功德相反的东西。罪客观上是犯法；有罪主观上是某种程度上价值的失落；它是沉沦（perdition）本身。可以像一位犹太教"贤人"那样用"报应"的语言说："顺从的报应是顺从；罪的报应是罪。"[1] 失落掉的是人生的折损，就像功德是生命的添加一样；《箴言》说："因为寻得我的，就寻得生命，也必蒙耶和华的恩惠。得罪我的，却害了自己的性命。恨恶我的都喜爱死亡。"(8：35-36)

法利赛精神（并且通常是犹太经师、哲人和拉比的精神）并不转向思索，因此我们不应寻求对所有这些概念有任何的理论阐述。不过，这种伦理眼光的基础是一种全然负责并始终听任自己作主的自由概念。这概念本身未被提出，它只内含于不同论题之中，这些论题具有实践的特性，而不是见之于所有拉比文献的思辨特性。其中首要的就是两种"倾向"（或 yetzer）的论题：[2] 人总具有两重倾向，两重动力的二元性——善的倾向和恶的倾向。后一倾向——Yetzer ha-ra——是创世主（créateur）给人带来的；它是上帝所为并被他说成是"极好"的一件事情。于是，恶的倾向并非出自人因此根本无能力避免的根本罪恶；相反，它是为行使选择自由、防止沦为一种跳板而提供机会的永久诱惑。"恶的倾向"使罪不至于变得无可挽回。

这种解释得到关于"悔悟"的犹太文学的证实。我们知道，《旧约全书》中没有代表悔悟的抽象词，只有"归向"的象征。犹太教将"悔悟"提到纯概念行列，使它成为犹太人虔诚的要义。[3] 现在，"悔悟"和犯罪、报答同属于一个论题领域，而且，犹太教强调这个概念正合情理之中。由于"悔悟"表示"归向"到上帝，

---

① 黑尔福德所引，《法利赛人》，第 128 页。

② 关于两种"倾向"或"设想"的理论，除上面所引的作者（穆尔，第 479-493 页，黑尔福德、博西尔文、拉格朗日等），还可见威廉斯（Norman Powell Williams）《堕落的概念和原罪的概念》(Ideas of the Fall and of Original Sin，纽约与多伦多，1927 年）第二章题为"亚当传说和恶的设想"，由《创世记》(Genesis，6：5 和 8：21) 经《传道书》(Ecclesiasticus，15：11-17 和 27：5-6）一直到拉比文献去追溯这象征的历史。这概念从一开始就游移于故意与非故意、承担责任与不承担责任，过错与弱点，人的份儿与上帝的份儿之间，尽管不可能把它称为遗传，它却但在每个人心中；它是恶，因为它倾向于恶，但它又可以用于善。威廉斯从中看到对亚当堕落主题的抉择；他断定，耶稣说人有罪恶之心，是与恶的倾向（the yetzer ha-ra）理论一致的，并且，正是圣保罗承认亚当理论的优先地位。

③ 穆尔：《犹太教》，第一卷，第 507 页起：悔悟既指"回头"，又指"后悔"；它也指改过自新，并具有使自己重新顺服的坚定决心。应当注意，在这一点，《利未记》(Leviticus) 所叙述的仪式的赎罪从未免除悔悟；那就是犹太教在圣殿消失及献祭礼拜中断后还能残存的原因。参见 G. F. 穆尔，上引书，第一卷，第 497-506 页。

自由的选择才总向人敞开；并且，多数不诚者"归向"到上帝（Éternel）的例子证明，一个人要"改变他的道路"总是可能的。这种对悔悟的强调是与把"恶的倾向"解释成罪的机会而不是解释成根本罪恶相一致的。出自法利赛信仰的伦理领域，已经是贝拉基（Pélage）① 的伦理领域：就像在保罗、奥古斯丁和路德（M. Luther）② 那里，根本罪恶和根本解救之间没有多大区别，只有一种缓慢渐进的拯救过程，在这过程中，"宽恕"不是"悔悟"的需要，它是对善良意志的恩赐。

以上这些就是审慎在其有罪与责任意义方面的非常之处。至于审慎良心的局限，也正在它那非同寻常的原则，也就是，规定它彻底自由地接受他治的原则。这无视自身的局限还引起有罪良心的新突变——圣保罗在他的两部书信集《罗马书》（Romains）和《加拉太书》（Galates）揭示了那种突变。单就其本身而言，那种局限还不是有罪，而是圣洁方面训练的组成部分，因此也是探索审慎良心"类型"所特有的清白的组成部分。

要探明审慎良心的偏差点（le point de gauchissement）如果可以这样称它的话——就应当抓住有法利赛信仰的学者的实质，那就是阐明口头传说，这种口头传说既可以保持成文律法书的活力，反过来又可以被理解为摩西所教不朽律法书的一个方面。实际上，口传律法书因依附成文律法书，不仅受益于成文律法书的神圣性，而且又将传说组成程序投射在它上面。哈拉卡究竟有什么要使古贤们在哈拉卡"定形"的若干世纪中忙碌于对其孜孜不倦地解释？实质就在于一种审判活动，在于法理化事务。这种审判活动，这种审判才能的长期培训，这种道德公正或端正的修炼，使律法书保持作为一种始终有效的教训并塑造了犹太人讲究实际与效率的性格。但是，尽管律法书是教训而不是法律，它似乎反而变得取决于古贤那实质上是最终立法的运作；而这种运作，事实上在不成文律法书的名义下变得神化。这样，不成文律法书担保并过高评价了一种有限与刻板类型的人和神性——即作为决疑法精髓的审判公正、洞察力——之间的关系。满怀服从的热情，旨在事事处处认清上帝意志的法利赛教派的贤哲们所运用的洞察力现在是不容置疑的。但贤哲们也确实神化了决疑的洞察力，从而把它和先知对完善圣洁共同一致的无限要求相提并论。

也许会提出异议，说哈拉卡并不就是律法书的全部解释，而只是它命令的部分，所包括的都不是教训一类；古贤们在那里放任他们的神思和想象力，运用传奇轶事、寓言幻想等更自由的方式。犹太人只有体验到哈拉卡和哈加达（haggadah）③ 的双重效用，才有可能表明它们何以都符合犹太教的精神。不过，即使最热衷于为法利赛人恢复名誉，无疑也不会否认哈拉卡是拘谨的，更为连贯的，

---

① 贝拉基（Pélage，约 360–约 430），基督教神学家。
② 路德（M. Luther，1483–1546），基督教新教路德宗创始人。
③ 哈加达：原意为"宣讲"，犹太教讲解《圣经》用的各种传奇轶闻。

经受学府评判的，而哈加达则是自由自在的，即兴的，任意发表看法与想象的；不会否认法利赛人是传道士而非神学家；也不会否认，他们几乎未做出任何思辨神学上的革新；最后也不会否认，法利赛人属于实践宗教家；因此，法利赛信仰最终把自己的命运押在哈拉卡上。①

问题的实质在于：如果法利赛人因犹太民族而曾是人类的教育者，那么他们的教学法清楚地表明了审慎良心的非同寻常与局限，或更确切地说，表明了宗教顾忌 scrupule 的非同寻常与局限。它的主要局限在于，使上帝与人的关系限于一种教训的关系——也就是说，最终是一种主宰意志和服从意志的关系。这正是"实践"宗教的本质。现在，这一全然服从的意志，即使是感激涕零地欣然接受，就足以言明先知们早已用夫妇关系的象征系列去表达的对话局面吗？上帝和人之间惟一甚或本质的联系是"实践"的吗？

犹太教本身正由于充斥与突出宗教实践的东西才得以存在。许多作者不仅称赞杰出古贤与拉比的亲切，也称赞他们的温柔、寡言和谨慎；它们表明，这些人多么自觉地践行义和友爱。至于《诗篇》的抒情性，早在它滋养基督教会圣餐仪式之前，就滋养了犹太教堂的圣餐仪式，这种抒情性更反映了作为律法书训诫背景的对话局面的"实践"概貌。

但倘若我们对使所有人神关系都带上审判风格的"古人遗传"（《马可福音》7∶1-13）还提出疑问的话，那我们对这种偏差的起源还要追到什么时候？只追到口头传说？但成文法就不出自类似过程吗？在以色列史中，对话局面中摩西的方面很早就被估计过高，这不是很明显吗？所有审慎良心的局限在我看来都可由我很想称之为摩西的幻想构筑物去举例说明：摩西被置于所有先知之上；人们承认他精熟普适一切时代和一切人的律法，先知们只是重述这些律法；连续而来的立法——十诫，《申命记》中的立法，《利未记》中的立法——都归于他；最后，连口传律法本身也被归于摩西的启示。这样，各种方式和各个时期的宗教体验都被浓缩在这立法者形象之中和浓缩在这提出律法的个别事件之中。把各种预言能力的表达都吸收到摩西形象中，这在我看来是形成一种审慎良心的关键；在任何场合，你都能发现这种把实际的口头传说浓缩在类似一个绝对"事件"之中的倾向，由此审慎良心以为自己真的出现在过去；其精神气质的天赋因它而起到神的教训的律法书的作用；包括理解力、热情、谦逊、欢乐在内的审慎良心发誓要忠于这神的教训、忠于它的见解、它那被概括的绝对起源（origine）。它那一心一意的忠诚就是非同寻常之处；摩西的幻想（或任何取代它的东西）是其局限。但这局限不被体验为一种过错；它是那清白工夫、那样的磨炼所必要的组成部分，其宗旨恰恰是减少有罪。

---

① "不过，哈加达是它必不可少的伴随物，而可以用命令口气说的是哈拉卡……正是法利赛教派所特有的精神发展了它们双方，并将哈拉卡放在第一位"（特拉弗斯·黑尔福德，上引书，第185页）。

我们可以将这种司法化模式——我认为这模式在犹太教中由我所谓摩西的幻想为代表——与其他一些特性联系起来，这些特性会充实我们对审慎的说明。第一个特性就是仪式和道德在审慎中的一致。①

审慎早就可以同样被规定为道德生活的仪式化或者仪式的道德化；但这一特性不可能被直接把握。人们在审慎良心中发现某种秘传教（ésotéricisme），这是逐步接受应当这样而不是那样履行每一义务的仪式程序所特有的，尽管仪式承认义务着重于某种责任感，这是为什么？按照历史循环与渐进主义的解释，第二圣殿时代的犹太教倒退到昔日道德意识的阶段，倒退到纯洁不纯洁的古风，这种解释是不充分的；它充其量只说明仪式内容的起源，而未说明先知主义所代表的伦理时期之后那些古代行为方式被重新恢复这个决定性的事实。在我看来，除非把一贯自愿的他治设想当作我们的出发点，否则要理解这一恢复，这一可称之为伦理后仪式主义的复苏，是不可能的。仪式的秘传教以良心作证，良心不是律法之源，因为律法穿不透良心。在例行仪式过程中，良心保证遵守律法，并非因为律法要求这样，而是因为律法显示了上帝的意志。这样，伦理的仪式化是其主张他治的必然结果：审慎良心需要严格接受其依从性，而仪式就是严格要求的手段，这种伦理上的严格性几乎等于科学上的严格性。

其次，在我看来，对利未人纯洁的关注可以被理解为决心践行圣洁的一个方面，这是犹太教的实质。因此，作为有启示性例子的犹太教，揭明了审慎的总体方法：任一审慎良心都以它的惯例去检验它的严谨。也许称得上伦理的生活甚或总要有某种礼节的、公共的、家庭的或个人的惯例——总之，不可能没有某种惯例。与此同时，严格的精神揭示了审慎良心特有的危险：当它开始忘记戒律字义上的戒律意图时，仪式化的危险就会加上司法化的危险。审慎良心就会有放弃它自己意图而只留意形式上服从的危险。这种危险是它非同寻常所付出的代价；审慎的良心并不把它看作一种过错。

第三个特性应加到这审慎良心司法化与仪式化的双重过程上：在完全心甘情愿的他治体制下，义务具有和爱上帝与人这单纯有节的要求相反的累加又可列举的性质。给熟悉拉比文献读者印象最深的是解释性条令的搜集不断增多，哈拉卡的搜集产生密西拿（*Mishnah*）②，它对照并引申律法书，产生革马拉（*Gemara*），③革马拉加上密西拿又组成巴比伦与巴勒斯坦的塔木德（*Talmud*）。现在，这过程代表戒律以不断增多的良心的倾向；审慎良心是不断增加其义务并且丝毫不敢懈怠的日益周密和敏感的良心；它是只在活动中寻找拯救的多重积淀的良心；它在自

---

① 穆尔（上引书，第二卷，第 3 页起，第 79 页起）对犹太教的道德教训与宗教仪式［割礼、主日（Sabbath，犹太教徒为星期六）、节日、全国性斋戒、支付什一税、规定食物的法律，各种洁身礼］的这种一致作了清楚全面的说明。

② 密西拿（Mishnah）：犹太教口传律法集塔木德的前半部分和条文部分。

③ 革马拉（Gemara）：塔木德的后半部分和释义部分。

身背后积淀成构成传统的庞大过去，它只生活在传统的前端，并立足于此去解释新处境陌生或矛盾的事物。这不是开始或重新开始的良心，而是继续和追加的良心。如果它连细微并常常是无足轻重的创新功用都停止了，那么良心就会坠入它自己传统的陷阱里，传统成了它的束缚。

审慎良心的最后一个特征描绘出这样一幅画像：审慎的人是位"隔离"者。这使我们想起"法利赛"原意指隔离；他的隔离是道德生活仪式化所固有的那种纯洁与不纯洁的分离在与他人关系层面上的反映。当然，仪式把社会联系在一起，它们为社会提供了作为聚集点的象征，并作为彼此承认的标记；但这些奉行者之间的内在联系并不妨碍奉行者阶层与非奉行者阶层隔离开来，就像纯洁与不纯洁隔离开来一样。犹太人也是这样与其他民族隔离开来；法利赛人本身也这样与"外邦人"、老百姓、异教徒隔离开来。这就是审慎的人只有让改宗热情消失殆尽才能保持其"雅度"的原因所在，[1] 以便缩小惯例和非惯例之间的距离，并至少使他自己的民族成为"圣徒的王国和神圣的民族"。但严格的惯例其时域只能提前；它是后来才再现的。于是审慎的人面临狂热或被蒙蔽的选择。有时他选择第一条路，[2] 但更多是选择第二条路。于是，他不再试图去推广带有其个性的准则，这准则使别人成为一种障碍，使他自己成为孤家寡人。审慎的人也不可能将此看成他的过错；这是其顺从的苦果；这是他的命运。

审慎良心的仪式化、积淀、隔离——所有这些特性都未把审慎的人变成为一个怪物：审慎的局限相当于它的深度。审慎是进一步的过错体验，是亵渎、罪和有罪在敏感纤弱良心中的重演；但整个体验正是在这进一步中临近颠覆的时刻。

对我们分析的反证可通过说明审慎良心特有的不足去提出。那不足就是"伪善"（hypocrisie）；可以这么说，伪善是审慎的鬼脸。人们都熟知在"对观福音书"（les Évangiles synoptiques），特别是这三部福音书中最反法利赛人的《马太福音》（第二十三章）归之于耶稣（Jésus）的谴责："你们这假冒为善的文士和法利赛人有祸了！"[3] 如果我们从这一非难出发，就难以理解法利赛人；而我们从所说的非同寻常的法利赛信仰出发，就可以理解法利赛人；越过"伪善"模式的发生，而从"审慎"出发，我们就能理解法利赛人；一旦审慎良心泯灭，审慎就将沦为伪善。

实际上，审慎良心的他治，只有一贯到底去接受时，才被证明是正确的；它

---

① 路易·费凯尔斯坦因将这两种特性结合在一起："它也许是第一个承认平民和贵族有平等地位的组织；并且它是最先给以明确宣传的组织"。（上引书，第 75 页）

② 路易·费凯尔斯坦因引了法利赛人关于异教徒的一些惊人的咒语，见《法利赛人，他们信仰的社会学背景》，第一卷，第 24-37 页。作者忠于其社会学方法，解释利未人关于纯洁的律法何以只能在耶路撒冷及其周围地区看到；"所以，除了耶路撒冷或其周围的居民外，整个民族在利未人意义上都是不洁的"（第 26 页）。而且他们被怀疑违犯什一税法、不知运用文字等："迟至组织社团后三个半世纪编纂密西拿（Mishnah）时，法利赛这个词还被用作异教徒的反义词"（第 76 页）。这是耶稣和法利赛人冲突的关键吗？费凯尔斯坦因认为这是关键（第 32 页），特拉弗斯·黑尔福德同样认为："就他在法利赛人社团之外而言，他本人（耶稣）是个异教徒"。（第 206 页）

③ 类似的谴责见之于希勒尔（Hillel）和夏姆曼（Shammai）的学派之间（费凯尔斯坦因，上引书，第一卷，第 98 页）。

的司法化，只有在决疑法不断赢得新领域时，才被证明是正确的；它的仪式化，只有当它的严格是十足的，才被证明是正确的；它的积淀，只有在疏释依然起作用时，才被证明是正确的；还有它的隔离，只有凭借传教士的热情，才变得可以忍受。恰恰因为审慎良心面向过去——因为对它来说，启示总是过去已做成了的——所以它为不息的运动所谴责。倘若它不再去践行，不再去累加，不再去赢得新领域，各种伪善的指责就开始接踵出现：它所谓的服从他治都是假的，口惠而实不至："因为他们言行不一"；解释律法不再带来研究的快乐，而变成一种压力："它们被捆成沉重的包袱，压在人们肩上；但他们自己却不愿用手指挪动它们一下"；教师的权威使上帝和人的内在关系黯然失色；奉行繁琐惯例使对人生、"正义、宽恕和信仰"的强烈关注都黯然失色；准则的意图，也就是，邻人的自由及其幸福，都献给了严格的惯例；作为良心价值所在的功绩成了渔利的条件、良心所滥用的资本；而最终，思想和外界失却了联系，践行的热情埋在内心深处，"人们骨子里充斥无生命的、不洁的东西"。于是，始终心甘情愿去接受的他治就成了异化。

于是就面临进退维谷的困境：我们应当说，这"伪善"模式的发生没有揭示有关"审慎"结构任何实质性的东西，还是应当说，假的法利赛人画像留下了真的法利赛人可靠完整的画像；或者，我们应当说，律法精神统治的深渊在凭借审慎特有的不足去揭示之前是不会自知的，还是应当说，区分法利赛人的真伪，对于彻底批判律法以及"由律法获得的正义"是无关紧要的？

前一看法是希勒尔（Hillel）[①]的观点；后一看法是圣保罗的观点。

第四节　有罪的绝境

高度评价法利赛人的业绩是必要的，以便澄清"赞成"与"反对"的颠倒现象，这种现象由一种过错意识的体验——圣保罗举例说明过它，奥古斯丁（Augustin）和路德（Luther）重述过它——引起。

让我们直截了当提出这种对谴责的谴责。以后我们还将带着这最终突变的眼光重新理解所有前面的分析，最终突破可以概括在"律法的咒诅"这保罗标题之下（《加拉太书》3∶13）。

保罗的思路，就像《加拉太书》第三章和第四章，特别是《罗马书》7∶1-13所转述的，可按如下方式去捉摸。[②]出发点是人无力满足律法所有要求的体验。如

---

① 希勒尔（Hillel），公元前后巴勒斯坦犹太人族长，他建立的学派史称法利赛开明派。
② 布尔特曼（R. Bultmann）：《新约的神学》（*Theologie des N. T.*），第一卷，图宾根，1948 年，第二部分，"圣保罗的神学"。卡尔·巴特（Karl Barth）：《论罗马书》（*Der Römerbrief*），伯尔尼，1919 年。拉格朗日：《圣保罗的罗马书》（*Saint Paul, Epitre aux Romains*），巴黎，1922 年，第三版。普拉特（Prat）：《圣保罗的神学》（*La Théologie de saint Paul*），巴黎，1943 年。

果不是全面完整地奉行律法，那就谈不上奉行；但我们却永远做不到：尽善尽美是无限的，戒律是无数的。这样，人将永远不会因律法而释罪；他只有全面奉行才可能释罪："凡以行律法为本的，都是被咒诅的。因为经上记着：凡不常照律法书上所记一切之事去行的，就被咒诅。"（《加拉太书》3：10）

正是在这里，有罪开始陷入绝境。不仅通向正义之路漫无止境，而且律法本身更使之遥遥无期。保罗的伟大发现就是，律法本身是罪的根源：它"因犯罪而补加"；它只能"引起知罪"，而不是"引起生命"。事实上，它甚至引起罪恶。何以见得？早在尼采（Nietzsche）之前，圣保罗——他一直被认为是尼采激烈攻击的第一位"神学家"——就卸下那地狱机器的动力。他把律法和罪作为两个想象的实体加以比较，并揭示它们死一般的圆圈性；经由律法才进入邪恶之圈，他写道，"律法本是外添的，叫过犯显多"；（《罗马书》5：20）当诫命来到时，"罪又活了"，因此"我就死了"（7：9）。但这最初看法是与另一真实看法相反的；正是罪，"趁着机会"，利用律法去激励自身和作用我身上的欲念，"趁着机会，就藉着诫命引诱我，并且杀了我"。（7：8，11）这样，律法是那使罪显示的律法，是那使罪暴露的律法："叫我死的乃是罪。但罪藉着那良善的叫我死，就显出真是罪，叫罪因着诫命更显出是恶极了。"（7：13）

经由这圆圈，罪由自身与律法而形成。保罗全面彻底地提出了出自律法（νομος）本身的诫命（έντολή）问题。实际上，这种辩证法将律法引向伦理行为与仪式—礼拜行为的对立之外；引向犹太律法与非犹太（païens）律法的对立之外，这些对立都是他们铭心刻骨的，并最终引向犹太人的善良意志与古希腊人的"智"或"知"的对立之外。诫命问题是外在于所有这些二分法提出的，并且，它是这样一个问题：律法何以会"享有"善——不论是善本身和"思考者"所"理解"的善？原意是获得生命的律法何以会变成"刑罚执行者""死刑执行者"？圣保罗在回答这根本问题的思考过程中发现了罪的一个方面、恶的一个新特性，它不"违反"明确的诫命，甚至完全不违反，而是决心通过奉行律法挽救自身——保罗称之为"律法的义"或"由律法而来的义"。这样，罪本身就被引向欲念与对律法的热情的对立之外。保罗把这种自我称义的决心叫做"以律法自夸"（se glorifierdansla loi）。他的意思不是指通常的自夸，而是指人们的自负，人们信赖律法确实会赋予生命，而其实它却是死刑的宣判。从此以后，道德和不道德就因这种自负而包含在同一存在范畴中，它被称为"肉体"（我们后面还要讲到这个词），"肉欲"，"烦"，"畏"，"今世悲哀"；所有这些词都表示自由的对立面，即奴役，为"低卑的环境"所累。

最后，通过律法与肉体这一双重的概括揭示了死亡本身的一种彻底全新的意义。圣保罗承接了希伯来人的论点，按照这个论点，罪要受到死的惩罚；但通过对死亡的刑事上的并因此是非本质的解释，他发觉死亡职守恰与律法职守相对应。

对于一个目标在生命却未达到这目标的人来说，死亡是律法的结果；它是我们称为罪、自夸、以律法称义、肉体等人生方式的"后果""收成"："顺从肉体活着"就是死，就像"治死身体的恶行"就是"活"一样（《罗马书》，8：13）。这样，当整个人生置于律法治辖时，就全然成为"这取死的身体"（7：24）："因为我们属肉体的时候，那因律法而生的恶欲，就在我们肢体中发动，以致结成死亡的果子"（7：5）。于是，在司法意义上，死亡不再是外加给罪的；按照生存的基本法，它因此是暗中进行的。

对于死亡，我们知道点什么呢？在某种程度上，它是一种不知不觉的死亡：[①]它是相信自己活着的那些人的活着的死。但在某种程度上，它又是一种被处决的死亡："诫命来到，罪又活了，我就死了"（《罗马书》7：9-10）。我们想表明什么呢？无疑是想依循上述罪与律法的辩证法把这种被处决的死亡和在《使徒书信》（l'Épître）到《罗马书》（7：14-19）的章节中所描写的那种分裂冲突的体验作个合理的比较。于是，死亡就是现实化的精神与肉体的二元论。

这种二元论远不是原始本体论的结构；[②]相反，它是出自在律法下生活的决心并被律法证明是正当的一种生活方式。这种决心足够明智地认识到律法的真理和精华，但执行起来过于无力："立志为善由得我，只是行出来由不得我。故此，我所愿意的善，我反不作，我所不愿意的恶，我倒去作。"（《罗马书》7：18-19）然而，那我不愿去作的然而作了的，却相反作为我自己一个被疏远的部分搁在我面前。圣保罗用他非常含糊的语言恰到好处地表达了这种人称代词的分裂。有承认自身的我："但我是属乎肉体的，是已经卖给罪了"（7：14）；也有承认自身同时又否认自身的我："我去作所不愿意作的，就不再是我作的"（7：20）；有否定自身，从中证实自身的我："按着我里面的意思，我是喜欢上帝的律"（7：22）；但正直要求我把自己既当作理性的我，又当作肉体的我："这样看来，我以内心顺服上帝的律，我肉体却顺服罪的律了"（7：25）。自我的分裂是保罗肉体概念的关键。远非我自己的一个原本被诅咒的部分——身体部分，比如性欲——肉体是与自身疏远、与自身对立和向外突出的自我："若我去作所不愿意作的，就不是我作的，乃是住在我里头的罪作的"（7：20）。我自身的这种无能为力——从而是"作为我一部分的罪的力量"的反映——是肉体，它们的欲望与精神的要求相反。那就是我们不能从作为恶之源的肉体开始，而必须作为恶之华去达到它的原因所在。

总之，以上这些就是保罗的思路。随着这一体验，我们达到整个有罪系列的极点。对这有限的体验，要说的只有两点：一方面，它本身超出了整个有罪史，从而使先于它的一切变得可以理解；另一方面，除非外在地去理解它，否则它本

---

① 也许应当说，肉体死亡本身是罪的"后果"——当然，不纯粹作为一个生物学上的事情，而是以人的死亡性质，作为公众生活中的事情，并作为孤独的苦恼，我们在有关亚当神话中将说到这一点。

② 参考下篇，第五章，第四节亚当神话和灵魂放逐神话之间的冲突。

199

身不可能被理解。

让我们依次考虑有关问题的这两个方面。

"律法的诅咒"揭示了过错意识的整个先在发展。为理解这一点，我们不仅要追溯到法利赛人，还要追溯到有罪概念的核心。我们已说过，有罪是完全内在化的罪。因有罪而产生了"良心"；一个负责因素出现了，去正视先知的召唤及其圣洁的要求。但与"良心"因素一起，人同样也形成了衡量标准；以上帝的眼光去衡量，罪的实在论被吸收到有罪良心的现象论中，这是它自身的衡量标准。如果这种分析揭示了保罗由律法书称义的体验，那么在有罪的增长——连同其对个人责任的敏锐感觉，对归罪轻重及细微差别的感受，它的道德敏感——的同时，又出现自身正直和附加诅咒。与此同时，审慎本身的体验经历了彻底的再解释：那其中尚未被当作过错去感受的东西变成了过错；想通过奉行去减罪的企图变成了罪。那就是律法的诅咒的真正意思。

诅咒是双重的：它影响谴责的结构又影响受谴责良心的结构。

当我们从罪到有罪时，谴责所发生的变化本身是多方面的。首先，它表现为律法原子化为大量的戒律。这种现象的意义非常不明确；因为它已表现在先知的谴责的辩证法中，先知的谴责召唤人们达到一种全面而不可分的完美，又按他为自己及为他人的多种生活方面和按他多种活动——礼拜、政治、婚姻、从业、待客等——领域去罗列他的邪恶。但在罪的统治下，维持了根本要求和不同指令之间的牵制，重点则落在根本要求上。因有罪意识而打破了均衡，不同指令开始占了上风；无限的罗列代替了无限的根本要求，而从戒律的遽增中，出现了本身是无限的指控。我们可把这种使律法成为诅咒的无限罗列与指控称作"恶的无限"。

律法在成为无限原子化的同时，又成为完全"司法化"。我们上面说到在有罪的司法象征系列中实质而非纯偶然的东西；律法、审判、法庭、裁决、制裁等概念既包含公共的刑法正义的领域，又包含个人的道德良心的领域，这并不是偶然的。但我们上面以为是一种进展的同一过程也属于"律法的诅咒"的进展。在"司法化"过程中，以何西阿爱用的夫妻关系比喻为顶点的契约对话关系经历了深刻的变化。它足以因有罪所造成的破坏而摒弃罪是面对上帝的那种意义；这样可以说，它是没有谴责者的谴责，没有法官的法庭，和无人书写的裁决书。无人诅咒的诅咒就像卡夫卡（Kafka）[1] 表明的那样，是最高级的诅咒。裁决书被强化成命运，而外表看来似乎是根本不具名的谴责的意图。这被犹太人称之为"上帝的后悔"的惊人颠倒，或古希腊悲剧所歌颂的厄里倪厄斯（Erinnye）向欧墨尼得斯（Euménides）的转变是不可逆转的；上帝的后悔相当于我们自己由发现作为天谴的上帝进到遇见作为宽恕的上帝。把自己变成自己的法庭就是被疏远。我们后面

---

① 卡夫卡（Kafka，1883-1924），奥地利小说家。

将不得不说明，我们曾试图通过以书称义概念去阐明的这种疏远何以也可以按黑格尔（Hegel）、马克思（Marx）、尼采、弗洛伊德、萨特（Sartre）① 的方式去理解；但保罗教义这一层构成我们整个伦理史各层的基础。引进所有其他这些人对伦理疏远的解释也许本身就等于遗忘了它最原始的意义，正像有罪，连同其合理的指控，既是一种进展，又是与罪——被认为是契约中的危机——有关的一种遗忘。

但对受谴责良心的诅咒无异就是谴责的诅咒，所以我们也可以从后面这一角度去看待从罪到有罪的过渡。因为对总体上影响人的罪作忏悔被代之以对动机纯正作无限繁琐的审察；由保罗对律法的诅咒体验去重新解释的审慎以一种新的模样出现：它还成为一种"恶的无限"——从良心方面与戒律的无限列示的"恶的无限"相一致——的表现方式。由此可以说，不信任、怀疑和最终的自卑与可怜取代了罪人恭顺的忏悔。

两种诅咒不断相互激发。虔诚忏悔者给自己提出达到律法所有指令的无限任务；这任务完成不了就激发了有罪感，良心试图以完整奉行为自己开脱，却又助长了指控；并且，就像律法的原子化趋向于转移道德警惕性，把它引向分离甚而还是微不足道的指令，良心把自己的精力耗费在对付其中每条指令上面。

而且，运用这些旨在避免过错的战术，自然要求助于从亵渎概念所支配的礼拜而来的仪式化行为模式。仪式主义（ritualisme）——我们上面看到，它具有顺从的意义——展现其自身的有罪，因为仪式—礼拜型那些明确的禁止提出了有限并可核验的履行义务，所以良心专注于一种逃避技巧，以防止不足以得到开脱。但这种把要求"纯洁"的禁止召集到伦理旗帜之下——比如，就像在以色列第二圣殿时代所看到的——使指令有一种额外的负担；行为仪式化旨在为无限伦理要求提供一个代价不高的代替物，它只需用一套新规则补充另一套规则。这样，伦理指令和仪式指令放到一起就成了乱七八糟的大杂烩，其中祭礼上的顾忌通过同一种难以捉摸的伦理观相联系而从道德上作了解释，而伦理观又稀释到仪式指令繁琐的文字中。这样，礼拜的审慎在使律法复杂的同时，也使有罪变得复杂起来。

有罪良心是无定限的，也是被禁锢的。许多神话都不约而同地表现了这种无任何结果的荒谬的周而复始；西西弗斯（Sisyphe）② 和达那伊得斯（Danaïdes）③ 的无效劳动是众所周知的，柏拉图将之解释为一种既永恒又没有任何结果的谴责的象征。圣保罗说起一种"在律法监视下被监禁的"人生。有罪良心被禁锢，首先因为它是中断罪人交流的隔离的良心。因为和正因为承受整个恶的重压，它才使自己"被隔离"。有罪良心因对其恶有一种朦胧的默认而更秘密地被禁锢，由此它

---

① 萨特（Sartre，1905-1980），法国存在主义哲学家、作家。
② 西西弗斯，希腊神话人物，生前是暴君，死后被罚在地狱推巨石。
③ 达那伊得斯，埃及王达那俄斯的第 50 个女儿，因杀死丈夫，被罚在地狱往一个无底的水槽中注水。

使自己变成它自己的折磨者。正是在这意义上，有罪良心是奴隶而不仅只是奴隶意识；它是无"指望"的良心。正是在这里，出现了克尔凯戈尔所谓绝望的罪；这不是与现世事物有关的绝望，这种绝望只对转向未来而丧失的事物感到懊悔，而是对得到拯救的绝望。这些是众罪之罪：不再是犯罪，而是要把自己禁锢在禁止和愿望圈内的一种绝望与极度渴望的意志。正是在这意义上，它是一种求死的愿望。① 这种求死的愿望与善良意志相一致，决定了良心不可能按亵渎到罪又到有罪的进展动向去揭示，而只能通过从"以信念称义"到律法的诅咒的回顾去揭示。我们后面还将看到，自责、自恋及受虐狂的心理怎样解释这些本身似乎已失去要领的微妙过程。

于是我们发现，除非从事后的角度去看待，否则不可能描述律法的诅咒、隔离者的情况及其向死迈进。用圣保罗的话来说，罪的最终体验是用过去描述的："你会因你的罪死过，而现在……"这是最骇人听闻的。通常人类的体验，死显然总是将来的事情，到临终才变成紧迫的危险，而这里却是过去的死。对同一死的这种截然不同的象征，只有在一组新问题的背景中才可能产生，这些问题本身围绕着另一个象征——它的不可思议，犹若它的原始——"称义"的象征。

哲学家应当一开始就意识到，受古希腊文化熏陶的人对这个象征会感到多么厌恶。它所表示的绝非个人的伦理特性，任他支配的那些事物中可最大限度自由支配的事物，绝非像柏拉图在《理想国》（*République*）第四卷所说，正义是人各做各的事的德行，按照圣保罗的意思，正义是逐渐来到人身上的东西——从将来到现在，从外在到内在，从超验到意识所固有的。真正的解释迫使我们从最与个人学识、意志与能力无关的东西出发，只有起步就超过人，才能追上人。成"义"就是由某个他者（un Autre）称义；更确切地说，它是被"声称"为义、被"看作"义的。我们知道，这种"法庭"的意义与所有末世论审判的象征系列密切相关；实际上，正义是宣判无罪的裁决，具有公共法庭决议的效力（因此采用法庭的表达方式）。只有认识到"称义"那超验的、法庭的、末世论的方面，才可能理解称义的内在、主观和当前的意义。事实上，对圣保罗来说，末世论事件在某种程度上早已显示出来，所以正义就其运作而言，已成为人念念不忘的东西，尽管就其起因而言，是外在于人的；"未来的"正义已被归因于有信仰的人；所以被"声称"义的人真切地"成为"义。这样就没有任何理由要把正义的法庭与末世论意义同它内在的当前意义对立起来：对保罗来说，前一意义是后一意义的原因，而后一意义又是前一意义充分表现形式；这成了极度外在性就是极度内在性的悖

① 这种由律法及其诅咒引起的有罪的绝境，在撒旦形象本身找到其最高的象征。我们知道，撒旦不仅被理解为诱惑者，而且还被理解为在上帝的最后审判（当基督成为倡导者，辩护者时）中对人的谴责者。这样，恶魔不仅在犯罪背后，还在律法本身的背后，因为它是一种死的律法。

论，保罗把那内在性叫做新创物，或自由。从上述观点考虑，自由不是在相反事物中犹豫选择的能力，也不是努力、善良意志、责任心。像对黑格尔那样，对圣保罗来说，自由就是对总体、对基督述说的精熟自如。

上面这些就是被看作某种过去了的东西的过错的最终体验得以超越的象征。正因为"称义"是当前的，它决定了对罪的回顾，所以至高的罪最终在于自我称义的徒劳企图。放弃犹太教的关键在于：人"在律法书外"去称义："但如今上帝的义在律法以外已经显明出来……所以我们看定了，人称义是因着信，不在乎遵行律法。"（《罗马书》3：21-28）于是，信仰称义表明律法称义的失败，而律法书正义的失败又显示罪的整个领域的统一。惟有回顾审视，才揭示出伦理观与礼拜仪式行为、道德与不道德、服从或善良意志与知识或智慧的深刻一致。

于是，过错的最终意义只能显示在第一位热情的基督思想家所提出的绝妙对比中：以遵行律法称义和以信仰称义；自夸和皈信；律法书和恩典，无视这难以思考的事实，就不可能从哲学上去思考过错。淡化那些对比，就会消解它们的意义。

这种以过去时描写并与得以超越它的有关的罪，现在获得其分道扬镳的最终意义。实质上，它是过错的绝境和地狱，它是一种诅咒。但从"称义"的角度看，律法的诅咒构成了至上的启蒙。但这意义只有事后才可能被认识到。

圣保罗以下这段话是众所周知的："但这因信得救的理还未来以先，我们被看守在律法之下，直圈到那将来的真道显明出来。这样，律法是我们训蒙的师傅，引我们到基督那里，使我们因信称义。但这因信得救的理既然来到，我们从此就不在师傅的手下了。"（《加拉太书》3：23-25）如果我们把这种训蒙解释成从童年到成年的平静成长，那可能就曲解了保罗这个悖论；这里所说的童年是受律法束缚的："我说那承受产业的，虽然是全业的主人，但为孩童的时候，却与奴仆毫无分别"（4：1），而师傅就是死亡的律法。因此，从一种人生方式到另一种人生方式的过渡，不应看作是成长的过渡，相反，是一种物极必反："律法本是外添的，叫过犯显多，只是罪在那里显多，恩典就更显多了。"（《罗马书》5：20）有一段原文甚至更引人注目，因为它强调神做这种有关自由训蒙的动机，圣保罗声称："因为上帝将众人都圈在不顺服之中，特意要怜恤众人。"（《罗马书》11：32）这种矫枉过正的启蒙——它从罪的显多引出恩典的显多，——是任何人都作不了主的；没有人会把它理解成一种技巧，[①]并自称，他为了有更多恩典而大肆犯罪。被救良心事后在被体验为苦役的伦理阶段认识到它得以解放的曲折道路；但它不容许将只能自上而下去理解的悖论变成可使罪的磨炼成为获得恩典手段的某种技巧。这种撒旦主义（Satanisme）只能是伦理进取的最诡辩方式；因为人仍归功于自己，就

---

① 在我们谈到亚当的象征时，还将说明这一点。从第一亚当进到第二亚当将在人类丰富的象征系列水准上表示这种"显多"。

像他以仪式与律法而自夸那样。

于是，反思过错的结论应当是：过错的助长表明人进入谴责的圈子；那谴责的意义只在良心"称义"事后显示出来；它假定那良心把它过去的谴责理解为一种启蒙；但只要良心还在律法守护之下，就不能了解它的真正意义。

结　论　恶的象征系列的奴隶意志观综述

在概述结尾，可以对我们经历的整整一系列象征所面对的远景，以及最古老的象征怎样被其中最新的象征所保留和重新肯定作个说明。

整整一系列恶的原始象征所趋向的观念也许可称作奴隶意志（serf-arbitre）。但那观念并非直接可以理解的；倘若想要为它提供一个对象，这对象会不立自破，因为这会使意志概念和奴役概念相冲突，意志概念只表示自由的选择，因此只表示永远童心未泯，永远可企及的自由的意志，而奴役概念则表示自由本身的不可企及性。于是，奴隶意志观念不可说成是——本书开始所考虑的——易有过错的观念；因为我们终将会认识到自由意志和奴役在同一生存者中是一致的。这就是奴隶意志观念仍应当是一种间接观念的原因，它从我们已经历的象征系列中获得其所有意义，并试图把那些象征系列上升到思辨的高度。因此，本著作第三卷将留意的这一观念只能被看作理念（idée），看作整个恶的象征系列的意向目的（télos）。此外，除非经有关恶的神话所提供的第二级象征为中介，否则我们将无法更接近它。

暂时，我们至少还可以说奴隶意志观念近于最分化、最微妙、最内在的有罪体验，它是所有最古老的体验、亵渎体验的目的所在。最后的象征只有把先前象征的所有资源都吸收进来才能表明其终极观念。这样，所有象征中间就有一种循环的（circulaire）关系：最后的象征显示先前象征的意义，而最初的象征为最后的象征提供了其所有象征化的动力。

通过反向经历整个象征系列有可能说明这一点。事实上，值得注意的是，有罪本身利用了亵渎和罪的体验所具体化的象征语言。

实际上，有罪不可能表示自身，除非利用承自前两个阶段的"囚禁"（captivité）和"传染"（infection）的间接语言。这两个象征都作"内在"变换，以表示自己去选择制约自身、影响自身和传染自身的自由。罪作为囚禁和亵渎作为传染那象征而非字义的颠倒性质，在用以表示自由本身时就变得非常清楚；只有当它们揭示集中于自我关系的一种处境时，我们才知道它们是象征。为什么这要求助于前一象征系列呢？因为思想不可容许被囚禁自由意志的悖谬——一种奴隶意志的悖谬。自由应当被解救，而且这种解救是对自我奴役的解救，这一切都不可能直接表明；然而它正是"拯救"的主题。

我们知道，囚禁的象征借自历史神学，它最初表示因其罪而变成囚犯的一个民族的共同处境。这种共同处境同礼拜仪式所一再重演的历史事件相联系，出离埃及把他们从不幸的命运中解救出来。囚禁概念在成为有罪个人象征的过程中，脱离了历史事件的回忆，并获得一种纯象征性；它标志进入自由的一件大事。

这一象征系列是犹太人的体验中心；它之所以能被理解，是因为它属于所有文化，至少也是其旁支的产物。这种体验或信念所提供的文字意义也许是多重和各不相同的，但象征的目的总是相同的。这样，在巴比伦人中，以恶魔代表被囚状态的起因，提供了着魔的最初模式；但这全然肉体的着魔也可能提供借以表示对自由意志的奴役的基本形象。着魔的同一形象可通过各级象征化去领会。在最低一级，着魔被描述成对身体及身体各部分的一种有形占领："但愿在我体内、在我肌腱内的罪恶今天可以离开"，巴比伦祈告者乞求说："请解除我身上的咒语吧……罪恶迷住了我，我身体内有不洁的病、作乱、邪恶和罪，邪恶的幽灵紧紧跟随着我。"尽管可以说，这种祈求还带有将疾病与罪混淆起来的痕迹，但它们都是一种实际超凡力附身。象征化过程无疑已经开始；巴比伦祈告者"忏悔"和"悔悟"；他朦胧地知道，他的囚禁在某种程度上是他自己的事情；如果不是这样，他为什么要叫喊："免除我自少年以来犯下的诸多罪吧。我将畏怕神；将不敢再冒犯"？如果不是朦胧地知道，如果他不是无不通晓地知道，如果他不是谜一般地和象征性地知道，他已经把他乞求免除的囚禁套在他自己身上，那他为什么还要乞求免除他所犯下的罪呢？

我们确信，奴隶意志的象征系列尽管一直淹没在恶魔描写的文字中，但已经对巴比伦祈告者的忏悔起作用，这象征系列与手脚被捆绑的人的象征系列同一，并重又出现在清醒意识到它是一个象征而去运用这个象征的作家之中。例如，圣保罗知道，人是"不可宽恕的"，尽管说罪"主宰"他的肢体，"在他必死的身上"（《罗马书》6：12），并且，身体本身被称作"罪身"（《罗马书》6：6），而整个人被称作"罪的奴仆"。如果圣保罗不是象征性地把罪身说成是奴隶意志的形象，他怎么会叫喊："你们从前怎样将肢体献给不洁不法做奴仆，以至于不法；现今也要照样将肢体献给义作奴仆，以至于成圣？"（《罗马书》6：19）这作奴仆的身体的象征是行为与状态同时的罪孽深重者的象征；也就是说，对于罪孽深重者，自我奴役的行为压制"行为"自身，而变成一种"状态"。身体是被忘却的自由的象征，一幢建筑师已离去的建筑物的象征。用圣保罗的话说，行为是"献出"身体做奴役（你们从前怎样将肢体献出作奴仆），状态是主宰（不要容罪在你们必死的身上作王）。"献出"自我同时就是对自我的"主宰"——这里有奴隶意志之谜，使自身成为奴仆的意志之谜。

最后，尽管俄耳甫斯神话把肉体看作灵魂的坟墓，灵魂放逐到身体之中，尽管有要把身体囚禁的象征强化成作为恶的身体的一种灵知的引诱，甚至尽管有他今后屈从于那灵知的迹象，柏拉图本人还是相当出色地认识到，身体上的囚禁不应当从字面上去理解，而应当理解成奴隶意志的一种标记；身体的"囚禁"最终只是"欲望的作用"，并且"最协力戴上锁链的他也许本人是被锁链拴住的人"（《费多篇》82d-e）。这样，身体的囚禁甚至灵魂在身体中的囚禁都是灵魂加于自身的罪恶的象征，自由独立起影响的象征；灵魂的"解脱"使我们回过来确信，它的"囚禁"是欲望的囚禁、主动—被动的迷恋，自身囚禁；"迷失"指的是同一回事。

我们刚才用——自由独立起影响——的措辞有助于我们去理解，最内在化的有罪何以有可能综述包括亵渎象征系列在内先于它的所有象征系列；有罪使亵渎象征系列通过囚禁象征系列而转向它自己的描述。我甚至敢说，当亵渎完全不再暗示一种实际的玷污，而只表示奴隶意志时，它就成了纯粹的象征。亵渎的象征意义只有在它所重现的各种现象的尽头才是完整的。

我在亵渎的纯粹象征中看到构成奴隶意志三重"组合"的三种意向。

一、按照亵渎的象征，奴隶意志的第一个模式是实在的模式：恶并不是虚无，它不是简单的无有，简单的缺乏秩序；它是黑暗势力；它是被放置，在这意义上，它是某种被"取走"的东西："我是上帝的羔羊，取走世上的罪"，心中的主说。因此，任何把罪恶归于简单的无有，依然外在于亵渎象征系列，这系列只有在亵渎已成为有罪时才是完整的。

二、奴隶意志的第二个模式是"外在性"模式；不管有罪多么内在，它只反映在自身外在性的象征中。人之恶外在于自由，就像自由非自身才被囚禁一样。"各人被试探，乃是被自己的私欲牵引诱惑的"[《雅各书》(*Jq*) 1：14]。这是诱惑的模式；它表明，尽管诱惑是外来的，但已被有罪诱使。这外在性是人之恶所必不可少的，以致康德（Kant）说，人不可能是绝对邪恶的，不可能是魔鬼（le Maurais）；他的邪恶总是间接的；他受到诱惑才是邪恶的。恶既是已然的，又是本然的；开始就是继续。这种被诱惑是用不洁接触的外在性去象征的。罪恶实际上是以某种方式被经历到的；这是真理的积淀，其中包括某些把人的罪恶当作一种怜悯（*pathos*），一种"感情"的错误看法。因此，要破除亵渎的象征，就一定要从人对恶的体验中排除这外在性的模式。对于传染和污染这些神奇观念，也许同样有必要排除神话方式；但它们将会因甚至更微妙的诱惑"外在"的方式而得以幸存，这些方式就其最远离内在性而言仍属于奴隶意志。

三、奴隶意志的第三个模式是"传染"本身的模式。初看起来，这种看法最难保留；它似乎永远与接触的魔力密切相关。然而它却是束缚自身这最坏选择的奴隶意志的最终象征。传染的模式首先是前一模式的结果；它表明，外来的诱惑最终是因自身而产生的一种影响，一种自身感染，束缚自身的行为因此而变成被束缚状态。奴役的象征显然是将亵渎象征吸收到奴隶意志体验中来的必要步骤；献出自我作奴仆和罪恶势力对自我的主宰是同一的，有鉴于此，我才发现一种自由的玷污的深刻意义。但也许传染的模式所表示的意思还不止是这种自己对自己的束缚。传染并非破坏，玷污并非毁灭。象征在这里指向根本的恶与人的关系，指向人原本的目标；它暗示，不论罪恶多么实在，多么诱惑，多么偏重情感和容易传染，都不能使人不再成其为人；传染不可能是具有使人性消失、消除倾向与功能意义上的离弃，总之不可能产生另一与人的现实不同的现实。我们还不能理解亵渎象征这一最终意向；除非借助第二级象征，特别是有关堕落的神话，才有可能揭示与阐明这一最终意向。于是，我们就会明白，恶并不与善对称，邪恶并非取代人的德性；它是对原有清白的玷污，对原有光明的遮暗，对原有美的破损。不管恶多么根本，都不会像德性那样原始。亵渎的象征已经表明接近于奴隶意志，并通过囚禁的象征去表明这一点；因为当一个国家完整无损地落入敌人手里时，如果没有敌人，它会继续劳动、生产、创作、生存；它是负责的，但它的劳动被让渡。这种加在自我决定之上的奴役——一个被占领国也许会体验得到——暗示了人生将根本的恶加在原始的善之上的类似想法；而这种附加已暗示在我们打算用来辨明亵渎象征最终意向的传染模式之中。但只有当提供亵渎象征的巫术世界被废除，当罪的体验本身已内在于奴隶意志的体验，这种意向才会变得显而易见，从而已成为奴隶意志语言的亵渎才揭示其最终意向。但这仍未揭示传染模式的所有内涵。只有经过我们还须审视的各级象征——神话的象征和思辨的象征——才能揭示传染模式的所有内涵。

下 篇

起源的"神话"和终结的"神话"

导　言　神话的象征功能

第一节　从原始象征到神话

到这里为止，我们都致力于从想象和感受上去重新演现过错体验。那么，以体验名义，我们就可以真正取得直接资料吗？完全不是。作为亵渎（souillure）、罪（péché）、有罪（culpabilité）这些被体验的东西，必须要有一种特定语言、象征语言做中介。没有那种语言的帮助，体验就依然是缄默的、朦胧的，并淹没在它固有的矛盾之中（因而亵渎被表达为来自外部传染的东西，罪被表达为一种破裂关系和表达为一种力量，等等）。这些初级象征也是只有通过抽象才得以把它们从神话的富饶世界中根除掉。为了尝试对最宜揭示过错（玷污和亵渎、背离、反叛、犯罪、迷失等）体验的表达方式作纯语义的解释，我们还必须把作为原始象征中介的第二级象征放到括号内，而原始象征本身则是亵渎、罪和有罪实际体验的中介。

这新的一级表达方式使现代人感到为难。由于只是到近代，历史和神话才得以分离，在这意义上，只有他才可能承认神话本身。这一神话和历史相分离的决定性"时刻"，也许意味着失去了神话的方面：因为神话的时间不再可能在历史方法与历史考证所要求的意义上与"历史"事件的时间相一致，神话的空间也不再可能与我们的地理位置相一致，我们很想专心努力使自己的整个思想都去掉神话色彩。但另一种可能性也出现在我们面前：恰恰因为我们生活和思考是在神话与历史的分离之后，去掉我们历史中的神话色彩反过来就可能去理解神话本身，并在文化史上第一次获得神话的诸方面。我们这里从来不说去掉神话色彩，而是严格地说神话破译，原因就在于此，它有理由被理解为，摆脱神话中伪假的知识、虚假的理性（logos），就像我们在比如神话表达原因功能所见到的那样。而当我们摆脱作为直接理性（logos）的神话时，我们就重新发现神话本身。只有间接通过哲学的注释和理解，并以此为代价，神话才能产生一种理性的新突变。

这种神话本身的获得，只是认识象征及其揭示能力的一方面。要理解神话本身就要理解什么是神话，包括神话的时间、空间，及其事件、人物和戏剧性场面，连同以上初级象征所产生的揭示功能。

这里并不企图去提出象征和神话的一般理论，而只限于那些与人的罪恶有关的一组自发又系统的神话象征，从而可以在下述几个方面表示我们的假设，这些假设将应用于我们分析的全过程，并在具体分析中加以证明：

一、罪恶神话的第一个作用是把人类作为整体包容在一个虚构的历史之中。用某一时期代表一切时期，"人类"表现一个具体的世界；亚当（Adam）表示人类。圣保罗（Saint Paul）说，我们都"因"亚当而犯罪。这样，体验就不再是单一的；它万变不离其"原型"。经由英雄、先祖、泰坦（titan）、第一个人、半人半神的形象，体验被放到人生结构的轨迹上：人们现在才可以说，人类、人的存在、人，因为人的类型而被综述、概括在神话之中。

二、由神话显示的人类普遍性是从由故事引进人类体验的运动中获得其具体性的；在讲述过错的起源（le Commencement）与终结（la Fin）的过程中，神话赋予这种体验以倾向性、特性和内在牵制力。体验不再被归结为一种即时的体验；这种即时仅仅是由起点延伸到终点、由"创世记"（Genèse）延伸到"启示录"（Apocalypse）发展中的一个瞬间截面。因有神话，体验才贯穿了人的沉沦与拯救的基本历史之中。

三、更重要的是，神话试图去了解人的存在之谜，也就是在作为实质的、生物的、清白状态的基本实在和作为被玷污的、邪恶的、有罪之人的现实形式之间的不一致。神话用故事解释这种转变。但正因为神话在人的基本实在及其目前人生之间，在人作为产生善及预定幸福的本体论状态及其当作异化迹象去体验的现存或历史的状态之间，不存在任何演绎和逻辑过渡，所以它只是一种故事。因此，神话具有本体论的方面；它暗示在人的本质存在及其历史存在之间既跳跃又渐进的一种若即若离的关系。

神话以所有这些方式使过错体验成为整个过错世界的中心。

这可能会被认为，我们已相当远离对神话的一种纯寓言解释。一篇寓言总是可以转变成一篇能独立去理解的文本（un texte）；一旦发现这更好的文本，寓言就会像一件旧衣服那样被扔掉；寓言所表示的东西，尽管含蓄，还是可以在代替寓言的直接论述中去表明。神话因其具体的普遍性、时间定向、最终的本体论探究这三重功能，而具有揭示事物的一面，这种揭示并不归于任何密码性语言到清晰语言的转化。就像谢林（Schelling）[1] 在其《神话哲学》（*Philosophie de la*

---

[1]　谢林（F. W. J. von Schelling, 1775-1854），德国哲学家。

Mythologie）所指出的，神话是自发的和直接的；它所说的就是它要表示的。①

因此，要批判地理解神话，就必须注意它并不归结为寓言。

第二节　神话和灵知：故事的象征功能

要批判地理解神话，首先需要神话完全与"表达原因"的功能分离开来，人们总认为"表达原因"就是神话的功能。这一区分对神话的哲学运作十分重要；因为哲学反对神话的主要理由是，神话所作的解释和前苏格拉底哲学家所揭示或发明的合理性是不相容的，从那时起神话就代表假冒的合理性。

实际上，合理性与假冒合理性的区别就像历史与神话的区别那样重要。它其实是后者的基础；因为历史之所以成其为历史，只是因为它对原因的探索依靠几何学家和物理学家的认识（l'Épistêmê），即使在它与这种认识区分之后，也是这样。于是，倘若在历史与神话以及解释与神话这种双重区分之后，神话仍幸存下来，那么神话就不应当是在一定时间与地点所发生的历史，也不应当是解释。

我的运作假设是，批评伪假理性，受致命性打击的不是神话，而是灵知说（gnose）。由于灵知说，才成其假冒的理性。灵知说使神话中表达原因的成分得以形成和展开。恶的灵知说尤其主张以理性为基础；像这句话本身所表明的，灵知说竭力要成为"知识"。应当在灵知和理性之间作个选择。但在神话滑到灵知说方面之前，在象征不是解释而是敞开与泄露的无蔽和贫乏中，也许有一个挽回神话本身的过程。我们将竭尽全力区分神话和灵知说。

柏拉图的伟大榜样激励我们从事这一尝试。柏拉图把神话嵌入他的哲学之中。他采用朴素无华的神话，似乎是不打算把它们冒充成解释；他的对话中的神话充满着谜；在那里，它们就是神话，完全不可能把它们和知识混淆起来。

神话确实本身就吸引灵知说。而且罪恶问题好像就是从神话到灵知说这一过渡的主要诱因。我们已知道是什么有力助长了对来自苦难与罪的疑问："天啊，有多么久？""我触犯了某尊神道？""我的行为是纯洁的吗？"可以说，罪恶问题最能引起信口胡说，但它同时又向思考提出了最值得注意的挑战，仿佛罪恶总是一个不成熟的问题，在那里，理性的目的总是超过它的手段。早在人的本能使理性变成胡言乱语并使它陷入超自然幻觉之前，按想象在最初无罪和最终尽善尽美去设计的人的目标和实际被承认与供认的人的处境之间所感到的矛盾，在实际去体验的人的心中引起一个硕大的问号"？"。由此，大量解释那个"疑问"的胡言乱语

---

①　如本书第三卷将要表明的，拒绝将神话归于可用明白易懂的语言译成的寓言，并不完全排斥对神话的"解释"，我们将提出并非"翻译"的一种"解释"类型；让我们暂且简单说明一下，揭示由神话所展现的体验领域的过程可构成一种堪与知性范畴的先验演绎相比的关于存在的验证（an existential verification）。参考本卷最后一章："象征导致思想"。

就组成了值得注意的灵知文学。

那么，先于其"表达原因"主张的神话是什么？如果神话不是灵知说又是什么呢？我们再次想起象征的功能。上面说过，象征敞开和泄露体验的一方面，没有象征，这一方面就依然是关闭和掩蔽的。我们还应当说明，在什么意义上可以说神话是至今我们所探讨的初级象征的第二级功能。

为此，我们必须重新发现这种敞开和泄露的功能——我们在此将这一功能与灵知说解释功能相对立——正好是不同于初级象征的神话的特性。于是，故事替初级象征阶段添加了新的意义阶段。

故事何以会以象征而非表达原因的方式去表示意义呢？

我们这里将求助于宗教现象学（v. d. 莱乌、莱因哈特、埃利亚代）对神话意识所作的解释。表面看起来，那种解释似乎要分解同一意识的神话—故事，那种意识与其说在构成神话的故事传述，不如说本身在情感上和实践上与事物总体有关。我们在此必须弄明白那早于任何故事、任何寓言或传统所构成的意识，为什么却突然有使用故事形式的语言。如果说，宗教现象学家更关心从故事追溯到神话前于故事的根，那我们就应该依随由前于故事的意识到神话故事的相反进程。神话象征功能之谜全都被集中在这一转化之中。

我们应当说明一下神话的两个特性：一、神话是一种语言表达方式；二、在神话中，象征采取故事形式。

让我们转到神话的背后。按照宗教现象学，神话—故事只是在表述前所感受与经历的一种生活方式的言语外壳；这种生活方式最初以有关事物总体的包罗一切的行为模式表达自身，这种行为在仪式上而不是在故事中得到最完全的表达，而神话的语言只是这总体行为的言语部分。[1] 更重要的是，仪式的行为和神话的语言总的看来都表明它们自身之外为它们所模仿或重复的范型或原型；姿势的模仿和言语的重复只是实际参与原始行为的不相连贯的表示，这原始行为是仪式与神话的共同原型。

宗教现象学无疑因如此追溯到神话结构而深刻地影响了神话的问题，这神话结构可能就是这种或那种神话所特有的各种形象和各富特色的故事的母胎，并且，神话的基本范畴——参与，与神的关系等——与这发散的神话结构有关。

正是这神话结构本身导致了神话的多样性。这神话结构的终极意义其实又是什么呢？我们得知，它表示仪式上和神话中的人和事物总体本质上是一致的；它表示一种浑然一体，由此，超自然、自然和心理都尚未分裂。但神话何以表示这浑然一体呢？实际上，对人类不可与此分离的宇宙总体和这先于超自然、自然和

---

① 埃利亚代（Eliade）说："有必要让自己习惯于将神话概念从谈话和寓言的概念中分离开来，以便使它同神的行为与有意义的姿势相关联。神话所包含的不仅有传述某些发生的事件和某些生活在那个时期（in illo tempore）的人，而且也有直接或间接同这些事件和同原始时代的人有关的一切"（《宗教史论文集》，第335页）。

人类划分的浑然一体的这一直觉，并不是被引起的，而仅仅是被指向的（visées）。神话只是在意向中才恢复某种完整；由于人本身已丧失那种完整，他才在神话和仪式中重新演现和模仿它。原始初民已有分工。因此，神话只能是一种意向的恢复或复原，在这意义上，它已经是象征性的了。

在体验与意向之间的这一距离已为所有把防忧虑的生物学上的作用归于神话的作者所承认。如果神话创作是帖解除忧虑的药，那是因为神话中的人已经有一种苦恼意识，[1]对这样的人来说，一贯性、一致及再一致都是被说及和被做出的东西，恰恰因为这些都不是被假设的。神话创作是原始的，是与神话结构同时发生的，因为参与是被表示而不是被体验。

现在，在表明人与已失去的总体的关系的纯象征特性的过程中，从一开始就谴责神话被划分成多重系列。其实，那里并不存在任何意指等于其目标的行为。像研究过错的初级象征给人启示的那样，象征所表示的总是有某种东西在起着类似出发点的作用；象征的多重性是它们从属一个类似物世系的直接结果，这些象征在扩展中必然都被限定，它们各自的理解也同样被限定。

列维-斯特劳斯（Lévi-Strauss）[2]十分强调最初在有限体验和神话所表示的总体之间的不一致：他写道：[3]"世界（这个词）表明，人类很早就知道它表示什么意思……它表示，人类从开始就是从总体上盼望去了解它的"；"人类具有从开始就任他支配的一种意义完整性；至于怎样赋予其正确涵义，他却非常困惑，不过，这本身是不知不觉引起的。"这个如此被表示而极少被体验的总体，只有当它被浓缩在神祇并成为有意义整体的特许符号时，才成为有效的。因此才有象征的原始多样化。其实世界上任何地方都不存在这样一种文明，这一文明会在某种形式的神话或特定仪式之外去意向这多余的意义。神祇的表现形式是偶然的，这恰正因为它是"浮动"的；所以，它不可能是神授的无限多样性，而只是出于神话和仪式的无限多样性。神话世界的混沌与随意的方面因而恰恰是纯粹象征的浑然一体和体验的有限之间的不相一致的对应物，那体验提供给人的是类似所表示的东西。再则，故事和仪式需要认可神祇符号的外形：圣所和神物，时间和节日，都是我们在故事中发现的其他偶然性方面。如果浑然一体被体验，它就可能在任何空间和时间之中；但因为它只是在象征上被意指的，它需要特别符号及对符号的论述；它们的异质性因其偶然的显露而证明了有意义的整体。因此，神话具有卫护符号的有限外形的功能，反过来，符号又涉及人所意指而非体验的浑然一体。那就是

---

　　[1]　人们不可能像古斯多夫（G. Gusdorf）在《神话和形而上学》（*Mythe et Métaphysique*，巴黎，1953 年）那样，既认为神话有生物学的保护作用（第 12，21 页），又认为神话是"这世上出于自然的形式"。所有对神话意识的过高评价都来自对被体验的一致和被意向的再一致之间距离的遗忘。如果"原始人仍是这种一致与再一致的人，浑然一体的人"，以及他保存了"不难在神话见到的原始初民将现实与价值视为一致"的痕迹都是确凿的，那么人们就不再可能去理解神话意识致力于故事、形象及通常致力于有意义言语的原因。
　　[2]　列维-斯特劳斯（Lévi-Strauss，1908-2009），法国文化人类学家。
　　[3]　古斯多夫在上书第 45 页所引。

为什么，尽管原始文明几乎一致地都具有相同的神话结构，但这种无差别结构无不以神话的多样性而存在；一种神话结构与多种神话的这一极性化是神话与仪式再生产的总体与全体的象征特性的结果。因为神祇是被象征的而不是实有的，它被分解成神话的多样性。

但当神话被分解时，为什么表现为故事形式？现在我们必须要了解，神话和仪式引导我们去参与的原始模式本身为什么倾向于一种戏剧性。实际上，正因为那最终由每个神话所表明的东西本身具有一种戏剧形式，由神话意识分裂而成的故事本身才是对偶然发生的事件和人物的编造；因为它的范例是戏剧性的，神话本身才是连篇的事件，并只见之于故事的可塑形式之中。但神话故事为什么象征性地涉及一种戏剧呢？

因为神话意识不仅不体验总体，甚至也不去表明它，除非在基本历史的起源或终结里。神话所象征地暗示的总体是确认的、失落的和犹豫痛苦地再确认的。因此它不是被引起的，不仅因为它是意指的，而不是被体验的，而且也因为它经过一场争斗才是意指的。神话，还有仪式，都从这原始戏剧性事件中获得故事所特有的传述方式。于是，神话及其形象与事件的可塑性既出自为纯象征的神祇提供对应符号的必要性，又出自原始时代的戏剧性。这样，神话时代从一开始就因原始的戏剧性事件而多样化。

我们现在要研究的罪恶起源与终结的神话是神话的一小部分，并只为本导言所提出的运作假设提供部分的证据。至少它们给我们提供了通向神话世界的原始戏剧结构的直接途径。我们再回顾一下以上对罪恶神话所归结的三个基本特性：具体的普遍性借原型角色赋予人的体验；自起源至终结定向的一种虚构历史；以及第三，从一种自发的原始状态向一种疏远的历史转变；这罪恶神话的三个功能是同一戏剧结构的三个方面。因此，故事形式既不是从属的，又不是偶然的，而是原始与本质的。神话以故事的特殊手段完成其象征功能，因为它要去表达的东西已经是一种戏剧性事件。正是这种原始的戏剧性事件，表现和揭示了人的体验中隐蔽的意义；所以描述这事件的神话显示了故事的不可替代的功能。

我们刚才所强调的神话两个特性对我们研究过错领域十分重要。

首先，由神祇所构成的剩下的意义、"浮动的意义"（signifiant flottant）证明，我们上篇所叙述的过错体验从其根子中就与一种意义总体，与世界无所不包的意义有关或有牵连。这有关或有牵连是体验的组成部分；或反过来，体验只存在于跟置过错于一个总体的象征的关系中，这总体不是被领悟和体验的，而是被意指、针对、凭幻想作出的。而且，罪的忏悔语言只是神话用以表明过错的起源与终结及其从中出现的总体的更广泛语言的片断。如果我们把实际的体验与象征分离开来，我们就从体验中夺走那成全其意义的东西。现在，正是作为故事的神话，将当下的过错体验置于和意义总体的关联之中。

另一方面，这作为过错背景的总体意义通过神话意识而跟原始的戏剧事件相联系。充满过错体验的初级象征是悲忧、斗争以及古代用以表示世界本原胜利的象征。意义总体和宇宙戏剧将是帮助我们揭开起源和终结神话秘密的两个关键。

第三节　恶的起源和终结的神话"类型学"

但倘然原始文明的神话意识其种类总像原始文明本身那么多，又倘然神话在数量上是无限的，那我们又将怎样在一和多（l'Un et le Multiple）之间摸索出一条路径来？我们将何以去避免不是迷失于处处寻找"超自然力量"(mana) 和重复及参与的一种神话意识的模糊现象学之中，就是迷失于一种无限多重比较的神话学之中？我们将努力听从柏拉图在《斐里布篇》(le Philèbe) 中的忠告，他告诉我们，不要学"诡辩家"的样，他们使"人过于机巧"，而要始终去寻找"在无限 (Infini) 和一（l'Un）区间中的复多"的中量数；柏拉图说，考虑这些"中量数"是区别我们讨论中辩证方法与诡辩方法的东西。

这中介于无差别的神话意识和千差万别的神话之间的"可计量复多"，应当凭藉一种"类型学"去寻求。我们所提出的"类型"，既是先验的，它使我们得以把握解释所遇体验的关键，并使我们在罪恶神话学的曲折蹊径中认定方向，同时回过头来说，又始终要通过和体验的联系去修正和改进。我很赞成列维—斯特劳斯在《忧郁的热带》(Tristes Tropiques) 中的看法，人在神话创作中凭想象和风俗活动所可能产生的形象在数量上并不是无限的，并且，这看法至少作为一个运作假设，有可能提出一种基本形象的形态学。

这里，我们将考虑有关罪恶起源和终结的四种有代表性的神话"类型"。

一、根据我们称为创世戏剧的第一种类型，罪恶的起源与事物的起源同样悠久；混沌是神的创世活动所与之斗争的对象。与此相对应的看法是，拯救与创世本身相同一；创立世界的活动同时又是解救的活动。我们将在相应于这罪恶起源和终结"类型"的祭礼结构中证明这一点；祭礼只能是对发生在世界起源时的战斗的一种宗教仪式的重演。罪恶与"混沌"同一，以及拯救与"创世"同一，在我们看来，就是这第一种类型的两个基本特性。其他特性都是这两个主要特性的推论。

二、在我们看来，随着将人看作一种"堕落"，类型起了一种变化，这种看法把人的"堕落"看作是在已完成的创世中所出现的一个荒谬事件；因此我们将试图去说明，创世戏剧排除将人看作一种"堕落"。在创世戏剧中任何"堕落"说的暗示——如果有这种暗示的话——都被认为受整个说明的牵制，并预示向另一"类型"的转变；相反，人是"堕落"的看法只有在任何创世戏剧都排除的宇宙论中才得以充分展开。跟建立在"堕落"概念之上的模式相对应，拯救是与最早的创世有关的一个新突变；拯救在已完成并在那意义上已结束的创世基础上展现了一个新的和敞开的历史。

这样，随着第二种类型，在堕落这荒谬事件和创世这远古戏剧之间所产生的分裂引起了在显然已成为历史的拯救主题和创世主题之间的一种相类似的分裂，创世主题退而作为在世界舞台上演的世俗戏剧的"宇宙论"背景。被理解为神性之创举和信徒趋于排除罪恶之创举的总和的拯救，从今以后针对与创世终结截然不同的一种特有的终结。那将"末世论"（eschatologiques）表象吸引在其周围的特有的终结不再可能与创世的终结相同一，而我们就有这两个表象之间的一种奇妙的牵制：创世表象随着"第七日安息"而终结，而拯救行为的表象仍是悬而不决，直至"世界末日"（Dernier Jour）关于罪恶的疑难与关于创世的疑难沿着因完成的创世产生的一种堕落观念所起始的整个路线而日益分离。而且，正是堕落的事件带有这种神话的全部影响，就像一座颠倒金字塔的尖顶。

三、在属创世戏剧的混沌神话和堕落神话之间，我们将插入一种可被称为"悲剧"的中介类型，因为它突然在古希腊悲剧中获得其充分的表现形式。在人的悲剧眼光背后，我们将寻找一种含蓄的，也许是不可言明的神学：诱惑、盲目、引人歧途的神之悲剧的神学。在这里，过错看来跟悲剧人物的生活方式密切相关；他未犯过错，却是有罪的。那么，拯救又会是什么呢？并非"对罪的宽恕"，因为对于不可避免的过错是无所谓宽恕的。不过，有一种悲剧的拯救，它是出自悲剧场面本身的一种美学的解救，它内在于人的存在深处，并变成对自身的关心。这种拯救使自由跟所理解的必然相一致。

在创世戏剧中的混沌、悲剧中的英雄那无法避免的过错以及人的始祖的堕落之间有排斥和包容的复杂关系，我们将试图亲自去理解和恢复这种关系；但即使是排斥的关系也发生在共同的空间中，亏得那样，这三种类型的神话才有共同的命运。

四、跟这三类神话都相邻接的是一种独特的神话，它在我们西方文化中起了重要的作用，因为它即使不支配古希腊哲学的产生，至少也支配古希腊哲学的成长。这类神话，我们将称为"灵魂放逐的神话"（le mythe de l'âme exilée），由于它把人分为灵魂和肉体，并集中在灵魂的命运上，所以，它和其他神话不同，它将灵魂说成来自它方，此刻正迷失在下界，而很少去强调其他神话的宇宙起源论的或神统论（théogonique）的背景。对我们这类型学的一个不小的考验将是去弄清楚，灵魂放逐的神话和人类始祖过错的神话，尽管实质深处是相异的，而且《圣经》的神话与堕落神话的神秘类似性是将它引向混沌神话和悲剧神话，而不是引向灵魂放逐的神话，为什么这两种神话的影响有时会交融迭加到不明显的堕落神话上。

这样，我们的"类型学"就不应限于一种分类的尝试；而应超出分类的静力学，达到既可揭示神话的潜在生命又可运作其神秘类似性的动力学。正是这种动力学应当为从哲学上重新找回神话铺平道路。

第一章　创世戏剧和
"仪式"的世界观

第一节　原始的混沌

神话第一种类型的有关恶的起源和终结，被苏梅尔—阿卡德的神统纪（théogoniques）神话以引人注目的方式所阐明，它已经以改写本的形式流传下来，所注日期也许在纪元前二千年初。这些神话描述了秩序最终战胜混沌。荷马的特别是赫西俄德的神统纪也属同一类型，但并不那么引人注目；而且它们也不像巴比伦史诗那样全然由总的世界观所决定。

要阐明这种"类型"和要揭示决定这种"类型"的促动因素，我们将跳过开场白而径自去介绍被称为埃奴玛·艾利希（Enuma Elish）的伟大创世戏剧（在起初两句诗"当站在高处……"之后 ①）。创世神话显示的第一个值得注意的特性就是，在描述世界发生之前，它描述了神祇的起源；现存的世界秩序的产生和像他现在那样的人的出现，这些都是有关诸神世系戏剧的最后一幕。这些陆续到来

① 托姆（P. Dhorme）：《亚述—巴比伦宗教文选》（*Choix de textes religieux assyro-babyloriens*），巴黎，1907年，第3-81页。拉贝特（R. Labat），《巴比伦人的创世诗》（*Le Poeme Babylonien de la creation*），巴黎，1935年。海德：《巴比伦人的创世和旧约的创世》（*The Babylonian Genesis and Old Testament Paralles*），芝加哥，1942年；第二版，1951年。这里所参考的版本见普里恰特（James B. Pritchard）编《旧约有关的近东古代文选》（*Ancient Near Eastern Texts Relating to the Old Testament*，普林斯顿，1950年；第二版，1955年），第60-72页［他在1958年出版的插图选集第31-39页有部分节选，还有门德尔松（Issac Mendelsohn）编《古代近东宗教：苏梅尔—阿卡德宗教文选和乌伽里特诗篇》（*The Religions of the Ancient Near East：Sumero-Akkadian Religious Textsand Ugaritic Epics*），纽约，1955年，第17-47页，全文照录］。加斯特（Theodore H. Gaster）已译了这篇故事，并在《世界最古老的故事》（*The Oldest Stories in the World*，波士顿，1952年）第52-70页中重新传述了它。

的神在"类型"层次上具有一种值得注意的意义；① 以最纯朴手法出现的这种神话最受惠于由陶器制作和两性繁殖提供的模式，而且同样最取决于故事形式，它在类型学上预示了近代哲学，特别是那些德国唯心主义的最微妙的个体发生。这就是即使巴比伦王国为了强调它的政治霸权而确实把一直是次要神的马尔杜克（Mardouk）② 变成宇宙斗争的英雄，我们也不应当厌弃基于最正统社会学说明之上的类型学解释的原因。社会学说明并非就是这诗篇的惟一意义；总还需要去理解表达政治霸权和对世界看法的诗歌模式本身。总之，要求去解释个体发生的"史诗"模式——按照这一思想模式，秩序是最后来到而不是开始就有的。那种宇宙论完成了神统纪，宣称这世界所存在的都是神的起源的结果——这是应当"在"神话形象中并"超出"神话形象去重新获得和理解的意向。

　　第二个特性出自第一个特性：如果神性是逐渐形成的，那么，混沌就先于秩序，恶的本原就是始初的，与神性的形成同样久远。秩序出自神性本身，并且因最后来的神灵战胜最初的神灵，秩序才得以产生。在这诗篇中，用各种形象与情节描写先前的混沌，并且首先用原始的母亲提阿马特（Tiamat）③——"诸神的母亲"（Ⅰ，4）去表示——她与原始的父亲阿卜苏（Apsu）④ 代表浩瀚的海水和河水的最初混合。但这液态的混沌有一种意义的超载，因这种超载，才形成罪恶起源的神话。提阿马特不只是可见的浩瀚海水：具有繁育的能力；她还能密谋反对其他神。故事告诉我们，较年轻的众神扰乱了这对老夫妻的原始安宁：

---

　　① 许多作者 [克雷默（S. N. Kramer）《苏梅尔神话》（*Sumerian Mythology*），费城，1944 年；雅可布森（Thorkild Jacobsen）在由法兰克福（H. 和 H. A. Frankfort）、威尔逊（J. A. Wilson）和雅可布森合著的《古代人类的智力冒险》（*The Intellectual Adventure of Ancient Man*，芝加哥，1947 年）中] 已再现了我们这里所研究的阿卡德神话的背景。从这种研究看来，秩序的起源问题较晚出现，而且正是秩序本身被赞颂。那秩序已被描写成一种广袤的状态，或者一种宇宙状态，在这状态里，世界的基本力量有一种明确的等级，处在顶端的有：权力、君权、君主统治（天，Anu）；然后是意义不明确的力量（Enlil，风暴之神），他不仅带来破坏，也带来帮助（我们将看到，在阿卡德的创世诗篇中，他战胜了提阿马特的至高权力）；然后是地母（Mother Earth）受动的繁殖力，它同样能动与机灵的创造力恩奇（Enki，大地神族，甘甜的井水，泉水和河水）。无疑，应当记住这种对秩序的看法，当读到后来的以马尔杜克为英雄的神话时，在那里，对秩序提出了挑战，但这最古老的神话已包含后来神统纪神话与宇宙起源神话的萌芽。首先，宇宙等级的看法从开始就等于一种戏剧，即使只是由这些改变自地位的多种力量拼凑而成。其次，这些起源的神话始终占一定的地位，即使只是有关次要的神祇、交合、冲突、神的天命决定变动的宇宙等级。但最要紧的是，有着至高神力量的君权通过众神集合的委任，从一个神传到另一个神，这样，运动就引进了体系。对于美索不达米亚（Mesopotamian）一些城市相继称王的原因解释涉及对神的等级的灵活组织内一连串神力的推崇。对马尔杜克的推崇——他是我们这里当作第一种类型例示的神话的中心人物——属于这种美索不达米亚众神的王权演变。这样，把秩序当作本原的看法和我们将要考察的认为秩序是通过高层斗争而赢得的另一种看法，是连续的而非矛盾的。

　　托姆在《巴比伦和亚述的宗教》（*Les Religions de Babylonie et d'Assyrie*，巴黎，1945 年）中也提出对"世界众神"的描述（第 20–52 页），这种描述模仿对可见和不可见空间的四种区分：天空、大地、海洋、地狱，并在他著作的结尾研究了宇宙起源神话和英雄神话（第 299–330 页）。相反，在《巴比伦和亚述的文学》（*La Litt'erature babylonienne et assyrienne*，巴黎，1937 年）中，在"神话文学"、"史诗文学"、"抒情文学"之前，一开始就研究"宇宙起源的文学"（并在第 27–34 页，研究"埃奴玛·艾利希 Enumu Elish"）。在孔泰纳（G. Gontenau）《亚述文明和巴比伦文明》（*La Civilisation d'Assur et de Babylone*，巴黎，1937 年）中的观点更偏于考古学和社会学（第 77 页起涉及埃奴玛·艾利希）。

　　② 马尔杜克（Mardouk），巴比伦城守护神，被说成是众水之神伊亚之子。

　　③ 提阿马特（Tiamat），巴比伦史诗中原始大海及其人格化形式。

　　④ 阿卜苏（Apus），巴比伦史诗中原始甜水之源及其人格化形象，与原始大海提阿马特相结合生出诸神。

是的，他们在天国的欢闹，
搅乱了提阿马特的心情。

Ⅰ，23-24

于是，阿卜苏想去消灭他们，但他的臣子穆姆（Mummu）提出一个计划：

阿卜苏听了，为这对付他儿神们
的罪恶阴谋，
面露喜色。

Ⅰ，51-52

但在临近实施这计划之前，老神阿卜苏被杀。而当马尔杜克生下（"一位众神中最聪明能干的神诞生"Ⅰ，80）时，提阿马特因狂怒而极度激动，并生下了一些怪物——毒蛇、龙、斯芬克斯（Sphinx）①、大狮子、疯狗、蝎人（Ⅰ，140-141）。于是，

提阿马特因此以她的作为表明，
她为跟她众儿女神的战斗做了准备，
为阿卜苏报仇，提阿马特铸成了罪恶。

Ⅱ，1-3

这残忍的描述引起一种骇人的可能性：到这里为止，万物的起源（origine）竟是善和恶的反面，它同时产生后来的秩序——马尔杜克——的原理和后来怪异的典型，而且这起源作为盲目的起源被消灭、排除。这种神性的成长以原始的残忍为代价，后来又在古希腊神话中发现；悲剧与哲学将不得不与这种多样化方式的可能性作斗争。

这种可能性，这种骇人的可能性表示什么意思呢？从消极方面来说，它表示人并非恶之根源；人是获得和继续恶的。问题在于要了解，人供认为罪人，他是否有能力将恶之根源与他自谴的罪恶意志及他自认为魁首的罪恶意志完全衔接起来。从积极方面来说，它表示罪恶是最古老的东西；罪恶是过去的存在；它是那种因世界的建立而被克服的东西；而上帝则是未来的存在。问题在于要了解，上帝供认为圣洁（Sainteté），他是否有能力完全将恶之根源排除出神性的领域。

这两个问题互为补充；唯有上帝供认为圣洁和人供认为罪人，才可彻底驱除这种可能性。我们将看到它们在多大程度上是成功的；因为除开人无能力始终保

---

① 斯芬克斯（Sphinx），带翼的狮身女性。

持双重供认的一致这可能性外，还有一种可能性，那就是这些供认撇开一些陈词滥调的说教意义，不可能有特殊的意义，除非去保留这可怕史诗中的某些东西。①

但我们还没有达到这一研究原始罪恶的终点，因为只有通过混乱，才能克服混乱；最年幼的众神正是凭借暴力才建立起秩序。这样，恶的本原有两种界定：一个是先于秩序的混沌，另一个则是克服混沌所凭借的斗争。那就是产生"史诗"神统的东西：依借着战争和谋杀，才最终战胜原先的敌人（ennemi）。

在巴比伦史诗（le poème babylonien）中，阿卜苏在睡觉时被杀这最早的谋杀，是作为马尔杜克战胜提阿马特那场决定性战斗的先声。那场战斗实际上是这篇史诗的中心，马尔杜克在众神会议上被推选为王，为那场战斗开辟了道路；② 它使众神被拯救和世界被创造相继出现，这些神受到生育他们的原始混乱的威胁：

> ……提阿马特生了我们，
>
> 但她憎恶我们，
>
> 她召集［会议］，并勃然大怒。

Ⅲ，15-16

众神渴望以王（Seigneur）的胜利去实际证明自己的被救。

这史诗叙述的每个时期，都有重大的庄重仪式，在新年喜庆日（Festival du Nouvel An）的第四天，再演的正是秩序的不寻常的到来，以庆祝秩序随众神而来。随着众神宣布马尔杜克为他们的王，信徒们大声叫喊：

> "去，杀死提阿马特。
>
> 风带着她的风腥，
>
> 告诉我们她的藏身之处。"

Ⅳ，31-32

> 然后飞扬起洪水和狂风，
>
> 这是他的强大武器，
>
> 他登上不可阻挡而令人生畏的狂风战车。

Ⅳ，49-50③

---

① 海德（《巴比伦人的创世和旧约的创世》，第127页）坚持认为创世故事在有关马尔杜克及其争夺最高地位故事中的从属性。与提阿马特的野蛮暴力形成对照，马尔杜克开始了一个可居住的世界，一个可用星体与历法测量的宇宙，就像在《蒂迈欧篇》（le Timée）一样，他最终是创建人类的始祖。托姆在《巴比伦和亚述的宗教》第308页中也持同样的看法。

② 海德，上引书，第102-114页。

③ 参考以下第五章§3。还可参阅马尔杜克对提阿马特的痛斥："你反对众神之王安莎尔（Anshar），追逐罪恶；你反对我们的前辈神，坚持你的邪恶"（Ⅳ，83-84）；并可见加斯特（T. H. Gaster）（上引书，第62-63页）有韵律并押韵的这段译文。

马尔杜克以风这罪恶的暴力打进提阿马特的身体，他战胜了她。

然后是宇宙（Cosmos）的产生：提阿马特被切割成两段，她那被分割的尸体形成宇宙各个不同的部分（IV，结尾，和 V）。这样，区别、分离、计量与组成秩序的创世行为是与结束最老神生命的犯罪行为分不开的，是与神性注定要杀神分不开的。而人本身 ① 则出自一新的罪行：叛反众神的首领被宣布有罪、被审问和杀害；按照马尔杜克的建议，从其血伊亚（Ea）② 中创造了人；人现在有奉养那些接替失败神（dieux）的伟大众神的任务。这样，人是由被杀之神的血液制造的，那就好比说是由被杀之神所丧失的生命创造的：

> 他们用他的血造了人类，
>
> 他（伊亚）强使（自己）去侍奉众神，
>
> 让他们逍遥自在。

VI，33-34③

人们注意到，这种在苏梅尔人的风暴之神、救援之神恩利勒（Enlil）④ 和马尔杜克之间的父子关系，这种在神本身起源中及后来在世界和人起源中的暴力行为，看来十分引人注目。以飓风使上游的大水和下游的大水分流，在两股水流中辟出一个有秩序的空间、浓密的天空和可居住的地球，这创世的行为又是风暴（tempête）的破坏行为，它以历史大灾难这又一方式表达自身。风暴消灭了吾珥（Ur）野蛮人，而这风暴就是恩利勒。

> 恩利勒召唤风暴，
>
> 于是这民族呻吟……
>
> 恩利勒召集罪恶之风，
>
> 于是这民族呻吟……
>
> 恩利勒忿恨地指令风暴，这风暴
>
> 于是摧毁了乡土，

---

① "我聚血并产生骨。
我要创造一个野物，'人'将是他的名字。
真的，我要造野性的人。
他将做神的仆役，
使神舒坦安适。"VI，5-9
② 伊亚（Ea），巴比伦史诗中的众水之神，马尔杜克之父，人类和文化的创造者。
③ 加斯特（上引书，第69页）将这个故事与俄耳甫斯（Orphique）的故事相比较，在俄耳甫斯故事中，人是从被电击的泰坦灰烬中产生的。我们后面还会谈到它。
④ 恩利勒（Enlil），意为"呼吸之主"，世界的主宰，降洪水淹没大地的风暴之神。

就像布块那样席卷吾珥人，

就像亚麻被单那样裹住吾珥人。①

马尔杜克也正是利用恩利勒那风的暴力战胜提阿马特的权力，打进她的躯体，并准备去毁除它——也许就像风威逼水退去一样。

苏梅尔人已注意到，对于伟大神力可作不同的解释。恩利勒威（"他那神圣的心思打算反对我什么呢？他布下罗网：那是一张仇敌的网"）恩（"民众的智慧之师……众神在人间的顾问，明智的王亲"）并施。在苏梅尔人的另一个神话、恩利勒和尼伊尔（Ninhil）的神话中，我们发现恩利勒犯了强奸罪。即使按巴比伦人的道德观，强奸不具有对女人犯下罪行的意义，它还是提供了恩利勒矛盾性格的迹象。

我们将要说明，提阿马特在众神的冲突中，在接连的杀神中，甚至在马尔杜克的胜利中所代表的混沌势力，是否就是巴比伦意识中的罪恶？我们有否权利在罪恶发生的结构中运用有关起源的神话？

当然，巴比伦人并未形成有罪的众神的观念，更不用说苏梅尔人。不过，他们在列举众神及其诡计、阴谋、暴力行为时提到了"罪恶"：

阿卜苏听了［他的臣子劝他杀死儿子的计划］

为这对付他儿神们的罪恶阴谋，

面露喜色。

埃奴玛·艾利希，Ⅰ，51-52

为阿卜苏报仇，

提阿马特铸成了罪恶。

Ⅲ，3

当众神授予为他们复仇的马尔杜克以王权时，他们说："让这罪恶所迷的神丧失生命。"（Ⅳ，18）

神话作者归结为众神的意向与行为是与人们自认为罪的事情及忏悔者忏悔的事情相同一的。在马尔杜克反对提阿马特的斗争过程中，马尔杜克作为残忍的力量出现，就像提阿马特的狂想那样缺少道德。马尔杜克体现了创世与毁灭的同一性；在与提阿马特那场决定性战斗之前，他被众神推举为王，大家欢呼：

"王，众神实际上把您的命令奉为至高无上。

---

① 法兰克福译，雅可布森，上引书，第141-142页引摘。

只要您说去破坏或去创造：
都将奉为至高无上。"

Ⅳ，21-22

可见，原始的暴力由此证明了人类的暴力是正当的。创世（Création）是对于一位比创世者更古老的敌人（an Ennemi）的胜利；那神性所固有的敌人，在历史上代表将由创世者作为神的仆人接替他们为王的所有敌人，创世者的天职就是去消灭这敌人。这样，暴力（violence）被铭刻在万物的起源中，铭刻在立就是破的原则中。

如果我们对支配巴比伦创始神话的"类型"所作的解释是正确的话，那么苏梅尔神话和阿卡德神话中所谓的堕落神话则提供了反证。实际上，原始暴力的"类型"排斥堕落的"类型"——也就是说，从确切意义上，秩序的退化根本不同于神话方面所表示的"后于"创世的秩序的建立。

于是，《圣经》中对伊甸园（Paradis）和堕落的描写首先被确认是由巴比伦文学中依稀可辨的那些最早的表述而来的。[①] 苏梅尔人的古老神话——经传抄、注释而解体成不同的残篇，现在则附属于"恩奇（Enki，即伊亚）和宁呼尔萨格（Ninhursag）[②] 一组"——事实上描写了一片极乐、"净洁"和"光明"的土地，在这块土地上，显然没有死亡，没有疾病，没有动物之间的生死搏斗。水神和他那些被称为"大地之母"的配偶、然后和他的女儿、他的孙女生育了一系列的神，自他的配偶到他所拥抱的大孙女，利用他的种子萌生出八棵幼苗。但在女神为它们命名之前，恩奇采摘并吃了它们。女神这样咒骂他："直到他死为止，我都不用'生之眼'去看待他"（诗行219）。这诅咒使神（恩奇）虚弱和患病。最后，狐狸使这两位神（女神和恩奇）重归于好，女神为恩奇每一有病的器官创造一个相应的神，由此治好他的病。如果《圣经》中的伊甸园原型真的早已在这诗篇中形成，那么，照它前三十行诗看来，它已错取了"伊甸园神话"（mythe de paradis）的标题，不可能从恩奇吃八棵幼苗的情节中分辨出堕落的模式。恩奇按他吃掉的这些幼苗的本性去了解它们的"内心"，并为它们命名："（恩奇）决定这些幼苗的命运，懂得它们的'内心'"（诗行217）。而结果不是恶进入世界，而是流放到水的黑暗势力之中。因此，我们仍与围绕宇宙力、地球与水叙述神统的史诗残篇打交道，并不涉及与人的罪恶的出现有关的事情。[③]

---

① 兰登（S. Langdon），《苏梅尔史诗中的伊甸乐园、洪水和人的堕落》（le Poème sumérien du paradis, du Déluge et de la chute），维龙利安（Ch. Virolleaud），法译本，巴黎，1919年。参见托姆一文，《圣经》期刊（1921年），第309-312页；克雷默（S. N. Kramer），《苏梅尔神话》（Sumerian Mythology），第54-59页；孔泰纳：《巴比伦洪水》（Le Déluge babylonien），新版，第50-54页。克雷默有个新译本，对这篇艰涩的苏梅尔原文提出完全不同的解释，载普里恰特（Pritchard），上引书，第37-41页，和门德尔松，上引书，第3-11页。

② 宁呼尔萨格（Ninhursag），美索不达米亚宗教崇奉的神灵。

③ 在克雷默看来，相关的是对植物起源的一种解释。孔泰纳注意到中心主题的"神的婚礼"、一种古老的生育仪式，它为这地上的生命提供了保证。

就洪水（déluge）而言，巴比伦人和苏梅尔人传下的故事，①都不见得强调这宇宙灾难是对人所犯过错的惩罚。实际上，正是在这里，我们最清楚不过地看到，不同的类型可以使用同样的比喻。在《圣经》神话看来，最接近于巴比伦文献——不论那文献是我们熟悉的故事，或是更原始的传说，②——的地方，就是它的比喻似乎出自有关巴比伦文献，这些文献都由堕落类型的主要意向中获得特别的识记；洪水是打算用来说明人的邪恶不断增长的长长一系列故事（亚伯和该隐，巴别塔，等）的结束。而我们这里的巴比伦文献则没有这类东西：同一支脉的一系列比喻为一种根本不同的观点提供支持；洪水重新插进神统纪及其原始暴力之中。

巴比伦人对洪水的描写③被插进《吉加美士史诗》（l'épopée de Gilgamesh）④（我们后面还将说明这篇巴比伦《奥德赛》（Odyssée）的意义，从而能更好理解这史诗的背景何以会适合很晚才收进它里面的洪水故事的）。洪水题旨仍然是模糊的："众神伟大的内心引起洪水"。这是神的任性吗？看来是这样。现在，灾难弄得不可收拾，众神惊慌失措：

> 众神受洪水的惊吓，
> 他们退而升上安努（Anu）⑤的天穹，
> 众神像丧家之犬，
> 蜷缩在墙外。
> 伊西塔像临产的女人，大喊大叫，
> 这位［众神］声音甜美的情妇大声哀叹：
> "过去的日子不幸成了泡影，
> 因为我在众神集会上诉诸罪恶，
> 我竟会在众神集会上诉诸罪恶，
> 以至于下达消灭我子民的战斗命令，

---

① 托姆：《亚述—巴比伦宗教文选》，第 100-120 页。汤姆森（R. Campbell Thompson），《吉加美士史诗》（The Epic of Gilgamesh）（牛津，1938 年）。孔泰纳，《巴比伦洪水，地狱中的伊西塔，巴别塔》（Le Déluge babylonien, Ishtar aux enfers, La Tour de Babel，巴黎，1941 年；新版，1952 年），第 90-120 页上的正文，作者关注区分故意中的不同层次，表明了他的考古学兴趣。参考普里恰特上引书中类似的评论，第 42-52 页的苏梅尔神话由克雷默翻译，而第 72-99 页插入吉加美士史诗中的阿卡德神话，由斯佩塞（E. A. Speiser）翻译（在上引《文选》第 65-75 页和门德尔松上引书第 100-109 页重新收录）。海德（A. Heidel）：《吉加美士史诗和旧约的类似事件》（The Gilgamesh Epic and Old Testment Parallels，芝加哥，1945 年），其中载有书板XI（第 80-93 页）和阿特拉西斯史诗（第 106-116 页）。

② 孔泰纳，上引书，第 110-112 页。

③ 我们据有的最早苏梅尔版本过于残缺，不可能作可靠的解释。尤其在众神决定要去消灭人类、分娩女神林图（Nintu）听到哭泣声，人类之友、智慧之神恩奇策划去救他的被保护人、苏梅尔的挪亚悉苏特拉，都有大块缺失。悉苏特拉确实被描写成虔敬神的王；但对他所解救的洪水，除神的决定外的其他起因均未作任何暗示。在洪水以后，他获得"类似神的生命"和"不朽的精神"；他被放逐到日出之地第尔姆（Dilmun），最后被消灭。

④ 《吉加美士史诗》，美索不达米亚的神话性史诗。

⑤ 安努（Anu），苏梅尔人宗教的苍天神。

而生育我子民的又正是我自己！

他们像鱼卵一样，充满了海洋。"

XI，113-123

洪水显然有恩利勒的特色，我们在他身上已看到了原始的暴力（violence）；洪水就是风暴，只是不像创世中把水分开的做法，它把万物都变为混沌，仿佛一场永恒的狂热。巴比伦的挪亚，也就是伏坦纳比西丁（Utnapishtim）[①]（意思是"生命之日"），他接替苏梅尔人的阿卡德英雄悉苏杜（Zinsuddu）或悉苏特拉（Zinsudra）（意思是"被生命之日接续[②]）"，在从水中被救起时，向众神献上他们所欢喜的祭品："众神闻到气味，闻到甜味，像苍蝇一样盯在献祭者周围"（XI，159-161）。但伊西塔想让恩利勒走开："由于他（恩利勒）的鲁莽，才造成洪水，并使我子民灭亡。"（168-169）而恩利勒则大发雷霆，因为放过了一个凡人："哪个生灵放脱过？任何人都不得逃生！"（173-174）。伊亚严厉斥责了他："你怎么会鲁莽地引起洪水？将他的罪加在罪人身上，将他的犯罪加在犯法者身上！而还得宽大，免得他死掉，还得忍耐，免得他被驱［逐］！"（179-183）当然，这里可发现对人类罪恶的一种暗示；但洪水恰恰与人的过错不相联系，因为它是由神所表现出来的愤怒引起的，神可以用与人的过错同样大的灾害警告人们，而不必降下洪水。恩利勒表示后悔，他赞美生命之日，并赋予他不朽。洪水并不是对死是罪的报应的证明，而生命之日也不"被恩典所救"。

阿特拉哈西斯（Atrahasis）诗篇确实更明确地涉及洪水的动机：

陆地日益广阔，民众（日益）繁多，

陆地像野牛一样吼叫。

神（恩利勒）被它们的喧闹所扰，

（恩利勒）听见它们的叫喊，

（并）对伟大众神说：

"人类的叫喊变得难以忍受，

我常常被他们的喧闹，

弄得睡不好觉。"

A，2-8

显然，即使认为人负有责任，但一种伦理的动机尚不能成功地突破。被冒犯的不是神的神圣！

[①]　伏坦纳比西丁（Utnapishtim），美索不达米亚神话中战胜洪水的英雄。
[②]　孔泰纳，第71页。

最后，洪水的情节仍要在神性的混沌中去把握；并不是一个创世的神圣上帝（Dieu saint de la Genèse）面对人的混乱，而是相对抗的、像狗一样发抖的、像苍蝇一样群集在献祭的古代贤人（Sage）周围的相互谴责的神。人的过错的主题，在阿特拉哈西斯史诗和阿卡德史诗中，都是行将结束时才出现在伊亚的责备中，好比是受神话占优势的结构的妨碍和阻挡。应当承认，在同一民间传说的基础上孕育了两种不同的神学。①

神话的意图不是要说明人的邪恶，这一点通过其插进著名的《吉加美士史诗》的内容已得到进一步证实。②吉加美士（Gilgamesh）的追求完全同罪无关，而只同完全卸脱任何伦理意义的死有关，并同不朽的愿望有关。

吉加美士是"人的、过于人的"史诗；正是对不朽的追求，揭示了必死的命运，③罪恶就是死。在令人悲痛地体验他的朋友、第二个人的死之前，怪物胡瓦瓦（Huwawa）代表对死的恐惧，被居于森林深处的神认定是"一种凡人的恐惧"；这两个朋友必须去消灭他，以驱散他们的害怕："我和你，让我们杀死他吧，这样我们就可以清除大地上的所有罪恶！"（Ⅲ，ⅲ，6-7）"胡瓦瓦——他的吼声就是洪水风暴，他满口是火，他的气息是死！"（Ⅲ，ⅲ，18-20）。而吉加美士已经预感到这秘密，他将不得不把这秘密看作是他生命有限的原因：

> "我的朋友，谁能逃脱死亡？
> 只有众神在太阳下永生，
> 至于人类，他们的生涯屈指可数；
> 显赫达贵，都只是过眼烟云！"

Ⅲ，Ⅳ，5-8

在这里，史诗简直成了人生短暂的哀歌。

吉加美士和他的朋友真的杀死了森林巨怪，还杀死了因冒犯众神而被派遣来

---

① 海德在上引书认定巴比伦的洪水和《圣经》的洪水的多处差异，表现相反的意图，有着不同的动机；他比较了巴比伦神的任性和《圣经》上帝的神圣，并比较了前者的"悔恨"与后者的"后悔"。孔泰纳较少觉察到类型学方面的差异，他写道："所有保存有洪水回忆的文明都把洪水看作众神对人所犯过错的惩罚。巴比伦的洪水肯定也如此；但我们仍缺乏对那一类过错的说明；我们看到众神因人类而生气，却不知其原因所在。不过在二十年前，这一点已被认为得到了解释。"（上引书，第50页）。

② 托姆：《亚述—巴比伦宗教文选》，第182-325页。孔泰纳：《吉加美士史诗，巴比伦诗篇》（*L'Épopee de Gilgamesh, poéme babylonien*，巴黎，1939年）；海德：《吉加美士史诗和旧约的类似事件》（*The Gilgamesh Epic and Old Testament Parallels*，芝加哥，1945年）。我们的引文是普里恰特上引书的译文。苏梅尔残篇，第42-52页；阿卡德译文，第72-99页，在其编的《文集》（除书板Ⅻ）第40-75页，并在门德尔松（L. Mendelsohn），上引书，第47-115页。加斯特在《世界最古老的故事》（*The Oldest Stories in the World*）第21-51页重新改写。托姆在《巴比伦和亚述文学》第51-73页中评论了它们。

③ 关于人有神的与泰坦的双重血缘，俄耳甫斯神话似乎不像守卫巴比伦挪亚住所大门的蝎一人对吉加美士的描写："他来到我们这里，他的身体是众神的肉"；这怪物的妻子回答说："他三分之二是神，三分之一是人"（Ⅸ，Ⅱ，14和16）。撇开讽刺口气，这种特性说明了这事业的英雄性质，但并不保证它成功。博泰托（J. Bottéto）：《巴比伦宗教》（*La religion Babylonienne*，巴黎，1952年，第85页），清楚地看到俄耳甫斯神话与巴比伦神话在用神的血造人方面的差别。

对付他们的"天牛"（taureau du ciel）。但这些凶杀都不带任何有罪的意思；而且，仍应着眼于不朽的愿望去解释它们；它们表明，人的愿望就是要分享众神的不朽；并且，正是众神的嫉妒使这种不朽的愿望变成由巨怪和天牛的消灭所代表的一种越界。

> 众神相互说：
> "因为他们杀了天牛，杀了胡瓦瓦，
> 所以，安努说，他们中的
> 一位砍去了山上的松树（注定要死）！"

VII，6-8

于是，吉加美士遂初次有了惟一对死的体验，那是人们通常有的比如对一位朋友的死的体验：

> "听着，我的前辈！
> 正是为我的（朋友）恩奇杜（Enkidu），
> 我才哭泣，
> 像一个号啕着的女人那般，
> 悲痛欲绝……"

VII，ii，1 起

还有：

> "当我死了，还不是像恩奇杜一样？
> 他已进入我的腹中。
> 害怕死亡，我徜徉在草原上。"

IX，i，3-5①

到阿卡德的挪亚、伏坦纳比西丁（Utnapishtim）家乡的航行被放在全然与探究过错的疑难无关的这一热情而又徒劳的追求的框架中：

> "（我要去问他）有关死和生的事。"

---

① 没有比史诗更接近悲剧，恩利勒判处这朋友的死，而夏马西喊叫道："他们杀死天马和胡瓦瓦，那还不是由我决定？/ 现在天真的 / 恩奇杜理该死吗？"（VII，12-15）不过，悲剧的主题尚不完全；那里没有神使人迷茫；这里无辜与过错的相互作用仍是神统纪中的冲突所附带的。

但即使在这次会见之前，他就被各种可怕的征兆所警告：

> 蝎人说，"吉加美士，[一个凡人]，他永远
> 不能到达这里。"

IX，iii，8

> 而夏马西（Shamash）则说，
> "吉加美士，你要去何方？
> 你不会找到你要寻找的生命。"

X，i，7-8

而"住在深海里"的老太婆西图利（Siduri）背诵着连祷文：

> "你不会找到你要寻找的生命，
> 当众神创造了人类，
> 他们并不顾及代表人类的死，
> 生命依然操在他们手中。"

X，iii，2-5

她给他的忠告也是传道书（l'Ecclésiaste）的忠告：寻欢作乐，酒宴和跳舞：

> "让你妻子有你做伴而高兴！
> 因为这是（人）的任务！"

X，iii，13-14

伏坦纳比西丁的不朽只有一种异常和不可言传的迹象，这使吉加美士的寻找变得更加危难和荒谬。[①] 悲伤的英雄因睡眠的深渊而跟神圣的英雄相分离（XI，200起）；而这睡眠也是死亡的预兆（233-234）。对于吉加美士来说只有一条路：转身返回，回到有限，回到厄里克城（Uruk），回到劳碌和烦恼。

寻找不朽是失败了，但它至少从神的家乡取来名为"返老还童"的草（XI，282）。尽管那样，他还是受到命运的极大嘲弄；在他洗澡的时候，一条蛇在他亲口吃这棵草之前，从他那里偷去了长生草。这长生草和（基督教的）禁果显然毫

---

① 海德，上引书，第10-13页：因为巴比伦挪亚的不朽是达不到的，只有老太婆才去推荐享乐主义，或抛弃英雄所恢复的奋发人生方式。

无共同之处；①它与杀胡瓦瓦及天牛是同属一组的象征，它们都与寻找不朽的圣者相冲突；它是欺骗（déception）而不是过错（faute）的最终象征。在《创世记》中，人也受挫于生命之树的果实，但那要归因于属巴比伦圈子外的另一类型的树，善和恶的知识之树。在《吉加美士史诗》中，人受挫于没有伦理意义并与任何堕落观念都无关的命运；作为挫折达到顶点的死，代表了人和众神之间本来就有的差别。

我于是认为，在苏梅尔—巴比伦文化中，缺乏一种真正有关堕落的神话，这是同它们的创世神话所提出的世界观相对应的，在那里，恶是原本就有的，并且原本包含在陆续来临的众神身上，这问题也许可以用要被解释的堕落神话去解释。那就是堕落神话没有与这类创始神话相并列的余地之原因；恶的问题从一开始就得到解答，并且就像我们已看到的，甚至在这之前：在创始人之前，在创始世界之前，甚至在建立秩序的神诞生之前。

第二节　重新演现创世仪式与王的形象

如果作为原始混沌及神统纪中的冲突的罪恶与万物的起源同样悠久，那么，创世行为本身就包括对罪恶的排除和对邪恶的排除。在这"类型"中，没有任何与创世问题截然不同的拯救问题；没有任何与创世戏剧截然不同的拯救史。

因此，每一历史戏剧，每一历史冲突，都应当通过礼拜—仪式类型重新演现的联系与创世戏剧相接。让我们试图在从礼拜到政治的所有人生领域内逐步去理解这种世界的创建及其内容的重新演现。实际上，正是在那里我们会发现，人的类型是同神统纪所幻想的这种冲突相对应的，而且我们将发现，所谓索特里亚学（Sotériologie）②是同其他神话类型相对应的。

前面曾匆匆说到，礼拜—仪式的再演现排斥了时间与历史。它只排斥一种偶然类型的历史性，我们将看到，这跟把罪恶作为偶然行为"进入世界"的解释密切相关。"礼拜—仪式"上所想象的人通过王（Roi）展现了与祭礼相联系——并因此跟创世戏剧的重新演现相联系——的一种特有的历史。因为王权介于众神和人之间，它提供了把历史与祭礼联系起来的形象，就像祭礼本身与神统纪戏剧相联系一样。我们将根据当代有关"亚述—巴比伦王权的宗教性质"的著作，③试图去

---

①　尽管托姆在上引书第69页说："像在伊甸园那样，从人那里盗去不朽生命力的也是蛇……只有蛇，得益于英雄的苦难。"

②　索特里亚，是希腊化时代的宗教为纪念从一次危机中得救而奉献的任何牺牲或一系列牺牲，该词常用来指定期举行的纪念性节日。

③　拉贝特：《亚述—巴比伦王权的宗教性质》（Le caractére religieux de la royauté assyro-babylonienne，巴黎，1939年）；法兰克福：《王权和众神》（Kingship and the Gods，芝加哥，1948年）；恩奇奈（Engnell）：《古代近东神圣王权的研究》（Studies in Divine Kingship in the Ancient Near East，乌普沙拉，1943年）；雅可布森："美索不达米亚"（Mesopotamia），载《古代人类的理智冒险》（The Intellectual Adventure of Ancient Man，芝加哥，1946年）。

说明这种历史类型和我们这里将研究的罪恶类型之间相一致的地方。

创世戏剧最初是由祭礼和所有围绕人类一切活动的仪式实践而进入人的历史的。[1] 在当时，祭礼是一种活动——不仅是一种想象的再演，而且也是一种主动参与的戏剧的新生。创世神话表明，[2] 人类是为做众神奴仆而被创造的，为此，众神建立了巴比伦和巴比伦神殿，以及它的祭礼；当这位仆人要向建立秩序的神致意时，就要明确作出这个表示，要求创世戏剧的真实再演。巴比伦新年（Nouvel An）喜庆的盛况是颇有名的。[3] 全体人民面对一群模拟的众神，表演赢得世界秩序的原始战斗，并重温史诗的基本情绪——不尽的苦恼、战斗的激昂、胜利的欢乐。在这个节日庆典上，人们将他们的全部生活都同创世戏剧相关联。节庆第四天诗的朗诵使人回想起与诗的联系。节庆仪式上对诗的模拟戏剧化，因视马尔杜克与复苏之神坦木兹（Tammuz）[4] 为同一而进一步强化。像大众之神一样，这位民族之神遭了难，成了"山上"的囚犯；骚动的民众为他哀悼，就像哀悼一位痛苦和垂死的神；它既是一位神的死，又是从创世返回到混沌。民众"同情"被关押的神，尔后，此神因仪式的帮助而复活；马尔杜克得以释放并获得自由；他的登位被再演，民众以标志节庆高潮的盛大游行参与他的获释。列队游行象征着马尔杜克面对与敌对势力的冲突；众神盛宴庆祝对混沌的胜利；最后，神的联姻使所有赋予自然和人类以生命的力量得以复苏。因同收获礼拜仪式的联系，神话性诗篇成了含有向人暗示生物周期性枯荣盛衰的象征系列，[5] 而宇宙性诗篇则有农耕仪式的描写，这一类诗不仅可作自然的引申，也可作人类的历史和政治命运的引申。

这对人类生活的影响不仅表现在节庆的赎罪作用、抚慰神的祈祷和献祭上，也表现在两个"决定命运"的礼节上，第一个礼节在马尔杜克自由之后，表示人是众神奴仆的事实，第二个礼节在仪式的结束，以表示社会更新与大地回春相一致。这样，宇宙的秩序也是人类的公义。

但王在模拟宇宙戏剧向历史转变的庆典上有着特殊的作用。王既是最高的忏悔者，在他身上集中体现了作为众神的奴仆，又是被囚禁和被释放的神的拟人化。在节庆第五天，王被剥去佩有王徽的衣服，并被祭司击打，他作了一个自己清白无罪的申明；祭司说了抚慰他的话，让他重新穿上佩有王徽的衣服，并再次将他打得痛哭流涕，那也许是表示神的善良意志；这样重新就职的王就可以在重大的

---

[1] 有关祭礼，可参考托姆，《巴比伦和亚述的宗教》，第220–257页。
[2] 埃奴玛·艾利希（*Enuma Elish*），VI，49–70。
[3] 法兰克福，上引书；拉贝特，上引书，第167–176页；恩奇奈，上引书，第33页。
[4] 坦木兹（Tammuz），苏梅尔宗教的农业与春天之神。
[5] 恩奇奈指出，至上神与丰产之神的融合很可能在两者中任何一方发生，不需要去假定通过作为中介的王从土地主题到君权主题的变换；相反，这两种"神的"称号的互相借代，从中得到好处的是作为王的人物（上引书，第18–23页）。法兰克福同样指出："对众神获得克服时间开端时的混沌的胜利的详细描写超过了同一事件中自然生命的冒险和极重要的复苏"（上引书，第314页）。

祈新仪式上扮演主祭的角色。这是一种免职受辱的场面，它将其王权的不稳跟垂死的神的囚禁联系起来，并把他的王权的恢复建立在被释放神的胜利的基础之上。

王在庆典上的这一参与集中体现了人受制于神、政治受制于宇宙、历史受制于祭礼的种种束缚。我们诚然可以说，王是大写的人（Man）。亚述人有句箴言："大人是神的影子，而（其他）人是大人的影子；大人是王，犹如神鉴。"①

这样，巴比伦思想通过君权神学和通过王的形象实现了宇宙戏剧向人的历史的过渡。现在我们将看到由此而对暴力及其在历史上作用的看法所带来的影响。

这种君权神学已深深扎根于神统纪，实际上，神就是王，神是一国之主和所有者；整个宇宙被想象成一个国家。②这样，神界本身实现了从宇宙向政治的转变；神的君权的特性之一就是人世间、人及历史的立约。

但神对于城邦、国家和"下界四域"，也就是说全人类③的统治权充其量只表现在王个人身上，王作为人未必是神，却因神的宠爱而持有王权。王的地位是原始王权自天传下的；王权传给王，只是善意待他的众神为博得好名声，并因鸿运高照——总之，因授权和选定，而非实际亲缘关系——而作的选择。登位仪式只是这种选定的表现方式罢了。

创世戏剧有可能在这种权力神学中听到一点反响吗？有可能，在基本上是不稳定的巴比伦王权概念中，法兰克福（Frankfort）和雅可布森（Th. Jacobson）颇坚持这一点，这和埃及的王权概念形成对照。④现在，美索不达米亚的权力神学和埃及的权力神学都符合它们各自的创世观；跟"埃及造物主的安详灵光在第一个黎明从海上升起，遂有他要统治的世界"，⑤形成对照的是，漫长的冲突还只是巴比伦人所想象的创世的末尾一段情节；马尔杜克只是在危机达到顶点的旨在拯救众神的集会上成为王的；这样，神的君王制本身就是混乱与忧虑的产物。人间君主的王权反映了这种痛苦的分娩；在他登位之后，"他现在面临的任务是非常险恶的"。⑥他必须不断通过征兆和预示去阐明众神的意愿；他在众神面前代表人类，把体现人类虔敬的供品在一种非常复杂的例行仪式上献祭给他们；他以众神的名义，又是立法者和审判者。他对整个国家生活负责：他是特别的（par excellence）

① 拉贝特在上引书第 222 页中说，"'王'在神与人之间有着特殊的地位；他在某种程度上是联结人的世界与崇高的神界的力量。"（同上）"他被神选中，他本身不是神，而是特别的人"（第 362 页）。我们可参考弗雷泽（Frazer）在《金枝》（Golden Bough）第六章的有名分析。恩奇奈接过这主题，他竟然把王等同于神；他看到王和以树或有生命的草所象征的植物神的这种同一，这种同一联结了天上人间；像树一样，王是生命的赋予者（上引书，第 23—30 页）。

② 雅可布森："美索不达米亚"，载《古代人类的理智冒险》。作者（像法兰克福一样，坚持去跟埃及作比较，并把这一对比与自然观的不同相联系）指出，宇宙秩序被描写成是巨大可怕力量的综合，因而被描写成宇宙国。安努（Anu）以他那令人生畏的威严代表权力的本质，"一切君权的中心和源泉"；恩利勒的破坏性暴力与它相同，就像灾难与君权相同，或如作者引用马克斯·韦伯（Max Weber）的话说，就像暴力等于是国家本质一样。用地母与水的形象去表现丰产与创造的形式也包括在这意志的综合物中，并提高到宇宙国诸力量的高度。

③ 关于从苏梅尔人到巴比伦人、亚述人王权概念的演变可参见拉贝特上引书前言。

④ 法兰克福，上引书，各处；雅可布森，上引书，第 185—200 页。

⑤ 法兰克福，上引书，第 232 页。

⑥ 同上，第 247 页。

人，独一无二的人，这国家的生杀大权都握在他手中；[1] 为对天人关系负责，他还应当是任何纠纷的受害者，并必须不断为之卑躬屈膝，"仿佛人间因罪恶而遭受的痛苦都在他身上，并不得不通过忏悔和各种清涤仪式从他体内涤除掉"；[2] 那就是王的祭司、王的崇拜者成为王的忏悔者的原因。[3] 这样，创始神话所显示的集中体现人的人性的王权，在人生苦难背景衬托下，显得是可怜的，像它又是伟大的一样——最终要受因秩序的不稳定性而生的苦恼的摆布。王的可被废黜的授权把一种不可预见性因素引进了历史；众神改换并可以改换他们在人间的奴仆。他们只要把王权转移到另一个城邦或另一个国家，就能对一位暴君或一位外来复仇者扬起鞭子，就像在他们内部，也把至高权力时而给这个，时而给那个。

神话的证明能通过生活方式而推进吗？神话的结构使我们有理由去预期也许可称作一种圣战（la Guerre Sainte）的神学。如果王代表战胜混沌的神，那敌人（l'Ennemi）就应当代表在我们历史上的罪恶势力，而他的桀骜不驯应当代表古时混沌的复活。

表面看来，这一预期似乎并未被证实："通常，巴比伦王不是一位好斗的勇士。他更愿意从事敬神的劳作与和平的努力。他建立了神殿和宫殿……"，[4] 展示权力神学这惩罚性一面的是亚述文明："亚述国王大权在握，因为他是战争的首领，是有神力的复仇者。"[5] 即使巴比伦国王不以战争首领主称，但已考虑到结局的众神还是要求他去"张扬正义，扶弱制恶"。[6] 汉谟拉比（Hammurabi）[7] 在其著名《法典》（Code）的开头宣称，他已以安努（Anu）和马尔杜克的名义"让正义在大地盛行，消灭凶暴和罪恶，制止以强凌弱……"这样，王不挥舞刀剑去对付国内外的邪恶势力，就不可能成为审判者、劳作者、忏悔者；暴力内含了使他成为特别的（par excellence）人这一命运。在他登位所授的权杖中，王得到神征服者和神复仇者的神授武器；因而，亚述王的"战无不胜的弓"，"战神伊西塔（Ishtar）骇人的弓"，都并非没有先例。[8] 由此到将敌人本身代表原始混沌只差一步。那一步是被亚述人[9] 而不是被巴比伦人[10] 更乐意跨出的。敌人应当受惩罚，因为他并不听从亚述，因为他不敬神和渎圣（所以首先要割掉他的舌头）；他的死将是神的权力的

---

[1] 拉贝特，上引书，第277页。

[2] 同上，第279页。

[3] 恩奇奈说，圣诗文学（忏悔与哀悼的圣歌和诗篇）以王为中心，《诗篇》主要是王的诗篇（上引书，第45-51页），能同意这说法吗？

[4] 拉贝特，上引书，第14页。

[5] 同上，第22页。

[6] 同上，第51页。

[7] 汉谟拉比（Hammurabi，前1792-前1750），古代巴比伦第六代王，他统一了苏梅尔和阿卡德两王国。

[8] 在不列颠博物馆的浮雕中，王的弓箭手位置跟神的弓手位置配对，弓手形象高于弓箭手的形象，这是众所周知的。这样，王在历史上的暴力是对神的原始暴力的模仿。

[9] 拉贝特在题为"圣战"一章（上引书，第253-274页），主要引述亚述时期的例子。

[10] 托姆（上引书，第145页）回顾埃奴玛·艾利希IV列举的马尔杜克的武器。雅可布森（上引书）主张风暴和忠告之神恩利勒在马尔杜克之前，他引证了许多关于城邦的同时期原文，其中，把恩利勒作为惩罚性的正义执行者去祈告；从一城邦到另一城邦的君权，证明了这个时代以暴力为公断；然后城邦之神为它哀叹，像林格尔（Ningal）看到她的城邦乌尔遭毁灭而哀叹"风暴之日"一样。

证据，尽管神是宽容的，倘若他得到原谅的话，那将是神引起畏惧的迹象。

我同样注意到，这一战争神学类型的神话的最终结果依据于把敌人当作创世戏剧中神所战胜并继续战胜的势力的看法。通过王的中介，创世戏剧对整个人类历史来说都是意味深长的，特别对人类生活中带争斗性的方面。换句话说，创世戏剧的神话类型以王和敌人的关系为标志，这种关系特别成为政治的关系。这种现象学起源十分重要，因为它使我们由神话通向政治罪恶问题，这问题在我们后面的研究中占有重要的地位。尽管看起来这种战争的神学未被亚述—巴比伦人明确和系统地展开，也反过来可以说，关于圣战的任何连贯的神学都依据这有关罪恶（mal）的第一种神话类型。在那种神学看来，敌人是凶恶的敌人，战争是对他的惩罚，而正因为先有罪恶后有秩序，所以才有凶恶的敌人。总之，罪恶并非扰乱先前秩序的事变；它实质上属于秩序的根基。其实，它是双重的根源：首先，作为敌人的角色，混沌的势力从未停歇过对罪恶的体现，尽管这些势力在世界起源时被粉碎；其次，在王的形象中，王早在建立秩序时就受同一既破坏又明智的神派遣去"消灭凶暴和罪恶"。

第三节　创世戏剧的一种"隐性"形式：希伯来人的王

我们已用巴比伦创世戏剧的例子证实我们对第一种神话类型的分析。因为神话不仅仅是显性的"类型"，它还成功地激发文化总体，因为它为文化总体提供了对其政治实体的理解。

现在我们要借助两个神话模式去证实我们的类型学方法，一个是希伯来模式，一个是希腊模式，其中，对"类型"的举例不是最纯粹的，而是更复杂的。在前一场合，创世戏剧被另一个"类型"朝后推，并仅仅是以一种隐性的（récessive）形式存在。在后一场合，世界的概念和罪恶的概念游移于若干类型之间，并开始转向我们进一步要研究的神话形式。我们这里有两种也许可称为类型间现象学"转变"的模式：把一种显性形式加在一种隐性形式之上，以及游移于若干形式之间。

我们所说的一种隐性形式将与似乎仍列作创世戏剧现象学类型的一些《希伯来圣经》的主题联系起来，这样做正确吗？一些评注家，特别是斯堪的纳维亚的[1]评论家走得更远，他们指出，救世主的（messianique）主题，甚至人类始祖的主题完全取决于"王的观念形态"，其意义我们已在创世戏剧中看到。让我们姑且同意他们的看法。也许，历史注释方法更注意有影响之处和形象及文学表达形式的

---

[1]　莫温克尔（Mowinckel）、恩奇奈、怀登伦（Widengren）、彼得森（Pedersen）。

连续性，类型学方法则要揭示不连续性。历史的连续性和现象学或类型学的不连续性，若能从不同观点和不同层次上利用它们，就不会相互排斥。

再演王反对其敌人战斗的创世戏剧"仪式—礼拜"模式肯定是若干诗篇的关键，它同时暗示，以耶和华和王的敌人所代表的历史中的恶也根源于耶和华所战胜的原始敌意之中，那时，耶和华创建了世界，并建立了他安尊为王的天。

这样，庆贺耶和华登位的礼拜框架仍同创始戏剧有关：上帝统治的诗篇（《诗篇》47，93，95，100）发出"上帝是王！"的欢呼；并且就像他的王国既包括历史上各个民族，又包括自然界，其统治、征战，与敌人争斗的方式，也都是历史神学所特有的，都有意利用了创世戏剧的意象。在《诗篇》第八篇中，天作为耶和华反对外敌、消灭敌人与反叛者的大有作为的场所出现。水的无形力量，就像一些怪异——拉哈伯（Rahab）、龙（Dragon）——的形象那样，与原始大海的形象相结合，继续去代表与不可动摇的上天相对峙的原始对手："耶和华在高处大有能力，胜过诸水的响声、洋海的大浪"（《诗篇》93：4）；"你管辖海的狂傲，波浪翻腾，你就使他平静了。你打碎了拉哈伯似乎是已杀的人。你用有能的膀臂打散了你的仇敌。"（《诗篇》89：9-10）大水的泛滥可以变成苦恼的象征——"大水泛滥的时候，（被赦免的罪人）必不能到他那里"。（《诗篇》32：6）——又是死的象征——"死亡的网罗临到我。"（《诗篇》18：5）这样，"精神的"主题保存了神秘的原始凶险（Péril）痕迹。

对于我们的目标来说，比耶和华统治（Règne de Jahvé）这史诗主题更重要的，是东方国家王的主题，东方国家的王以上帝的名义进行反对上帝及他的王、他的选民的共同敌人的战争。我们知道，正是在这里，历史的罪恶与宇宙的罪恶相联系，敌人代表原始凶险（péril）在历史上的显露。宇宙戏剧成了救世主戏剧："外邦为什么争闹，万民为什么谋算虚妄的事？世上的君王一起起来，臣宰一同商议，要抵挡耶和华，并他的受膏者……"但耶和华愤怒地对他们说："我已经立我的君在锡安（Sian），我的圣山上了……"他还对他的王说："你必用铁杖打破他们；你必将他们如同窑匠的瓦器摔破。"（《诗篇》2：9）在《诗篇》第89篇，耶和华这样对"他的仆人"大卫说道："仇敌必不勒索他，凶恶之子也不苦害他。我要在他面前打碎他的敌人，击杀那恨他的人……"这不是令我们想起"礼拜—仪式"上神—王的战斗吗？历史上的敌人不是上帝和王的原始敌人吗？王本人不是当混沌被战胜"一开始"就被选定的吗？

这样，敌人的主题在创始戏剧序列中是非常突出的："我使你仇敌作你的脚凳……你要在你仇敌中掌权……当他（救世主）发怒的日子，必打伤列王"，《诗篇》第110篇这样说道。同时不难看出，再演创世戏剧仪式上的战斗可以朝三个不同方向延伸。首先，王的范例移向人的始祖的范例，他也"统治"大地，因为他也是上帝的"形象"。在《诗篇》第8篇，亚当的子孙还说道："你叫他比天使微小一点，并赐他荣耀尊贵为冠冕；你派他管理你手所造的，使万物都服在他的脚下……"从最初的王到人的始祖的路线似乎已令人信服地建立起来。

其次，王的范例凭借使他从一开始就建立的王权受到考验的同一战斗而被赋以历史色彩——并同样可作"神话破译"。我们上面已看到，王不仅"再演"创世的戏剧，还演化出一部真正的"历史"；人们会不知不觉地由仪式上的战斗进入历史上的战斗。比如，《诗篇》第 89 篇（39–52）中王的挽歌以小调形式歌颂王的遭难——就无比偏爱这种历史色彩，尽管登位的赞美诗更自然地通向原始时代王权的建立。尽管这王的挽歌唤醒混沌未被克服时的原始苦恼，但它还是陷入真正历史凶险的中心。大卫（David）逃避他儿子押沙龙（Absalon）时喊道："耶和华啊，我的敌人何其加增，有许多人起来攻击我。有许多人议论我说，他得不着上帝的帮助。"（《诗篇》3：1–2）"耶和华啊，你忘记我要到几时呢？要到永远么？"（《诗篇》13：1）以此为界，这主题也许被"神话破译"和"从道德上解释"到这般程度，以至于它和任何确实的历史不再有任何联系；犹太教和基督教的信徒可以合理地解释"敌手""压迫者"，在灾难意义上——那是指不幸，或者在恶魔诱惑意义上——那是指被魔鬼（Malin）引诱。但敌人的"神话破译"及其以埃及人或腓力斯人或亚述人的名义所"赋予的历史色彩"，都是通向魔鬼的这种"道德的"和再一次"神话式的"变换的必经阶段。此外，基督教徒对受迫害无辜者的悲痛给予"基督学的"解释，按照以赛亚第二（Second Isaïe）的说法，这无辜者比受一个历史上的敌人威胁的王更接近于"受苦的仆人"："我的上帝，我的上帝，为什么离弃我？"（《诗篇》22：1）这哀号声，集中体现了所有的悲痛，在耶稣受难日（Vendredi-Saint）这普天同悲的哀伤中，我们难道意识不到这是礼拜戏剧在原始凶险似乎行将获胜的揪心时刻的回响吗？

但这些主题的历史起源可沿第三个方向——末世论（eschatologique）的天国——去追溯。在礼拜的模式中，拯救已经获得，王已经取胜，创世已经完成；历史连同它的凶险，并非真是新出现的；它是礼拜戏剧在紧张时刻的"再现"。现在要使历史成为真实并且最终胜利，就必须不再是在戏剧中已经来到的时刻，而是要"永远"去等候的时刻。我们看到，戏剧在神话破译过程中，怎样被赋予历史色彩，并在这过程中，得以将其引向一种"末世论"的结局。这样，创世戏剧不仅发生在人的始祖或历史偶然性的方向上，而且发生在但以理（Daniel）① 和以诺（Hénoch）盼望从天而降的"耶稣基督"（人子）（Fils de l'Homme）这更时新形象的方向上；从历史上救世主的王到特别的、天上的"耶稣基督"这自上而下的路线是连续的。而且，我们能在"末世论的"变换中发现一个重要的阶段：《以赛亚书》（9：6）所预言的孩童（l'Enfant）、和平之君（le Prince dela Paix），已经是末

---

① 但以理（Daniel），《旧约》的四大先知之一。

日（la Fin）的形象；他将恢复天国（Paradisiaque）的和平；狼将和羔羊住在一起，孩童将在眼镜蛇洞穴中嬉耍。末日时的人和初始的人最终是一致的；其原因不是在于两者都是由万古设立的王的形象中引申出来的吗？

显然，王和敌人的范例可以在不同的方向上被引申。但应当注意的是，这结果与特定的方法密切相关，这方法更注意遗存物，而不是新的方向；但一旦决定用旧的去解释新的，用它的历史"资料"去解释历史事件，那么，即使在最遥远的派生物中，你也会到处发现，你已决定当作"解释"基础的最初核心。

一种更注重类型学差异 [①] 的方法将从一个不同的角度出发：这些跟创世戏剧中王的主题相似的主题不再可能只是遗承的主题，因为"王的仪式"这块基石已被打破；不再会有一种作为基础的创世戏剧，因为不再有一种神统纪，不再有任何得胜的众神；旧系统的诸形象不再可能残存下来，除非当作外插花。"形象"系列是连续的；"意义"系列不再是连续的。不同的意义系列是由同样的表象起作用的。

在新的系列 [②] 中，创世从一开始就是善的；它出自一种言词（parole），而不是出自一种戏剧（drame）；它是浑然一体的。于是，罪恶不再可能与在先和再生的混沌相同一；作为一种不同的神话，将有必要去说明它的出现、它"进入世界"的原因。于是，历史仍是创世戏剧的始初方向，而不是"再演"。它是历史，而不是创世（Création），创世是戏剧（Drame）。这样，罪恶（mal）和历史（histoire）是同时发生的；罪恶和历史都不再可能涉及某个原始的混乱；罪恶在它成为历史的同时，也成了令人反感的。但如果罪恶和历史都不"再演"原始的混乱，拯救（salut）也不再可能等同于世界的基础；它不再可能是祭礼上再演的创世戏剧；它本身偏向于像罪恶那样的原始历史。

我们认为，以上就是在神话"类型"层面上的不连续性；这种新"类型"环绕着有关创世、罪恶、历史、拯救等新意义使自身条理化。但一种"类型"并非一下子就变得清楚明白的，它最初应当利用民族文化中被替代的神话所留下的"形象"，这是完全可以理解的；借助这类形象的惰性，新的神话在它们身上引起一种缓慢的变形，直到把它们引向新的一级"神话"。

因此，我们可以把以上说成旧神话余波的某些进展与这种新神话的隐蔽作用联系起来。我们将按相反次序去回溯它们：

---

① 本琴（Aage Bentzen）：《弥赛亚、摩西再生、人子》（*Messias*，*Moses redivivus*，*Menschensohn*，苏黎世，1948 年）。

② 见有关亚当神话一章，海德非常清楚地看到这种不连续性（上引书，第 126 页）：在巴比伦主题中，实质性问题是马尔杜克（Mardouk）对早先野蛮众神的胜利，宇宙的起源只是神统的一部分；在《圣经》中，实质性问题是世界的创始，宇宙的起源不属神统的内容。《创世记》（*Genesis*）最初几节表明了这一类型学的差别；海德对它作了注释（上引书，第 128-140 页）。人类的创始不再属于神统；主动与责任在神一方而不在仆人一方（同上，第 118-122 页）。最后，作者清楚地看到，人的堕落代替了神的有罪（同上，第 122-126 页）。

一、我们这里将不详述由内在于历史的弥赛亚（Messie）到天国上超凡的人子（Fils de l'Homme）的转变。从王到人子然后到福音（Évangiles）的基督（Seigneur）所展示的系列，并非只是原封不动地保存最初的形象，而是不断地追加新的方面：献祭的先知方面——摩西"再生"——首先，"耶和华仆人"方面。现在，就任何创世戏剧而言，那些形象是同历史中的新东西、罪恶中的新东西和拯救中的新东西分不开的。

二、历史从"礼拜—仪式"戏剧中脱离出来是影响所有承自王的观念形态的那种形象隐隐转变的第二方面。一种纯粹历史上的战斗代替了神统纪的战斗。《出埃及记》（L'Exode）——那就是说，离开埃及——是《圣经》全部历史神学的关键事件，它有自己的连贯性，一种关于原始创世的新涵义；它原则上是跟任何创世戏剧无关的事件。我们知道，出离埃及本身成了象征从罪解救出来的整个希伯来体验的来源之一，这些罪本身被比作囚禁在埃及的奴役状态；是历史而不再是创世戏剧成了象征系列的能动内核。同时，敌人不再代表原始混沌；他经历了向纯历史的变形，如同耶和华的一种行为功能。跟《出埃及记》相关的埃及，跟移居迦南（Cannan）相关的非利士人（Philistines），现在都只是以色列历史的组成部分。这样，当海怪形象本身进入新神话战役（Völkerkampfmythus）[①]的引力城时，人们看到它由宇宙的形象转向历史的形象。

三、但如果敌人失去其宇宙的身份，成为纯历史的身份，那么人的始祖本身应当成为纯属人类的身份，而纯属人类的罪恶应当找到一种新神话能容纳常人所具有的邪恶，以替代敌人的邪恶，甚至更甚于敌人的罪恶。

事实上，王的观念形态可以不断滋生人的王权主题，或者有上帝形象但次于上帝的作为圣子的人的主题；但先知在数百年的谴责中所揭露的包括君主在内的人的邪恶，仍不源于创世，因为创世在戏剧之外。一种纯人类学的新神话将顺应需要去代替宇宙性的旧神话。于是，人的始祖（Urmensch）形象必将跟王的形象分离开来；他的过错必将组成善的创世中崭新的东西。亚当神话正是顺应了这一需要。

现在人们也许有理由问，这种神话的演替是否可以顺利进行到底，人类是否可以由他自己全部承担世上罪恶的重担。在人类堕落前施弄诡计的魔鬼（Serpent）也许是创世戏剧的最后迹象。但即使这样，创世戏剧所遗存的依然不在人类方面，不在创世之王亚当形象方面，而在非人类的他者（autre）方面，在那后来被称为撒旦（Satan，l'Adversaire）这他者方面。我们后面还要说到他。让我们暂时把对

---

① 也许可补充的是，王权的观念形态的下降因君主政体信誉扫地而加快，这种君主制度也被看作是历史上被毁灭与被谴责的庞然大物。同时，东方的王如同漫画式的模仿，是以虚假的伟大出现，不再作为上帝形态出现。就像以西结（Ezéchiel）反对扫罗王的预言那样（《以西结书》28：1 起："因你心里高傲，说：'我是神，我在海中坐上帝之位，你虽然居心自比上帝，也不过是人，并不是神。"于是，为了突出先知形象，与第二次出埃及相关的新的摩西形象、耶和华仆人的形象，以及最后耶稣基督的形象，就必须贬低王的形象）。

人的罪恶的这种"神话破译"悬搁起来；在宇宙性罪恶的"神话破译"——即宇宙戏剧不可能做到的解放三种成分的思潮——来到之前，它不可能得到令人满意的理解。这三种成分是拯救的"末世论"成分、人类戏剧的"历史"成分，和人的罪恶的"人类学"成分。

第四节　创世戏剧的"突变"形式：古希腊的泰坦

荷马和赫西俄德（Hésiode）的古希腊神统纪基本上属于可用宏伟的巴比伦诗歌例示的创世戏剧"类型"。那就是我们不应长久停留在这上面的原因，以及我们从中更应寻找的不是有关这起源神话"类型"的新证据，而是向其他神话"类型"的一种现象学转变的迹象的原因。泰坦（Titan）的主题可以转向悲剧神话，或者俄耳甫斯神话，甚或《圣经》中堕落的神话，正因为它这样的不明确，所以更引起我们的兴趣。

我们将不停留在思考《伊里亚特》（l'Iliad）神统纪的主题上。荷马对这些故事不感兴趣，所以有关罪恶之源的情节不多，可以说是低调的。俄刻阿诺斯（Okeanos）[1] 和忒提斯（Téthys）[2] 无疑相当于巴比伦神话中的阿卜苏和提阿马特。他们无限制繁育；用凯伦伊（Kerenyi）的话来说，[3] 甚至在宙斯加冕之后，这些无形实体仍作为"我们和超越之间的一种交流，一种通道，和一种媒介"存在。但巴比伦诗篇中提阿马特被杀的情节变成了忒提斯和万物之父俄刻阿诺斯之间的"争吵"（《伊里亚特》XIV，246：Ὅς περ γ'ενεσις πάυτεσσι τετυκται），有关中止繁殖的争吵。[4] 这里，可发现一种深刻的看法，按照这种看法，秩序是对生育能力所强加的限止，以及宁息和休憩；这里预示了一切"无限"和"有限"的哲学论证。同时，这种对无形力量的限制似乎与克服混乱的一种新生暴力的出现无关。

赫西俄德突出了我们这里所关心的流血主题。在当地有关起源的壁画中，乌拉诺斯（Ouranos）[5] 和该亚（Gaïa）的结合——天（Ciel）和地（Terre）的结合——取代了一对海神。我们姑且不论赫西俄德将起源追溯到早于他总称之为始基（ἀρχη），也就是"大地（Terre）和广漠天空（Ciel）已产生的那些人"（神统纪，45）的努力。先前的地狱（Abîme，χαός），及其后代——厄布斯（Érèbe）[6]、夜（Nuit）、以太（Éther）、白昼的光（Lumière du Jour）等——早于摆脱故事形

---

① 俄刻阿诺斯（Okeanos），诸神之父。
② 忒提斯（Téthys），大海女神、诸神之母。
③ 凯伦伊（Kerenyi）：《古希腊神话》（La mythologie des Grecs），第 19 页。
④ "愤怒（χόλος）盘踞他们的灵魂（θυμῶ），他们现在已久久分居，远离爱床。"（《伊里亚特》Iliad，XIV，206-207）
⑤ 乌拉诺斯（Ouranos），天神。
⑥ 厄布斯（Érèbe），介于阳间与阴间中的黑暗区域。

式即神话本身而趋向力量与本原方面的神统纪神话的阶段。但同样是这趋于物理学和辩证法的神话本身却陷于原始罪恶（crimes）的恐怖之中。大地和天空所生的这些"骇人"的后代，天空"从一开始就憎恶他们"；他拒不让他们接近光明，并把他们隐匿在大地洞穴内，"当天空（Ciel）为那罪恶的（κακῶ）行为沾沾自喜时，大地在洞穴深处呻吟"（158-159）。她把复仇的镰刀交到儿女手里说："孩子们，我们的心肝，你们的父亲疯了，如果你们愿意听我的话，我们将去惩罚他的可耻罪过（κακήν……λώβην），尽管他是你们的父亲，但他却干了罪恶的勾当"（163-165）。"城府颇深"的克罗诺斯（Cronos）[①]亲手将乌拉诺斯弄得肢体残缺的凄惨情节是众所周知的。类似的可怕情节又出现在克罗诺斯的统治中，克罗诺斯吞吃了自己的孩子。宙斯本人的胜利，像马尔杜克的胜利一样，也是诡计和暴力的结果。这样，秩序借助于原始暴力，并靠它的推动获得了胜利。而许多不幸与恐怖形象所代表的早先混乱也难逃它的失败。这些形象有："可憎的死神"（Mort）、命运女神（Parques）、谷物女神（Kères），她们"不顾一切犯下种种罪孽去反对众神或人，这些女神遭受惩罚之前仍怒不可遏，滥施淫威"，另外还有，报应女神（Némésis），这些"人的克星"以及"暴烈的斗争女神"（Lutte）。"可憎的斗争女神产生不堪忍受的痛苦之神（Peine）——疏忽神（Oubli）、饥饿神（Faim），产生流泪的苦恼之神（Douleurs）——冲突神（Mêlées）、战争神（Combats）、凶杀神（Meurtres），产生屠杀之神（Tueries）——吵架神（Querelles），产生说谎的谣言之神（Mots）、争论之神（Disputes）——无秩序神（Anarchie）和祸患之神（Désastre），这些神是相互配在一起的——以及最后誓言之神（Serment），他们故意发假誓，从而最残酷地惩罚了人们。"（226-232）

所有这些"不可违抗的"神道，"它们既不像会死的人类，也不像不朽的众神"，还有长着五十颗头的狗，纳米恩（Némée）的狮子，纳恩（Lerne）的九头蛇，喷吐"无敌之火"的吐火女怪（Chimère），对于它们，我们该说些什么呢？在那里，这些无形力量处处显得可怕和不可抵御。[②]

正是在这里，我们面前出现了泰坦神族（Titans）的形象。他们对类型学研究是非常有助益的。一方面，他们来自宇宙性的起源神话；他们是古老的、得胜的众神的典型："但他们的父亲，那广阔的天空（Ciel），嗔怪他们，并为这些亲生儿子取名泰坦；原因是，他的手臂伸得（τιταινοντας）过高，天空说，他们因愚蠢而犯下可怕的罪孽，并且将来会因此而遭报应（τίσιν）。"（207，210）在这意义上，刚才所引的神统故事也是作为不服从任何法令的远古未开化力量的泰坦神族的故事。但泰坦神族的形象一旦同人类起源相联系，就会趋向于其他神话类型：泰坦

[①]　克罗诺斯（Cronos），时间之神，他推翻天神乌拉诺斯的统治。
[②]　本书付印后，我才得知拉姆诺什（Clémence Ramnoux）的杰作《古希腊传统〈诺克斯〉中的诺克斯及其孩子》（*La Nuit et les Enfants de la Nuit de la tradition grecque*，巴黎，1959年；特别是第62-109页）。

神族不再只是远古时代的证人，不再只是原始混乱的证人，他们还是秩序确立后一种起颠覆作用的证人。值得注意的是，在赫西俄德那里，由众神和人对供祭品分配的争执开始于关于"老奸巨猾"的克罗诺斯的情节（535 起）。并且正因为宙斯已从人类那里收回闪电之火，普罗米修斯（Prométhée）才盗取"不熄灭之火的火星"，藏在中空的茴香杆中。这样，赫西俄德关于泰坦神族与奥林匹亚山诸神（Olympiens）斗争的故事就具有承继创世戏剧与开启人们可以称为后天神时代的戏剧（drame postdivin）——或者人统（anthropogonie），不论是属于悲剧类型、俄耳甫斯类型，还是亚当类型——这双重意义的特性。

赫西俄德笔下的普罗米修斯差不多就是一个"最原始的人"（Urmensch）。

这种更趋向人统神话的运动采取不同的路线。最初，它偏向创世戏剧本身的拟人说；由于旧的众神那纯肉体的暴力，所以能相关联的也就是可被称为诡计或欺骗的"心理"暴力。尔后，当更明确地限制天神的（ouranien）神性方面时，已被排除出神界的冥神暴力就像神抛掉的废物一样被弃置一旁；而泰坦神族的形象所集中的正是次于神性的东西。最后，巨无霸（Géant）①的形象——庞大、粗犷和凶猛的人——为这类低级的神性提供了一个可塑的表象，并进一步推动它趋向一种"最早的人类"。

不过，普罗米修斯神话，至少在赫西俄德那里，尚未完全摆脱它的神统血缘；普罗米修斯的失败是属于万物起源和神自身发生同一类的泰坦神族和冥间神失败的连续。普罗米修斯并不发明罪恶；他只是继续它；他的诡计是神统纪那些战争所施展诡计的继续。

埃斯库罗斯（Eschyle）②把普罗米修斯转变成一位"悲剧"人物。尽管他保持了神统纪的背景，实际上却使普罗米修斯成为宙斯的对手，他本人成了韬晦的神，或中邪的神（κακός δαιμων）；所以普罗米修斯成了遭受神谴而被追击的"英雄"。另一方面，埃斯库罗斯为了突出普罗米修斯的善良性格，从而即使不是把他变成一个人，至少也变成予人以人性的半神半人。这样，普罗米修斯就成为人的一种范式，就像德国狂飙突进运动（le Sturm und Drang allemand）人物正确地看到的。就埃斯库罗斯本人而言，这一转变尚未完成，因为在他现已佚失的三部曲的最后一部，普罗米修斯又被尊为一个神，并好像又倒退到神统纪。但这无疑是泰坦主题所引申的方向。

也许在俄耳甫斯那里，泰坦神话得以与人统发生最密切的联系。我们将看到，俄耳甫斯神话通常就是一种人的神话，一种"灵魂"和"肉体"的神话；作为"泰坦神族的罪行"，他们肢解和吞吃年轻的神狄奥尼索斯（Dionysos），成为人的起源；从他们的灰烬中，宙斯造出现在的人类，这样他们就都具有来自神和

---

① 巨无霸（Géant），乌拉诺斯的血和该亚所生的两个力大无比的巨人。
② 埃斯库罗斯（Eschyle，前 525-前 456），古雅典悲剧家。

泰坦的双重遗传；泰坦神话从而又是一种原因论的神话，用来构思说明人的现状；它完全脱离神统背景，成为人统的最初环节。柏拉图（Platon）在《法律篇》（*les Lois*）中关于人类"泰坦本性"（nature titanique）的话也许是泰坦主题这一由神统向人统的转变的最好证据。

最后，跟希伯来人一度当作堕落神话的泰坦主题相类似的一个主题，至少已出现在一篇不为人注意的传说中，其迹象可在《圣经》的《创世记》第六章中（见1-11）寻见。巨无霸——涅弗利（*Néphilim*）——耶和华的信徒们在叙述时提到他们，他们看来都出自由人和天神结合产生的东方泰坦神族；耶和华的信徒们与其说是对这传说的起源感兴趣，不如说是了解到它的用处。必须注意，耶和华的信徒们把这种民间传说用来描写人类历史中不断增加的败坏促发了洪水的题材。于是，这里就把泰坦主题引进堕落故事之中。

这样，桀骜不驯的泰坦神族的故事被依次掺杂进悲剧类型、俄耳甫斯类型和《圣经》类型之中。它是游移于一些人统类型间的难以捉摸的神话，尽管它仍被拴在其原始神统的发源地上。它体现出一种难以捉摸的想把罪恶之源介于神和人之间界域的尝试。那就是总是不同寻常地既接近混沌又接近最原始的人（Urmensch）的原因所在。也许它表达了想把古代留下的人的罪恶的痕迹套在种种残酷现实之上的企图，这种种残酷现实本身证明了对秩序和美的一种阻力——埃斯库罗斯笔下的普罗米修斯被锁在为暴风雪所侵蚀的高加索山脉（le Caucase）的岩石之上。

第二章 怀恶意的上帝和"悲剧"的人生观

起源与终结神话的第二类型因其众所周知的例子——古希腊悲剧——而得名。这"例子"何以涉及"悲剧的本质"？

一般的看法是，哲学家的任务是以头脑中存有的悲剧范畴，或至少以足够涵括所有悲剧作品的——古希腊的（grecque）、基督教的（chrétiennes）、伊丽莎白时代的（élizabéthaines），近代的——一个操作定义去研讨古希腊悲剧。这种由本质到举例的方法看来是惟一能够避免归纳方法从个别例子到一般结构的可疑程序的方法。

不过，人们应当从古希腊悲剧出发，这有如下一些理由。首先，因为古希腊实例并非一个普通的实例；古希腊悲剧根本不是归纳意义上的实例，而是悲剧本质的即时和完整的表现；理解悲剧就是在自己身上重温希腊人的悲剧体验，这不是作为悲剧的个别事例，而是作为悲剧的渊源——那就是说，既是其起源，又是其真正的出现。这种通过古希腊悲剧去探讨悲剧要素，绝不是谴责我们对归纳补充过程的怀疑；相反，正因为在悲剧的希腊现象中把握本质，我们才能将其他一切悲剧理解成接近于古希腊悲剧。因为，诚如马克斯·舍勒（Max Scheler）[1] 本人所说，[2] 尽管他打算由本质到实例，但这里的问题不在于去证明，而是去识见（faire voir），去显示；古希腊悲剧是最便于去"感知现象本身"[3] 的地方。

其次，古希腊实例在向我们显示悲剧本身的过程中，不向我们掩饰它同神学[4]

---

① 舍勒（M. Scheler，1874-1928），德国现象学家。
② 马克斯·舍勒（Max Scheler）：《悲剧现象》（*Le Phénoméne du tragique*），迪皮伊（M. Dupuy）法译本，巴黎，1952 年。
③ 同上，第 110 页。
④ 本章更多受惠于内贝尔（Gerhard Nebel）《人间的不安和众神的愤怒：对希腊悲剧的一种解释》（*Weltangst und Götterzorn；eine Deutung der griechischen Tragödie*），斯图加特，1951 年。

联系的优点。如果说，在埃斯库罗斯（Eschyle）那里有对人类的悲剧看法，那皆因为它是对神的悲剧看法的反面；人"被蒙蔽"，并因众神一时的恶毒而致他死地的主题只在古希腊悲剧中才有，所以，后来类似古希腊悲剧的作品也许只是这同一不可容忍题旨的无言表达。

最后，古希腊例子特别能让我们信服，悲剧世界观与场面有关，而与思辨无关。这第三个特性与前一特性不无有关；因为，如果悲剧人类学的秘密是神学的，那使人盲目的神学也许是不可言传的，是思想所不能接受的。因此，那种造型和戏剧的表达方式的悲剧绝不会是可另用普通语言去表示的人的概念的换一种花样，更不会是这种概念的偶然表现。

应当通过悲剧角色、情节、结局去显现，这正是悲剧的本质。悲剧也许不会容忍沦为一种理论的改写——我们后面就要说明它——这种理论可能只是那种将罪恶说成命中注定的令人厌恶的神学。悲剧的神学也许一旦被思考就应当被抛弃。它也许还和表演一样，能够幸免于因普通思辨语言对它的不断改写所带来的种种消解。这种与表演的联系因此可能成为寓于每一悲剧神话之中的象征能力藉以得到保护的特殊手段。同时，与表演及与戏剧的联系可能具有警诫和吸引的价值。哲学家可能在他揭露悲剧所包含的令人反感的神学——比如，像柏拉图在《理想国》（*République*）第二卷那样——时，利用不可抵挡的悲剧场面去警诫他所利用的悲剧世界观的幻象。同时，他会被吸引去尝试揭示一种悲剧象征的释义学，它会不顾由"戏剧"转到"理论"所依据的任何归纳性批评，而去注意场面的不可抵挡性。

第一节　前悲剧的主题

悲剧的神学与悲剧的场面是分不开的。它的主题依次考虑的话，都可以追溯到悲剧之前；悲剧只是引进了最终起决定作用的特性，戏剧的造型形式和场面本身都出自这个特性。

我们将称那些主题为前悲剧的主题，它们都先于戏剧和场面。[①] 最早和最主要的前悲剧主题并不是古希腊人特有的；在任何文化和任何时期，过错的肇因似乎总被追溯到神祇，并且这种神祇最初利用人的弱点，并且看来也是神的弱点在起

---

① 拉特（Kurt Latte）："希腊宗教中的过错与罪行"，载《宗教文献》（1920-1921 年）第 254-298 页。格林（William G. Greene）：《命运女神：希腊思想中命运、善和恶》（*Moira：Fate，Good and Evil in Greek Thought*），哈佛大学出版社，1944 年。多兹（E.R. Dodds）：《古希腊人和非理性》（*The Greeks and the Irrational*），加利福尼亚大学出版社，1951 年。弗兰克尔（H.Fränkel）："早期希腊文化的诗与哲学"（*Dichtung und Philosophie des* frühen Griechentums），《美国哲学文摘》，1951 年，第 13 期。

作用。在这种完全一致的形式下，过错的肇因与早先的主题难以区分，因为在它们那里，恶的本质和善的本质都是始原性的；所以，巴比伦神恩利勒（Enlil）既可以是破坏的根源，又可以是忠告的根源，我们在他的形象中可以看到第一类型和第二类型的起源。但一种类型学上的分化，则发生在创世戏剧内在的混沌神话方面，当时，恶的本原被作为神最初的敌人（Ennemi）而同神相对立，当这种对立尚未发生，当同一种神力既作为一个忠告之源又作为把人引入歧途的力量出现时，这意义两可的形象就趋向于悲剧了。这样，神与恶魔的无差别就是悲剧的神学与人类学的固有主题。我们将看到，也许正是这种无差别，最终不可能被理解，并且导致悲剧的衰落和《理想国》第二卷哲学对它的强烈谴责。但倘若体验到善与恶在神身上是同一的，并以此去抵制思想的话，那么它就会被反映到引起间接的但总是恼人的反思的戏剧作品中来。

由荷马说出这种迷盲的神学是令人吃惊的，他远不是已被恰当地称作"有罪型"（guilt-pattern）的例子，这种"有罪型"是在他之后强加于他的，并充斥了希腊本土文学。古希腊作家很少像他那样漠不关心净化和赎罪；然而，人们正是在他的《伊里亚特》（I'Iliade）中，见到人受惊人力量不断蒙蔽的主题，即有神紧紧控制了人类行动。[1] 这种使人糊涂、迷茫和干预，并不是对某种过错的惩罚，它是过错本身、过错的起源。

过错本身是各种灾难合成的一部分，死和生被用来暗示这些灾难的偶然性和必然性，好比它们的命运会影响人的行为。人实质上是终有一死的，并且他的必死性就是他的命运；强调死的世界这苍白和虚幻的现实更甚于淡化作为不可逾越障碍的必死性；众神只注意独特鲜明的形象，对死却束手无策。这种无能的暗示从死被反射到生，生有屈指可数的第一天，生意味着苦难的开始；生按死的方式去描述，并且，人一生的命运看来是由它的结局预先注定了的。这样，死和生的灾难就紧随我们的所有行为，我们的行为因此变得软弱无能，并无需承担责任。荷马史诗中英雄内心的"多变"常被强调——他弱于行为的心理整合，使其行为显得像是无个人主观意识而偶然发生的，从而像是上天强权的牺牲品。[2] 用被动词 ἀᾶσθαι 表示迷茫；而使人迷茫本身——阿忒（Aτη）[3] 则是其反面，这是积极和能动的一面，它是天上强权世界的反映。

这是否是过于相信神的"心理干预"的一种非常容易冲动的心理气质，或者，

---

① 多兹，上引书，第一章："阿伽门农的辩白"；《伊里亚特》，*XIX*，第 86 小节起。对迷茫的心理学与神学的一篇重要论文是尼尔森（*Nilsson*）的"荷马史诗中的神和心理学"（*Götter und Psychologie bei Homer*），载《宗教文献》（1924 年）第 363 页起；他的《古希腊宗教史》（*A History of Greek Religion*）第 122 页有概述。

② 斯内尔（*Bruno Snell*）在《心灵的发现》（*Die Entdeckung des Geistes*），第一章，通过荷马史诗的词汇去研究对人的描写，他指出，缺少后来像肉体（σῶμα）那样的词去表示整个身体。他还指出心理方面的词汇情况也如此：灵魂（Ψυχή）离开一个死去的人，但它在一个活人身体中的作用未被发觉；θυμός 产生情感活动，νόος 引起思想，灵魂统一性如同身体的统一性，以及身体与灵魂的对立那样，是荷马所不知的。这些看法对我们的类型学是很重要的。参考以下第四章。

③ 阿忒（Até），宙斯与不和女神厄里斯的女儿，恶作剧的复仇女神。

是由引起这种自我表现并使人与这表现相一致的神话所决定的文化观念，则依然还是一个悬而未决的问题。

这里我们要关心的恰恰是人类借助神话的自我表现。

在荷马史诗的世界中，这种迷茫的根源不明确地与宙斯（Zeus）、与命运三女神（Μοιρα）和复仇三女神（Erinnys）相关联。[①] 所有这些神名不约而同地表示非人格化的过剩力量。对于荷马来说，当神祇最终得以像人类那样分成各个造型人物时，这些拟人化了的众神并不因与过剩力量有关而都去使人迷茫。

命运三女神（Μοιρα）表示那力量的最非人格的方面；它是超出个人选择而给予他的"命分""分儿""分额"；它是无选择的选择，是他行为所承受和注定有的必然性。人的命运（δαίμων）这词表示同一回事。尽管它朝神的命运（μοϊρα）的相反方向发展，朝人格化而不是无名的命运和抽象的合法性发展，却依然表示近于未分化力量的神祇；所以它为在人类的有情感有意志的生活中突然出现荒谬又无法抵御的神祇幻象提供了恰当的表示。

这样，过错的神学助长了神性的保留，以抵制神力的个体化和形象化倾向，这倾向在其他任何地方都是成功的。

把罪恶的起源归因于宙斯（Zeus），与这些说法并不矛盾。如果宙斯具有相对确定的功能，那么或多或少就与其他神祇的功能相协调，不过，作为最高的神，他代表神有更大的延伸，而更少权力的划分；他不像其他神那样褊狭，尽管众神都不愿意完全服从他的管辖。这位宙斯毅然承担过错的责任；阿忒是他的女儿：宙斯是神的至尊，尽管女儿阿忒也真的欺蒙过他（θεὸς διὰ παντα τελευτᾶ πρέσβα Διὸςθυγατηρ，"Ατη, ηπαντας ἀᾶται, οὑλομένη"）（《伊里亚特》，XIX，90–92）。神的迷茫（blinding）与至高神的形象的这一极限结合，将形成埃斯库罗斯的《被释放的普罗米修斯》（Prométhée enchaîné）中宙斯的悲剧形象；而且，这悲剧诗人也会说："神啊神，你真是神么（θεοι, ὸ θεσς θεός τις）"。尽管混沌神话趋向于把与伦理相符合的较新的神性和一种更古老、更野蛮的神性分离开来，但悲剧神话仍趋向于把善和恶集中在神性的两端。[②] 严格说来，向悲剧的过渡是与意义不明确

---

① 荷马用纺纱工的品性形容命运女神；强悍的女神是难以忍受的、破坏的必然（命运）的施与者（格林，上引书，第10–28页）。

② 赫西俄德趋于"非悲剧"类型，他让邪恶力量出自最古老的神族，莫罗斯（Moros）和塔那托斯（Thanatos）都是夜神之子（神统纪，211），莫摩斯（Momos，指责）和奥依兹（Oizys，苦恼），看守俄刻阿诺斯（Okeanos）那里的金苹果的赫斯珀里得斯（Hespérides，夜神的四个女儿——中译者注）以及涅墨西斯（Nemesis，报应女神——中译者注）也都这样——阿帕塔（Apate）和菲洛特斯（Philotes），格拉（Geras）和厄里斯（Eris）也都这样 [凯伦伊（Kerenyi）《古希腊神话集》（La mythologie des Grecs），法译本，巴黎，1952年，第35–36页]。凯伦伊在前奥林匹亚众神名下搜集到的神话集是庞大得惊人的可怕形象的总汇，这些形象缓解了世界最初的暴力，不久之后宙斯的统治将使它摆脱这种暴力。发现这些形象游移在两种类型之间是很有趣的，一种是由神统纪而来的创世戏剧"类型"，另一种是由史诗而来的恶神"类型"。拉姆诺什（Clémence Ramnoux）在"夜神及其后代"（La Nuit et les Enfants de la Nuit）一文中指出，这些恐怖形象还游移在两个"层面"之间，一个是古代意象（或早期意象，如妖魔之父和阉神之父）的层面，另一个是早期自然概念的层面。克罗诺斯（Cronos）的断断续续的故事尚属于素朴的创世神话；宇宙起源的片断（115–138，211–232）已接近于对存在的思考（上引书，第62–108页）。

的神性的逐渐人格化密切联系的，这种神性，尽管命运三女神依然保持无意识和极端的神性，但荒谬和不可避免的命运还是采取恶毒的准心理形式。也许可以说，神的恶毒具有两极，在神的命运（μοῖρα）那里，是非人格的一极，在宙斯意志那里，是人格化的一极。

这种神的敌意的人格化，其决定性时刻是用神的妒忌（φθονός）概念表示的："妒忌的"众神不能容忍在他们之外的任何伟大；于是，人类觉得突然刺伤了他的人性。这里，"悲剧"的产生是与古希腊那有名的适度（mesure）或中庸（modestie）概念同时发生的；那由贤哲鼓吹的表面安宁与快乐，那安于自身的有限，都出自对神的"妒忌"所不能容忍的不节制的恐惧。正是神的妒忌谴责了不节制，并且正是对不节制的恐惧，激起了"节制"的伦理反击。

当然，贤哲通过把神的妒忌（φθονός）变为对傲慢（υβρις，任性的傲慢）的惩罚，并对傲慢提出一个非悲剧的起源，从而试图从道德上解释神的妒忌：成功引起愈来愈强的欲望——πλεονεζια——贪婪引起自满，而自满引起傲慢。这样，罪恶并不来自妒忌（φθόνος）；傲慢才是罪恶之源。但在傲慢的神话破译过程中，道德家使它准备去对悲剧作新的解释；自满所具的轻率，显然使它走上追逐无穷欲望的危险之路，这里面难道没有一点秘密吗？一旦人的傲慢这罪恶之源（πρῶτον κακόν），[①]——如泰奥格尼斯（Theognis）所说，他看作开始接近《圣经》中的堕落概念——不仅是激起众神妒忌的肇因，而且是经由迷茫的中介引起那妒忌的肇因，它就将再次成为悲剧的。

第二节　悲剧的关键

这样，我们就有了所有悲剧的要素：众神使然的"迷茫""恶魔""命运"为一方，"妒忌"和"不节制"为另一方。

埃斯库罗斯的悲剧把这些主题组合起来，再加上使悲剧成其为悲剧的内在原因（*quid proprium*）。

促成悲剧形成的这一起因是什么？

通常所说的悲剧，直到恶的命运主题——以其名去称它的话——遭遇英雄的悲壮主题前还未出现；命运最初应感到（好比）因英雄的艰难所激起的自由的反抗，并在最先的悲剧情感——恐惧（φόβος）——可能产生之前最终去压垮它。（我们后面将说到另一种情感，以悲剧的净化为背景的悲剧的怜悯。）悲剧是把两

---

① 多兹，上引书，在西摩尼得斯（Simonides）、泰奥格尼斯（Theognis）和梭伦（Solon）那里寻找妒忌（φθόνος）这一悲剧意义的来源。对妒忌（φθόνος）作道德的解释同时作为对傲慢（υβρις）作道德解释的出发点，善的过剩产生导致傲慢的自满，这些激起了神的妒忌。我们将看到悲剧作家用傲慢与妒忌所引致的东西。

两一组问题夸大突变的结果：有关"恶神"和"英雄"的问题；《普罗米修斯被囚》(*Prométhée chaîné*) 中的宙斯和普罗米修斯本人则是悲剧的神学与人类学的两端。这趋向于把神 (δαιμονες) 所散布的撒旦主义 (Satanisme) 和宙斯形象结合成"神"的至高形象的运动使宙斯形象臻于完善；从而，"坏神"及神与撒旦一体所带来的疑难都因宙斯而达到无以复加的程度。悲剧神学的整个轮廓都集中在坏宙斯的形象上，这已在《波斯人》(*les Perses*) 中得到暗示。

《波斯人》那部悲剧所歌颂的不是希腊人在萨拉米 (Salamis) 的胜利，而是波斯人的战败。当时，一位雅典人怎么会不顾自己的胜利，而用悲剧的怜悯去分担其敌人的失败呢？因为通过薛西斯 (Xerxès) 这个角色，他不仅把他的敌人看作一个理应受惩罚的坏人——那也许只适合创作爱国戏剧的需要——而且还看作被众神压垮的一类人的实例；薛西斯揭示了邪恶的秘密："导致我们不幸的根源是霸主，他是一个复仇的恶魔 (ἀλάστωρ)，一个恶神 (κακὸς δαίμων)，出现在我所不知的地方 (ποθέν)"。王太后阿杜莎 (Atossa) 大声抱怨："啊！敌意的命运 (στυγνέ δαιμον)，你多么令波斯人失望！"而合唱队长说："啊！残忍的神 (δαιμον)，你压在所有波斯人头上有多沉重！"[注意 M. Mazon 法译本对 δαιμων 的各种译法；神，命运，神性。古希腊文本不定使用 δαιμων，θεός，θεοι，τυχή 和 Ατη 等措辞。无疑，不可能精确表达这难以捉摸的神学，因为，要表达最早时的不连贯，语言应当是假借的和模糊的，就像普罗提诺 (Plotin)[①] 说到非存在思想，"假象的本质"思想那样。] 于是，"你压……有多沉重"是作为一种超常侵略行为牺牲者的人。堕落并非人的堕落；相反似乎是指落在他身上的神灵。对同属一组过失—灾难所使用的比喻有：罗网、陷阱、扑向小鸟的猛禽。"我们这里遭了灾——罹上不治的疾病！"如同恶病 (*ictus*) 的罪恶……那就是薛西斯不仅是被谴责者又是受害者的原因所在。而且那也是伦理的谴责和改良不是悲剧的职责而是喜剧的职责的原因所在；道德上恶的注释更多作为其神学注释的一部分，使英雄不致受道德的谴责，并为合唱队和观众提供怜悯的对象。

这样，按照内贝尔 (Gerhard Nebel) 著述的出色书名，不安 (angoisse) ——悲剧的恐惧 (φόβος)——从一开始就跟众神的愤怒 (la colère des dieuz) 相联系。[②]

《波斯人》中的恶神 (κακος δαιμων) 是揭示《普罗米修斯》(*Prométhée*) 中宙斯秘密的关键。但这里对《波斯人》广泛内容的有限与片面的直观，带出了两种要素，它们属于创世戏剧，即罪恶的成因论的第一类型，并且，悲剧诗人在古希腊神统纪中发现了这两种要素。第一种要素是众神（乌拉诺斯，克罗诺斯，宙斯）系谱的主题。这主题是从史诗性诗篇那里接收过来的，但悲剧把它转变成一种悲剧的神祇观；出自冲突并注定要受难的众神有一种与他们的不朽一致的局

---

① 普罗提诺 (Plotin，204-269)，罗马哲学家。
② 内贝尔 (G. Nebel)，上引书，第 11-48 页。

限；神有一种历史；神因愤怒和受难降世。第二种要素是奥林比亚（Olympien）神和泰坦神的两极性。奥林比亚神从实际是冥间的浑沌背景脱颖而出，这一象征性幻象是埃斯库罗斯在埃特纳火山（Etna）——"百头提丰"（Typhon àcent têtes）的火光和隆隆响声中发现的。用雅斯贝尔斯（K. Jaspers）[1]的话来说，神界接纳了黑夜与白天的两极性，黑夜的浪漫和白天的拘谨。《波斯人》中的恶神（κακος δαιμων）因兼有这两者——历史中受难和泰坦的地狱——而更加丰满。无疑，正是这种非主题化的同一神学暗暗激活了《奥瑞斯提亚》（I'Oreste）剧情以及寓于其中的伦理恐惧；那残酷的锁链、罪行引起罪行的锁链，从作为万物本性的始初的恶（méchanceté）出现，并体现在复仇女神（Erinnye）的形象中。复仇女神为有罪所困，如果可以冒昧这样说的话，那么她是有罪的化身。

埃斯库罗斯在《普罗米修斯》中塑造的宙斯正是这种有罪的化身。

普罗米修斯与宙斯相对峙。

事实上，我们只说了普罗米修斯的戏剧的一面：恶神的疑难，以及——如果我想采用这措词的话——有罪的化身。但有罪的化身也只是有罪悖谬的一面，它的另一面是被描写成真正伟大而非任意拔高的"英雄"的"不节制"或"过度"。古希腊悲剧作家接近一种悖谬，这种悖谬类似保罗的（Paulinien）皈依与自由的悖谬，但同时又跟它相反。在埃斯库罗斯那里，是恶神与人的有罪的悖谬。让我们来探讨这悖谬的另一面。

没有命运与自由的辩证法，就不会有任何悲剧。悲剧一方面要求超然的存在，更确切地说是作为敌方的超然存在——拉辛（Racine）[2]的《亚塔利雅》（Athalie）说，"无情的神，只有你的手指引一切"；而另一方面要求一种推迟命运实现的自由的高涨——命运使自由犹豫不决，并偶尔出现在危机达到巅峰时刻——以便最终使这种高涨在最终揭示命运必然性的"终曲"里出现。没有英雄推迟命运实现的自由行为，照梭伦（Solon）演说词所形容，命运就迅如闪电；[3]英雄的自由把一种无定、一种暂时的推迟种子引入必然的中心，幸亏这种推迟，才有"剧情"——也就是这种行为带来的后果，尽管所发生的一切是无法确知的。这种英雄使然的推迟，使本身不可改变的命运展现在对我们似乎是偶然的冒险行动中；这样就产生了阿尔托（Antonin Artaud）非常充分了解的悲剧行为连同其特有的残忍；必然与偶然的松散结合因笼上悲剧神学那超然存在的背信弃义阴影而显得恐怖。悲剧的恐怖情绪表现了观众心灵中恶神和英雄的残酷游戏；观众以他们的情感再演悲剧的悖谬；他知道一切都是过去的，悲剧故事是外在的和完全结束了的，它是已经发生过的；但他还是期待确定的过去以纯偶然事件发生和仿佛是新事物——眼

---

① 雅斯贝尔斯（K. Jaspers，1883-1969），德国存在主义哲学家。
② 拉辛（Racine，1639-1699），法国古典主义悲剧剧作家。
③ 耶格尔（Werner Jaeger）《派地亚》（Paideia），卷一，第307-343页（论埃斯库罗斯戏剧），特别强调埃斯库罗斯和梭伦之间的联系。

下这英雄就要被搞垮——的未知将来。

在时间语言中，过去纯属命运——如同人们在俄狄浦斯悲剧中所看到的，它完全是一部回顾的悲剧，是认识异化的过去中的自我的悲剧——这过去是纯以变易不定出现的未来的命运：奴隶出场，听到不幸的消息，以及所有那些本来曾经是真实的东西，现在对俄狄浦斯都成为真实的，因而陷入了明白的痛苦之中。抑制命运或人的行为这悲剧的任何一方面，都使恐惧情绪突然消失。如果怜悯不出自那面临自由与超然存在相结合命运的恐惧，那么，怜悯也不会是悲剧性的。怜悯出自那种恐惧，就像面对命运的一种痛苦；它在人的身上笼上人类反抗神的行为的巨大苦难阴影；它证明，人类应当原本就被作为降临其头上的灾难的相反一极。受难，或更确切地说受难的行为，已起而作为与命运相抗争行为的必要手段。那受难正是作为一种回答，一种叛逆，一种对抗，才得以成为悲剧的，而不仅仅是抒情的。

《波斯人》的悲剧表现了恶神的神学和不节制或过度的人类学的结合；薛西斯既是出自神的一种罪过的受害者，又是写在地理学上的禁条（它也被称为 δαιμων，《波斯人》，825）的违背者，这地理学为各民族划定了各自的地域。

这样，单独去理解的话，傲慢（hybris）不是悲剧的；人们在埃斯库罗斯之前的梭伦那里就见到过它，它没有悲剧的特点。在道德家思想中，傲慢被谴责，以致人们避免它，也因为它是可以避免的；那就是它并非悲剧的原因。梭伦在说到祸殃来自好运气时，实质上在执行一个世俗的说教任务：好运气引起更大的欲望（πλεονζια），这又引起不节制（ὕβρις），从而引起祸殃。这种好运气的恶意，利用贪婪与傲慢而酿成灾祸，在将它跟恶神的不义之谜联系起来之前，还未成为悲剧。作为回报，不节制把一种人的活动，一种对比，一种紧张关系引进这谜的中心。倘若伦理要素出现在罪恶中，那么，"人的一分"至少应当一开始就被辨明；至少应当有一种责任肇因的迹象，可以避免过错的迹象，而且，有罪应当一开始就与有限区别开来。但这种区别趋于淡化，并被命定论取消；神的有罪和人的有罪的模糊区别是一种早期的和被取消的区别。

于是，从此以后，众神的愤怒面临着人类的愤怒。

普罗米修斯的形象完成并最终结束了横遭非常之灾的英雄形象的系列。他在《普罗米修斯被囚》（Prométhée enchaîne）中处于自由人这一等级系列的顶端。在底层——比自由和悲剧更低一级的——是威力（βια）和权势（cratos）的形象，他们都是命运的简单执行者；然后是海神俄刻阿诺斯（Okeanos）和一些令人厌恶的朋友，带着约伯（Job）友人的口气和解释性自然神学的口气说："要有自知之明，另采新的行径"；然后少女伊娥（Io）变成一头牛，作为神的邪恶的牺牲者，她表现了悲剧的消极受苦的一面。伊娥是人类在恶神底下呻吟的象征；但伊娥还不是完全悲剧的，因为她只是受苦；她只有同普罗米修斯一起才是悲剧的；只有普罗米修斯赋予伊娥的感情、默默依恋的服侍以悲剧的一面；加到纯粹受苦之上的行为是一种说不的意志的最高行为。

我们应当想象场景及其强烈反差的力量。[1] 普罗米修斯作为泰坦神族的一员被锁在半圆形空场上方的一块岩石上，伊娥被牛虻刺叮，处于狂乱之中，她跳入空旷的场地；他被钉着，她精神恍惚；他精力充沛和头脑清楚，她只是被折磨和疏远的女子；他的热情富有活力，她的热情纯然只是神的傲慢的证据。

普罗米修斯本人还是一位有双重意义的人物。一方面，他因他的清白——那种清白在伊娥身上是完美的——而强化了客观的有罪。普罗米修斯是人类的恩人；他是人类的人性；他受苦，因为他太爱人类。即使他自作主张也是他的过错，这种自作主张首先表现了他的宽宏大量；因为他赠予人的火，是炉灶的火，家祭的火，它能被每年来自公众祭拜之火、技术与工艺之火，乃至理性之火、文化之火和心中之火重新点燃。由于火是人的形象概括，从而避免了自然的不变性和动物生命的机械重复性，并将他的统治遍及事物、牲畜和人的关系。在这方面，人们注意到，当埃斯库罗斯从赫西俄德那里接过普罗米修斯的形象时，他把略胜"乡村俗剧"[2] 中无赖角色的普罗米修斯形象提高为严肃悲剧的受难救星。这位热爱人类的普罗米修斯才是悲剧的，因为他的爱是他的不幸和人类的不幸的原因。

但另一方面，他不仅有成为恶神牺牲品的人的纯正无邪的激情；还有面对神的愤怒起而反抗的人的愤怒。确实，普罗米修斯是无能为力的；他被钉在岩石上，什么都做不了；但他还能说话，还有不趋炎附势的坚毅意志。无疑，在敬神的埃斯库罗斯看来，普罗米修斯的自由是一种不纯洁的自由，似乎是最低级的自由。在他看来，普罗米修斯和宙斯都不是绝对自由的。普罗米修斯的自由是一种敢于违抗的自由，而不是参与的自由。埃斯库罗斯在"秘密"（secret）主题中表现了普罗米修斯自由的这种邪恶性。普罗米修斯有一件对付宙斯的可怕武器：他知道这位众神之王与凡人的什么结合会导致可能废黜他的儿子的诞生；他掌握宙斯垮台的秘密，众神日落（Crépuscule des Dieux）的秘密；他具有消灭生灵的手段。对于埃斯库罗斯，像这样一种毁灭的自由不是自由的定论；它只是自由的初论。所以，我们知道，普罗米修斯的最终违抗激起一阵雷鸣般的回响；普罗米修斯连带锁着他的岩石纵身跳入张开的深渊。对于埃斯库罗斯，这个灾难是难以忍受的教训的一部分，《阿伽门农》（Agamennon）的合唱把这教训概述为受难的教训（πάθει μάθος）。这三部曲的结尾不幸佚失，我们只知道它描写了最终的和解：当宙斯接

---

① 维拉莫维茨—默伦多夫（Wilamowitz-Moellendorf），《埃斯库罗斯评述》（Aischylos Interpretationen）第114-162 页，有关普罗米修斯部分。克罗伊司（Maurice Croiset）《从埃斯库罗斯看戏剧的产生》（Eschyle；Etudes sur l'invention dramatique dans son théatre）（巴黎，1928 年）对理解悲剧与场景之间的联系也非常有用。

② 塞尚（Louis Séchan）：《普罗米修斯神话》（Le mythe de Prométhée）（巴黎，1951 年）。这本书对于从火与火的再生礼拜的传说去认识这神话，对于将普罗米修斯的过错主题放到神的机制背景上，以及对于辨明普罗米修斯在趋向正义与智慧的宗教过程中既作为有罪的恩人，又作为宙斯、愤怒的神这双重的意义，都是很有价值的。

受真正公义时，解脱束缚的普罗米修斯首肯了神性的奥林匹亚的光明一面。

然而，在普罗米修斯方面的有罪，由于他因宙斯而受折磨的缘故，而被宙斯之罪所遮盖，而这罪由于他用来威胁宙斯的秘密的缘故又遮盖了宙斯的罪。在我看来，埃斯库罗斯想用普罗米修斯那泰坦本性去表达的正是这种罪。[①] 自由根源于存在的混沌深处；它是泰坦神性中的一个要素。普罗米修斯不断地呼喊冥间力量的象征和缩影该亚（Gaïa）；他从一开始就呼吁苍穹、狂风、春天、土地和阳光作证；他的违抗是与山岳及波涛那巨人般性格相一致的。在他的自由中，隐约出现自然力的狂怒。并且，他的违抗所表现自然力的狂怒和激励克吕泰涅斯特拉（Clytemnestre）[②] 的阴暗力量没有根本的区别，在克吕泰涅斯特拉身上，母亲内心的、力量大地的、力量和死亡的可怕力量都被结合在一起。它与复仇女神所代表的伦理恐怖也没有本质的区别，这种伦理的恐怖使人囿于复仇的圈子内。那都是混沌，所以在其最初的外观上就是自由。

这样，普罗米修斯有义务去作证的与其说是悖谬，不如说是神的愤怒与人的愤怒、恶神和泰坦神的自由在深层次上的共犯关系。两者都尝到“愤怒的葡萄”的苦涩。

然而，在我看来，这种清白的傲慢（hybris）——如果我可以这样称它的话，这种使普罗米修斯成为一个有罪的受害者的暴力，有助于反过来理解神话的原始主题——盗火的主题。戏剧确实是后来才开始的；它属于惩罚的时期（恰如乱伦和凶杀先于俄狄浦斯悲剧一样，《俄狄浦斯》是暴露和认同的悲剧，揭示真相的悲剧）。普罗米修斯的悲剧从不公平的受难开始。不过，通过这一回顾，它得以跟戏剧的最初源头相连接；盗窃是一种善行，而善行也是一种盗窃。普罗米修斯最初就是一个有罪的无辜者。

可以设想有悲剧的神学吗？悲剧在剧情中并不苦心构思它；它借助场景中的人物、诗歌的外衣，并通过恐惧与怜悯的特定情绪去展开。不过，这一介于戏剧表演与思辨哲理之间的智慧文学成功地阐明了说教方面的悲剧神学：利库尔戈斯（Lycurgue）说：“当愤怒的恶魔要攻击人时，首先夺去他的理解力，并使他的判断力每况愈下，所以他并不意识到自己的错误。”[③] 悲剧合唱队歌颂这类似的原则，[④]

---

① 内贝尔，上引书，第 49-88 页。
② 克吕泰涅斯特拉（Clytemnestre），荷马史诗中阿伽门农的妻子。
③ 见利库尔戈斯（Leocratem），92，多兹，上引书，第 39 页所引。这里是 quem deus vult perdere, prius dementat。
④ 这种悲剧神学的抒情表达很多：《波斯人》，354，427，808，821；《阿伽门农》，160 起，1486，1563 起；任何地方都比不上《安提戈涅》合唱曲中的坦率表达，多兹以此作为他研究“罪感文化”的结尾：“没有尝过患难的人是有福的。一个人的家若是被上天推倒，什么灾难都会落到他的头上，还会冲向他的世代儿孙……正像在过去一样，这规律一定生效：人们的过度行为会引起灾祸（ἐκτὸς ἄτας）。那飘飘然的希望对许多人虽然有益，但是对许多别的人都是骗局，他们是被轻浮的欲望欺骗了，等烈火烧着了脚的时候，他们才知道是受了骗。是谁很聪明地说了句有名的话：一个人的心一旦被天神引入迷途，他迟早会把坏事当好事做，只不过暂时还没有灾难罢了（ἐκτὸς ἄτας）”（《安提戈涅》，582-625，引自《悲剧二种》，人民文学出版社，1961 年）。

也许这是惟一不能明言或至少不能被辩护的神学。这种悲剧主题被形成并被清楚说明时，柏拉图对之的愤慨也许会令我们这样想。让我们听他是怎样说的。

> "因此，神既然是善者，它也就不会是一切事物的原因——像许多人所说的那样。对人类来说，神只是少数几种事物而不是多数事物的原因。我们人世上好的事物比坏的事物少得多，而好事物的原因只能是神。至于坏事物的原因，我们必须到别处去找，不能在神那儿找。"所以，"我们也不能让年轻人听到埃斯库罗斯所说的：'天欲毁巨室，降灾群氓间。'"（《理想国》，379c-380a，中译本，商务印书馆 1986 年）①

于是，如果说宗教意识迟疑于表达悲剧的神学，那是因为它在别处用柏拉图的口气声称"神的清白"，或用《圣经》口气声称他的"神圣"。明白表述悲剧的神学，可能意味着宗教意识的自我消解。

第三节　从悲剧中解脱还是在悲剧中解脱？

在创世戏剧中，罪恶好比创世行为的反面或他物。于是，拯救是创世本身，就像确立现存世界的秩序；它再演于王的战斗中，在信任眼光所能分辨的每一场冲突中，在敌人嘴脸的背后，古时的撒旦（Adversaire）在开始就被众神的行动战胜。

在悲剧眼光中，罪恶的结局又可能是什么呢？

在我看来，如果悲剧遗存的"典型"是真实的，那么，它的眼光排斥除了"同情"，除了悲剧的"怜悯"——也就是说，一种参与英雄不幸的软弱情感，一种为英雄哭泣并为诗歌的美流泪而得到的净化——之外的所有其他的解脱。

埃斯库罗斯的悲剧似乎真的考虑一个不同的结果，就像在《奥瑞斯提亚三部曲》(la trilogie d'Oreste) 中所看到的：《欧墨尼得斯》(Euménides) 对《奠酒人》(Choéphores) 最后一行所提的问题——"那么，阿芯（Até）的怒气栖于何处，它最终停歇何处？"——作了全新的回答；并且三部曲的最后部分回答说：恐怖要结束，接连的复仇可以停歇，神是正义的，神是仁慈的；阿波罗神（Apollon）把他的正义（justice）表现在净罪（purification）中，这使神的复仇终止，他的仁慈还表现在严正但有分寸的城邦法律中，这城邦法律对罪错施行惩罚。同样，《普罗米修斯被释》(Prométhée delivré) 是泰坦三部曲的终篇。这部分佚失了，但就

---

① 多兹在上引书第 57 页说到，柏拉图忘了引用有关傲慢（ὕβρις）的《尼娥》(Niobé) 这残篇（162）的结尾，这傲慢假定了人决定自己命运的东西（μή θραστομεΐν：那"傲慢"是我们的）。

我们了解的情节完全可以说，时间——这一剧的时代与前一剧的时代隔了三万年之久——使天帝和这位受难的泰坦尽释旧隙。"尽释旧隙"——是索福克利斯（Sophocle）在《俄狄浦斯在科罗诺斯》（*Œdipe à Colone*）用来表示把痛苦的悲伤引向镇静的默认的沉思效果的同一措词；希腊悲剧中时间的推移使人联想起通过时间去赎罪的思想，它驱散了众神与人的愤怒硝烟。正是在这种共同的广袤时间长河中，天帝宙斯作成正义之父的宙斯。

这样，作成的神以类似《希伯来圣经》的"后悔"的上帝出现。它不也是《欧墨尼得斯》和《普罗米修斯被释》所预示那种后悔的神灵吗？

无疑，至少对埃斯库罗斯来说，悲剧既表现悲剧的因素，又把它推向终结。

的确如此，但只说及一方面。值得注意的是，即使在这方面走得最远的埃斯库罗斯（并且他的悲剧三部曲结构出色地表现了悲剧体裁使悲剧因素趋于终结的动向），悲剧因素的终结对英雄来说并非真正的解脱；在《欧墨尼得斯》的结尾，奥瑞斯提亚（Oreste）好比消失在雅典娜（Athéna）、阿波罗和复仇女神在天上展开的一场大争论之中。诗人只是在化出悲剧神学本身消解的代价后，才出现那悲剧因素的终结：坏的宙斯最终就不再是确实的。那么，这种悲剧神学何以会消解的呢？由于向成因论"类型"的过渡，由于向创世戏剧的过渡，神战胜了原始的恶，就像马尔杜克（Mardouk）战胜提阿马特（Tiamat）一样。与《普罗米修斯》三部曲中宙斯的转变和《奥瑞斯提亚》中厄里倪厄斯（Erinnye）向欧墨尼得斯转变相对应的正是这种神统纪模式。因此，"史诗"通过其"悲剧因素"的解除拯救了"悲剧"；"恶神"在神的受难中被重新归化，这应当以泰坦神族这一面为牺牲达到其奥林比亚的一面。

但在索福克利斯那里，不再有悲剧因素的终结，在这意义上，索福克利斯比起埃斯库罗斯来，是更纯粹的悲剧作家。[1] 怀恶意的神感到自己与其强制不如放手，让人类听任自己智谋的摆布。这种双重的悲剧观否弃了埃斯库罗斯所设想的和解。这样，有着不可调和矛盾的安提戈涅（Antigone）悲剧恰正开始在埃斯库罗斯在《欧墨尼得斯》中看作是悲剧一条出路的地方；城邦不再是和解之地；排外的城邦把安提戈涅逼进对抗之中，并且，法律的援引和城邦的历史存在是不相容的。

这确实是一个例外，但它仍间接地证实了我们的说法。索福克利斯的《俄狄浦斯在科罗诺斯》也为悲剧因素的终结欢呼；[2] 在久久沉思他的不幸之后，老俄狄浦斯在长久沉思自己的不幸遭遇后，被索福克利斯引向非悲剧死亡的门槛；他由王室祭司忒修斯（Thésée）侍伴，目光由世俗转向城邦的祭庙。魏因斯托克（Weinstock）正确地把这部祭神的戏剧比作"圣徒传奇"；但年迈的俄狄浦斯之死，

---

[1] 内贝尔，上引书，第 169—231 页："安提戈涅和无生命的野蛮世界"，"俄狄浦斯王和愤怒的神"；耶格尔（Werner Jaeger），《派地亚》（*Paideia*），卷一，第 343—363 页。

[2] 内贝尔，上引书，第 233—253 页："《俄狄浦斯在科罗诺斯》所赞美的死"。

一位变得贤明的英雄的光荣之死，是人的病态的中止，而不是其病体恢复的中止。

事实上，在悲剧的想象中，拯救并不外在于悲剧，而内在于悲剧。这是悲剧智慧（φρονεῖν）的意思，属于那"知从苦中来"，这是埃斯库罗斯的《阿伽门农》的合唱队所歌颂的：

> 宙斯，不论他是什么神灵，假如你喜爱这名称，我便这样呼唤，向你致敬！我衡量一切而深省；惟独"宙斯"是无比的威名；而我必须秉着真诚，抛却胡思乱想的沉重心情！……宙斯，你指示苍生"知"之途径；宙斯，凭借你的威灵，你规定"知从苦中来"的命令，当苦痛的追忆轻轻、在梦寐中一滴滴滴入心灵，倔强的心也应清醒，这是威严座上掌舵的神明，强使人接受的恩情。

> （《阿伽门农》，第 160 起，引自《奥瑞斯提亚》，上海译文出版社，1983 年版）

"知从苦中来"——那就是悲剧的智慧，如同雅斯贝尔斯所说。[1]

我不相信，古希腊宗教的最高表达方式会越过祭礼而不断为悲剧因素提供真正的归宿；它总是通过取代其他某个宗教模式而不是通过分解出自悲剧模式本身的内在牵制去进行的。不论成为"神的着魔"的宗教——那就是说，神侵入人，还是"神使出窍"（l'extase divine）的宗教——那就是说，从人逃往神，阿波罗形式或狄奥尼索斯（Dionysos）形式的宗教都不是悲剧的解体。德尔斐神谕（la parole delphique）的权威事实上并没有使人放心，成为人的指南，以及在这意义上使人得以定心；阿波罗通过神谕的中介而成为伟大的抚慰者，伟大的忠告者，重要法律的制订者，立法活动的保证人；但阿波罗还是洁身礼这宗教仪式的主神，这表明他的忠告，尽管为人的诺言提供了某种保证，却并不治愈"悲剧的"心灵，因此求助古老的洁身礼毕竟是不可避免的。作为忠告者，阿波罗不会原宥罪，而只涤除亵渎的污秽，因为悲剧世界观排斥对罪的宽恕。[2]

狄奥尼索斯甚至竭力不让受伤心灵愈合；他为应归于过错的苦恼提供一条出路，那就是使灵魂出窍，并使它摆脱寂寞。这样，他让人灵魂出窍，把人变成另一个人而使他免除其责任心的重荷。狄奥尼索斯并不使人执着其有限的真理；他促人奋发，这是一种神圣的无节制，人因这无节制才忘却自己而不是与自己相处

---

[1] 雅斯贝尔斯：《论真理》（*Von der Wahrheit*），第 915-960 页。参考下面第五章。

[2] 关于阿波罗在赎罪方面的这种作用，见尼尔森：《古希腊宗教史》（*A History of Greek Religion*）（牛津，1925 年），第六章：阿波罗是赎罪祭礼的主神，对犯凶杀罪如此，甚至在夹杂迎合惩罚功能的情况也如此。尼尔森尽管强调阿波罗祭礼有助于道德上纯洁和正直的动机，但仍证实阿波罗主义（Apollonism）无能力超出外在的仪式主义达到正义所要求的水准："他是恢复和保持与众神和解的权威，他的任务不是像先知那样去唤起良心，而是使它们平静下来"（第 199-200 页）；因此而有他谨慎的改良主义，与狄奥尼索斯主义相比，它的做法更稳健；但未产生任何新的价值。

为安。①

剩下悲剧场面（spectacle）本身，要使人净化，就要使他沉醉于诗歌言语的崇高之中。它既非阿波罗意义上的忠告，也不是狄奥尼索斯意义上的人格替换，也许，只是在一种非常古老的意义上——比如，在场景唤起"幻觉"的意义上。通过场景，普通人和英雄一起参与哀叹与歌颂的"合唱"；悲剧和解的场所是"合唱"及其抒情性。通过我们自己参与悲剧"合唱"，我们从狄奥尼索斯的幻觉到悲剧智慧所特有的使灵魂出窍。于是，神话融入我们中间，受惊吓和悲痛的正是我们，因为我们已将自己置于舞台之中。人们应成为合唱队一员，以便使他自己沉浸在尤其是悲剧和解的那些情感中。普通人只知道恐惧和不幸场面所引起的那种忸怩作态的同情；成为合唱队的一员，他就进入一种可称做象征性的和虚构的情感领域。鉴于它们是和表达的类型相称的，这些情感，如我们从亚里士多德以来所知道的那样，首先是悲剧的恐惧（φόβος），当我们突然面临自由和经验的破灭，这特有的恐惧就会光顾我们；然后是悲剧的怜悯（Ελεος），仁慈的凝视不再是斥责或谴责，而是显示出怜悯。恐惧和怜悯都是受难的方式，但这种受难可以被说成是迎对命运的受难，因为它需要敌意命运的阻挠和促进以及英雄的自由的帮助。那就是那些情感只有在悲剧神话的氛围中才得以产生的原因。但它们也是一种理解的样式：英雄成为一个预言家；当俄狄浦斯失明时，他却获得了提瑞西阿斯（Tirésias）②的远见。但对他以某种系统客观方式得知的东西，他却一无所知。赫西俄德早就说过：受苦才知理（παθὼν δέτενήπιος ἔγνω）。（《田功农时》，218）

这些就是在悲剧中而不是悲剧外的解脱：借助于一种变成诗的悲剧神话和通过场景使然的灵魂出窍的感化去产生恐惧与怜悯的一种美学的移植。

---

① 尼尔森，上引书，第205-206页。我们在第四章将说到这一点。有关古希腊宗教所说的一切，应始终考虑以下这一点：从来没有一种古希腊的神学，只有一种综合，这综合不仅在很恰当地被称为祭祀的方面，而且还在改革者、诗人和宗教使徒所试图综合的各宗教方面，这些试图都未曾得以把其他宗教变成单一的体系。有德尔斐（Delphi）权威，还有狄奥尼索斯的"远操纵的疯狂"；后者侵入到前者领域；但阿波罗遏制了狄奥尼索斯，并通过为其祭礼立法和节制他的疯狂去笼络他。

② 提瑞西阿斯（Tirésias），底比斯的盲人占卜者。

第三章 "亚当"神话和"末世论"历史观

　　"亚当"神话是典型的人类学神话；亚当就是人类。但并非任何"人的始祖"的神话都是"亚当"神话。其他类型的神话多少都提及人类：比如，在神统纪神话中，王（Roi）的形象为某种历史和政治现实提供了实体；但在那种神话里，恶的起源未归结于任何特殊意义上的人类。徘徊在不同神话类型之间的泰坦形象，同样非常接近于向人的始祖形象的转变；但俄耳甫斯教理中的"人类起源说"本身添加了泰坦神族的神话——无疑，是在较晚时期——并未构成恶起源于人类的神话：人类的存在本身是早于人类的一幕戏剧的结果；恶是人所具有的；恶的起源与人类起源说相一致。对人的始祖的其他许多描写将被发现处在诺斯替派的思考水准上；但那些思考基本上不同于亚当主题，因为在那些思考中，人类现状的起源经常被看作是跟早于人类现状的"漫长时期"所展现的罪恶进程相一致的。

　　严格地说，只有"亚当"神话才是人类学神话。这意味着它具有如下三个特点。第一，它是成因论（étiologique）的神话，它把恶的起源和一位人类祖先相联系，似乎当时那位祖先的状况真的和我们的状况相类似。对堕落前的亚当的一切超自然完美的思考都是完全改变了最初素朴无理性意思的外加设想；它们倾向于使亚当变得高高在上，从而成为我们处境的一个局外人，同时，它们把亚当神话归结为人类产生于一种原始的超人性。的确，"堕落"这个词与《圣经》语汇无关，当"亚当"的处境被提高到人的现状之上，就发生了"堕落"；只有已被提高的东西才谈得上堕落。于是，堕落的象征并非"亚当"神话的真正象征；另外，堕落还见之于柏拉图、灵知说（gnose）、普罗提诺（Plotin）。那就是我们不把本章称为"堕落神话"（le mythe de chute）而称为"亚当神话"的原因。当我们从更原始的罪的象征系列中追溯亚当神话的象征系列的根源时，我们将会看

258

到，亚当神话是一种"偏了方向"或"走入歧途"的神话，而不是"堕落"的神话。

第二个特点：亚当的成因论神话最竭力企图把恶的起源和善的起源相分离；它的意图在于提出与万物德性的根本原始起源截然不同的一个恶的基本起源。严格说来，不论这种企图会产生什么哲学疑难，在基本的和原始的之间作个区分对于亚当神话的人类学性质是必不可少的；那种使人成为创世内在的罪的开端的东西，在上帝的创造活动中已经有其绝对的开端。当创作亚当神话时，自由概念尚没有被刻意用来支持这第二开端，尽管《申命记》由先知召唤所强加的一种根本选择的观念预示了亚当神话向更高程度的思考发展，为此自由将不仅仅是一个开端，而且也是创造物有背叛的权力——即在严格意义上，人类在其已被作成（*fait*）和被完美地（*par-fait*）作成之后，有取消（*défaire*）和取消其自身（*se défair*）的权力。在我们所限于的这一级神话上，这种属于自由的离心力仍只是内含在故事结构中；它表现在隐约出现的一个偶发事件中，而且把先于和后于区分开来。在我们上面已作一些保留表示的堕落术语学中，有一种堕落前预定的（supralapsaire）清白状态和堕落后预定的（inf-ralapsaire）易犯罪性状态（peccabilité）（顺便指出，易犯错性和易犯罪性并不完全相同。"易犯错性"在本书第一卷规定的意义上，表示人类的结构有种背离走正道的可能，而"易犯罪性"是指人已倾向恶时的状况。那就是我们这里在人类习性意义上说起易犯罪性的原因；我们将在本书第三册详细讨论它）从清白到罪，作为人被预定为善又倾向于恶的状态，被亚当神话传述成某种偶尔发生的事。但正因为恶的起源被说成关于某种偶尔发生的事件的故事，并且因为那故事与亚当这位传奇人物有联系，所以，我们尚未处在有思辨的情况下，而只属于一种成因论神话。无疑，神话是准备为思考所接受，但它仍处在神话的空间与时间之中；所以，它应当被理解为介于原始象征和由灵知，或反灵知所创造的思辨象征之间的一种神话。

第三个特点是，亚当神话使其他一些倾向于分散故事中心、但又不压低亚当形象的首要地位的形象服从于人的始祖的中心形象。事实上，值得注意的是，亚当神话在把恶的起源全部集中归并到人的始祖形象上是并不成功的；它还讲到魔鬼的化身撒旦，并讲到另一位代表与他者（Autre）、魔鬼或恶魔化身相对的夏娃。这样，亚当神话就把一或多的对反提高到人的始祖的中心形象，并从那些对反中，获得谜一般的深度，从而暗暗地与其他的罪恶神话相沟通，并使我们有可能进一步求助于一个罪恶神话的体系。但不论在这罪恶滋生中心的滋生方面有可能走得多远，这神话的主要意图是把其他形象都安排得和亚当形象有关，并同亚当一起去理解他们，把他们作为以亚当为主角的故事中的配角。

第一节 "亚当"神话的悔罪动机

所谓"理解"亚当神话是指什么意思？

首先，是指接受它是一个神话这样的事实。我们将更进一步地说明犹太人的思想怎么会产生出有关这对人类始祖的故事；但应当从一开始就充分认识到，对于已了解神话与历史区别的近代人来说，这篇记述人的始祖的故事不再可能和历史时间及地理空间相对等，如同这些时间空间已不可逆转地由批判意识所组成。应当充分理解，亚当在何处何时吃禁果这样的问题，对我们来说已不再具有意义；把这故事作为一种真正历史的字面意义去保全的任何努力都是徒劳无希望的。像科学家一样，我们关于人类起源所知道的一切没有为这样一个原始时代的事件提供任何根据。[①] 我确信，完全接受这神话的非历史性——倘若我们在其对批判方法所具有的意义上去理解历史的话，神话是非历史的——是一个伟大发现的另一面：对神话的象征功能的发现。不过，我们不应当说，"'堕落'的故事只是一个神话"——就是说，某种还及不到历史的东西——而应当说，"'堕落'的故事具有神话的雄伟气魄"——即具有比真正历史还多的意义。但究竟是什么意义呢？

我们已反复暗示，这是寓于神话力中唤起思考自由所具离心力的意思。因此，

---

① 这个明确的看法比迪拜勒（A.M. Dubarle）（上引书，第45–60页）一类作者的看法更可取，这类作者试图回避在历史与神话之间的选择，并在故事中寻找"一种特殊类型的历史，它将传说的意象当作一种表达手段，同时深刻地改变了它的意思"（第49页）。以色列的宗教建立在出离埃及的历史事件基础上，他们确实不可能为说明恶而去求助某种非世俗的"原始模型"，而只能去求助于被假定是现在所出的一些事件；但说以色列人依据信仰重新发现过去的事件，必然会回到这样一种看法上来，即认为亚当实有其人，而堕落是一个真实的事件。我们应当保留将这事件作为介于两个本体论体系之间的一个突变的象征的看法，并抛弃作为过去事实（fait passé）的看法。我们尤其应承认，人类祖先形象的神话特性、被假定是用来命名全人类祖先的人名，也适用于摩押人（Moab）、以东人（Edom）。正是在这种模式化中，出现了被假定为最初的被传承的一种罪的观念，这同样也导致了虚假的合理化。

洛朗（Y. Laurent）的《十九世纪末对〈创世记〉第二、三章的法文注释的历史特点》（Le caractère historique de Genése，2–3，dans l'exégése francaise au tourant du XIX siécle）一文（载《圣经论集》，1947年，第37–69页）；公正地归于勒诺尔芒（F. Lenormant，1837–1883，法国亚述学家，曾解读亚述语。——中译者注）的那些著作（1880–1884年版）；和拉格朗日（M.J. Lagrange，1855–1938年，天主教神学家。——中译者注）神父发表在《圣经季刊》（Revue biblique，1879年）的有名文章〈纯洁和罪恶〉（L'innocence et le péché）的折衷企图，这些讨论都充分表明了要摆脱对创世起源的天主教注释。当我们今日重读拉格朗日那篇有名文章时，我们会对它细节上的大胆和总体上的谨慎同时留下深刻的印象。这位神父既不拘泥于字面上的意义，又抛弃了被他称为寓言的注释，他把堕落的故事看作是"以通俗或象征的方式去讲述的一段真实历史"（第358页）；"教会总是认为，这段真实历史不像其他历史那样是一段历史，而是用形象——隐喻、象征，或俗语——去表达的历史"（第361页）；因此试图去把"实际存在的成分"与"象征的形式"分开（第361页）。像奥里根（Origène，约185–254年，希腊神学家。——中译者注）和卡耶坦（Cajetan，1468–1534年，意大利天主教托马斯派神学家。——中译者注）那样，他把象征系列的作用延伸得很远。但难以理解的是，在逐个领会所有细节，并当作象征去解释（第343–358页）时，这故事作为整体又怎么会与实际历史有关。也许拉格朗日神父把象征看得过于狭隘，他似乎没有把它与寓言区别开来；因此面临寓言或历史的选择，他选择了历史，尽管区分了这故事的形式与内容。不过，拉格朗日神父确实早在我们认识到创世故事的整个巴比伦背景之前就已经注意到，有意义的不是用历史上类似的事件去证实的东西，而是毫无类似事件的东西。这样，他就断然否弃了依靠这些相类似事件去证实从亚当到最早的成文资料的一种所谓口头传说的那种辩解的注释。此外，拉格朗日神父还发现，《圣经》作者的天赋常表现在把大众想象中已是确实信条的东西转化为象征。这个见解非常成功，但未落实到最后结论上。拉格朗日神父还是写道："象征语言并不具有与习惯语言同样的规则，不应当以同一种方法去说明。"（第354页）

按照我们在本书所贯穿的指导准则："象征导致思想"，这意思还得在前哲学与哲学的关系中去寻找。但朝神话的这种启示、探索力折入思辨的这个方向不可能解除神话的成因论功能，除非我们一开始就把神话看成对亵渎、罪和有罪内在体验所形成的基本象征的一种再创造。只因为神话已经是一种解释，一种罪的前意识所表现的原始象征的释义学，所以神话才预期到思辨。神话也导致思想其实是它本身解释其他象征的结果。所以，我们在本章将先了解这一点，而把按更理智化的"原罪"象征对其所作的第二级再创造放到后面去研究。所以我们将区分三个等级：罪的原始象征为第一等级，亚当神话为第二等级，最后一个等级是原罪的思辨密码；并且，我们将把第二等级理解为第一级释义学，把第三等级理解为第二级释义学。

这种理解方式为犹太民族的历史经验所证实。亚当神话绝不是他们罪的体验的出发点，也不是以罪的体验为先决条件并表明其成熟的有罪体验的出发点。那就是不必求助那神话，也有可能去了解这种体验，并解释其基本象征——离心、反叛、走入迷途、沉沦、监禁——的原因。我们的问题只是去理解"亚当"神话给那些原始象征添加点什么。无论从什么角度看，这些东西都是后来添加的，并在某些方面是非本质的，像希伯来文学史所足以证实的。在《旧约》中，亚当不是一位重要人物：先知不去注意他；许多经文固然在名词亚当（作为复数形式动词的主语）和亚当后裔上做文章，但并未提及堕落的故事；万民之父亚伯拉罕（Abraham）和洪水灭世后人类之父挪亚（Noé）是更为重要的人物；即使对于编纂《创世记》（Genèse）篇章的人来说，他们也不相信，亚当对这人间的罪恶负有全责；[①]他也许只是罪恶的第一个实例。总之，亚当故事不应当脱离前十一章的整体，这前十一章，贯穿着亚伯和该隐的传说、巴别（Babel）的传说、挪亚的传说，面临洪水这最大威胁，以及耶和华对大水后人丁兴旺的至高许诺，导致了万民之父亚伯拉罕当选。

在《新约》中，耶稣本人从未提及亚当的故事，他把恶的存在当作一个事实，作为召唤忏悔所预先假定的处境："你们若不悔悟，将一样地灭亡"。在对观福音书（Synoptiques）中，同一重点被放在恶的"内心"（《马可福音》7：21-22；《马太福音》7：11；12：33-34）和"撒旦"（l'adversaire）上：门徒问谁将稗子播在好种里，耶稣回答说："这是仇敌所为"。主祷文（LaPrière du Seigneur）强调魔鬼（Malin）的引诱和暴虐力："不要让我们受引诱，把我们从魔鬼那里解救出来"。像受到引诱一样，生病是人受"不洁鬼灵"所侵袭。热情本身是在魔鬼的影响之下："西门，西门，撒旦想要得着你们，好筛你们，像筛麦子一样。"（《路迦福音》

---

① 《便西拉智训》（l'Ecclésiastique，流行于公元前三世纪到公元三世纪犹太教希腊化时期的智慧文学杰作。——中译者注）和《智慧》的作者本·锡拉齐（Ben Sirah）提到《创世记》的有关记载（在《智训》书中提到《创世记》25：24，《智慧》书中提到《创世记》2：23-24；10：1-2），但他未把人类的堕落或人类处境的所有不幸与最初的罪联系起来。

261

22：31）基督本人不是向恶魔（Démon）的攻击退让吗？那么，所有这一切都丝毫没有暗示对恶的起源作一种"亚当"的解释。圣保罗使受到冷遇的亚当主题活跃起来；他借助"旧人"和"新人"的对比，树起亚当的形象作为被称为第二亚当的基督形象的反面（《哥林多前书》15：21-22，45-49；《罗马书》5：12-21）。其时，亚当形象与《创世记》前十一章的其他人物相比，不仅被抬得较高，而且还按它所对比的基督形象原型人格化。我们从中应当得出两个结论：一是，强化亚当学（adamologie）的正是基督学（christologie）；二是，对所有人类都可能是其后裔的活生生的亚当形象的神话破译，并不暗示有关基督形象的任何结论，基督形象不是根据亚当形象建立起来的，而是相反，基督形象通过反作用赋予亚当形象以个性。

因此说，"亚当"神话是犹太—基督教大厦的拱顶石是假的；它只是一栋飞拱，架在犹太人忏悔心灵的尖顶交叉上。甚至作为第二等级的合理化的更有理性的原罪，也只是一栋虚假的支柱。在基督教几百年的历史中，首先是因亚当故事的字面解释，尔后因这被看作历史的神话，以及后来主要是奥古斯丁思考原罪的混淆而给心灵造成的伤害，这些从未被充分揭示过。在要求忠实地表明对这神话——思辨总体的信念，并承认它自圆其说方面，神学家们过分要求一种圣献说（*sacrificium intellectus*）。那里所需要的是唤醒信徒对其现实条件的一种象征的超凡理解力。

这并不是说，亚当神话只是犹太人悔罪体验的一种无效重复；我们过于坚持神话的三重功能——使体验普遍化，确立在某个起源和某个终结之间的一种牵制关系，和研究原始事件与历史事件之间的关系——以致忽视了神话的贡献。而除了突出神话受到先于它的体验和那体验借以去表示的象征的推动外，是不可能理解这种贡献的。

犹太人的忏悔的内在体验从两个方面——消极方面和积极方面——为神话的出现创造了条件。

一方面，它需要消解神统神话和悲剧神话这两种另类神话的神学假定；任何其他地方对浑沌神话与恶神神话所赖以建立的原始表象的批判，都不如以色列人那么突出。希伯来一神教，特别是那一神教的伦理特性无形中损害了神统的神和依然是神统的悲剧神，并使他们变得不再可能。冲突与罪行、欺骗与通奸都被赶出神界：长着动物脑袋的诸神、半神半人、泰坦神族、巨人，以及英雄统统被无情地逐出宗教意识的领域。创世不再是冲突而是"传述"：上帝说的，就是这么回事。耶和华的"妒忌"不再是悲剧神因英雄的高尚而引起的妒忌；它是神有关"偶像"的"妒忌"；它是揭示假神之荒诞虚无的一神论者的"妒忌"。① 以赛

---

① 不过，人们可在《圣经》中发现对生活持"悲剧"观念的痕迹和悲剧的神的"妒忌"的一些隐性形式；巴别塔（Babel）的毁灭，该隐（Caïn）的定罪，甚至亚当和夏娃被逐出伊甸园，也许都有对行为者英雄气概的一种教士怨恨的成分。但我们将更重视亚当神话与其他两种神话的更内在的密切关系；我们将不在怨恨英雄气概上去寻找它们，而在撒旦角色与有关堕落的戏剧结构中去寻找它们。

亚（Isaïe）在圣殿所见（《以赛亚书》6）的，既是为神圣上帝的新发现作证，又是为神统的神和悲剧的神的衰落作证。恶的起源的纯粹人类学概念的形成是与神统的这种全面"神话破译"（démythologisation）相对应的：因为"耶和华以他的圣谕称王"，因为"上帝是神圣的"，所以，罪恶应通过创世的结果才成为世界一部分，新的神话将努力把这结果集中在一个事件和一个故事里，在这故事里，最初的恶是跟原本的善不相干的。这一促动因素同柏拉图《理想国》第二卷的促动因素不无相似之处：因为上帝是善，他才是清白的。但鉴于柏拉图断定：神不是任何事物的原因，甚至不是大部分存在事物的原因，于是，犹太思想家就跟着断定：上帝是每一善的事物的原因，人是每一荒诞事物的原因。

于是，随着犹太伦理一神教摧毁了所有其他神话的基础，它也产生出有关罪恶起源的一种严格"人类学"神话的明确主题。

"亚当"神话是先知直接谴责人的结果；是用谴责人类来表明上帝清白的同一种神学。由于那种谴责在犹太人中愈来愈深入人心，遂发展成一种忏悔的精神，这种精神的深度我们已在前面对罪和有罪的研究中见到。犹太人不仅为他的行为忏悔，还为他的行为动机忏悔。我不敢说"为他的存在"——这首先是因为他从未形成本体论的概念，其次是因为堕落神话的意图是要将罪恶的历史出发点与我们现代人可以称为创世本体论的出发点分离开来。至少他的忏悔触及其"内心"，触及其意图——就是说，触及其许多行为的总根子。此外，与他的虔诚发现罪的个人一面的同时，它也发现其公共一面；各人的罪恶"内心"也是所有人的罪恶"内心"；特定的我们，也就是"我们这些罪人"，以一种共同的有罪将所有人类连成一体。这样，忏悔的精神也揭示了超越我们行为之外的东西，好比我为人人、人人为我的选择既是个人又是集体的罪恶根源。

正因为罪的忏悔包含这种事实上的普泛化，亚当神话才是可以接受的：以人名亚当命名的神话使人的罪恶的具体普遍性变得清楚明白；在亚当神话中，忏悔的精神为那种普遍性的象征所代替。

这样，我们再次发现上面所称的神话的普遍化功能。但同时我们发现，其他两种功能也同样被忏悔的体验唤起。我们知道，环绕着历史神学，《旧约》所主要描写的有罪和拯救，在极度威胁和极度许诺的交替中反复出现："想望耶和华日子来到的，有祸了。你们为何想望耶和华的日子呢。那日黑暗没有光明。"（《阿摩司书》5：18）还有："耶和华说，日子将到，我要与以色列家和犹大家另立新约……我要将我的律法放在他们里面，写在他们心上。我要作他们的上帝，他们要作我的子民。"（《耶利米书》31：31-33）这种指责和怜悯的辩证法被犹太先知硬塞到同时期的历史中，硬塞到放逐（exil）和返回（retour）的现实历史中；并且他在对历史的说明过程中，使其同时变得意义深远，使之真正集中到他的目标上。指责与怜悯的同一辩证法——出自对先知时代现实历史的解释——被设计成对"起源"和"终结"的一种神话描写。我们看到，按照先知的体验重新被解释的出离埃及，提供了囚禁和解救的基本象征系列；使亚伯拉罕（Abraham）离开祖国并走上其使命之路的召唤也按照先知那种顺从不可抵御的内在召唤的模式去理解；最后，伊甸园历史的序幕等于是整个以色列人的戏剧命运所揭示的人生意义的缩影：召唤、不顺从、放逐；亚当和夏娃被逐出乐园（raradis），就像以色列人被逐出迦南（Canaan）。但就像"叶落归根"那样，有意跟失乐园神话相衔接的洪水神话同样象征性地表示洪水灾难后的新的创世，以及通过既是谴责又是宽恕的审判而变得纯洁。经历放逐与洪水后的解救——也就是经历再创造之后——挪亚（Noé）还是亚当，还是人。

因此，史前神话不仅适用于概括以色列人的体验，并将之应用于不论何时何地的所有人类，而且也适用于把先知教诫在以色列人特有的命运中所揭示的谴责与怜悯之间的巨大牵制力延伸到整个人类。[1]

最后，在神话受到以色列人的信念激发时，还具有第三种功能：神话因探索本体论与历史的断裂点而为思辨开了路。罪的忏悔的深化更趋近这一断裂点，并且借助于一种悖谬去揭示它。正因为上帝是神圣的，从而揭示了罪的深渊是在人身上；但反过来说，如果罪的根子是在"本性"中，在人的"存在"中，那么，为上帝的圣洁所揭示的罪又回归到他（Lui）身上，并要指控使人类为恶的造物主（Créateur）。如果我对我的存在表示后悔，那么我在上帝指责我的同时就指责了上帝，而忏悔的精神就因那悖谬的压力而破裂。这样，神话就在忏悔体验的高度紧张中出现；它的功能就是去假定一个同创世"起源"截然不同的恶的"起源"，去假定罪由以成为世界一部分以及死亡由以成为世界一部分的一个事件。堕落神话因此是恶首次出现在已结束的创世和善之中的神话。这样一来，就把起源（origine）分成造物中善的起源和历史上邪恶的起源，神话倾向于满足犹太信徒的两重供认，他一方面承认上帝至善至美，另一方面又承认人的根本的恶。这两重供认正是他忏悔的实质。

第二节　神话的结构：堕落的"瞬间"

让我们一开始就通过罪的原始体验所暗示的神话意向去理解神话的结构。就像"耶和华派"（Jahviste）编纂者在《创世记》第三章所表示的，亚当神话有一种双重旋律。一方面，它倾向于将所有历史的罪恶都集中在个别人及个别行为上——也就

---

[1]　我完全赞成多达（C.H. Dodd）在《今日圣经》（*La Bible aujourd'hui*，巴黎，1957 年）中的看法："因此《圣经》开头几个故事可被认为是作者对原始神话的改编本，这些作者利用这些故事作为他们在历史中学到的真理的象征。它们名义上归于史前时期。实际上，他们把特定民族的历史所展示的神的活动原则运用到不论何时何地的人类身上。他们使《圣经》的观念普遍化，这既是审判又是复活。"（第 115 页）

是集中在惟一的事件上。那就是圣保罗对它的理解："如同因一个人之故，罪成为世界一部分……"通过这种把恶的起源浓缩成一点，《圣经》的传述强调了那种分裂、那种倾斜、那种飞跃的不合理性，对之，自相矛盾的传说已称之为堕落。

另一方面，神话又在一幕"戏剧"中展开这个事件，这幕戏剧把时间引进一连串事件中，并使一些人物鲜活起来。当这幕戏剧在时间中延伸，并分散到几个角色之中时，它就产生了堪与罪恶事件的蓦然断裂相比较的雾障一般的悖谬。让我们设法去了解在堕落的"事件"和引诱的"时空"之间的这一辩证法游戏。

"一个"人，"一种"行为——那就是这个神话的第一模式，我们已称之为"事件"模式（le schème de "l'événement"）。

"一个"人，在《圣经》评论中被称做"耶和华派"的史志编纂者在一个无疑非常原始兴许意思非常不同的神话——关于人的始祖的神话，或更确切地说，有关不从禁令而被逐出乐园的一对夫妇的神话——中，发现了他所中意的观念。这神话是非常古老的，但它的意思是新的；并且那意义是从这些史志编纂者为核心的时期出发回溯地理解历史而得出的。这神话看来要在反思以色列民族起源的过程中去把握，并连带作为中介的一个民间传说，在这民间传说中，由一个氏族、一个祖先去代表不同的种族集团。在亚伯拉罕之前的族长时代又暗示一个更古老的时代，在那时代，各民族所有部落的祖先都出自一对夫妇，他们对于全体人类兴许就是各族长对于他的全体子民——也就是说，一个祖先所建立的大氏族现在分裂成许多民族和许多语言。那人的始祖的记事提供了包罗万象的象征，人的原型被逐出天国就是恶的起源的范例。在亚当身上有我们全体人类；人的始祖的神话形象为处在历史源头上的人类多样性整体提供了一个焦点。

人的始祖又被集中到一种行为上：他摘了禁果并吃了它。有关那个事件没有什么要说的；人们可以传述它；它碰巧发生了，从此遂有了罪恶。大约在那一时刻，作为一个句号，人们只能去表明它使什么终结以及它使什么开始。一方面，它使一个清白时代终结；另一方面，它又开始了一个可诅咒的时代。

堕落的时刻和一个清白的过去，和失去后才被提及的伊甸乐园的这种关系，只是以插进创世故事的堕落故事为根据。[①]借助于那起源神话，最初的罪是作为

---

① 我认为经文考据的结果是理所当然的，这考据从贡克尔（Gunkel）《创世记译注》，哥丁根，1900 年；1922 年第五版）和布得（Budde）《圣经中的史前史》，吉森，1883 年；"圣经中的伊甸园历史"载《旧约知识杂志附刊》，1932 年）以来，区分了构成现有的堕落故事基础的两种原始资料，并因此说明了亚当堕落前的状况、堕落的地点、两种树（指生命之树和分别善恶之树——中译者注）的作用、咒诅的性质、不同角色的作用在故事中的对应与不一致。在亨伯特（Paul Humbert）的《〈创世记〉的伊甸园及其堕落故事的研究》（纳沙泰尔，1940 年）；齐默尔利（Zimmerli）《史前史》卷一，摩西第一到九章；和科本（J. Coppens）"有关善恶及天国的罪孽的知识"（载《圣经论集》，1948 年，附刊一，第 47 页起）都有对于这问题的讨论。对两种传说、两种原始资料或两种不同文献的区别应当用来改进我们对最终以汇编方式传到我们这里的这个故事的理解，原始资料问题应当为意义的问题开路。那就是我设法在这故事本身的意义中去体现按 P. 亨伯特所区分的两种原始资料的一致处的内在牵连；齐默尔利对这一点作了极好的方法论指导（上引书，第 145 页）。关于堕落故事的神学意义，我利用了艾克洛特（Eichrodt）的《旧约的神学》，第三卷，§23，"罪与宽恕"；耶可比（Edmond Jacob）的《旧约的神学的基本主题》（纳沙泰尔和巴黎，1955 年）第 226—239 页；拉德（G. von Rad）的《旧约的神学》，第一卷，（慕尼黑，1957 年），第 157 页起，第 261 页起。

先前存在方式的失落、作为清白的失落而出现的。我们关于堕落故事与创世故事的结合并不是我们《圣经》开首的绝妙故事，这绝妙故事是以如下情节串联起来的："上帝说，要有光，就有了光"；"我们要照着我们的形象，按着我们的样式造人"；"上帝看着一切所造的，都甚好。"这故事是日积月累而成的。在可能承认耶和华为天地之主以前，他必须先成为万有历史之主，这才不致冒把他与一种自然力相混淆的任何风险；但在他可能被拥为历史之主以前，犹太人的思想必须与这民族面对毁灭与流放的可怕又严峻的考验相结合。我们在《创世记》第二章所读到的更古老的故事先于那场灾难以及由它产生的更深一层的宗教深度；所以它属于一种较初步的创作（我们只需把2∶7的创世行为与1∶26起的创世行为做个比较）。

不过，这神话也不可等闲视之；因为，如果我这里所采用的亨伯特（M. Humbert）的解释可以相信的话，那么它所包含的人类观是耶和华派编纂者所禁止的，但又不是全部禁止，以至于我们不能在第三章的若干明显"对应"中，找到它的一点痕迹。创世故事似乎不是把最初出现的人置于伊甸"园"的中心，而是置于人（亚当）所出的泥土上（l'Adama）。他勤奋和明智地耕作那土壤。而且，前一故事中的人应当已是性意识觉醒的成年人；因为在他新伴侣面前，他狂喜地喊叫："这是我骨中的骨，肉中的肉：可以称其为女人（ischa），因为她是男人（isch）身上取出来的。"耶和华派似乎禁止所有洞察辨明的品性或与清白状态相关的明智，并把人的文化禀赋都划给堕落状态。对于他，创世时的人成了一种童贞的人，从各种意义上说都是清白的，他只要伸手就能采到乐园的果子，而且他只是在堕落之后才有性的知觉并带着羞愧。于是，理智、劳作和性欲也许都是罪恶开出的花朵。

发生在我们故事中心的这一差异是饶有趣味的。它并没有使我们把这被禁神话看作多余的，它促使我们提出在创世的文化及性的内涵与堕落的内涵之间的牵连问题。存在有出自文明的解释和出自性欲的解释，这一事实本身就富有意义；人的方方面面——语言、劳作、风俗、性行为——都被打上双重印记，即预定是善的和倾向于恶的。这两重性在神话时代被神话所展示，就像柏拉图在《政治家篇》（Politique）的神话中，假定了宇宙有两个时期，即前行运动和退行运动的演替，我们在瞬间的紧张和松弛那无法分辨的结合中体验到它。

在人身上既创造善又变成恶的悖谬充满了人类生活的所有领域。命名各种存在物的权力——这仅次于上帝创造生物的至上特权——被如此深刻地改变，以致我们现在只是在语言的划分和文化的分隔体制上去了解它。同样，如果我们比较了对清白的适度描写和对诅咒的更明确列举，我们就会看到侵入人的状态其他各方面中这两个本体论系列的对立。这一对天真的夫妇的赤裸无遮掩和因过错而产生的羞耻心显现此后以巧言伪饰为特点的整个交往中的人的根本变化。[①] 人持敌视本性的态度，使劳动不再是快乐而是劳累的了。养育孩子的痛苦使生儿育女的快乐黯然失色。女人的后裔和蛇的后裔之间的冲突象征了从此以后成为欲望诡计一种牺牲品的自由的富于战斗性和苦难的状况（与《创世记》4：7相比较）。甚至死也被改变：灾难不是人之将死（"你本是尘土，仍要归于尘土"）而是他将怀着对其危险的苦恼意识去面对死亡；灾难是人将死的方式。

这样，整个人的状态看来都听任苦难的支配；人生的苦难——神话对之的描述过于简洁——证实了他的堕落状况。因此，一种悖谬的人类学就出自这种神话；此后，人的伟大和过错就无法摆脱地搅在一起，以致不可能说：这是人的始祖昔日偶尔一为之事的恶果。

这种悖谬，这种人的"本性"与其最初目标以及与根本之恶的双重关系，从神的禁令角度表现得特别清楚。耶和华的话提出了这条禁令："只是分别善恶树上的果子，你不可吃"，听来像是为清白而发。最初似乎令人吃惊。服从禁令和律法，抑制情欲并因此又刺激情欲的一生不正是罪人的一生吗？圣保罗在我们上面说到的《罗马书》(7：7—14)[②] 那篇心灵的自传中，对受律法诅咒的体验作了引人注目的表达。

> 这样，我们可说什么呢？律法是罪么？断乎不是。只是因律法，我就不知何为罪：我就不知何为贪心，除非律法说，不可起贪心。然而罪趁着机会，就藉着诫命叫诸般的贪心在我里头发动。因为没有律法，罪是死的。
>
> 我以前没有律法是活的，但是诫命来到，罪又活了，我就死了。那本来叫人活的诫命，反倒叫我死。因为罪趁着机会，就藉着诫命引诱我，并且杀了我。
>
> 这样看来，律法是圣洁的，诫命也是圣洁、公义、良善的。既然如此，那良善的是叫我死么？断乎不是。叫我死的乃是罪。
>
> 但罪藉着那良善的叫我死，就显出真是罪；叫罪因着诫命更显出是恶极了。
>
> 我们原晓得律法是属乎灵的，但我是属乎肉体的，是已经卖给罪了。

这就是罪和律法的辩证法，对之，路德（Luther）和尼采（Nietzsche）也一清二楚。然而，禁令又怎么可能是对清白的命令呢？我们无疑应当懂得，在让人得以自由方面，上帝只赋予他有限的自由。那种自由的有限性在于它其实是一种原本就理所当然不由我们所谓的"价值"——这些价值更多用来描述文化成果——去取向的自由，而是一种由等级原则所钟爱的价值去取向的自由。这种自由的伦

---

① 迪拜勒在《圣经中的原罪》(Le péché originel dans l'Ecriture，巴黎，1958 年) 中说："这样，衣服概括了使社会生活成为可能的所有伪饰，而不仅是用来避免性刺激的提防措施"（第 64 页）；这故事的语言是这样的谨慎，表明侵入人类生活中的各种关系的某种意义含糊和某种紧张感（第 65 页）。

② 参看以上，上篇第三章，§4，关于"律法的诅咒"。

理结构通常构成了价值的权威。也许那就是耶和华派——他们在别处讲述该隐的罪行，因此，他们知道谋杀的严重性——保存禁果这素朴主题的原因。在更早的传说中，禁果也许有不同的意思。在后来特有的希伯来神话中，禁果通常代表禁止；和谋杀相比，吃禁果是一种轻罪。[①] 因此，这行为本身之可恶不及在人与上帝之间信赖关系的改变来得重要。从这意义上可以说，耶和华派在按新的神学脉络去着手处理神话中的树及树上的果子时，他们使不可思议的毒药这有魔力的果子的古老主题非神秘化；他通过称这果子为"分别善恶知识之树上的果子"而使它非神秘化。这"善"和"恶"[②] 二词超出任何魔力而将内含的意思放在分别善恶的基础上；要禁止的非它，只是一种会使人成为主动分别善恶的自主状态。

进一步说，就清白的自由而言，不会觉得这限定是一种禁止；但我们不再知道那跟有限自由同时产生的原始权威是什么；尤其是，我们不再知道不去压制而去适应与护卫自由的一种限定会像什么；我们不再得以去接近那创世时的限定。我们只知道强制的限定；权威成了堕落后的自由体制下的禁止。那就是天真的《圣经》故事作者把我们在堕落"后"所体验的那种禁止设计成清白状态的原因；说的上帝——"要有光，就有了光"，现在他说不——"只是分别善恶树上的果子，你不可吃。"堕落是人的堕落，同时又是"律法"的堕落，犹如圣保罗所说，"赋予我生命的诫命引我向罪"。这样，堕落是经由使人成为人类的一切的停顿；一切——性与死，劳动与文明，文化与道德——都取决于一种虽失落但仍潜在的原始本性，又取决于一种尽管是根本但仍是偶尔发生的罪恶。

---

① 科本试图重申"善恶知识"的问题，他拒绝无所不知的或神的知识的看法，同样，也拒绝一种纯粹人的判断的看法。在他看来，重要的是恶突然闯入知识；更确切地说，是以一种"兼有、混杂、添加、累积的知识新增加到善上面的"（上引书，第16页）。它不是"辨明或详尽无遗的知识，而是一种善恶累积的知识"（上引书，第17页）。他为这第一论题加上第二论题：那罪感知识是跟性欲有关的。就其所涉及对象而言，这绝不是一种轻罪，一种无知的过错，并且，这一凡人的罪只因和作为禁止的他（Him）有关，亚当的过错就有了特殊的内容。夏娃被罚，不是因为她那女性的人生吗？男人被罚，不是因他那欲望的人生吗？但最重要的是，由暗示这类过错的夏娃、蛇和树组成的三角形：蛇是植物神的象征；他不代表性本身，而代表使性圣洁化的神的误导。科本甚至更明确地指出，这过错应当与堕落前《创世记》所报道的生育要求的惟一戒律有关。这样，蛇大概代表性生活置于异教的放荡祭礼影响之下，从而使之沉溺于纵欲的诱想（上引书，第13—28页，第73—91页，载同一《圣经论集》第二卷，第八章，第396—408页）。应当说，科本的解释所依据的是与植物神有关的蛇的意义的详尽可靠的研究（上引书，第91—117页及第409—442页）。但在我看来，他过于草率地忽略了蛇是否真是代表《圣经》作者所告诫的性犯罪。当他遇到这个实质性问题时，他做了否定的回答："我们提到《圣经》作者所告诫的性犯罪吗？我想没有。那主题的展开是低调的。我以为，在作者所知的资料，那主题是更清楚的。圣徒作者遗漏了这个主题，但其迹象就像在羊皮纸上那样依然是可以辨认的。人们兴许会假定，对作者来说，他完全没有放弃这主题，只是避免将它反复灌输给人们。他也许只满足于暗示它，因为他更不想撕掉面具，或故意使它更粗一点。"（上引书，第26页）这些话使我认为，对亚当的罪作性的解释是一种倒退的解释。如果它尚属最远古的水准，编纂者之所以隐瞒它，并非为了隐瞒意思，而是为了去表示某种更重要的东西。在我看来，文本的意图是要把过错内容降到使它成为一种轻罪的程度，以便强调人事实上已打破了把人的后代跟这位始祖（Père）相结合的依赖性。那最终也是树的问题并非重要的原因，像齐默尔利已清楚地看到的那样（第165—166页，第235—238页）。在我看来，决定性论据在于《创世记》第一至十一章这故事系列的最前几章。亚当的罪，在它作为所有罪恶根源的意义上是第一位的；亚当摆脱上帝，就像该隐离开他的弟弟和巴别塔使人们混淆一样。我们将在考察对过错的精神分析解释的第三卷中，再度处理这个问题，也许那时可以发现性的解释的积极价值，从而为科本的解释提供并非有意识教育的合适场所。

② 亨伯特译为："识得善恶之树。"他认为，这充其量是个判断问题："知识既是理论的，又是实践的、经验的；知识通常使人们变得有经验，有能力，并在各方面深谋远虑。这排除了一种惟道德的意思。"（上引书，第90页）

现在倘若我们要问被神话设计成"先在"的那种清白是什么意思，我们就可以回答说：说清白已经丧失，仍然是说清白的东西；假定清白正是为了至少去抵消它。在这方面，那清白起了康德（Kant）所说的自在之物的作用：它在假定的范围内被思考，但它又是不可知的；那足以使它产生一种限定的消极作用，这种限定是跟广袤如存在的现象称号有关的。假定世界的一部分由罪组成，或假定罪出自清白，或者，打个比方说，假定伊甸园是人被逐出的地方，这些都表明罪非我们最初的现实，并不构成我们最初的本体论状态；罪并不是人的本质规定；除了他成为一个罪人外，还有他的被创造。那就是后一创世故事（《创世记》第一章）的后来编纂者会用上帝的话给予认可的基本直觉："我们要照着我们的形象，按着我们的样式造人。"在按上帝形象（imago dei）那一点上，我们既有被创造的生命，又有我们的清白；因为创世的"善"正是它"造物"的地位。创世全然是善，而属于人的善就是他作为上帝形象的存在。回过头来，从"先于"神话语言的一种罪的状态角度看，这种人与上帝的相似是作为有罪的缺无、作为清白出现的；但他的善总的说来是确实的；而失去善的虚无则是罪。

因此，这种可能性不再把清白状态和罪的状态解释成连续的，而是解释成依附的；罪不是接在清白之后，而是发生在失去清白的瞬间。在我被创造的瞬间，在我堕落的瞬间。在我被创造的瞬间：我原先的善就是我作为一个造物的地位；但除非我停在这一步，否则我就不止是造物；因此，我也不止是善。于是，罪的"事件"在瞬间遂使清白终结；这瞬间正是出现在我被造和我成为恶中间的间歇、断裂。这神话相继传述的那些事件是同时发生的，并且只能是同时发生的；它使"稍早"的清白状态一结束，马上就开始"稍后"的受谴责状态。那就是它深处的情况；在传述堕落这一不知其来源的事件时，它给人类学提供了一个关键的概念：那忏悔者总是近乎要称作他恶的本性的根本之恶的偶然性。因此，这神话宣布那根本之恶的纯"历史"性，而不把它看作原罪。这个罪也许比其他罪"更古老"，但清白又比它"更古老"。可以说，清白"先"于"最古老"的罪是一个意义更深远的人类学事实的时间暗示。人类学首先被这神话吸引去将世上所有的罪都汇集成由人的始祖所象征的一个超越历史的整体；然后把偶然性印记烙在根本之恶上面；最后保存了相互依附的被造的人的善和历史的人的恶，尽管被这神话当作人的始祖的第一个罪去传述的"事件"是把两者"分割"开来的。

那就是卢梭（Rousseau）[①]天才地领会的东西：人"生来善良"，但我们是在文明——即历史——的统治下只把他了解为"堕落的"。它尤其是康德以令人钦佩的缜密在《论根本的罪恶》（l'Essai sur le mal radical）中所领会的东西：人被"预定为"善，而"倾向于"恶；这"预定"和"倾向"的悖谬，集中了堕落这一象征的全部意思。

---

① 卢梭（Rousseau，1712-1778），法国启蒙思想家。

第三节　诱惑戏剧的"时间流逝"

但把堕落"事件"聚焦于一个人、一种行为、一个瞬间的同一神话，还展开在亚当、夏娃、蛇这几个角色上，以及女人的诱惑和男人的堕落这几段情节上。因此，后一改编本中从清白到过错的"过渡"（passage）就获得一种缓慢渐变的意义，而不再是一种突然发生的意义。这神话既是停顿的神话，又是变迁的神话，行为的神话和动机的神话，一种恶的选择的神话和诱惑的神话、瞬间的神话和时间流逝的神话。在后一个方面，神话试图借助一种罪恶行为由以出现的晕眩（vertige）去填补清白与堕落之间的空隙，仿佛是借助魔力一般。但为了把堕落事件衔接上晕眩这段时间，耶和华派为其故事提供了另一个极端——蛇，蛇是一个善变的形象。此外，蛇的中介本身是和另一个女人的形象、夏娃、生命之源相联系的。这样，神话鉴于瞬间的不合理而增添了中介者。

我们先不要问蛇是谁。而看一下他做点什么。

戏剧在蛇和女人之间开始。蛇提出一个问题，那问题暗示一个疑问。"上帝岂是真说过……？"现在这问题又是对禁止（interdit）的一个疑问；它是一个从禁止着手将它改变成堕落原委的问题；或更确切地说，如果我们对创世限界的分析是正确的，这问题就使限界突然成为一个禁止。晕眩最初是由突然成为我的"他者"的禁律的异化引起的，而这就是我的"新生"。戒律出现在我远方，它变得难以容忍；创世的限界成为怀有敌意的否定性，并且本身就是有问题的：上帝岂是真说过……？与伦理限界的意义变得日益模糊的同时，有限的意义也被遮掩起来。出现了一种向往无限的"欲望"；但那无限不是理智与快乐的无限，像我们在本书开头对它所作的说明那样：它是欲望本身的无限；它是希望无所不知、无所不能、无所不为、无所不有的欲望："你们的眼睛就明亮了，他们便如上帝能知道善恶。"有限之难以容忍，仅仅以造物存在的有限正跟这种欲望有关。蛇的问题的精髓就在于"恶的无限"，这恶的无限同时歪曲了自由所取决的限界的意义，因此，自由的有限意义又取决于限界。

这种借助犯罪去与众神相像是非常深刻的：① 当限界不止于创世，并且上帝似

---

① 《创世记》3：22 说："看，那人已经与我们相似，能知道善恶。现在恐怕他伸手又摘生命树的果子吃，就永远活着"，这表示什么意思？是上帝因被战胜而抑制自己？他说的反话？一些作者对那两个假设的推论已望而却步，他们要么更想把这几行归之于一个不同的文本，比如齐默尔利，要么提出另一种翻译（比如科本）："看，那人和他所生的，将不得不容忍善和恶。"为什么不严肃地正视这论断？即人类在获得这种辨识时，实际上已认识到他与上帝相像，这种相像可以说总是蛰伏在他的清白之中。现在，人类已开始意识到它，只是以一种疏远的方式，斗争与冲突的方式。我们后面将和圣保罗（St. Paul）一起说到恩典"多么浩瀚"——哪里恩典"过剩"，哪里罪就"充溢"——这使我们倾向于说，罪代表了自我意识的某种进展。由此开始一个不可逆转的冒险，一个人的生成中的转折点，直到最后被证明无罪，这种生成都不会最终结束。

乎用他的禁令挡了人类的路，人类在存在原理（principe del'existence）的无所限界中寻求他的自由，并形成了想把他自己假定为自行产生他自己的一个创造者的希望。此外，蛇的说法并非完全荒诞；这时代通过过错向我们敞开的自由是对无限的某种体验，这种无限是我们作为造物的有限处境、人的伦理有限使我们蔽而无视的。从此以后，人的欲望的恶的无限——始终欲求其他东西，始终欲求更多东西——激起了文明的运动，激起了对享乐、财产、权力、知识的爱好——似乎构成了人的现实。使我们不满足于现状的永不安分似乎是我们的真正本性，或确切地说，是不使我们放荡不羁的本性。在某种程度上，蛇的许诺标志着由它的谬论引向无限的一种人类历史的诞生；整个现象学都以假伪（pseudo）的范畴在使善消失的迷惑境界中展开。那就是任何现象、任何现象的科学都不能取代对现象的假象作一种批判的原因。神话是那种批判的象征形式。

那么，为什么选择女人作为欲望去对抗禁令呢？按《圣经》的说法，女人代表弱点，代表在诱惑面前让步；蛇通过女人去引诱男人。

无疑应当假定，这个故事具有一种男性怨恨的迹象，这适足证明所有社会或至少绝大多数必须保留女人的社会的相依状态。此外，那种怨恨完全按照"神的妒忌"方式，我们在"神的妒忌"中已分辨出一种残存下来的悲剧神话；无疑，在教士对好奇心、勇敢、大胆，以及对创造精神与自由的憎恨中，有神妒忌人的伟大的某种迹象，这些好奇心、勇敢、大胆、创造精神与自由刺激了那些厌世的仆人，如果真是这样的话，那么，与创世神话相反，它们趋向于排除文明的悖谬，并把它明确贴上有罪的标签。

但某种尼采的精神也许会越出合理批判之外去反对耶和华派对这故事所暗示的不止是性的一种"永恒的阴性"的怨恨，它也许可被称为"弱者的中介"（médiation de la faiblesse），人类的弱点。福音书（l'Évangile）说，众生是软弱的。那软弱的实质被发现在属于人类的有限类型中。他的有限是属于人的无常的有限。他的有限是预备转向"恶的无限"的无常的有限；就它是一种伦理的有限而言，它容易被构成它的限界的误用所诱惑。人的堕落的原因不是人的性欲，而是一种有限自由的结构。正是在这个意义上，恶由于自由才是可能的。在这里，女人代表有限自由对来自恶的无限的假伪（Pseudo）的要求的最佳导体。

于是，夏娃并不代表"第二性征"意义上的女人。每个女人和每个男人都是亚当；每个男人和每个女人都是夏娃；每个女人"因"亚当而犯罪，每个男人"因"夏娃被引诱。

《哈姆雷特》（Hamlet）悲剧说，"弱者，你的名字是女人！"

我们刚才说到作为人的堕落的近因是伦理的有限，并说到这种有限促生了一种无限欲望和一种持有敌意的律法，这把我们引向关键的问题：蛇表示什么意思？

这故事的作者似乎不认为蛇有任何问题：他在亚当犯过错之前就存在了，并且是那么狡猾——"比田野一切的活物更狡猾"；耶和华派并未深究蛇的本性或他的狡猾的起因；这仍早于波斯人的撒旦（Satan）和古希腊时期。尤其尚未形成像我们在《约伯记》中读到的那种影响人类的考验。此外，这种考验可能要求一种分辨能力，这是清白的人类尚不具有的能力，而且这种考验还被假定，是上帝本身发起对依赖于他的人类的天真诚实的试探。不过，耶和华派看来有意把蛇保留下来；这惟一从神统神话中幸存下来的动物、冥间的动物尚没有被神话破译。[1] 耶和华派只说——并且这很重要——他也是一个造物。

正是这种被犹太思想引入恶魔的神话破译的限界产生了一个问题。为什么恶的起源不限于亚当？为什么一个无关的形象却被保留和引进？

对于这个问题，我们可以作出的第一个回答——仍然只是不完全的回答是：在蛇的形象上，耶和华派也许把诱惑的体验——类似外在化的体验的一个重要方面戏剧化了。诱惑可能是一种来自外界的勾引；它可能发展成对攻"心"幻象的依从，以致最终罪也许就是依从。于是，蛇可能就是我们并不清楚意识到的我们自己的一部分；他可能只是我们对自己的诱惑，具体化为诱惑的客体。这种解释更加贴切，像使徒雅各（Jacques）所援引的那样："人被试探，不可说，我是被上帝试探，因为上帝不能被恶试探，他也不试探人。但各人被试探，乃是被自己的私欲牵引诱惑的。"（1：13-14）同样，圣保罗把这类似外在化的欲望与"肉体"，与作为我身体一部分的罪的本原相等同。于是，蛇代表诱惑的受动方面，徘徊在外界和内心的边际上；十诫（Décalogue）称它为"贪恋"（convoitise，第十诫）。按照圣雅各（Saint Jacques）的思路，我们甚至可以说，这种假伪的外在只是由于错误的信念才成为异己的实在；我们的自由被欲望所困这一事实表明，我们试图为自己开脱，并通过谴责一个他者（Autre）使自己显得清白。我们因此提出我们的情欲是不可抑制的，以便为我们自己辩护。那就是这个女人在这灾难性行为之后，被上帝追问时的作为。上帝问："为什么你做这事？"她回答："那蛇引诱我。"于是，错误信念利用类似外在化的欲望，把它变成对自由的一种辩解。这辩解的狡猾处在于，它把徘徊于内心和外界边际上的诱惑全部推到外界。把这种解释贯穿到底，我们就会说，蛇代表欲望的心理投影。[2] 他是"下流胚"的形象——加上

---

[1] 关于蛇作为冥间神和植物神的象征，见本书上引书，第 92–117 页；奥尔布赖特（W.F. Albright），"生命与智慧的女神"，载美国《语义学、语言学、人文学杂志》，1920–1921 年，第 258–294 页；斯特拉克—比勒培克（Strack-Billerbeck），《对新约犹太教法典与解经书（米德拉西）典故的注释》（*Kommentar zum N.T. aus Talmud und Midrasch*，1922 年）卷一，第 138 页 C 下。

[2] 我后面还将说到对《创世记》神话的精神分析解释的看法；但欲望的辩证法显然在各方面都充斥了里比多（性欲，*libido*）的历险。先知反对不公与傲慢的斗争，圣保罗反对以"正义"为借口的斗争，都告诫我们，蛇的象征系列为"色欲"展现和揭示了一个无边的领域，在这领域中，性欲只是一部分，但我们还不准备使性欲涉及不公和辩解。

关于蛇的精神分析解释，参考路德维希·利维（Ludwig Levy），"伊甸园历史中性的象征"，载《意象》，1917–1919 年，第 16–30 页；福尔图尼（R.T. Fortune），"蛇的象征"，载《国际精神分析年刊》，1926 年，第 231–234 页；亚伯拉罕·克朗贝克（Abraham Cronbach），《犹太教的精神分析研究》（*the Psychoanalytic Study of Judaism*）。

辩解的错误信念。我们自己的欲望为这客体所表现出来的诱惑所吸收；所以，当他允诺——而且是罪恶之事——的时候，他就谴责这客体，以便开脱他自己。正是这种微妙的程序使蛇具有戏剧性，像《哈姆雷特》中的幽灵戏剧化地表现了对复仇的朦胧召唤和父亲形象的责备对哈姆雷特优柔寡断的冲击。《费多篇》(*Phédon*)表示了同一回事："像哲学已看到的，有关监狱的离奇之事（由肉体的情欲组成的监狱）是，它是欲望的作用，而且多半合作往带着锁链的囚犯身上重压的他也许就是囚犯本人。"(82e)

由蛇到我们自己一部分的这种变形也许并未完全说尽蛇的象征。蛇不仅是对人的自行诱惑的设计，不仅是我们被禁止所刺激的动物本性、被无限引起的晕眩而变得疯狂的动物本性、被每个人纵情于自己特有的嗜好，并蒙骗他自己特有的人性而腐坏的动物本性。蛇还代表形式更彻底、方式多样的"外界"。

首先，蛇代表以下状况：在人的历史经验中，任何人都发现恶是既成的；谁也没有绝对地犯有它。如果亚当不是第一个人——在这句话素朴的时间意义上——而是典型的人，他就可能既象征包括任何人在内的人类的"起源"的体验，又象征人们世代"继替"的体验。像语言、工具、制度一样，恶是人类关系的一部分；它被遗传；它是传统，而不仅仅是某种碰巧发生的事情。这样，恶对于自身有一种先在性，仿佛恶是那种始终先于自身的东西，那种轮到各人去犯恶的，同时又是去发现与继续恶的东西。那就是蛇在伊甸园中先已存在的原因；他是那犯恶的另一面。

进一步说：在对我们欲望的这一设计背后，在既成的恶的传统之外，也许有一种甚至更加根本的恶的外在性，一种恶的宇宙结构——无疑，不是世界本身合乎法则，而是它与伦理要求的中立关系，人类既是这种伦理要求的主人，又是它的仆人。从事物的场景中，从历史进程中，从自然与人的残忍中，产生了一种引起人们怀疑其目标的普遍荒谬的感觉；加布瑞尔·马赛尔（Gabriel Marcel）说到"背叛的请帖"(invitation à trahir)，当我们以人的存在的基本意向并以其要求真理与幸福的愿望去正视它时，这似乎是我们这个世界的结构所固有的。因此，我们这个世界具有作为混沌面对我们而且是以冥间动物为象征的一面。对于人这存在物，混沌一面是一种宇宙的结构；埃斯库罗斯（Eschyle）在埃特纳火山（Etna）中，在千头巨人（Typhon）中，在为人的处境添加必不可少的悲剧的紧随诸神与人的恐怖中意识到它。以普罗米修斯和俄狄浦斯为一方，约伯为另一方，都意识到那混沌残忍的漫无边际的方面。下一章，我们还将说到蛇的主题与悲剧的这种近似性。

因此，蛇象征了人的某种东西和世界的某种东西，象征了微观世界的一面和宏观世界的一面，象征了在我身上、在我们中间和外界的混沌。但它对于我——一个预定为善与幸福的作为人的存在者——来说，始终是混沌。

这种三套色的"蛇的描绘"解释了这一冥间动物为什么要抵制神统的神话破

译；它代表不能被同化成人的负有责任的自由的罪恶方面，这兴许也是希腊悲剧试图通过场景、歌唱和歌队颂祷去净化的方面。犹太人本身尽管通过他们不妥协的一神论出色地抵御了魔鬼信仰，但还是会像亚里士多德可能要说的那样，被真理强使着作某种让步，就像魔鬼信仰未能摧毁他们信仰的一神论基础，他们也会对放逐之后才发现的真正二元论让步。蛇的主题代表通向撒旦主题路上的起始点，撒旦主题在波斯人时代，认可了以色列人信仰包含的二元论。当然，撒旦永远不会是另一个神；犹太人会永远记住，蛇是一种造物；但撒旦的象征至少允许他们以后一种将恶的起源归因先于人类的恶魔现实的动向去抵消把恶集中在人身上的动向。

如果我们始终领会蛇的主题的意图，那应当说，人并不是绝对的恶人，而是后天性的恶人，因诱惑才变成的恶人；他并非作名词使用的魔鬼（leMalin，le Mauvais），而是作形容词使用——恶的，邪恶的；他因反参与（contre-participation），反模仿，因同意把《圣经》传说原作者所描写的动物狡狯作为恶的一个来源，而使自己变得邪恶。罪就是屈从（Pécher c'est céder）。

从此以后，思考——至少宗教的思考——变得非常大胆；因为它必须敢于触及它所特有的那种难以实现的验证，也就是，贯穿悔改精神的验证。除了信徒可能后悔的东西外，思考再无什么可以凭借。从罪的忏悔和表示这种忏悔的象征系列角度上看，魔鬼主题从未超过一限定的形象，这意味着，当我承续这恶时，我也犯了恶，并将它引入世界；始终既成的恶是恶的另一面，不过，对于这恶，我又是应当负责的。充分显示博斯（Jérôme Bosch）[①]的巴洛克艺术的诱惑插图中的受害者画面是先知所指引的人类自谴的罪人处境的反面。忏悔中良心的醒觉排除了有关魔鬼的思考跟有关恶的人类学永远相脱离的可能性。人类只把恶理解为他所犯的那种恶；那就是总需要有濒于受诱惑体验的"撒旦学"（Satanologie）的第一步的原因。但不可能在介于撒旦学和人类学的边际采取第二步；在诱惑的类似外在结构之外，这仍是一种人类之罪的结构——我不知道撒旦为何物，撒旦是谁，甚至也不知道他是否是某个人。因为倘若他是某个人的话，就有必要为他说情，而这是讲不通的。

那就是《圣经》的神话，不论是夏娃和蛇，都依然是"亚当式的"——即人类学的原因。

第四节　称义和末世论象征

我们已深入到亚当的象征所产生的意义丛林之中。将其意向归向那象征的时

---

① 博斯（Jérôme Bosch，1602-1676），法国巴洛克风格时期的铜版画家。

刻已经来到：它是一个起源的象征，并为我们称作耶和华派的《圣经》作者采用，耶和华派带有一种内在的意识，意识到它是与趋向于未来的全部历史体验密切相关的一种回溯性的象征。这里我们并不涉及重构那体验基础的整个历史神学，而是要去发现对一个问题的解释，那个问题是：在体验与历史神学中，存在类似亚当神话所展开的起源（commencement）的象征系列的终结（la Fin）的象征吗？因此，我们这里所提的问题也是象征和象征相呼应的问题；关键是亚当的象征作为最终回溯性象征在"类型"上的一致性。换言之，我们要在《圣经》类型中揭示和宇宙戏剧"类型"中"礼拜"仪式的再演（以及与这种再演的王的形象）相一致的东西，或和悲剧的场景、情感与智慧相一致的东西，甚或和俄耳甫斯神话中灵魂的长期漂泊相一致的东西。我们将努力在研讨象征的范围内回答这个问题。

在将亚当的象征系列置于我们所概括的时间总体从而完成其意义的同时，我们在第二级上又见到上篇已提及的"宽恕"象征系列。我们知道，"宽恕"概念引申出跟由亵渎到罪再到有罪这历史相平行的历史。我们已经用净化、怜悯（hésèd）和称义（justification）的主题表示宽恕观念的路线。现在，那观念史已建立在第一级象征系列之上：涤洗，或清除、解脱、解放、赎回等；但尽管我们会发觉从埃及出离的象征富源正是对以色列人往昔历史作一种神学再解释的富源，称义的象征不可能完全归结为说明关于末日的形象体系的需要。因此，我们还要使末世论象征系列跟称义的象征系列相联系。宽恕的内在体验将继续通过这第二级象征系列展开出来；这体验经由形而上学的想象将为不可能以宗教体验的直接语言去表达的一种意义所丰富。体验在象征的释义学的漫长过程中使言语明朗化。

末世论占支配地位的象征是人子（Fils de l'Homme）和"第二亚当"（second Adam）的象征（我们还不会提出它们相统一的问题）；这些象征特别引人注目，因为它们都和亚当的象征相符，并使我们突然看出发生在起源的堕落象征和将要在末日（la Fin des temps）出现的拯救象征之间的互相一致。

但很难使自己一下子面对这一象征系列，对于这一象征系列，刚才还提出异议，说它不在亚当象征一级，因为它只是在后期秘传的犹太教（《但以理书》，《以斯拉记》IV，埃塞俄比亚的《以诺书》）中，在《福音书》中和在《保罗书信》中，才有文学上的存在。于是，我们应当在亚当神话这一级着手对处于同一文化氛围的神话作出回答，然后去领会从一开始就与亚当形象相一致的逐渐充实的人物或形象，以便与人子和第二亚当的象征相衔接。当然，我们所感兴趣的不是那些人物或形象的文学史，而是它们贯穿在那历史上的现象学演替关系。

耶和华派编纂者（他们对"第二亚当"一无所知）在一个尚属史前史（urgeschichte）的事件中觉察到趋向未来的牵制力，这一事件在某种意义上终结了史前史，同时又转向救世史（Heilsgeschichte）。① 那事件就是亚伯拉罕（Abraham）的内心感召：

> 耶和华对亚伯兰（Abram，亚伯拉罕的原名）说：
>
> 你要离开本地、本族、父家，往我所要指示你的地去。我必叫你成为大国。我必赐福给你，叫你的名为大，你也要叫别人得福。
>
> 为你祝福的，我必赐福与他，那咒诅你的，我必咒诅他。
>
> 地上的万族都要因你得福。

（《创世记》，12：1-3）

亚伯拉罕这人物可以说是对亚当这人物的第一个回答，② 并且，事实上，对它在神学上的意义有更详细的说明："亚伯拉罕信耶和华，耶和华就以此为他的义"（《创世记》，15：6）。

这样，当古代以色列人回想过去时，发现一种希望的迹象；他们甚至先于任何末世论，就把自祖先以来的历史描写成由一种"允诺"所指引并向着一种"实现"前进的历史。无疑，那种希望取决于国土（Terre）和血缘（Sang）：你将拥有国土，希望之乡（la Terre Promise），并且，你的后裔将如同地上的尘沙那样无法数计；但至少由允诺到实现的过程为使它有可能整理有关亚伯拉罕、雅各、约瑟（Joseph）那些不相联系的故事提供了线索。

这里令我们感兴趣的是那种历史模式的内在意图足以使一系列变换进行下去，这一系列变换会一步一步地引到末世论的人物和形象上去。

这变换首先在祖先历史中生效，并因此依然是在追溯之中：这最初看来像是近在眼前的允诺的兑现（"凡你看到的一切地，我都要赐给你和你的后裔，直到永远……你起来，纵横走遍这地，因为我必把这地赐给你。"）（《创世记》，13：15-17）被不断推迟。在此期间，有西奈山（Sinaï）的启示，对律法的认知，一种礼拜的建立，和在荒野中的体验发生。时间相隔是如此浩瀚，以致最终改变了它的意思。③

历史滞缓的体验以决定性方式使允诺（promesse）作末世论的变化。对亚伯拉罕所允诺的意思——"地上的万族都要因你得福"（《创世记》，12：3）——并不尽

---

① 拉德，《旧约的神学》，第一卷，第164页。

② 挪亚（Noé）形象已具有类似完人雏形的意义；"挪亚的"立约预期到在耶和华对亚伯拉罕的许诺中最带普遍性的东西，实际上，它是与一切生命物的立约，它甚至先于后来的末世论预告了先知所欢呼的伟大和解。至于洪水本身，它不仅表示上帝的天谴，而且还表示新的创世的到来；它是洗礼与埋葬、复活的象征系列相联系而展开的象征系列。值得注意的是，"作为僧侣的"（sacerdotal，圣职的）编纂者把所有地球上的种族都归属于他们的祖宗挪亚，因此，他们按照对挪亚所作许诺的主线（《创世记》9：1起），而不仅是像"耶和华派"编纂者那样，按堕落为主线，去安排种族和语言的分布（《创世记》10：32）。亚伯拉罕的感召直接跟史前史这最终歧义形成对比（拉特，上引书，第165-168页）。

③ 拉德上引书，第169-177页。

见于约书亚（Joshé）所领导的征服迦南（Canaan）中；这意思的新的方面——隐藏在对土地与后裔的物质欲望背后——要继续作为政治成就出现，已越来越成问题。况且以色列已不再作为一个独立国家存在。于是，期盼的目光不再只是一种解释过去的目光；希望的眼光不再理会史前史而去注视因未来的拯救而对现在所具有的意义。

从今以后，"允诺"将表示其贯穿于末日众形象中的牵制力；那些形象和人物的具体化将使之真正跟起源的形象与人物相一致。黑林（J. Héring）① 不久前提出，把"末世论"规定为"表达有关理想世界到来的各种思想的总汇，那理想世界习惯上被描写成应以'审判'为先导的世界（这审判意指现存世界的毁灭或其主宰权力的毁灭）"。② 犹太—基督教世界的末世论描写和有关史前史描写的密切联系，将是我们今后思考的主题。

就像仪式—礼拜的生命观和创世戏剧相连贯，就像恐怖（terreur）和怜悯（pitié）的场景同悲剧的恶神相匹配，又像灵魂的漂泊与肉体存在的不幸相一致，同样也可以看到，对于未来的人（l'Homme à Venir）的末世论描写也是和把第一个人（Premier Homme）描写成堕落相类似的。

王（Roi）这人物所经历的演变最好不过地说明了在"仪式—礼拜"类型和"末世论"类型之间的分裂："在那些时代"所建立的王权逐渐地变成"未来的天国"，就像末世论类型更完整地占有仪式—礼拜类型贮存的形象一样。我们已经说过在"仪式—礼拜"类型框架内的转换，而且我们已从早先思想意识解体的角度考虑了王（Le Roi）这人物的演变。现在我们可以更好领会将那些原来的形象引向新的远景的新动力。王，作为神权帝王，在永久接续大卫（David）之位的神谕中（比如，《撒母耳记》下 7：12-16），还充满着人间和政治上的希望，而在《耶利米书》23：1-8，《以西结书》34：23 起和 37：20 起，尤其在《以赛亚书》9：1-6 [这并不妨碍它在希腊人支配下日益强烈的"政治倾向"，尽管仍保持在历史视域之内，就像所罗门（Salomon）诗篇那样]，则开始被"末世论化"。《以赛亚书》中那漂亮的文笔值得一引：

> 在黑暗中行走的百姓，
> 看见了大光：
> 住在死荫之地的人，
> 有光照耀他们。
> ……

---

① 黑林（J. Hering）《天国及天国的到来》（*Le royaume de Dieu et sa venue*，斯特拉斯堡，1937 年）。

② 黑林，上引书，第 51 页，关于和王这形象的联系，参考本茨恩（A. Bentzen）上引书，第 32-42 页。卡尔曼（Cullmann），《新约的基督学》（*Christologie du Nouveau Testament*，巴黎，1958 年）第 97 页。

因有一婴孩为我们而生，

有一子赐给我们：

政权必担在他的肩头上，

他名称为奇妙、策士、全能的神，

永在的父、和平的君。

他的政权与平安必加增无穷。

他必在大卫的宝座上，

治理他的国，

以公平公义使国坚定稳固，

从今直到永远。

万军之耶和华的热心必成就这事。

（《以赛亚书》，9：2，6-7）

　　像先前的经文一样，这段经文中的王、牧者（le Berger）、大卫之子（Fils de David）绝不是"来自天上的"神秘人物，像后来末世论的人子那样；这些有末世论色彩的人物并不是指天上的超人，而是指最后的人。对于我们来说，重要的是对和谐世界的描写，连同对未来王的统治（Règne）的比喻，绝不表示对失去的黄金时代的悔恨，而表示对一种前所未见的尽善尽美的期盼。

　　在弥赛亚（救世主，messianique）形象"末世论化"的过程中，出现了其他一些重要的历史形象。其中有两个形象必须在这里介绍一下：那就是"耶和华的仆人"（Serviteur de Jahvé）的形象和"人子"（Fils de l'Homme）的形象，在他们身上，末世论特点尤其明显。以赛亚第二（Second Isaïe）用四首使人心烦的"诗篇"歌颂这位苦恼的仆人（42：1-9；49：1-6；50：1-11；52：13-53：12）。[1] 这主题的许多特点都跟王的意识有关；需要一种新的听觉去领会这受难仆人的歌，他们为了使罪得到宽恕而谴责自己："他必担着我们的不幸，怀着我们的悲伤……他为我们的犯罪所伤，他为我们的不义所损"；我们再不能利用王的意识去理解这信徒的角色，或者富有灵感的贤哲角色，或者用它去理解他愁苦的外表，绝对的忍耐，以及他对主耶和华（l'Ebed Jahvé）的恶意毫不抵抗。在这人物身上，末世论的特点确实并不突出；然而这位"身为僭主的仆人"是将"恢复以色列残垣"的人，并是"列邦之光，所以我的拯救可至远方"。值得注意的是，这赞美诗"说的"这位耶和华的仆人，我们却说不出他究竟是谁，甚至说不出是一个出自"娘胎"的

---

　　① 关于主耶和华的受难的仆人：罗利（H.H. Rowley），《上帝的仆人和其他关于旧约的论文》，第二版（1954 年）；耶利米（J. Jeremias）（论文）"人的童年"（παις），载《新约词典·神学部》，第 636 页起；黑林，上引书，第 83-85 页；本茨恩（A. Bentzen），上引书，第 42 页起；普来斯（Théo Preiss），"这人的后裔"（Le Fils de l'Homme），引自《新约的基督学》（Christologie du N.T.，蒙彼利埃，1951 年），第 51 页起；卡尔曼，上引书，第 48-75 页。

人，还是一个非同寻常的人。

然而，尽管有这个谜——或由于这个谜——我们需要主耶和华这形象引导我们到"宽恕"的概念，我们暂缓对这概念的审察，是因为我们拒绝抄宗教心理学的近路，而选择象征的形象的远路。宽恕是通过以其受难替代我们罪的一个谜一般的形象宣布的。在这里，宽恕并不作为心理和道德上的全然内在的变化出现，而是作为跟被宽恕者（个人或集体）的一种人际关系出现；这种人际关系建立在一种恩赐（"替代"，"抵赎我们的罪"）和认可（"我们能为上帝而遭难、被罚、受磨炼，而深感荣幸"）的相互关系之上；这种联盟的假定、替代的受难不是亵渎简单转移到一个被动对象，比如替罪羊身上，也不是一个遭误解与唾弃的先知的必然命运，[1] 而是对他本人所承担并提供给他人的一种苦难的有意"恩赐"："而他受的正是我们的苦难，他满是我们的悲伤。他的命已作为赎罪的祭品，他活着看到后代子孙，并且上帝的劳作在他手里昌盛。因为他灵魂的痛苦，他将看到这昌盛并感到满足；以他的知，我正义的仆人为许多人释罪，他自己去担起他们的恶"。不管主耶和华怎么不可思议，以另一方自愿受难去赎罪，是宽恕概念的必要关键；它经由其他形象的一连串中介而被传达。[2]

另一个意义深远的形象，是在《但以理书》7∶13 和教规外启示（《以斯拉记》，《埃塞俄比亚文本以诺书》中暗示的启示）形象。"我在夜间的异象中观看，见有一位像人子的，驾着天云而来，被领到亘古常在者面前，得了权柄，荣耀国度，使各方各国各族的人都事奉他。他的权柄是永远的，不能废去，他的国必不败坏。"（《但以理书》7∶13-14）。根据幻觉产生的接踵而来的解释（同上，15 起），人子（Fils de l'Homme）代表"至高者的圣民"（saints du Très-Haut）。这来自天上的形象下来集合末日的圣民，并让他们分担他的统治。这形象——与人间王[3] 的形象最疏远，本章结束，我们还将回到这早先的形象——将使我们回到人，回到人类。人子就是人；但他不再是第一个人（le Premier Homme），而是正在来到的人；他是终点的人，不论他是个人，还是以色列人残余共同体的化身，或者是整个人类的

---

① 卡尔曼，上引书，第 52 和 64 页。

② 其他两个形象的末世论方面也应当强调：(1) 最后期间的先知形象：犹太教的"再生摩西"（Moses Redivivus, Elia Redlivivus），库姆兰教派的"正义大师"。布道宣布世界末日并为悔悟提供最后机会。黑林，上引书，第 68 页；本茨恩，第 42 页起（后者试图在人子形象中而不是与王的思想意识相反的弥赛亚王的形象中，寻求先知与弥赛亚这两个形象的统一）；卡尔曼在上引书，第 18-47 页中坚持认为，在犹太—基督教中耶稣这个基督学称号的重要性。(2)《创世记》14∶18-20 和《诗篇》110∶4 [你是照着麦基洗德（Melchizedek，约翰派基督教徒所称的救赎者——中译者注）的等次永远为祭司] 的"至高上帝的祭司"这形象，作为在末日被指望的理想高级祭司的一个形象，近似于先知、僧侣——王和人。黑林，上引书，第 72 页，本茨恩，第 67 页起；卡尔曼，上引书，第 76-94 页。

③ 我把这形象是否属于某个查拉图斯忒拉（Zoroaster，古代波斯宗教的改革者。——中译者注）、曼达（Manda，约翰派基督徒所称的救赎者。——中译者注），或像赖茨坦因（Reitzenstein）、布塞特（Bousset）和布尔特曼（Bultmann）试图去确立的诺斯替传统撇开。无论如何，这并不影响基督教，除非通过犹太教中的秘密社团。此外，人子起源的知识"不可能给他在犹太教所获得的意义增添任何重要性"。黑林（上引书，第 81 页），进一步看本茨恩，上引书，第 37-42 页；舍贝里（E. Sjöberg），《埃塞俄比亚文本以诺书中的人子》（Der Menschensohn im ethiopischen Henochbuch，1946 年）；卡尔曼，上引书，第 118-166 页；尤其是普来斯，《这人的后裔》。

化身。这样看来，他是按上帝形象造的第一个人的复制品［卡尔曼假定，按上帝形象（imago Dei）这说法使别处比犹太教更容易接受这形象］；他是第一个人的复制品，但他与第一个人是新近有关的，因此不可能是第一个人的简单重复，他被假定是完美的，并且不再是一个罪人，就像有些诺斯替分子眼中的亚当那样。①

将这形象引向最终未来的，是他具有世界的审判（Juge）和行将到来的王的双重功能。天国（Le Royaume）是行将到来的，《启示录》（Apocalypses）在末日审判的大背景中提到它，当这人（l'Homme）被宣布为王时，他就得到了权力、荣誉以及君临列邦的王权。正义集会所表现的正是这种末世论角色；从而表明人子这形象的"集体成分"。这样也揭示了现有人类的真正意义，这意义好比出自"行将到来"的真人（Homme véritable）那里。像普来斯（Théo Preiss）坚决主张的："意义并非神话的（在重述一个原始事件的意义上）和人类学的，而是末世论的：一位建立新世界的救星。兴趣被引向未来，引向第二次创世，这次创世在近终结时将超过第一次创世。"②

理解以下两个出自《新约》（Nouveau Testament）的断言，是属于神学家的问题，而不属于哲学家的问题：首先，耶稣（Jésus）以人子（《马可福音》13：26-27是对《但以理书》7：13的直接模仿）这第三人称谈起他本人，因此，人子的说法给最初的基督学、耶稣本人的基督学提供了暗示；以后，耶稣首次统一了受难和死的观念，这观念先前从属于包括人子这形象在内的耶和华仆人的主题；这样，他沿着基督教神学之路建造了赞扬的神学，并深刻地改变最高审判者（跟人子这形象相关）的功能，通过使它涉及"仆人"的受难，从而使他既审判又称义。耶稣可能是所有没有他本人就不可能作为一个"形象"存在的形象聚焦点，这是超出我们比喻现象学能力的一个事件（événtement）。我们已考察过的所有形象，就它们是分散的形象而言，都是我们释义学方法的对象，但它们的时间与个人的统一体却不是；这个事件在《福音书》（l'Évangile）中宣称与"实现"，严格说来，它是基督教《宣示福音》（Kérygme）的内容。③因此，我们对各种形象的评注还不及基督教的宣示福音；这是有可能的，因为任何基督学标题，任何基督教概念都不是由耶稣或由基督教徒发明的。④另一方面，我们能非常令人满意地说明那些原

---

① 卡尔曼（上引书，第124-128页）坚持在亚当再现的诺斯替派论点和人子概念之间的不相容性，甚至从时间概念的角度来看也如此。这就是人子在犹太教与《新约》中不被叫作亚当的原因，而且也是圣保罗会说"第二亚当"而不说始初时代这理想的人再现，甚至按斐洛（Philo）方式去划分成按上帝形象创造的天上亚当（依据《创世记》1：27）和从尘土（依据《创世记》2：7）及邪恶中形成的地上亚当的原因。就像我们将要看到的，在圣保罗来看，"第二亚当"是新人（l'Homme nouveau）的形象。

② 普来斯，《这人的后裔》，第70页。

③ 同上书，第21页，关于在"基督学称号"和耶稣的人与本性的问题之间的关系，参考卡尔曼，上引书，第9-16页，和结论，第276-287页。

④ 普来斯，上引书，作者在第7页继续说："表面上，一切都被借用，但实际上，有一种概念与形象的转化和变形，通过它们在拿撒勒耶稣身上的集中运用"（同上），在他研究的结尾："人子的概念，一开始是十分简单的，首先在犹太人思想中，然后在耶稣思想中，被如此多的新成分所丰富，它变得难以一下子看出其所有内涵。"（第70页）

始形象因它们被《对观福音书》（les Évomgiles Synoptiques） 中耶稣的塑造和因它们集中在耶稣本人身上而得以生色。

最初注意到的是，宽恕和治愈是新格局侵入旧格局的两个迹象。"人子在地上有赦罪的权柄"（《马可福音》2：10）。这样，"宽恕"不是"灵魂"与"身体"相分离的活动；它是下界人类中的新创世，是新时代见于我们自己之中的端倪。但最引人注目的是，这"宽恕"的权力出自世界审判所构成的末世论中心。[①]

我们可以看到，"宽恕"观念获自它跟人子这形象相联系的东西。这位受难仆人（Serviteur souffrant）的形象贡献了一种可替代的受难观念，这种受难具有自愿的特点；人子形象最初强调上天启动性或超验性到这样一种程度，以至于在犹太教传统中，这形象似乎不可能被化身；但同时它又进一步证实了这样的信念，即在人之上至高的东西就是最内在于他的东西。那天上形象恰正是人；它更是人子和具肉身的人的同一性。从此以后，受难仆人的替代本身就根据人子和人的这种深刻的同一性。普来斯特别强调这一点：人子和人的同一性是对众人（羊）和替罪羊的最后审判所揭示的伟大"秘密"；裁决依据人对卑贱者（Petits）的态度，卑贱者都是人子："这些事你们既作在我这弟兄中一个最小的身上，就是作在我身上了。"（《马太福音》25：40）人的审判者和人同一，就他们都是普天之下的同类和都被一些"高贵"者所压而言。这"秘密"又被我们曾提及的另一秘密所补充：在称义的伟大时刻，人子同时作为审判者和证人、说情者和安慰者（Paraclet，Katégor）出现，而撒旦是被告（Antidikos），魔鬼（Adversaire）——作为蛇这角色的令人吃惊的结果，蛇从引诱者（Tentateur）开始，在世界审判的司法框架内，变成了检察官，而审判者变成调解人；并且正因为他也是被替代的受害者，他才变成调解人。这等价系列是人子、审判者和末日的王，连同受难的仆人都被视为同一的结果："因为人子来，并不是要受人的服事，乃是要服事人，并且要舍命作多人的赎价。"（《马可福音》10：45）这段话不论是被巴勒斯坦（Palestinienne）教会解释为耶稣所说，还是希腊教会的一个注释，都完全表明上帝的仆人和人子这两个角色的融合。同时，这种融合引进一个新的悲剧注释：[②]"经上不是指着人子说，他要受许多的苦，被人轻慢吗？"（《马可福音》9：12）这新的悲剧注释就是，王是受害者（Victime）、必须（δεῖ）是受害者。那就是"耶稣的秘密"。

也许有必要吃透这种形象的演替，以便理解这种演替保证了起源神话的亚当式形象和末世论形象系列——也就是圣保罗亲切称之为"第二亚当"（second Adam）的形象之间的基本相称。如果人子意味着人（Homme），又如果亚当也意

[①] "人子的概念要求一个法律背景；它指出一切审问中的中心形象，在这场审问中，有些被辩护，另有些人则被谴责。大审判的法律背景……是和我们在东方与诺斯替派的不同信仰的结合中所见到的有关人类（l'Anthropos）的神话无关的。这种法律性质是犹太教和基督教的人子概念与众不同的特征之一。"（普来斯，同上，第40页）。

[②] 关于亚当类型与末世论类型吸收悲剧因素，见以下第五章。

味着人，这问题基本上就是同一回事（尽管圣保罗从来没有使用人子的说法，而只说"第二亚当"、"最后的亚当"、"将到来的亚当"）。这新形象同时使先前诸形象神圣化，并给他们增添了决定性的品质。一方面，它以人子和受难仆人两个形象的融合为先决条件，[1] 如同在个别形象的人和人类整体之间的关系，在"一"和"多"之间的关系。另一方面，圣保罗赋予两个亚当的比较以新义，这对整个初期末世论形象系列的回溯性理解起有决定性的作用。这里，最令我们感兴趣的是，在《罗马书》（Romains）5：12-21 中，在第一亚当和第二亚当之间的比较不仅证实了一种类似（"如此说来，因一次的过犯，众人都被定罪，照样，因一次的义行，众人也就被称义得生命了。"《罗马书》5：18），而且凭借这种类似，使徒们表现一种进步："不只作过犯，也作恩赐。若因一人的过犯，众人都死了，何况上帝的恩典，与那因耶稣基督一人恩典中的赏赐，岂不更加倍的临到众人么"（5：15）。[2] 这"何况"（combien plus）推翻了"作过犯，也作恩赐"（de mêmeque...demême），为从第一亚当趋向第二亚当提供了内在牵制及其时间的动力；它排除了简单恢复"恩赐"应在"犯过"之前的流行秩序的可能性；恩赐是建立一种新的创世。我们已说过律法秩序的可能性；恩赐是建立一种新的创世。我们已说过律法在这一断裂的体验中的作用。我们将不回到那上面，但我们将坚持那动向的不可逆性，那动向超出律法统治的断层，通向显多的罪，并从显多的罪到显多的恩惠："律法本是外添的，叫过犯显多。只是罪在那里显多，恩典就更显多了。就如罪作王叫人死，照样，恩典也借着义作王，叫人因我们的主耶稣基督得永生。"（《罗马书》5：20-21）于是，"作过犯，也作恩赐"的意思是"何况"，而"何况"的意思是"意要"（a fin que）："因为上帝将众人都圈在不顺服之中，特意要怜恤众人。"（《罗马书》11-32）

按亚当学的（adamologiques）术语去改写从"旧人"到"新人"的动向，[3]

---

① 巴特（K. Barth），《罗马书第五章的基督耶稣和亚当》（Christus und Adam nach Röm 5）；"论人和人性问题"（ein Beitrag zur Frage nach dem Menschen und der Menschheit），载《神学研究》，第 35 期（1952 年）；法译本，巴黎，1958 年。

② 卡尔曼（上引书，第 147 页起）坚持两点。第一点，第二亚当像人子一样是天国的，并且他像耶和华的仆人一样代替人们受苦；"我们知道保罗怎么会和必定才在'人子'与耶和华的仆人概念的结合中看到的'亚当—人子'（Fils de l'Homme_Adam）问题的解释，犹太人还不能解释这问题。"（同上，第 149 页）第二点，《罗马书》5：12，17 和 18 把二"人"的类似建立在这样的事实之上，即在这两种情况中，"一个人"（"一个罪源"，"一个义行"）影响了"所有人"的命运。现在，仆人和人子都是同属一个共同体的所有人类的代表形象。

③ 我暂时撇开圣保罗是否没有把一种更接近于"精神的"和"世俗的"（或"心灵的"）诺斯替派二元论而不是希伯来传统的古希腊文化的主题引进亚当学的问题。首先是在圣保罗的另一段亚当学的细节中（《哥林多前书》15：35-55）提出这问题："首先的人亚当成了有灵的活人，末后的亚当成了叫人活的灵……头一个人是出于地，乃属土。第二个人是出于天。"关于这个假定，我们将设法进一步去说明吸引亚当类型趋向放逐灵魂类型的原因（参考以下第五章第四节）；我们关于圣保罗的"精神"与"肉体"二元论所说的（上篇，第三章第四节）对此已作了准备。权且让我们说，圣保罗并没有放弃人子的希伯来传统，人子也属于"天国"（《但以理书》7：13），此外，如黑林已暗示的（上引书，第 153 页），并得到卡尔曼的赞同（上引书，第 144-145 页），文本的关键也许是把它看成是对斐洛（Philo）解释的反驳，斐洛区分了两个"首先的人"，最初在天国是完美的（依据《创世记》1：26），后来在地上是堕落的（依据《创世记》2：7）。对于圣保罗来说，首先的人就是地上的，不存在任何其他的首先的人，末后的人也是天国的，他是最后的。从地上亚当到天上亚当的趋向与前进，是惟一更引人注目的；在我们背后，不再有一个"天国"的亚当；完美的人全然由将来临的这个人去预示。

圣保罗为各种"主张进步的"历史神学开了路，这些历史神学即使大大超出了这第一位基督教神学家的意图，显然也是他的"何况"和他的"意要"的延伸部分。教堂总在礼拜仪式时唱道：基督为我们的罪而死，救世主负着我们的罪，给我们至福！（*O certe necessarium Adae peccatum quod Christ morte deletum est! O felix culpa, quae tantum ac tantum meruit habere Redemptorem!*）那圣歌只歌颂救世主（Rédempteur）的伟大；但救世主的"伟大"也是新的创世的伟大。那就是为什么德国唯心主义①对亚当神话的解释，其谬误要少于所有想回到早期乐园的解释的原因。康德（Kant）在《人类历史的假设起源》（*Muthmasslicher Anfang der Menschengeschichte*）中，认为人类的善出自个人的恶；并且，在《纯粹理性界限内的宗教》（*Religion dans les Limites de lasimple raison*）（Ⅰ，Ⅳ）中，他认为堕落、自由和命定毁灭是具有成熟品性和整个成熟的伦理人生的痛苦道路。严格意义上的保罗教义，以及希腊和拉丁教父（Pères）给予热情评注的，②都是因上帝方面的超自然发端，堕落才转变为成长和进步，失乐园灾难才转变为一种考验和救治。因此，正是圣保罗的"何况"和"意要"将其真理赋予那历史观，按照那种历史观，人之形成他的人性，他之从幼稚过渡到按个人及按人类标准的成熟，都是由意识到他的局限、他的抵触，和他的受难开始的。拯救演化出一部历史；用象征性的话说：第二亚当比第一亚当更伟大；第一亚当为的是第二亚当。我们必须看得这么远，以便理解《圣经》为什么总是从拯救是使罪解脱的角度去谈论罪。这种人类"教育法"（pédagogie）充满了堕落的悲观主义，旨在更充满拯救的乐观主义。

经由末日众形象的这条蹊径，我们就得以形成丰满的"宽恕"概念。宽恕是上帝对人供认过错的回答，这样说很容易。但不能直接把宽恕理解为心理上的事情；应当以获得体验为目的，这体验必须出自耶和华派编纂者的亚当到保罗书信的第二亚当，并包括弥赛亚王（Roi-Messie），牧主（Roi-Berger）、和平之君、耶和华的仆人和人子，更不用说使徒教会的上帝和圣子这些形象累积而成的象征领域。作为被体验对象，宽恕从个人分有本初的人（l'Homme fondamental）的"典型"中获得其意义。不跟这人的象征相关，体验就会囿于最内在与最个人的圈子中。于是失去了某种实质性东西，某种不能被传达的东西，除非由人这既是他自己又是一切人的主宰一切的形象所传达，诸如仆人（Serviteur）和人子等形象所传达的那样。按照圣保罗的说法，从"旧人"过渡到"新人"表明现实个人结合第一亚当与第二亚当"类型"所示意义的心理事件；内心的变化——"装出新人的样子"——是由一种分有第一亚当与第二亚当"类型"的转变笼罩在体验表面上的影子，这种转变不可能完全被主观所体验，也不可能从外面去观察，而只能被象

---

①　迪拜勒，《圣经中的原罪》（*Le péché originel dans l'Eriture*，巴黎，1958 年）第 4 页，注①和②。
②　克里索斯托（John Chrysostom）和伊里奈乌斯（Irenaeus）的原文载于利翁内特（Stanislas Lyonnet），《罪和赎罪》（*De Peccato et Redemptione*）卷一（罗马，1957 年），第 36—37 页。

征地表示。正是在这意义上，圣保罗说，个人"所变（μεταμορφοῦσθαι——变形）的是同一形状（εἰκών）"（《哥林多后书》3：18），"效法"（σύμμορφος）他儿子的"模样"（εἰκών）（《罗马书》8：29），而且他在"有属土的形状"之后，又"有属天的形状"（《哥林多前书》15：49）。[1] 当然，赋予这些圣保罗"类型"以本体论分量的东西是坚信一位历史上的人物耶稣本人"按上帝的样子出现"，坚信他完成了这类型、方式和形象。因此，那些形象的充分意义是跟那信念分不开的，并且这些形象本身的现象学依然是跟那信念有关的一种抽象。至少，像本书那样，对这些象征作一简单的了解，就足以明白宗教体验的心理并不提供对宽恕现象的描述。并不是个人经受了某种体验，才将它投射成为各种形象；相反，正由于他体现了那些"形象"所表示的意义，个人才得以有宽恕的体验。宽恕的体验好比是那实际发生的事情的心理痕迹，只能当作一个谜去提及，并表示由第一亚当的结合过渡到第二亚当的结合。

现在这种变形，这种变态，或更确切地说，这种同形（symmorphose），本身是如此的富有意义，以至于即使在"类型"层次上，它也形成了一系列反过来又充实体验的象征等价物。我们要详细讨论从不同意义方面展开的两个象征系列——更倾向"法律的"宣判无罪的象征系列和内向移植的更"神秘的"象征系列——之间的相互影响，就必须详细论述个人同化到人的形象（εἰκών）、外形（μορφή）这同一主题。不应当认为前一象征系列是"法律的"，就认定它是比较贫乏的；"法律的"并不意味着"墨守成规"。相反，这象征系列在圣保罗那里达到了顶点，圣保罗进一步推动对律法（La Loi）及对凭律法书称义的批判，而圣约翰（Saint John）[2] 却不关心律法问题。"法律的"象征系列传达某种根本的涵义，没有这种涵义，"神秘的"象征系列本身就会失去其确切意义。这种象征系列可以远远追溯到惩罚这远古的主题，以及追溯到"立约"（alliance）的契约方面。也许这可以说明在后期犹太教和七十子希腊文本（Septante）中何以会出现"债"（ὀφείλημα）的和"免债"（ἀφιέναι，remittere，免债）的概念，在七十子希腊文本中，这"免债"概念包括了救世主的（messianique）"赎罪"，甚或有时还包括救世主的"解救"。[3] "债"的概念在《新约》中确实只是昙花一现（它只出现在《马太福音》6：12 向我们在天之父的祷告中——"免我们的债，如同我们免了人的债"）；另一方面，赦免（ἄφεσις）——指免债意义上对罪的赦免——在早期教会文件中起了重要的作用。现在，这"赦免"的主题——与"解脱"、"取除"、"消解"、"净化"等主题有关——被置于末世论的世界审判背景中，就得到相当大的扩伸；债的"赦免"是大审判作出的无罪宣判，在大审判中，人既是审判者又是辩护人。

---

① 卡尔曼上引书，第130-133 页，关于保罗论人的第三段章节（《腓立比书》2：5-11），在黑林看来，这同样可看作把人子这形象（"以上帝的样式"）跟仆人这形象（"他使自己卑微"）联系起来。

② 圣约翰，《圣经》传说人物，据传写了《约翰福音》、《约翰书信》等书。

③ 关于这一点，参考利翁内特，上引书，第52-54 页。

末世论的审判的象征系列充实了宽恕概念的意义，因为它接续了"称义"的原始象征系列这神话一级的象征层次，我们在对过错的研究中已经说明了"称义"的原始象征系列。[1] 一方面，原始象征系列提供了意义的最早基础：从超然存在向内在性运动的宽厚动机；另一方面，末世论审判的第二级象征系列提供了宇宙及公共的方面，连同祈盼的时间牵制力。没有末日诸形象的那种接续，称义就会变成主观和个人的传记，如同任何时代都有的虔信一样。经由"在上帝及其选民为一方和撒旦及其选民为另一方之间的大动作"[2] 这一背景（mise en scène），就表现出某种独特的东西，某种不是从"宽恕"的个人与主观的归纳中出现的东西。

首先，人是被"宣判无罪"的存在。伦勃朗（Rembrandt）因此理解为对浪子回头的比喻，他从这比喻中首先看到天父（Père）的仁慈。[3] 这样，先知所鼓吹的"归向"（retour）和浸信会派（le Baptiste）所鼓吹的皈依（conversion）——就它们是心理活动与人的能动作用而言——就披上了表明神主动的"宣判无罪"的末世论事件的外衣。

其次，审判的象征系列还表明，人是一起被宽恕的，而不是各个单独被宽恕；这宗教体验的个人性被包含在拯救历史的共同冒险之中；"一个人"与"所有人"的关系是人的象征所特有的，它由"何况"的实质性联系把人类统一起来，而不是让他们沾上第一亚当的不服从。这人际的联系已内含在出离埃及的象征系列中，照耶和华派的说法，出埃及是跟逐出伊甸园相一致的；得到解救的是整个民族；而现在正是全人类——不论列举的还是结构上的——都卷入了世界审判的"类型"。

最后，审判（procès）的象征系列表明，人性的实现不可思议地跟肉体的赎罪及整个宇宙（cosmos）的赎罪相联系；没有肉体，灵魂就不可能被拯救；没有外界，内心就不可能被拯救；没有总体，主体事物就不可能被拯救。

可见，宣判无罪这"法律的"象征系列并非枯燥索然的；生命移植这"神秘的"的象征系列只有以从它这里得到其超验的、公共的和宇宙的方面为前提，才得以完成。正是人子（Fils de l'Homme）——人类共同体的代表——这形象的包罗万象性，使圣灵（l'Espirt）和众生灵之间的内在交流得以可能。现在，人子是在世界大审判时的称义的中心人物；"移植"的象征所增加的是生命的注入与审判无罪的无偿恩典之间的密切关系。这样，在我们曲折长途的终点，我们发现了为史怀哲 [4] 所珍视和明察的圣保罗依据直觉去解释的东西以及宗教体验能够证实的东

---

[1] 参考以上，上篇，第三章，第 4 节。

[2] 普来斯的"约翰思想的称义"，见巴特（K. Barth）的《致意与感激》（*Hommage et reconnaissance*，纳沙泰尔和巴黎，1946 年）；再次见于《基督的一生》，第 50 页。作者在揭示约翰思想的"审判"方面时，缩小了那思想跟圣保罗思想的差距，并把它作为犹太末世论的后续部分。"审判"方面更有趣，因为它绝不是集中在律法问题上，而是主要转向同意（συνήγορος）或辩护者（παράκλητος）的证据、"证人"、"真相"与"谬误"，也就是说，对称义作证；在这里，最后的审判者同时又是辩护人和受害者。

[3] 利翁内特，上引书，第 61 页。

[4] 史怀哲（Schweitzer，1875-1965），德国基督教牧师，哲学家，医生，音乐家，获 1952 年诺贝尔和平奖。

西，也就是圣灵赋予生命的内在直觉。但即使如此，仍然是象征能力赋予其要表明的东西，那由直觉激活的对"基督生命"的体验，对在"橄榄树和树叶"之间生命延续的感受。人们只生活在自己的想象中，并且超自然的想象就存在于象征之中；甚至生命（vie）在被体验与经历之前也是一种象征、一种形象。生命的象征只是由于跟所有"称义"的末世论象征都有联系，才得以保留下来。

根据世界审判的这一"称义"与"宣判无罪"的丰富的象征系列，是否可能和何以可能有"宽恕"的哲学和心理学，则依然还是一个悬而未决的问题。

第四章　灵魂放逐的神话和经由知识的拯救

　　我们现在要考虑的新神话"类型"是整个人类学二元论努力想去替换并使之合理化的类型。它与其他各种类型的不同之处在于，它把人分成"灵魂"和"肉体"；正是根据这神话，人类把自己看成同于他的"灵魂"，而异于他的"肉体"。

　　让我们暂时撇开这一类型的神话何时何地获得其最终文学形式的困难问题。上面说过，这里所说的神话是以古代俄耳甫斯教（l'Orphisme）为极好范例；甚至有一种倾向，要把灵魂放逐的神话完全简单地等同于俄耳甫斯神话。但我们知道，就宗教史与希腊思想史而言，因俄耳甫斯教引起的问题是很多的，并且我们还不打算将它们隐瞒起来。我们知道，柏拉图哲学和新柏拉图（néo-Platonicienne）哲学都以俄耳甫斯教为前提，并从其教义中汲取养分，但我们尚不确切地知道，柏拉图所了解的是哪一种俄耳甫斯教，以及俄耳甫斯教的古代推理（παλαισϛλόγος）在神话未被修改之前是什么样的。那就是我们必须配备以类型理论去探讨历史的原因，比如我们在马克斯·韦伯（Max Weber）的理想类型（idealtypen）所见到的，而且准备通过在类型学模仿与耐心的历史研究之间的意见交换去修正"灵魂放逐的神话"的概念轮廓。因此，在转向文献之前，首先要对"类型"概念说几句，倘若对古代俄耳甫斯教引起的历史问题和评论问题仅有的一点知识容许作这种启发式与教范式冒险的话。

　　灵魂放逐的神话模式可以通过和我们已考察的其他三种模式相比较去理解。由此可知，确切说来，这神话显然是惟一关于"灵魂"、同时又关于"肉体"的神话。它传述本来起源于神的"灵魂"怎样变为人的——对灵魂是陌生的和有种种坏处的"肉体"怎样是灵魂的归宿——灵魂和肉体的混合怎样形成人的人性并使人成为遗忘的场所，在这场所中，灵魂和肉体之间消除了原有的差异。就其灵魂而言，是神性的，就其肉体而言，是尘世的，人是这种差异的遗忘；而神话就传述那是怎样发生的。

其他神话中没有一个是有关灵魂的神话；即使在它们提到人的一种分裂状态时，也从不把人分为两种实在。创世戏剧并不把人当作灵魂去关心；它把人描写成一种不可分的实在；使他总体上成为戏剧的中心和戏剧的一个来源，即使只是凭借仪式的再演。悲剧世界观也一点不像普赛克（psyché，灵魂）神话；它把人理解成不可分的整体，就像创始戏剧所理解的那样；英雄通常无例外地总是罹难和被定罪的。对灾难作审美的思索——这是悲剧特有的"慰藉"——确实可以被看作是类似柏拉图在《斐德罗篇》（*Phèdre*，244a）所列举的那些出神入迷的或狂乱的"疯狂"的灵魂的一种超脱，而且揭示了灵魂超自然的、神灵的起源；但悲剧的神秘灵感本身不是转向另一领域的起点，而是迷醉于场景之中及迷醉于对有限与灾难的思索。那就是悲剧场景的神秘灵感从未产生起源神话的原因，这种神话可能使恶成为那神秘灵感的反面，那疯狂的反面，并且这种神话可以声称，我们在尘世旅居实质上就是恶。

最后，任何神话从根本上说都与《圣经》的堕落神话一样是"精神的"。当然，明确地把人作为罪恶起源（或共同起源）的是一种人类学神话，甚或也许只有典型的人类学神话，但并非凡是"灵魂"历险的神话都被看成一个单独的实体。相反，它属于人的不可分存在的"肉体"的神话。不论基督教与新柏拉图主义后来有多么混淆——它们以某种方式保留了俄耳甫斯神话的本质特点——二元论神话和堕落神话仍然是两种完全不同类型的神话，而类型学的任务就是根据神话的风格化完成这种差别。

现在如果我们转向书面文献，[①] 我们将发现以下情况：柏拉图哲学是以一种"古代推理"（παλαιὸς λόγος）为前提的，这种古代推理截然不同于荷马和赫西俄德（Hésiode）的神统神话，传统上称作俄耳甫斯的推理，柏拉图哲学改造并结合对灵魂的反思，使之合理化。这样，柏拉图哲学使这种神话成为它的来源，成为哲学的非哲学起源之一。此外，像我们将在本章结束时强调的，在这种神话与哲学之间有一种默契，哲学和其他神话则丝毫没有相等意义。哲学摆脱了神统的神话，摆脱了悲剧神话及其不可明言的神学，但在古代诡辩派危机之后，它却以俄耳甫斯神话装备自身，并从那里获有新的要义和新的深度。柏拉图本人粉碎了悲剧的

---

① 克恩（O. Kern），《俄耳甫斯教残篇和疏证》（*Orphicorum Fragmenta et Testimonia*）；格思里（W.K.C. Guthrie），《俄耳甫斯和希腊宗教》（*Orpheus and Greek Religion*），伦敦，1935 年；尼尔森（Nilsson），《希腊宗教史》（*Geschichte der griechischen Religion*），卷一，1941 年，第四部分，第四章；让·迈尔（Jean Maire），《狄奥尼索斯·巴库斯祭礼史》（*Dionysos*，*histoire du culte de Bacchus*），巴黎，1951 年；布朗热（A. Boulanger），《俄耳甫斯、俄耳甫斯教和基督教的关系》（*Orphée*，*rapports de l'orphisme et du christianisme*），巴黎，1925 年；迪拉特（Delatte），《毕达哥拉斯学派作品研究》（*Etudes de la littérature pythagoricienne*），巴黎，1915 年；弗斯图杰（Festugiére），《狄奥尼索斯的奥秘》，1935 年；穆兰（Moulinier），《古代的俄耳甫斯和俄耳甫斯教》（*Orphée et l'orphisme á l'epoque classique*），巴黎，1955 年；格思里（Guthrie），《古希腊人和他们的神》，1950 年，第 145–183 页（"狄奥尼索斯"），第 307–332 页（"俄耳甫斯"）。

神话，并从俄耳甫斯教移进了古代推理（παλαιὸς λόγος）；正是在这意义上，"哲学"以俄耳甫斯教为前提。不幸的是，古代推理（παλαιὸς λόγος）并未被发觉，人们要想问，是否真是哲学使它定形，以便使它本身作为借用的典据，来自古代的典据。

实际上，我们确实持有被称为"俄耳甫斯的"一种成因论神话；但那种神话的完整形式只是为达马西基奥斯（Damascius）[①]与普罗克洛斯（Proclus）[②]等新柏拉图主义者所证实。这情况令人惊讶：完整的俄耳甫斯神话是后哲学的。这个神话是众所周知的：未成年的狄奥尼索斯（Dionysos）被狡猾残酷的泰坦神所杀，泰坦神一发不可收地吞吃这个神；宙斯为惩罚他们，用闪电击毁泰坦，并从他们的灰烬中造出了人类。那就是人类既带有泰坦神罪的本性，又带有狄奥尼索斯——泰坦神在他们令人毛骨悚然的吞嚼过程中消化吸收了他们——的神的本性的原因所在。这是一个极妙的神话，一个真正有关原罪的神话。人类混合状态的构成出自一个早先的、人类以前的、非人的罪恶，因此恶是由遗传而来的；它还暗示了促成两种原先分离本性相混合的一个事件。那个事件就是一场凶杀，它既意味着一个神的死，又意味着神性的参与。它确实是极妙的神话。可惜我们无法去证明，其最终形式属于俄耳甫斯教的"古代推理"；实际上，我们倒是有理由怀疑，它是新柏拉图主义出自消遣的需要，以及从哲学上评述神话的需要而做的虚构。

在一种前哲学的尚未发现的神话和一种完整的但却是后哲学的神话之间的把握，实际上困惑着现象学家。倘然不可能把充分设计的成因论（étiologique）神话——它和哲学评述也许同时发生，和一种处境神话（unmythe de situation）——关于人类现有处境的神话，它揭示"灵魂"和"肉体"具有性质截然不同的能力和重要性，尽管依然不提它们混合的起源——区分开来，那也许很令人失望。这种原始区分的神话并非不能被发现；它可以根据仅有的古代和古典时代的文献去重构；这正是哲学当作前提的"古代推理"。就成因论神话而言，跟恶的其他成因论神话相比较，它属于早期的神话；但兴许它有可能表明，后来极妙的神话是这古代模式的正规引申，并且完全跟它相一致。这样我们就没有必要为替柏拉图所借助的古代推理提供典据，而去假定成因论神话是古老的。

第一节　远古神话："灵魂"与"肉体"

俄耳甫斯教的古代推理恰恰就是对"灵魂"与"肉体"的虚构。

---

① 达马西基奥斯（Damascius，约480–550），希腊后期新柏拉图主义哲学家。
② 普罗克洛斯（Proclus，410–485），希腊后期新柏拉图主义哲学家。

值得注意的是，柏拉图在《克拉底鲁篇》（*Cratyle*）为"肉体"提出的想象词源中，并没有说俄耳甫斯把肉体（σῶμα）解释成标志（σῆμα），只是断言，俄耳甫斯"利用那名称"，而这一点是重要的。我们知道，荷马史诗的英雄没有"肉体"这个词，只有"身体器官"的词；[①] 肉体只是跟"灵魂"比较，才成为单独实体，并且因神话的象征系列，赋予它有别于灵魂命运的一种命运。由于这种神话，肉体才成为一种末世论力量：

> 我认为，俄耳甫斯利用那名称，他最相信灵魂抵赎它受罚的过错，而且为对它的保护（ἵνα σῴζηται），它周围有牢狱一般的肉体；因此，像其名称所指，它是灵魂的监狱［çôma（la geôle）］，在灵魂偿还欠债之前，没有必要改动一个字母。

——《克拉底鲁篇》400c

这就是先于人统的起源神话的处境神话的核心。然而它并不把肉体作为恶的起源；相反，好像是因灵魂才带来先前的恶，灵魂在肉体中抵赎这一罪恶。但这"牢狱一般"的皮囊，从它的刑法特色中获得其特有的异化意义；由于沦为一种赎罪"手段"，肉体成了流放的场所。它不再是另一想象词源那表达意义的标志，这想象词源还把肉体（σῶμα）和标志（σῆμα）当做同一的。肉体与灵魂不止只是船与舵手的关系，对于囚犯来说，牢狱是陌生的、异己的、充满敌意的地方；牢狱代表离囚犯最近的对他作审判与判决的充满敌意的超然存在。

从这第一个意义内核出发，我们可以重构古代推理的其他特性。惩罚的场所也是诱惑与污染的场所。这其实不是说，灵魂"偿还欠债"（δίκην διδόναι，ἐκτείνειν）就是获得涤罪；不应当把犹太人的和解或赎罪观念和俄耳甫斯的抵罪观念混淆起来；惩罚适正显得是一种退化的制裁。这样，它既是罪恶的结果，又是新的罪恶；牢狱中的灵魂反复受僵化的牢狱体制的伤害，它的过错已变得无关紧要。要理解这第二个特性，我们应当理解重复（réitération）模式怎样跟牢狱模式相抵触。《费多篇》（*Phedon* 70c 起）在不再把生命作为一次性生命时，就引起了这种生命意义的嬗变，当死不再是那一次性生命的大限时，就引起死的意义的嬗变。生和死只是两种状态的互相交替：生来自死，死来自生，就像醒和睡一样；此人可以是彼人的梦，并且各人都从他人那里借取意义。因此，惩罚不仅仅是化身，而是再生；所以，以重复为标志，生存显得像是一种永恒的倒流。

这里我们应当引进第三个主题，它未必来自第二个主题，而且第二个主题事

---

① 参考以上，第二章第215页注6。

实上并不跟它绝对一致，那就是地狱惩罚的主题。尼尔森（Nilsson）非常重视它；事实上，他认为关于在地狱世界——因不洁而陷入困境的场所——受惩罚的教义是俄耳甫斯传教活动的中心，也是他们注重惩罚教义的出发点（上引书，第 632页）。尽管伊流欣派（Eleusiniens）[①] 为纯洁有福之人许诺赐福，并似乎对惩罚问题保持沉默，但俄耳甫斯仍然认真对待荷马史诗惩罚重大罪犯的主题，并由此组成影响所有人的切身威胁。柏拉图证明，至少在他当时，有钱人在特有的仪式上，借用默塞俄斯（Musée）和俄耳甫斯作品的名义去思考这种对死后惩罚的害怕。"可以用特有的仪式使死者在阴间得到赦免。谁要是轻忽祭祀享神，那就永世不得超生。"（《理想国》，364d）这种对生者害怕的思考当然不是这教义的全部意义，这种教义的意义，在尚未达到柏拉图时代的败坏颓废之前，应当既包括对一种纯洁的呼吁——这是道德上的纯洁，而不是仪式上的纯洁，像柏拉图本人在《费多篇》（Phédon）中所理解的那样——又包括对一种惩罚的关注，这种惩罚应当施加于有罪者而不是清白者，这跟人世间通常所发生的正好相反。

初看起来，在肉体并通过肉体赎罪的主题跟地狱赎罪的主题没有任何联系。因此必须超出那两个主题去获得介于两者之间的主题，以便了解它们的意义实质上是统一的。应当知道，生命是地狱的反复，就像地狱跟生命相配对，它赋予那些非伦理痛苦以惩罚性意义，这种痛苦的可怕场面被表现在人生和历史之中。生与死周而复始无疑是一种包含在肉体（σῶμα）受惩罚和在地狱（hadès）受惩罚这两种神话在内的意义更深刻的神话。出生就是由死上升到生，死就是由生下降到死。这样，"肉体"可能是我们称之为死的另一个生命抵罪的场所，而地狱可能是为此生所犯罪恶赎罪的场所，在世俗眼光中，此生是惟一的人生。于是，俄耳甫斯教复苏了一种迁徙和转世的古老的印欧主题，同时又陷入古代农夫神话的深渊，这些神话总暗示在生命力逢春再生和在阴间积聚活力的再上升之间有一种神秘的关系，仿佛死增加了魔鬼（Pluton）的"财富"（Ploûtos），又仿佛生只有通过阴间授予其力量才能展示。[②] 但只有像俄耳甫斯教——它把此生实在归于灵魂——那样的宗教或宗教运动才能理解这周而复始既作为相互外在的两种状态的接续，又作为以累加浓缩方式出现在我们当前生命中的交替；如果品达（Pindare）[③]《残篇》133 正确地代表俄耳甫斯教的话，[④] 那么睡着的灵魂醒着，醒着的灵魂睡着。于是，灵魂和肉体具有彼此内在地互为正反的可能性。灵魂是另一世界的证据，当我们

---

①　伊流欣派（Eleusiniens），约于公元前 7 世纪出现在希腊雅典附近伊流欣的一个秘传宗教。

②　让·迈尔，《狄奥尼索斯》，第 54 页。

③　品达（pindare，前 518—前 438），古希腊诗人。

④　"由于那些人已向冥后（Persephone）偿还了他们昔日过错（ποινάν παλαιοῦ πένθεος）的赎金，她就使他们的灵魂在第九年重见阳光；并由那些灵魂中产生杰出的王，这些王通过他们的知识而伟大或有非凡力量，在凡人中，他们常被尊为纯洁的英雄"（柏拉图《美诺篇》81b-c 所引），尼尔森把品达（Pindare）这篇残诗 133 跟赫拉克利特《残篇》62 及《高尔吉亚篇》492C 相比较。他从这些残篇中得出结论："肉体是灵魂的坟墓，这看法跟灵魂的迁居密切相关，由此推断，俄耳甫斯一定也有那些信念。"上引书，第 694 页。

在此生是醒着的时候，这另一世界是隐藏的，并显现在梦中、醉迷中、情爱中、死亡中。死与生的周而复始及其被转化价值的一致给予肉体死亡一种充分的意义。如果一个生命隐藏另一个生命，我们就应当以赫拉克利特《残篇》62 宣布："不死的是有死的，有死的是不死的；我们的生是他们的死，我们的死是他们的生"，并以柏拉图《高尔吉亚篇》（*Gorgias*，492e）所引的欧里庇得斯（Euripide）①的诗句声称：

> 谁知道生抑或不是死，
> 而死抑或不是生？

这种此生的生死替代——对此，柏拉图概括为："也许我们真是死的"（492b）——完成了肉体牢狱主题所暗示的肉体意义。另一世界再现在肉体中的方面不是它的神性，而恰恰是它的处罚功能。在这方面，《高尔吉亚篇》（493a）仍是非常有启发性的：古希腊人乐意想象重复的惩罚——西西弗斯（Sisyphe）的石块，达那伊得斯（Danaïdes）的水槽——这些都因它们那无奈、徒然、永恒劳作的特点而成其为惩罚，被反映在这世界上，在它被设计成另一世界之后，就成为肉体的一个标志，为的是肉体本身也是一种重复的体验。我们在《高尔吉亚篇》中看到，界外之人是无法用干净的水注满水槽的，因此，作为不可能净化形象的水槽，成了欲望本身的比喻。这样，用来惩罚欲望的是欲望本身；另一世界用以对这个世界芸芸众生的重复惩罚是芸芸众生本身的标志。

这场对地狱与肉体的思考游戏处于认识肉体的中心；它解释了灵魂在肉体的赎罪是完全与净化相反的；牢狱中的灵魂变成了因被惩罚而受污的连带过失者；所以生存作为无穷的沉沦出现。放逐模式被重复模式所强化，趋向于把肉体作为生存不幸的象征；难道还有比把生命作为惩罚的再生更可怕的想法吗？在此一生命到彼一生命、生到死、死到生的繁衍过程中，恶使自我指控和自我惩罚相一致。这种谴责和重复的混杂正是绝望的形象。

把"肉体"解释为重复惩罚的一种手段，如同一种副作用，引起了一种对灵魂的新解释，这种解释对于多兹（E. R. Dodds）来说也许是"清教主义的"：灵魂并非来自这个世界；它来自别处；它是神授的；在它现在的肉体中，它过着寄藏的生活，这被逐的生灵渴望它的解放。

古代希腊文化对灵魂的看法并不比对肉体的看法更统一。不论对伊奥尼亚人（Ioniens），还是对悲剧作家，灵魂都不是思考、沉思、情感、受难和意愿的惟一生命根源；临死的人似乎仅存一息就命归黄泉，而这一息在特有命运中并不等于

---

① 欧里庇得斯（Euripide，前 480–前 406），希腊悲剧作家。

将近死的虚幻存在。"灵魂"和"肉体"被理解为实质上缺一不可的两个方面，人的存在的两个相反的方面。

其他祭礼都宣扬灵魂由神拥有的宗教狂热。俄耳甫斯教（l'Orphisme）的特色似乎在于，它把这种突然的变更，这种狂热解释成灵魂离开肉体的旅行，解释成灵魂在另一世界的旅行，而不是解释成一种天谴或一种拥有。醉迷现在被看成是表现通常寄藏着的灵魂的真正本性。其他祭礼还宣扬灵魂的存留：荷马本人乐于描写为重大罪犯保留的地狱惩罚；伊流欣（Eleusis）处的信徒还沉思了天国（Paradisiaques）的快乐。但灵魂的存留并不表明一个新"型"的灵魂，正如神所拥有的灵魂也不表明新型灵魂一样，只要不把存留理解为返回其真实状态，像一种灵魂的漫游那样。被迷住的灵魂成了另一种灵魂，罪人和虔诚者分处不同寓所；俄耳甫斯的灵魂又变成那种神的灵魂而不是人的灵魂。①

其他预言家、巫医、炼术士都以精神漫游训练他们的信徒；② 只有俄耳甫斯具有革命性的洞察，人不再被解释为"终有一死"，而被解释为"神"。智慧不再"认为是常人所有的"，而认定自身是神授的。界线与实质性差别不再介于独具不朽的神与只是徒然期待享有他们一份的人之间；它透过人将人和神同样的不朽跟人肉体的败坏区分开来。在人的存在意义上，只有这一变化才使毕达哥拉斯（Pythagore）的生与恩培多克勒③（Empédocle）的死的流传成为可以接受的。在恩培多克勒的《净化篇》（καθαρμι，*Purifications*）中，正是俄耳甫斯的灵魂大声呼喊：我要享有神的不朽，不再有死。（έγώ δ'ὑμιν θεὸς ἄμβροτος, ούκέτι θνητός）

也许我们还应当更进一步。倘若我们将以上关于灵魂"神性"的说法跟我们先前关于肉体是一座牢狱以及肉体与地狱之间镜对应（jeu-demiroir）的说法作个比较，灵魂的"神性"看来并非仅仅在于它有存留下来的能力；事实上，对存留的这种看法已经过时。现在，重要的是避免生与死的交替和重复；"神性"的灵魂是能解除这相反状态的往返产生和解除"生的轮回和转世"的灵魂。

我们处在对自我的一种新认识的开端：业已成为生死一对相反极的灵魂比重复的时间还长寿。在柏拉图的《费多篇》试图把灵魂的持久性和形式（formes）的非时间性联系起来之前，"不死"（immortalité）确实还不是"永恒"；所以它看来只是足以使灵魂保持在历经几个肉体与几次生命生存的力量，就像我们在苏格拉

---

① "正是在这里，新的宗教模式作出了重大贡献：认为人有一个源自神的隐蔽的自我，从而使灵魂和肉体不相一致，它把对人的存在的新解释引进欧洲文化，我们把这解释为清教主义的。"多兹（E.R. Dodds），《古希腊人和非理性》，第 139 页。这种类型是否跟希腊无关，在它作为俄耳甫斯类型之前，是否是萨满教（Shamanique）类型，对我们说来，都无关紧要，重要的是，这种"具有神性的人"的类型是否出现在作为西方文化源头的古代希腊。

② 就阿巴里斯（Abaris）、阿里司特亚斯（Aristeas）、克拉佐曼纳的赫谟提谟（Hermotime de Clazomènes）以及跟北方接触的巫医（ιατρσμάντεις）而言，以及另一方面，克里特的厄庇美尼德（Crète de Epiménide），参考多兹上引书，第 14 页。

③ 恩培多克勒（Empédocle，前 493–前 433），古希腊哲学家。

底（Socrate）和西米阿（Simmias）及克贝（Cébès）的谈话中所知道的那样。在哲学产生之前，还没有对总是同一的，与自身同一的一种存在的精心设计的原型。但至少当神话在想象一种生死循环时，提出了超越矛盾的自我推进、一种超越不和谐的和谐（repos）。倘若神话还未提出灵魂与自身的同一，哲学是不可能试图设想它的。

无疑，这种对自我的认识要早于柏拉图。即使柏拉图在《美诺篇》（*Ménon*）认为，那些认识并不源自俄耳甫斯——或不仅仅是俄耳甫斯——他在以下这段话中想要说的肯定是被放逐灵魂类型："他们之中有的是男女祭司，这些人都渴望说明他们职守的理由，品达和其他许多真正敬神的诗人也同样如此，以下就是他们要说的，你思量一下，辨一辨他们的话对不对。他们说，人的灵魂是不死的，它有时离开生，被称为死，有时又回到生，但永远不会泯灭；正因为这样，人在今生的品行应当尽量保持纯洁。"（81a–b）

当然，不死性仍囿于富于想象力的多次转世的模式（"灵魂因此是不死的，并转世了许多次"，ἀθάνατός τε οὖσα καί πολλάκις γεγονυια，同上，81c）；但说话（μῦθος）已经是推理本身（λόγος）；它提出理由（λόγον……διδόναι）。这就是为什么那些"娴于神事"的男女祭司，要说"那些真与美的事"（81a）的原因所在了。

第二节　最后的神话

正是这种处境神话，发展成为出自新柏拉图主义者所"引述"残篇的源于人统的神话。我们见到的是对典故的修复，或更确切地说，这是一种后来的解释，然而这种后来的解释有可能使最后一批古希腊哲学家得以从残诗的典故中得到他们思想的依据吗？他们的宗师柏拉图正是从这些残诗中获得灵感的。

那么，我们见到的是想用类似故事去抵制人类起源及堕落的故事，以扭转败于基督教的局面的一种异教的辩解吗？

可以肯定的是：俄耳甫斯运动因作品的存在而不同于古代类似的运动，这些作品结束了其他特有仪式和礼拜仪式的口头与秘传的教义；那些书一定也包括神统。但这些书肯定不断流传变动；它们没有不变的准则，不断补充进新的想法；新柏拉图主义所特有的多样性看法就是这一情况的标志。而且，不可能证实古代的神统已被扩充为人统；这只能依据经典作家的一些暗示加以推测，比如柏拉图在《法律篇》（*Les Lois*）中关于人类的"泰坦（titanique）本性"的说法。这也是沟通神统和实质上转向人及其现实处境的俄耳甫斯教义的一种合理方式。正是那些暗示和这一直接的推论，使大多数俄耳甫斯教专家 ①——不论是维拉莫维茨（Wilamowitz）还是费斯图杰（Festugiére）②——都倾向于认为新柏拉图主义者的"引文"保存了古代残诗的本质特性。

我们的类型学方法不要求进行有关人统神话形成日期的纯历史性争论。按照

---

① 格思里（《俄耳甫斯和古希腊宗教》，第二次修订版，伦敦，1952 年）认为："俄耳甫斯派从大众神话中选取他们合意的东西。他们补充了某些内容和许多意思。他们的细节化过程形统一个新的核心，这个核心就是狄奥尼索斯的肢解，宙斯惩罚泰坦神，以及人类从灰烬中诞生的故事。"（第 153 页）"高潮富有独创性，是俄耳甫斯特有的，（我们的所有证据都支持这看法）因为它把俄耳甫斯特有的思想，即我们人类身上混合了人间和天上的特性的思想奉为圭臬。"（同上，第 120 页）

尼尔森，《古希腊宗教史》第一卷，第 642–662 页，大体上同意格思里的看法。他不仅主张，人统"对于俄耳甫斯教来说是根本的"，并"在其大致的轮廓中，回溯到远古时代"（第 647–648 页），而且，狄奥尼索斯因泰坦神遭难的情节对于他来说似乎是古代的，因为否则我们就不能理解柏拉图对泰坦本性的暗示："俄耳甫斯学说的这个核心要回溯到古代往事。"（第 649 页）他又说，"这里我们接触到俄耳甫斯教创造的最有独创性的部分：神统增加一种人统，是为了说明由善恶组成的人类本性。"（第 650 页）

布朗热（A. Boulanger），《俄耳甫斯、俄耳甫斯教和基督教的关系》提出同样有说服力的理由：新柏拉图主义者精述人统"说明人间罪恶起源的二重性，因此赋予作者一个机会去详述通过赎罪和净化得到拯救的俄耳甫斯学说"（第 33 页），他还不至于利用俄诺玛克利特（Onomacrite，公元前六至五世纪雅典暴君皮西斯特腊图斯的子女执政期间的传神谕者。——中译者注）去解释圣保罗的俄耳甫斯主义，并把原罪与赎罪的学说归于他："（对原罪的赎罪）我们只知道来自一个更晚后的文本"，（第 33 页）不过，他承认，俄耳甫斯教形成于公元前六世纪末期，而俄诺玛克利特仅限于把早先两种无关的神话带到一起：人从被宙斯的雷电击倒的巨人灰烬中诞生的神话，以及查格留斯（Zagreus，希腊宗教的半神半人。——中译者注）激情的神话，但那足以证明，把发现"人间罪恶的存在的新起因"（第 34 页）归于他是正确的。这些理由认可布朗热把只是在最后的新柏拉图主义者那里得到完整说明的全部人统说成一种俄耳甫斯学说。第 27–28 页有一段极好的概括。我们后面将看到，布朗热提出的基本理由已引起争议。在他看来，狄奥尼索斯遭泰坦神杀害的神话是成因论的："它显然被构想用来说明主持仪式的祭司已不再明白其意义的一种仪式，也就是俄姆法吉亚（omophagie，原意"吃生肉"，希腊秘密仪式，在祭祀酒神时进行。——中译者注）——那就是说，对植物神精灵化身的动物的献祭，参加仪式的人生吃这些动物，他们相信，这样就可以吸纳到一点神的德行。"（第 28 页）但俄姆法吉亚是"植物神"仪式吗？况且，狄奥尼索斯被肢解的神话与撕扯生吃肉的仪式相一致吗？让·迈尔承认狄奥尼索斯的受难与被肢解的神话是古代的："到（俄耳甫斯著述内含的启示）确实从系统思想开始的程度，这神话看来跟它们对人的本性、罪的起源及个人拯救的条件的想法分不开"（第 404 页）；但他认为这神话偶尔与醉狂及狄奥尼索斯仪式有关；确切地说，它代表狄奥尼索斯传说朝"仍囿于前哲学并且似乎仍被远古神话的类型所迷"（第 402 页）的方向上的一种转变。

② 维拉莫维茨-默伦多夫（Wilamowitz-Moellendorf），《希腊人的信仰》（Der Glaube der Hellenen），第二卷（1932 年），第 199–202 页；弗斯图杰（Festugiere），"狄奥尼索斯的秘密"（Les mysteres de Dionysos），载《圣经评论》，XLIX（1935 年），弗斯图杰在仔细考察这一最后的神话的上古时期、古典时期、希腊化时期和新柏拉图主义时期之后，得出结论是：

"让我们总结一下我们研究的成果：历史学家发现自己面对三类文献：

"第一类是好多与狄奥尼索斯秘密有关的碑文，饰有意大利图案碑文上的内容使我们对秘密团体和特有仪式有很好的了解。居蒙（Cumont）、维拉莫维茨（Wilamowitz）、尼尔森等第一流专家能凭记忆从事俄耳甫斯教的研究。他们认为，出自色雷斯-弗里基亚（Thraco-Phrygian）礼拜的秘密宗教越来越听任大众的支配：仪式是固定的，它们被赋予人性色彩。同样的演变处处再现。入会者最初只求有点时间去逃避日常生活的单调。在基督教时代，还向其保证将有死后得好报的运道。从未提及俄耳甫斯的名字，也不提查格留斯（Zagreus）；只有一次在较晚后的佩林修斯（Perinthus）碑文中提到他的传说，还讲到西比尔（Sibyl，古代女预言家。——中译者注）的一个预言。

"第二类是关于俄耳甫斯的文学传说。从纪元前六世纪到三世纪，俄耳甫斯以一位富有灵感的歌手、阿耳戈英雄（Argonauts，希腊神话中盗金羊毛的英雄。——中译者注）的同伴、特有仪式（télétai）的创建人出现，他能够感化岩石、野兽，甚至冥王普路托（Pluton）。在前五世纪，他的信徒践行各条禁欲戒规，并诵读被说成是他的诗篇。在前四世纪，游吟的巫人推销伪俄耳甫斯的医方，如果俄耳甫斯像有些人说的，有其社团、秘密宗教仪式，那么，这些社团和仪式并没有留下任何痕迹。俄耳甫斯教只是在公元三世纪和四世纪再次流行，当时，各种形式的文学都很兴旺，但不能证实它们的真实性。

"第三类是从公元前三世纪起流传的'俄耳甫斯'诗篇，它传述了狄奥尼索斯、查格留斯被泰坦神撕裂的神话。克里特和色雷斯-弗里基亚的同一，于是几乎成了一个事实，至少在一种不排斥其他传说的特色传说中。这里有关于查格留斯的传说，模仿俄赛里斯的传说；我们不知道它在何时何地形成。在埃及宗教仪式上，它形成特别仪式：入会者把动物放在泰坦供幼神的筐篮（kalathos）中。我们不知道，这是表演神的'受难'还是进行俄姆法吉亚仪式。普鲁塔克把这一传说跟毕达哥拉斯派及柏拉图所珍视的心理二元论相联系。随着新柏拉图主义的道德意义占有支配地位，也许导致未被我们注意的习俗。除非发现新的文本，否则我们就不能说，俄耳甫斯教已改变了我们在公元初两个世纪发现已形成的酒神秘密仪式。"

弗斯图杰还说，"狄奥尼索斯秘密仪式是否影响基督教，这个问题就是一个徒然的问题。如果它指的是我们从碑文上得知的秘密仪式，那谁也不会去臆想有什么关系。至于其他……"

布朗热（Boulanger）所引证的格洛兹（Glotz）准则，罪的理论先于堕落的理论，这对古希腊人和对犹太人都一样。因此，我们现在应当着手进行的，是对泰坦神过错的神话作一种意向性分析，以便说明，在什么意义上，它发展和完成了处境神话。这种意向性分析预先假定，我们在其最后状态中（因此在其晚期表现形式中）理解这种神话，而且我们不依靠那神话，只依靠经典作家所提供的证据，回过头来将它跟我们所重构的人的处境的解释相联系。

我们在那最后的神话中发现了什么？发现了那种原本属于上面在创世戏剧标题下被研究的神统类型，但这神统类型又趋向跟人内心深处的不协调体验相一致的人统神话。

插进创世戏剧的新的人统的插曲并非一个无关紧要的框架；它以双重方式将它的存在及其总体意义强加于新的神话。首先，它赋予折磨灵魂的灾难以宇宙般的广度和本体论的深度。那种灾难根源于由伟大众神世代激烈演替所代表的生存痛苦之中；神统纪通过将他们跟万物起源相联系而赋予罪行（crime）、不和（discorde）和狡诈（ruse）以先于人类的意义。在这一点上，行将成为新神话轴心的泰坦神形象，是那生存痛苦的一部分；由于泰坦这形象，人的罪恶就植根于人类之前的罪恶，与此同时，生存痛苦也通过同一形象转向人类学方面。特别是俄耳甫斯宣扬的创世戏剧已包含了对恶的一种合理的解释，由于这种解释，严格说来是关于泰坦神过错的“俄耳甫斯”神话就尤为引人注目。依据神统对恶的解释，仍有着赫西俄德（Hésiode）诗篇那种含糊朦胧，赫西俄德几乎只是提出一系列不相干的原始形象。其中有些形象——克罗诺斯（Cronos）、乌拉诺斯（Ouranos）、宙斯——都是来自更早年代的神，这些神现在因世代演替、繁殖，或凶杀而被结合在一起；其他形象——夜神（Nuit）、死神（Mort）、战神（Guerre）——都被我们体验为原始的方面，因堪与前面这些诸神相比的一种关系的确定而被结合在一起；最后，其他一些形象则是诸如地（Terre）与天空（Ciel）这类自然界的界域或要素。被归于俄耳甫斯的神话通过类似形象勾画了一种由一向多、由混杂向分明的意义深远的运动——在前苏格拉底的宇宙起源说中也能见到同样的运动。在俄耳甫斯依然是神话的宇宙起源说和更哲学化的宇宙起源说之间的这种血缘关系可以作不同的解释；哲学的宇宙起源说也许已经受到俄耳甫斯神话的影响，或者更有可能的是，神统神话由于和哲学相接触，也许已经转向存在起源方面，尽管依然囿于神话的想象之中。

在“不朽诸神中最美的”法涅斯神（Phanès，光明之神）这居支配地位的形象身上，俄耳甫斯神话显示出“哲学的”色彩。他就是头生之神普洛托戈诺（Protogonos），他是两性的、混血的、两造的厄里凯普斯（Ericépée），又是狄奥尼索斯（Dionysos）、厄洛斯（Éros，爱神）。出自代表无差别的原始的蛋，他既是事物中的差异，又是整个世界的五光十色的表现形式。他真正是“整体统一和部分分离"。

但同一神话反而陷入幼稚的想象之中。为了把大家信仰的宙斯、一些新仪式宗派的垂死宙斯查格留斯（Zagreus）和被肢解与再生的狄奥尼索斯，跟这相当神秘的法涅斯神等同起来，这神话使尽伎俩。它讲述了宙斯第二次创造世界，宙斯吞噬了法涅斯及其创造物，从而将其所有权力都纳为己有；由此，神话指出，"一切都被重新创造"。这神话又想象宙斯把他的权力让给狄奥尼索斯："哦神，请你们听着；这就是狄奥尼索斯，我已让他做你们的王。"这些关系和最古老神统的关系非常一致。柏拉图在《斐里布篇》（Philèbe）中讽刺地喊道："在第六代人，就停止你歌唱的行列"（66c），他是在暗示这种神统系列吗？

这神话在其神统部分趋向于何种恶的解释？表面看起来，恶似乎仍包含在万物起源中，就像赫西俄德，尤其巴比伦人所认为的那样。但法涅斯的形象则有不同的表示；在法涅斯身上，一和多的表现形式，不再是早先在善恶之间自相矛盾的一种表象，相反是逐渐分离、逐渐分化的表象，像人们在原始的蛋（Oeuf）的神话中所看到的那样。这神话抛弃了矛盾的说法，代之以由混淆（confus）向分化（différencié）的运动，在这过程中，不再去说明人的不幸的原因，却正相反，人存在于双重原始本性的混淆之中。因而，一种有关分化的神话不再满足于说明本身是混合物的人类的恶；恶的起源被逐出神的界域并不出人意料，这是神将自身浓缩在法涅斯形象上的过程，而神统求助于人统去说明一种恶，它不再拥有恶的秘密。这样，俄耳甫斯对囚禁在敌对的肉体中的寄藏的灵魂的体验，就突破了本身处在趋向理性宇宙论过程中的神统戏剧的牢笼。这就需要一种新的成因论神话。

还不能有把握地确定古时俄耳甫斯的人统究竟是什么。人们只得满足于选择后来作者日臻精确的引证，这些作者相当出色地表明这个主题的构成过程，我们确实很难分辨，它们究竟是实际的创造，还是重新发现的古代主题。不过，还是可以在明显是后来精心完成的作品中辨认出一些古代的迹象。

首先，恶的起源与最小神狄奥尼索斯的"受难"联系起来是意味深长的。于是，新神话开始出现在对狄奥尼索斯形象的一种严格说来是"神学的"创作中。现在，处于原始过错中心的幼辈神不是使酒神巴克斯的女祭司玛尼姬（μανία）激动得手舞足蹈，并作为她们生命之乐（joie de vivre）的狄奥尼索斯；他是生命的主人，步宙斯后尘来到的年轻神。于是，我们在欧里庇得斯的《女祭司》（Bacchantes）中见到的对于疯狂的描写（无疑这本身是虚构的，但又是有意义的）首先必须被沉思所取代，疯狂必须变成思索。俄耳甫斯派从而非常有可能使狄奥尼索斯主义（dionysisme）转而反对自身；[1]他们使它转向仍囿于神话想象的前哲

---

[1]　尼尔森在《希腊宗教史》认为俄耳甫斯是被酒神巴库斯的女祭司撕裂而死的传说是狄奥尼索斯的信徒反对改革者的一种惩罚性表示。在他看来，禁止吃生肉是俄耳甫斯反对将动物撕裂（diasparagmos）和生吃这些俄姆法吉亚的野蛮习俗的斗争的另一迹象。

学，比起狄奥尼索斯运动在其他方面的巨大变化，这一转变更加可以接受，如果宗教仪式活动真的产生了悲剧的场景，那也是借助于酒神赞歌。[①] 这可能性并不排斥俄耳甫斯教从一开始就使狄奥尼索斯主义转向思索并任命狄奥尼索斯不仅作为创世的中心，作为最后的神，而且作为人统的中心，作为泰坦神的受害者。但狄奥尼索斯无疑只是后来才明确成为东方（Orient）征服者，然后成为强烈带有东方民族特征并为那些重要的宗教信仰调和论作准备的世界之王，东方民族的特征支配了宗教所关注的神的死和转世的奥秘。人统神话并不以俄耳甫斯对狄奥尼索斯主义的改革成果完全明确化为前提，但确实以其必不可少的宗教体验类型的决定性转变为前提。

　　其次要考虑的是泰坦神在新神话中的作用。一方面，他们作为杀害狄奥尼索斯的"元凶"而与狄奥尼索斯的受难相关；另一方面，他们又因受罚及自己的"灰烬"被结合到人的起源之中。这种文学表达方式允许我们世世代代去领会的正是神话的这一进步。如果说，公元前三世纪到公元一世纪之间的一些作者已表现了狄奥尼索斯在泰坦神手中受难，[②] 那么，在普鲁塔克（Plutarque）[③] 之前还没有任何文本把泰坦神的罪行同人类的诞生联系起来。普鲁塔克在讲述泰坦神怎样遭雷击，以作为对杀害狄奥尼索斯的惩罚后，作了以下的说明："这个神话提到转世。事实上，我们不顺从理性或秩序的部分是暴虐的，这并非神的部分，而是恶魔的部分，这部分因古代泰坦神而来，受惩罚并应当受惩罚的正是那个部分。"[④] 现在，把狄奥尼索斯——查格留斯神话比作俄赛里斯（Osiris）[⑤] 神话的也是普鲁

---

　　① 让·迈尔，《狄奥尼索斯》（第 220 页起）。作者作为俄耳甫斯人统的古代说的坚决支持者；"尽管没有理由怀疑，狄奥尼索斯如此传入他所回溯的最古老的俄耳甫斯著述所揭示的系统，它的后果只显示在遥远的将来。"（第 401 页）作者无意中动摇了布朗热支持有关狄奥尼索斯肢解传说古代说的各种理由。如果人们能说明，这肢解是对入会者撕裂与生吃动物的仪式的神话解释，那么它在古代仪式中就可能找到一个根据；但在神话中，这幼神不是被生吃；他是被"烧熟的"，并且"泰坦神（在烧熟后）将肉吃光的断言只找到一些证据，而且好像不是实质性的"。（第 384 页）于是，狄奥尼索斯受难的神话不能肯定就是酒神狄奥尼索斯的神话，它是外来的，并只从属于而不是一体化于狄奥尼索斯的传说圈内。它即使跟狄奥尼索斯仪式无关，也具有自己的古代渊源——像让·迈尔所相信的那样，在这幼神遭难中见到对一种入会仪式的回忆——还应当去证明，幼神"受难"的神话已被一体化在古代关于狄奥尼索斯的传说圈内。

　　② 狄奥尼索斯为泰坦神所杀的神话似乎在公元前三世纪已被知道："他们（泰坦神）施加暴力把他煮烧。"[欧福里翁，（Euphorion，公元前 275 ？——古希腊诗人，语法学家。——中译者注）]，西塞罗（Cicéro）的同时代人伊壁鸠鲁派的弗洛德谟斯（Philodème）的一篇重新被发现的残篇，在提及狄奥尼索斯三次诞生后——"还有第三次，在他被泰坦神肢解后，瑞亚（Rhea，众神之母。——中译者注）又重新把他的肢体器官凑集起来，使他恢复了生命"——进一步证实了这位公元前三世纪的诗人："欧福里翁在阿提卡诗篇（Mopsopia）中证实了这一传说，而俄耳甫斯宣称，该神此时已入地狱。"（克恩，《俄耳甫斯教残篇》，36）不过，弗洛德谟斯忽略了这一细节。只有西西里的第奥多洛（Diodore de Sicile，公元前一世纪）在他篇幅巨大的神话评论中，在说到神被大地之子撕裂，然后煮烧，并被得墨忒耳（Déméter）复活之后，注释说：俄耳甫斯在《特有仪式》（Teletai）中告诉我们，被泰坦神撕裂的正是这个神（指狄奥尼索斯，见克恩，《俄耳甫斯教残篇》，301 和 303）；但他以斯多葛派（Stoïciens）的比喻方式去解释它，像有关酿酒的一个抄本那样，鲍萨尼阿斯（Pausanias，公元一世纪）把这段情节归于伪俄诺玛克利特（Onomacrite）："借用出自荷马的泰坦神的名义，俄诺玛克利特搜集了神秘传奇（orgia），他将此与狄奥尼索斯相联系；在他看来，正是泰坦神，是这位神受难（παθήματα）的元凶。"（克恩，《残篇》，194）。所有这些，见弗朗斯图杰，"狄奥尼索斯的'秘密'"，载《圣经评论》，XLIV（1935 年），第 366-381 页，以及让·迈尔的《狄奥尼索斯》，第 372-416 页。

　　③ 普鲁塔克（Plutarque，350-433），希腊哲学家。
　　④ 克恩，《俄耳甫斯教残篇和疏证》，第 231 页。
　　⑤ 俄赛里斯，埃及宗教中王室丧葬神。

塔克；包括弗斯图杰（Festugiére）在内的学者都想去假定，普鲁塔克也是人类有泰坦起因的倡说者。基督教著述家——查士丁（Justin）、亚历山大城的克莱门特（Clément of Alexandrie）①、阿诺比乌（Arnobius）②——担心这种古代信仰会持续下去，遂只字未提及人的这种泰坦起因的信仰（他们确实根本未说及狄奥尼索斯转世的事情）；而且，有时他们对狄奥尼索斯不幸被吞吃不是疏忽就是沉默，尽管这是人统神话所必不可少的。这样，我们有普罗克洛斯（Proclus）和奥林匹俄多鲁斯（Olympiodore）③的人类源自泰坦神灰烬的看法，④到这里，神话就获得其最后的形式：人类既是杀害狄奥尼索斯凶手泰坦神暴虐本性的继承者，又是狄奥尼索斯本性的继承者，泰坦神因可怕的吞吃了狄奥尼索斯从而和狄奥尼索斯合为一体。这样，当新柏拉图主义哲学的气数已尽时，神话也就完成了。

如果我们通过接连的引证去追溯神话的发展，我们就会有神话随局部的增加而发展的印象。现在的问题是，在纪元开始时俄耳甫斯神话的这一膨胀也不断引申出我们未求助人统神话就详细说明的处境神话。

我们知道，处境神话趋向于抬高灵魂并把耻辱的印记打在肉体上面；它提出灵魂为同一者（Même），肉体为他者（Autre）；处境神话富于想象地表达灵魂与肉体的二元论，或更确切地说，它对那种二元论作了富于想象的解释。然而，由这神话引起的问题是：为什么忽略了那种二元性？正是在这方面，要详细说明这神话中生存根源的二元性，就需要一种可以叙述混淆的起源的神话，这就有必要不断努力去恢复这种二元性的想象力。不难证实，早在古代就明确表达了这种起源神话，尽管柏拉图对"泰坦本性"（《法律篇》701c）的提及令人困惑；但通过对其涵义的分析，就能表明起源神话使处境神话的意义得以完成。

如果我们限于对经典著作的引证，我们会发现多次提到的一种"古代咒语"（ancienne malédiction）。这样，柏拉图在《美诺篇》（Ménon，81b）引述的品达残篇，通过在肉体中的抵罪，暗示了一种先天的过错——因昔日的过恶而受惩（ποινάν παλαιοû πένθεος）。现在，这另一生命犯过错的观念，除了像《法律篇》（Lois）一段原文（872d–e）有关神之惩罚的正义所说的，它有可能维护世世代代因果报应的古老律法外，还指既是我自己又是比我更早的有选择能力的超然存在的先天不幸——总之，是一种既已犯过又要再遭受的恶。这样，先在的生命就代表恶的深不可测的渊源，对恶的回忆可能要早于所有的回忆。确实，人们会提出异议，认为泰坦神话的暗示，和克吕西波（Chrysippe）⑤所引毕达哥拉斯分子诗句的意思不同，按照奥洛斯·格留斯（Aulu Gelle）第七卷2，12，这诗

---

① 克莱门特（Clément of Alexandria，约150–215），希腊神学家。
② 阿诺比乌（Arnobius，约236–330），古代基督教护教士。
③ 奥林匹俄多鲁斯（Olympiodore，六世纪），埃及历史学家，用希腊文写史书。
④ 克恩，上引书，第209，211–212，220页起。
⑤ 克吕西波（Chrysippe，前280–前207），希腊斯多葛派哲学家。

句是：你将会知道，人有自我选择的苦恼（Γνώσει δάνθρ ώπονς αύθαιρετα πήματ' ἔχοντας）。①

跟毕达哥拉斯分子有关"自由选择的恶"的神圣推理（ἰερός λογος）这段残篇相反，泰坦神话不是因把恶的起源归于神的事件与存在而完全开脱了人对恶的责任吗？

值得注意的是，《圣经》中的神话也把恶的起源在亚当这人的形象和蛇这非人的形象之间作了分配，这样就区分了意志使然和被迫承受。泰坦神话不是在人与恶魔之间划分选择能力和命运，而是将它们集中在个别的、可作多种解释的邻接于神与人之间的形象上。泰坦其实与人相同：我们都出自泰坦的灰烬；他是恶的选择的天生和缩小的部分，柏拉图把那部分称为我们的泰坦本性；他表明，最低级的自由接近于这被释放成分的兽性的、暴虐的和无节制的力量；普罗米修斯（Prométhée）只能和高加索山那峻嶙景色相协调，而不能和科罗诺斯（Colone）的明丽风光相协调，这明丽风光适合于老年人沐浴，俄狄浦斯将它变得美妙和谐。我们自己身上的这种野性的可能性——出于这种可能性，我们的自由才成为有人性的自由——被神话归于这起因，并体现在比任何人的过错更早的一个罪行中；所以，泰坦代表与实际人的罪恶相关的先在的恶。没有任何理由把它与被毕达哥拉斯分子的神圣推理（τερός λογός），即αύθαιρετα——"由我们自己意志促成""自由的选择"——的那些罪恶对立起来；俄耳甫斯神话把恶的时间超越设计成神话的时间；它以一种比喻去表示这种体验：恶没有开端是因为它总是以某种方式存在着；它是选择与遗产。

柏拉图《理想国》（République）第十卷的神话表示附属于恶的选择的同一命中注定性；它也要把这种包含在每一实际选择中的背景设计成从前在别处已发生的选择，我们后面还将说到这一点。

即使俄耳甫斯的人统是后来精心设计的，即使它只是在纪元后才虚构的一种哲学化了的寓言，它仍然揭示了无疑在早于柏拉图的俄耳甫斯教中和俄耳甫斯教外肯定存在过的处境神话那涵义深刻的意向。在神统形象的水准上，人统神话表明，俄耳甫斯派借以发明"灵魂"与"肉体"的处境神话已得到完全的展开。

第三节　拯救和知识

如果现在趋向将来、趋向解救，那么，我们就要问，同这"罪恶"类型一起的是哪一种"拯救"类型，这样的答案会强加给我们：尽管恶神的不能明言的神学排斥哲学，并在场景中得以实现，灵魂放逐的神话还是典型地（par excellence）以"知识""灵知"作为原理和许诺的。柏拉图说，俄耳甫斯利用肉体"名称"，在

---

① "你将会知道，人有自我选择的苦恼"，迪拉特（Delatte），《毕达哥拉斯学派作品研究》，第 25 页所引。

利用肉体名称的同时，利用灵魂"名称"。现在，人把自己理解为灵魂的活动，或更确切地说，使自己看上去与他的灵魂相同一而不与他的肉体相同一——不同于生死交替——这种典型的净化行为就是知识。在这意识中，在这放逐灵魂的自我觉醒中，包含了所有柏拉图和新柏拉图类型的"哲学"。如果肉体就是欲望和激情，灵魂就是任何清心寡欲的根源和本原，是任何努力使逻各斯（λòγος）一方与肉体及其激情（πάθος）另一方保持一定距离的根源和本原；并且，所有一切知识，一切科学，不论其对象如何，都出自这样一种认识，这种认识把肉体作为欲望，并把自身作为不同于欲望的思想。

当然，俄耳甫斯运动本身似乎没有能力直接超越"神话"达到"哲学"；甚至在神圣推理（ἱερος λόγος）的水准上，诚如我们所看到的，俄耳甫斯的改革确实像格思里（Guthrie）所说，是跟"意义"有关，但它依然囿于宇宙起源的形象化描述之中。但俄耳甫斯教不仅仅是一种生命的推理（βίος λόγος），它还是一种生命（βίος），一种"生命之路"。这种"生命之路"就是将神话归之于过去的东西归于将来；就像是对先于人类的人之罪恶的回忆，同样，俄耳甫斯的神圣（ἱερός）是对与其说是人不如说是人类的一种解救的预言。并且，正像神话游移于神统的想象和哲学的思考之间，同样，俄耳甫斯的生命（βίος）也游移于古代仪式上的净化和一种新型的精神上与事实上的净化之间。一方面，它面对被其他如此多的专业祭司和行乞巫人所宣扬的特有仪式（teletai），柏拉图在《理想国》第二卷对这类巫人作了非常严肃的评说：

> 求乞祭司和江湖巫人，奔走富家之门，游说主人，要他们相信：如果他们或他们的祖先作了孽，用献祭和符咒的方法，他们可以得到诸神的赐福，用乐神的赛会能消灭赎罪……另一方面，他们发行一大堆默赛俄斯与俄耳甫斯的书籍。据他们说，默赛俄斯与俄耳甫斯是月神和文艺之神的后裔。他们用这些书里规定的仪式祭礼祓除，让国家和私人都相信，如果犯下了罪孽，可以用祭享和赛会为生者赎罪。可以用特有的仪式使死者在阴间得到赦免。谁要是轻忽祭祀享神，那就永世不得超生。
>
> 《理想国》，364b-365a，商务版，1986 年

不过，人们可能发觉，这些涵义不清的做法，目的在于试图去发现一种更关注内心纯洁的人生。[1]

---

[1]　把这段严肃的话与格思里上引书第 59-60 页所引鲍萨尼阿斯（Pausanias）的说法相比较："现在，在我看来，俄耳甫斯超过了那些诗歌写作的前辈，并且人们由于相信他已经发现了怎样和众神交流，怎样涤罪治病，防止神的报复，从而达到势力显赫的地位。"克恩，《残篇》，142，93，116，123，120。

格思里本人写道："俄耳甫斯显示了改变他的神话或仪式素材意义的天才（如果他没有天才的话，他就不可能是一位古希腊人），并且，有时透过象征媒介看到宣扬他宗教的机会在于它们最本然最原始的起源中。"（同上，第 128 页）

　　无疑，克恩（O. Kern）在《古希腊宗教》（*la Religion des Grecs*）中，按照包括教区、圣事、圣诗和教义在内的基督教模式，对俄耳甫斯教作想当然的重构，这些应予以否弃。俄耳甫斯教兴许更多地不是一个单一的运动，而是崇尚阿波罗神与狄奥尼索斯神的几股不同的运动趋向合并的变种。[①] 俄耳甫斯本人似乎是对狄奥尼索斯在成为意大利教派的神圣庇护神之前那种原始狂热崇拜作改革的阿波罗主义改革家，意大利教派毫不犹豫地将他们自己的神秘著述置于他的庇护之下。但看来，他们中有些人——先于柏拉图——开始认识到俄耳甫斯教的"潜在的伟大"，就像格思里所说的那样（187）。此外，我们又怎样解释这样一个事实，即柏拉图像在《理想国》第二卷那样严肃地在《费多篇》中写道：

> 　　那些我们应归之于他们的特有仪式制度，也许不会是没有价值的，但真理确实从古时起就藏在他们谜一般的语言之下：到地狱（Hadès）的人都是不敬神的，以及不加入会宗而生活在污泥之中的，已经洁净和加入会宗的人，当他们到达天国时，就将和神住在一起。因为，正像那些关心仪式的人所说，持神杖的人很多，但很少成为酒神巴库斯的女祭司。在我看来，后者就是那些以哲学——在这词的确切意义上——为业的人。

《费多篇》，69c-d

　　《美诺篇》（*Ménon*）的有名片断意义深远，柏拉图在其中怀着衷心钦佩说到那些"敬神的"人，那些祭司与那些女祭司，他们热衷于为自己的职司"提出理由"（λόγον διδόναι）。甚至传统上归于俄耳甫斯的特有仪式一定也兼有古代禁忌形式与一种十分奥秘的象征系列，就像柏拉图在他提到"俄耳甫斯系列"及其禁欲时所指意思那样（《法律篇》，782c）。[②]

　　俄耳甫斯的"净化"已经处于哲学的入口，柏拉图所引格言暗示了这一点："持神杖的人很多，但很少成为女祭司。"

　　毕达哥拉斯派的作品清楚明确地表明了从仪式的"净化"过渡到"哲学"的"净化"。[③] 毕达哥拉斯主义的"神圣推理"——如同它可以单根据公元前四世纪和三世纪的典据去重构或简单推测，而不必求助于大约纪元初的新毕达哥拉斯派的伪经，更不必求助甚至更晚的"黄金诗篇"（Vers Dorés）——是这类游移于神话

---

　　① 格思里，上引书，第41-48页。

　　② 还可参考欧里庇得斯，《希波里塔斯》（*Hippolytus*）925；阿里斯托芬（Aristophane，前446-前385年，希腊喜剧作家。——中译者注），《蛙》（*Grenouille*），1032，希罗多德，Ⅱ，81，尼尔森（第687-688页）提到所有这些文本。

　　参考尼尔森关于俄耳甫斯教意义的大体上颇有道理的结论："他们把人类连同其由善恶组成的本性以及其解脱物质禁锢的需要都置于他们宗教思考的中心。这样，俄耳甫斯教是一位宗教天才的创造，他的成果在某种程度上被庸俗神话和贪财的祭司所混淆。"

　　③ 迪拉特（Delatte）在《毕达哥拉斯学派作品研究》中说："他徘徊在俄耳甫斯与哲学家之间，寻求自己的道路；他的内心和他们都有共鸣，他相信自己能综合他们的成果。"（第26页）

与哲学之间的推理中较特出的推理。那种处于科学与启示交叉路口上的作品——"数学家"（Mathématiciens）和神话传唱人（Acousmatique）之间的区分在这方面意义非常深刻——一方面和悲观主义的堕落神话有关，另一方面又暗示通过知识的净化。我们在克吕西波（Chrysippe）的《残篇》中见到的正是一种俄耳甫斯教的回声，这《残篇》明确提到一段毕达哥拉斯派的格言：你将会知道，人有自我选择的苦恼（γνώσει δάνθρώπονς αύθαιρετα πήματ, έχοντας）。[①] 毕达哥拉斯派宣称人和神的种系是统一的，他们朝柏拉图主义方向上延伸的正是俄耳甫斯教，品达（Pindare）也歌颂了人和神的种系的统一："这是人的种系，这是神的种系"（《残篇》131，Nem，6，1）。"听从神"，跟着"神的踪迹"走——这已成了"哲学"的解救方案。柏拉图在《理想国》中还常提到"善的踪迹"（trace du Bien）。

"哲学"这个词可以证明我们的说法：不如把一个思考去追寻神的人称作明达（σοφος）或机智（σοφιστής），毕达哥拉斯派更喜欢采用相当奥秘的词爱智（φιλόσοφος）；它唤起遭"不和"和冲突（έρις）——使人同神及他自己的先祖格格不入——所损害的友谊（φιλια）。在灵魂的撤离，灵魂与神重新结合那里，我们可以见到先于柏拉图哲学的意向。对幸福（εύδαιμονεîν）的看法已近于巫术观与哲学观的结合；因为"幸福"是"善的灵魂"，[②] 当人"求知"时，当他知识"极盛"而欲望"极弱"时，"善的灵魂"就来到他那里。[③]

也许恩培多克勒（Empédocle）《净化篇》（*Purifications*）中如下惊叹句可以最好地概括俄耳甫斯—毕达哥拉斯派的全部陈述（μῦθος）和全部生命（βιος）："从那光荣之乡，从那至高的福地，我堕落在这大地，徘徊在芸芸众生之中！"还有："当我看到这陌乡异壤，我悲泣，我呜咽，这悲哀的大地总是伴随着死亡、神谴和给人厄难的征伐；炙人的瘟疫、腐烂和洪水于黑暗中在草地上泛滥！"以及，"我现在也是这样一个从天上放落下来的漫游者，因为我相信那残酷无情的冲突！"最后还有一段有名的话："我向你们致敬，我是一位不朽之神，而非凡人！"

但这些片断不仅证明俄耳甫斯—毕达哥拉斯主义的传统实现在明晦显隐的哲学化神话（或神话化哲学）中；而且还预示某种其他东西的来临。我们不可忘记，《净化篇》的作者又是《论自然》（*Sur la Nature*）诗篇的作者。也许，这同一个冲突（Discorde，νεîκος）原理第一次不仅被当作与友谊（l'Amitié）配对的一个宇宙论原理去援引，而且还被当作人的恶之根源去援引；芸芸众生的灵魂是一些"罪

---

① 迪拉特，上引书，第25页所引奥洛斯·格留斯（Aulu Gellie），VII，2，12，S.V.F.1000。迪拉特在扬布利可（Jamblique，250-325年，叙利亚哲学家。——中译者注）的《毕达哥拉斯传记》（*La vie de Pythegore*）中发现对这残篇的一个可靠的评注：έπέδειζεν ότι οι θεοί τών εισιν άναιτιοι και ότι νόσοι και όσα πάθη σωμα τος άκολασ ιας έστι σπέρματα（那是为了让既是病患又是我受难肉体放荡的根子的坏的东西变得无罪）。

② 迪拉特所引奥洛斯·格留斯VII，32：εύδαι μονεîν τανθρώπους όταν άναθῆ Ψυχή προοσγένη ται（人的幸福在善的灵魂的诞生之后）。

③ 传教师问唱诗人（acousmatiques），"什么最有力?"答："思索（γνώμη）。""什么最美妙? 幸福。""最可信的格言是什么? 人是坏的。"（迪拉特上引书第282页，引自扬布利可，《毕达哥拉斯传记》，第十八章）

恶地用血污秽了自己的肢体"，并且发了错误的"誓言"去追随"冲突"的永恒的神。友谊（Amitié）与冲突（Discorde）在神话中出现，并被提到原理（principes）的高度，犹如亚里士多德说的，"作为原理的善和恶"。[①] 因恩培多克勒，冲突作为万物的原理显示在人的罪恶之中，这样，我们就处在一个新突变的开端；"神话"上升到"思辨"。现在我们还不打算跨过这恶（Mal）的象征认识的门槛。

---

① 亚里士多德，《形而上学》（*Métaphysique*）A 卷，第四章，985a8。

第五章　神话的循环

第一节　从神话静力学到神话动力学

在这些释义学运作行将结束时，读者一定有一个困惑的问题，这问题也曾困惑过作者。我们能同时与所有那些神话世界相安无事吗？我们这些从事考据的、有着无穷回忆的后辈，会成为神话的唐璜（*Don Juan*）^①么？会轮番向这些神话求爱么？

倘若我们偏爱其中一类神话还有某种理由的话，那么为什么还要如此多地去关心与了解我们准备去宣布已死亡和无用的神话呢？

我们应当努力超越这种选择方式。一方面，要使我们自己依次熟悉每一类神话，这样，我们就会确信，这些神话都以某种方式在对我们说话；这种确信与信念就是我们研究的先决条件；如果它们没有向我们提出挑战，又如果它们从未对我们说话；那我们也不会怀疑它们。这样，也不会有谁提出无中生有的问题。人们应当能倾听和理解。这会造成一个幻觉，认为人们可以使自己成为一个纯粹的旁观者，没有负担，没有记忆，没有观点，并对一切都漠然处之。这种无所谓态度——在这词的严格意义上——使为我所用的可能性化为乌有。

这里研究的前提是，人们最可能倾听、得知和理解所有神话同时会启示我们的就是时至今日还被说成是那些神话中一个——也就是亚当神话——的非同寻常的东西。我应当为那个前提"提出理由"，就像柏拉图向学生说及俄耳甫斯-毕达哥拉斯传说以及圣保罗向使徒时代的基督教徒讲话时所表明的那样。

怎样提出理由呢？要对那种声明的信仰方式有个确切的意识。有三点需要严

---

① 唐璜（Don Juan），西班牙戏剧中人物，后来成为勾引女人的浪荡子象征。

格按以下思想顺序加以说明。

一、首先，基督教徒的信仰起初并不关心于对恶、恶的本性、恶的起源及其终结的解释；基督教徒不去说：我相信罪，而只说：我相信对罪的宽恕；用圣保罗的话来说，就是罪只有从"称义"（justification）的当前时刻回溯上去，才会获得其充分的意义；直到研究亵渎—罪—有罪这三部曲尾声，我们都一直坚持这一点。由此可以推断，罪的描写以及借助神话去象征罪的起源都只是从属和派生的信仰，作为解救与希望福音的最好补充。奥古斯丁主义（augustinisme）赋予"原罪教义"以像借助基督死而复活的信仰赋予称义的同一种权威，面对这种倾向，我们重复以上这一点不是没有道理的；像教会在最初几个世纪那样，我们把罪的解释看作是"信仰前导"的一部分；而不是看作"信仰积淀"的一部分。我们把原罪教义与亚当神话相联系，并把亚当神话与以色列人及使徒（apostolique）教会的忏悔体验相联系，这种种努力朝着同一个方向；在教义与神话的关系以及神话与罪的忏悔的关系日益明显的过程中，我们证实了原罪教义从属于拯救的说教。使亚当神话与信仰的"基督学"核心结合起来的联结力是一种适应的联结力；在罪的学说中，人的象征性描述适应了称义与复活学说对拯救的预示。对适应联结力的理解已经说明了信仰与《圣经》中人的罪恶的象征化相一致的理由。

二、关于罪的学说，即使离开其分类学方面的联系抽象地加以考虑，也不是一种难以理解的启示；除了它可以适应基督学的关系外，它的被揭示是就它所揭示而言的。事实上，在这里我们又发现把神话解释为第二级象征。基督教徒绝非被迫限于不是神话就是启示的抉择；相反，他会果断地寻找在堕落故事中所表达的意义，这故事建立在神话破译基础之上，它有如下双重意义，一方面，它是由历史作神话破译的一种成因论寓言，另一方面，它通过神话破译过程解放出有所揭示的象征。于是，神话的启示不正是它提出挑战的能力吗？圣保罗谈到了"圣灵的内证"（témoignage intérieur du Saint-Esprit）。那内证在理解恶、恶的本性及其起源的特殊场合中，如果不表示"精神的分辨"，又能表示什么呢？反过来说，如果不"选拔"最好的神话，不辨识出最有意义、最富启示，同时又最能协调地适应拯救到来的神话，那还有什么适合作为信仰的前导呢？正是在这意义上，我们应当在《圣经》的堕落故事中寻求某种合理的启示品质，它要求用它的启示能力去验证它所启示的起源。圣灵（Saint-Esprit）不是一种任意和荒谬的圣训，它是一种辨明；如同它向我的理智讲话，它也请求我去实践辨明神话的决定性时刻；并且这已经是只要理解就相信（Crede ut intelligas）准则的一种实践方式，这种方式我们还要在下一章提及。这种辨明要求具有阐明神话象征意义的一种释义学能力。本章的方法论将结束我们对有关恶的神话的研究，它将说明，释义学还要求哲学家以其信仰为担保，这信念的去留取决于象征的揭示力对自我理解力的测试。哲学家有较好的理解力，在一定程度上，也是对他的信念的核证。这部著作的其他部分都将致力于通过完整的体验去核证这信念；从而去显示神话的揭示力。这是信徒用以证明他所相信并被他说成非同寻常的神话的揭示特性的第二方面理由。

三、亚当神话的非同寻常，并不带有单纯地取消其他神话的意思；相反，要由这特别的神话赋予其他神话以生命或新生命。了解亚当神话也就依次了解其他神话，其他神话是从占支配地位的亚当神话向我们传述之处开始向我们传述的。其他神话不具有和亚当神话同一意义上的"真实"：我们看到，在许多方面，亚当神话是同所有其他神话相对立的，就像它们相互对立一样；而亚当神话，由于其复杂性和内在牵制，在不同程度上重申了其他神话的内在真理。因此，人们突然发现为亚当神话作辩护的一种独特方式，这种方式就是去展示其他神话附属于亚当神话的相反相成的关系。立足于占支配地位的亚当神话去同所有其他神话相联系，我们就发现这些神话有一种圆圈性，从而有可能以神话动力学取代神话静力学；神话动力学取代了将神话看作具有同等意义的一种静力学观点，它揭示了神话之间的斗争。了解神话之间的斗争本身就是为了解的一种斗争。

本章将论述神话动力学。在说明亚当神话非同寻常的三个方面中，神话动力学是我们从神话方面研究过错的最自然结果。本著作第三卷将研究第二方面；这符合我们整个研究的解释路线，形成与神学截然不同的有关过错的哲学；我们将在本书结论中说明它的原理。我们打算提出的神话动力学在对恶的象征作哲学解释中起有预备性作用；因为不仅只是亚当神话，而且整个神话的循环及其围绕这主导神话的向心作用，为恶的象征的思考提供了素材。至于为亚当神话辩护的第一方面，它不属于哲学而属于神学。哲学家用揭示去核实被揭示者；神学家证明了亚当神话与基督学的一致。他会像圣保罗那样，认定"亚当方面"和"基督方面"有关，并断定堕落的象征和宣示福音（Kérygme）的总体性有关；那种关系构成了它在基督教会神学中的权威。哲学家并不自命把基督学纳入他的研究范围之内，他可能不得不求助于对神话揭示特性的验证。相信亚当神话非同寻常，这是哲学家方式和神学家方式的共同点，但他们为这信念作辩护的方式是不同的。我们只在最后一章的分析中去关注哲学与神学的分歧。我们即将去概述的神话动力学仍属于神学家和哲学家所共有的不相区分的思考方式。

神话的循环可比作一个引力空间，间距不同的团块在这空间中相互吸引与排斥。从亚当神话的角度看来，神话的定向空间显示了一种同心结构，这结构容有最接近亚当神话的悲剧神话和最远离亚当神话的灵魂放逐的神话。每当在静力学中预期动力学，我们就已经肯定，事实上是神统神话的悲剧神话最接近亚当神话，并肯定俄耳甫斯神话的独一无二，只有它将人区分出两种成分，区分出灵魂，并导致人们逃避今世向往来世。现在我们应当按照这种日益的对立，有系统地说明那些分散的议论。利用和超越那种日益的对立，神话的内在真理将得到力量渐弱的重新肯定。

第二节 悲剧的重新演现

下面，我们要概述由亚当神话从人类学方面与神学方面向悲剧神话的运动，以及从悲剧神话到显然最背时的远古世界观——神统观的运动。

亚当神话是反悲剧的；那是显而易见的。人注定要有与有的过失、英雄的有罪和恶神的有罪的不可分割性，在双重忏悔之后，在忏悔这词表示上帝的圣洁和人的罪的奥古斯丁意义上，将不再是可以想象的。然而亚当神话确实重新演现了悲剧有关人类的某种东西，甚至悲剧有关神的某种东西。

亚当神话具有"几个"悲剧方面。我们已暗示了蛇的形象的"悲剧"意义，蛇已经在那里并已经是恶的。但在再度提到蛇之前，我们应当注意亚当形象本身的悲剧特征。那形象形成一个罪恶秘密的主题，这罪恶不可归结为对现实之恶、对瞬间起源之恶的清晰意识；它暗示一种潜在的易犯罪性（peccabilité），像克尔凯戈尔（Kierkegaard）在《畏惧的概念》（*Concept d'Angoisse*）一书中所说，这种易犯罪性是持久的，在数量上是递增的。那潜在的易犯罪性就像现实之恶的背景，并且只被理解为背景，作为所供认的眼前之恶的最深根源。后来的思考总尽力想把那潜在的易犯罪性确定在遗传这虚假概念中。将原罪合理化为经遗传而来的罪妨害了西方思想几个世纪。有必要解开这思考症结，并揭示它蕴积的动力就是原罪这伪思想的蕴积，这种原罪应当不仅是最初的罪，还是一笔传下来的遗产；有必要再回到恶的限定概念，关于恶，在我宣称将其置于那里的即刻，我就承认它已经在那里。这是被安置的恶的另一不被安置的方面，这另一方面是根本之恶的"根本"；但我只将它看作是暗示的。

其他神话谈到罪的另一方面的先在性（神统神话——mythe théogonique），所有人因亚当而犯下的罪，或谈到罪的被动性和外在性（俄耳甫斯神话——mythe Orphique），或者最终还谈到罪由命中注定，这些都是悲剧神话的贡献。借助一种不可明言的神学，不可避免性（*Inéluctable*）看来就更明白了，它们并不与自由相对立，而是自由所意指的，它们只能用象征与神话的表达方式去理解，而不可能成为生物学、心理学或社会学知识的对象。正因为饱含不可避免性的悲剧神话含有实行自由的意思，并且当我们在成年、自律和我们自由的社会约束中前进时，实行自由会使我们醒悟到我们已经激起与揭示的那些命中注定的方面。神话重新组合了命中注定的方面，这些方面断断续续地通过零星的迹象显露出来。比如，不冒自我丧失在体验的无限多样变化之中的危险或不冒丧失在一种观点毕竟有限的狭隘之中的危险，我就不可能指望实现自由。在混沌与虚无之间，在灾难性财富和破坏性贫困之间，我必须走上一条困难的、在某些方面还是不可能的路，才能获得成功。我抛却财富，为了求全，以及为了财富，抛却求全，都是不可避免的。克尔凯戈尔清楚地认识到，欲求与生成的自我是不可共存的；《畏惧的概念》提到可能丧失自我的两种方式：在非有限的无限中或在非无限的有限中，在无可能性的现实中或在没有工作、结婚、职业、政治活动等功利的想象中。

对自由的命中注定性的这个主要迹象，还可加上其他许多东西。谁能够不仅不排斥可能性，而且不排斥现实与存在，因此不有所失就实现他自身呢？谁能够将专一的友谊与爱同广泛的友好连接起来呢？自我意识史不能从斯多葛派的同情出发，而应当从主人与奴隶的斗争出发，这就是生存的一个悲剧方面，而且，一旦既要自身认同又要众人认同，就那必定陷入自我分裂之中。

现在，因为所有这些命中注定方面被自由所暗示，而不是与自由相对立，所以就必定被当作过错去体验。在自我内外，在显示我的生存的过程中，我意识到不可避免性。于是，这里是不再在伦理意义上、在违背道德法则意义上的过错，而是在生存意义上的过错：成为自我就是去理会全体，而全体则仍然作为终结、梦、背景，以及幸福的理念（idée）去暗示它。正因为命运——作为我们所有选择中非选择部分——属于自由，所以必定被体验为过错。

这样，悲剧神话被重新演现为一种联想的神话，它揭示了罪的伦理忏悔另一命中注定的方面。在盲目和迷茫的英雄形象后面，表示了不可避免的过错角色。这种命中注定方面与其他神话所表示的先在性与外在性相连接，暗示眼下出现的实质上已存在有一种类似恶的本性。它只能从戏剧舞台角度上体现为一种"命运"，如同限定自由的框架或界域。那就是悲剧未被柏拉图主义和基督教消灭的原因。不可思议的东西，往往可以与应当被悲剧英雄的形象所表现；并且那形象必然重新激起强烈的悲剧情感；因为任何被假定的恶的不被假定方面只能陷入超出所有审判与谴责而意识到的恐怖与怜悯之中；仁慈地看待人最终减少了罪名，并把人从最高审判者的天谴中解救出来。

亚当神话的"悲剧"色彩在这方面增加了有关蛇之谜的价值。我们知道，那形象的所有涵义不可能都归结为对恶的纯人类起源的供认。蛇不只是诸罪之上罪的超然存在，不只是被假定的恶的不被假定的恶，不只是根本之恶的根本；它是他者（l'Autre），它是撒旦（l'Adversaire），反参与（contreparticipation）的一端，反类似（contre-similitude）的一端，对于它们，只能说这假定的罪恶行为听任自身为魔鬼（Malin）、恶煞（Diabolique）所代表的恶的根源的反注定所诱惑。当悲剧去表演被恶魔势力所惑蔽的英雄时，它凭借悲剧情节表现了人对罪恶体验的恶魔方面；而从不考虑"撒旦"之后只能在恶中占次要地位而不是任何别的地位的日益明显的恶的处境。这样，悲剧的表现不仅继续去表示整个罪的忏悔的另一面，还表示人的罪恶的另一极；我假定了人的有责任的罪，从而突出了我不能假定的人无责任的罪的起源，但我任何时候都负有责任，由于我，恶才仿佛首次进入世界。也许可以说，供认恶为人的恶，引起了次一级供认，供认恶是非人的。只有悲剧能接受对供认的这一供认，并在场景中去表现它，因为任何有条理的论述都不可能包含那个他者（Autre）。

但兴许还可以补充说："亚当神话所重新演现的不仅仅是悲剧中人类学的内容，甚至还有悲剧中神学的内容。"《圣经》神学中的悲剧因素可按以下方式揭示。我将把在以色列人和耶和华之间的立约所达到的伦理意义为出发点，那伦理意义——使律法成为人与上帝间的立约——影响了上帝本身的概念；上帝是一个伦理的上帝。这种人与上帝的"伦理化"趋向于一种道德的世界观，按照这种世界观，历史是一个法庭，快乐与痛苦是报应，上帝本人则是一位法官。同时，整个人类的体验表现出一种法律性质。现在，这种道德世界观，在犹太人想到无辜者受难时就被犹太人自己所破坏。《约伯记》（Le livre de Job）是一篇记载粉碎这一道德世界观的令人心烦的文献。约伯形象为愤慨之恶不可归约为过错之恶——至少按人的体验的尺度来说——提供了证据；作为道德世界观的最早素朴表示的报应理论并不说明世界上一切不幸的原因。因此，值得研究的是，希伯来人的或更确切地说是近东的有关"正直者受苦"的主题是否远离先知谴责而通向悲剧的怜悯（pitié）。

我们将试图描述的思想运动以伦理观为基础：在那里，上帝被理解为正义的起源和立法的起源，正义的法令问题就特别郑重其事地被提了出来；当正义要求不再可能去解释受难时，受难就作为一个谜出现；这谜是伦理的神学本身的产物。那就是《约伯记》的毒性在任何文化中都没有对等物的原因；约伯的抱怨需要有对上帝的一种充分成熟的伦理观为前提；较清楚明白的上帝成为立法者，较模糊不清的上帝成为造物主；非理性力量平衡了对神的道德合理化，从而有可能使谴责反过来针对上帝，针对作谴责的伦理上帝。由此开始了试图为上帝辩护的蠢事：于是产生了神正论（theodicée）。

正是在这怀疑时刻，当自发的伦理观求助于神正论的论辩并求助于证明有罪的辩术时，就再度隐约出现一种悲剧观的可能性。那可能性出于不可能借助一点"论证"去保全伦理观。实际上，约伯的朋友们为了恢复受难与惩罚的平衡，打算去挖掘被遗忘的罪、未知的罪、祖先的罪、民族的罪；但约伯拒绝让裂隙缩小。他的清白无罪与他的受难是和任何伦理观相接的。[①]

----

① 不用问这样一个正义的人是否存在，甚至也不用问这样一个正义的人是否可能。约伯（Job）是虚构的人物，他可以作为伦理世界眼光的试金石，并使它成为刺痛各方的飞来破片。根据假设或根据解释，约伯是清白的；他应当是正义的，为的是使以下这一问题的提出更具有力度：这样一个纯然正义的人怎么会受到如此没完没了的苦难？此外，这一想象人物恰恰是通过达到有罪程度概念才成可能［参考上篇第三章§1. 第107页（原书）］；对极端正义和非正义的想象表现为对有罪升级的描写；约伯有罪程度最低，却与极端受难相关；这种相关也就产生了极端的愤慨。

巴比伦智慧一接触到对受难的思考，就太于过分地分解了伦理眼光。[①] 对于《主人与奴隶的悲观对话》(*Dialogue du maitreet deson serviteur*) 一文的作者来说，受难与其说是不公正的，不如说是无意义的，并且其结果会使一切事业都变为无意义；在荒谬面前，一切都是同一回事。这样，伦理的眼光剥蚀到行为的核心。[②] 在其他文本中，比如在正义的受难者的诗（"我将歌颂智慧的上帝"）中，抱怨被推到这样一个堪与约伯的抱怨与抗议相比的极端绝望上，[③] 但"智慧"则劝人默默服从，让求知意愿作出最大的牺牲；马尔杜克（Mardouk）的显现，使信徒充满感激，但不带任何理解力，希望的一线光芒消失在苦难的黑暗之中。[④]

怀疑主义被当作不可思议的东西予以否弃，而诸如有度的享乐主义，等待奇迹出现的生活态度则被保持在巴比伦"智慧"的含蓄与不定之中。于是，抱怨者将放弃他的怨屈，去学会忍耐，谦恭地听任难以理解的神的支配，并将摒绝知识。

但古代近东"智慧"对上帝本身由伦理的理解转向悲剧的理解的最突出文献是《约伯记》。并因为没有任何其他地方对神的"伦理化"像以色列那样广为传

---

① 兰登（S.Langdon），《巴比伦的智慧》(*Babylonian Wisdom*)，伦敦，1923 年；施塔姆（J.J.Stamm），《巴比伦人和以色列人的无罪受难》(*Das Leiden des Unschuldigen in Babylon und Israel*)，苏黎世，1948 年。至于原文，我们利用了普里恰特（Pritchard），《古代近东原始资料》。第 434-440 页的罗伯特·H.普费弗尔（Robert H.Pfeiffer）的英译文："我将赞美智慧的主"（《巴比伦的约伯》）；"主人和奴隶的悲观对话"；以及"关于人的苦难的对话"（《巴比伦传道书》）。它们再版于门德尔松（Mendelsohn）上引书第 187-204 页。只有"悲观对话"被再引在普里恰特的选集（第 250-252 页）中。

② "主人和奴隶的悲观对话"第一节，见普里恰特上引书第 438 页："（奴隶）顺从我，是的，我的主，是的。'（立刻带给我）漂亮的车，拉着它。我将坐乘去宫殿，'（我的主人，乘上！你心想）都会成事。上帝将对你仁慈。'（不，奴隶）我不乘坐去宫殿。'（不乘坐），我的主人，不乘坐。（去一个地方……）他将赐你以你（不）知道你将占有的土地。他将让你（白天和）夜晚都看到烦恼。"诗接着写道：吃和喝？是不是。说和沉默？都一样。爱一个女人？这是一个男人的毁灭。为国家出力？古代的废墟遗迹和前人的骸骨告诫我们说，行善者和作恶者得到的是同一下场。

诗这样结尾："仆人，服从我，是，我的主人，是。'那什么是善？折断我的颈骨，你的颈骨，（都）扔进河里，（那）就是善。'谁高大足以耸天？谁广阔足以抱地？'不，仆人，我要杀了你，让你死在我之前'。我的主人，你想至少要比我多活三天吗？"（普里恰特，上引书，第 438 页）

关于此诗，还可参考兰登，上引书，第 67-81 页，和施塔姆，上引书，第 14-16 页。

③ "我要赞美智慧的主"，普里恰特（上引书，第 34-37 页）：

"我察看自己：罪恶累累！
我的苦恼增加，我不能找到正义。
我求神，但他面孔铁板，
我请求我的女神，但她头也不抬"。

Ⅱ，2-5

"遍遍皆是的罪孽之物来自何处？"

Ⅱ，10

"哦，我只知道这些事物令神愉悦！
人看作善的东西，在神却是恶。
在人心目中坏的东西，在他的神却是善。
谁能领会天上众神的苦心？
神的筹划如深水一般，
谁又能懂得？"

Ⅱ，33-37

④ 兰登（上引书）正确地指出，通过受难的义人得到安慰和复原，可沿着古典传统追寻出忏悔诗篇中的反感，而所提问题则悬而未决。尽管人们在这方面发现对于神的奥秘的巴比伦自白书，这种奥秘是所有正宗祈祷文都具有的，（人如哑巴一无所知，人类多若其名，但他们又懂点啥？）也是希腊智慧都具有的，另一方面，在这巴比伦智慧文献中，对被遗忘的罪、未知的罪、公共或祖传的罪的供认已不再用以证实古老的报应理论，那就是问题依然悬而未决的原因。施塔姆（上引书第 19 页）强调这诗篇具有预知约伯的价值：马尔杜克神的显现证实，奥秘难以理解的神在人不再指望它时具有拯救能力；这样，人将赞美上帝，尽管这谜依然存在。

播，也没有任何其他地方世界观的危机会像在以色列那样深刻。只有《普罗米修斯被囚》（*Prométhée enchaîné*）中的抗议也许可以跟约伯的抗议相比；但普罗米修斯与之抗争的宙斯不是先知们那个圣洁的上帝。要恢复上帝偏于伦理的方面，报应法则所称的正义就必须转而反对上帝，而从指引整个"伦理化"过程的称义模式观点看来，上帝似乎是无理的。因此就有《约伯记》那种合法抗辩的口吻，它转而反对被约伯三位"友人"所乞求的较早的神正论。

> 你们所知道的，我也知道；
> 并非不及你们。
> 我真要对全能者（Shaddaï）说话；
> 我愿与上帝理论……
> 你必杀死；我虽无指望，
> 然而我在他面前还要辩明我所行的。

（《约伯记》，13：2-3，15）

> 惟愿我能知道在哪里寻见上帝，
> 能到他的台前。
> 我就在他面前将我的案件陈明，
> 满口辩白。
> 我必知道他回答我的言语，
> 明白他向我所说的话。

（《约伯记》23：3-5）

约伯极妙的辩解，在第三十一章——这也是关于审慎良心的一篇有趣文献，它借助对约伯未犯过错的列举——以这些自豪的话收尾：

> 惟愿有一位肯听我，
> （看哪，在这里有我所画的押，愿全能者回答我！）
> 愿那敌我者所写的状词在我这里我必带在肩上，
> 又绑在头上为冠冕。

（《约伯记》31：35-36）

对伦理上帝的质疑——它开始打乱对话的局面，在以色列，这对话局面是建立在罪的意识基础之上的——触及上帝最终的致命性。人面对上帝就像面对他的侵略者和他的敌人一样。上帝的眼光——这对以色列人来说，代表对于罪的绝对尺度——和主（Seigneur）的提防与怜悯一样，成为恐惧的一个根源：

> 人算甚么，你竟看他为大，
>
> 将他放在心上，
>
> 每早鉴察他，
>
> 时刻试验他，
>
> 你到何时才转眼不看我，
>
> 才任凭我咽下唾沫呢？

（《约伯记》，7∶17-19）

上帝注视约伯的眼光就像猎人注视野兽的眼光一样；上帝"围住"他，上帝"监视"他，上帝"把他的网罩住他"，他毁坏他的房宅并"耗尽他的力气"。约伯竟然怀疑是那审判官一般的眼光使人自觉有罪："是的，我知道正是这样；但一个人在上帝面前怎样才是正义的"，相反，人求上帝为大不是太软弱了吗？"你要惊动被风吹的叶子么，要追赶枯干的碎秸么？"（13∶25）

> 人为妇人所生，
>
> 日子短少，多有患难。
>
> 出来如花，又被割下，
>
> 飞去如影，不能存留。
>
> 这样的人你岂睁眼看他么，
>
> 又叫他来受审么！

（《约伯记》，14∶1-3）

约伯于是诅咒他出生之日："愿我生的那日，和说怀了男胎的那夜，都灭没！……我为何不出母胎而死？为何不出母腹绝气？"（3∶3，11）

> 我若盼望阴间为我的房屋，
>
> 若下榻在黑暗中，
>
> 对朽坏说："你是我的父！"
>
> 对虫说："你是我的母亲姐妹！"

（《约伯记》，17∶13-14）

面对上帝那折磨人的避而不见（23∶8；30∶20），约伯渴望他自己的躲避与镇静：

观看我的人，他的眼必不再见我；

你的眼目要看我，我却不在了。

（《约伯记》，7：8）

约伯再次发现的不就是悲剧的上帝吗？不就是奥秘难测的上帝吗？悲剧的东西也是结局。希腊合唱队说，"受难为了认识"。而约伯在伦理眼光之外还达到一个新的信仰方面，即无法证实的（invérifiable）信仰方面。

我们千万不要无视这个事实，那就是约伯的抗议即使在其看来要毁掉上帝与人之间的一种对话关系的基础时，仍还留在乞怜的领域内。约伯对上帝的抗诉正是对上帝的呼吁：

惟愿你把我藏在阴间，

存于隐密处，等你的愤怒过去，

愿你为我定了日期，记念我：

——人若死了，岂能再活呢？——

我只要在我一切争战的日子，

等我被释放的时候来到。

（《约伯记》，14：13-14）

"现今，在天有我的见证，在上有我的中保"（16：19）……"我知道我的救赎主活着，末了必站立在地上。我这皮肉灭绝之后，我必在肉体之外得见上帝。"（19：25-26）

这种信仰从与愚蠢的报应学的论争以及抛弃人所难及的智慧违抗中获得其真实性（第二十八章）。约伯在他的无知中，惟上帝"说的是"。（42：7）

我们是要表明，像巴比伦的约伯那样，约伯难道又回到决定性的默默顺从了吗？在一定程度上是这样的。约伯颠倒了发问者和被问者的关系："耶和华从旋风中回答约伯说，我立大地根基的时候，你在哪里呢？你若有聪明只管说罢。"（38：4）"你要如勇士束腰，我问你，你可以指示我。"（40：7）而约伯这样回答耶和华：

我知道你万事都能做，

你的旨意不能拦阻。

谁用无知的言语，

使你的旨意隐藏呢。

我所说的，是我不明白的。

这些事太奇妙，是我不知道的。

314

（求你听我，我要说话。

我问你，求你指示我。）

我从前风闻有你，

现在亲眼看见你。

因此我厌恶我的言语，

在尘土和炉灰中懊悔。

（《约伯记》，42：2-6）

然而一旦当这问题本身为闪电所照时，约伯的沉默就不完全是无意义的标志了。它也不完全是最低限度的说话。有些对约伯说的话是为换取他的沉默。那些话不是对他的问题的回答，也完全不是对受难问题的解释，它们绝不是更巧妙地对伦理世界观的重构。从旋风中，对约伯说话的上帝为其显示了巨兽（Béhémoth）和水中怪兽（Léviathan）、河马和鳄鱼、已被克服的混沌陈迹，这些都代表由创造行为所支配与衡量的野蛮行为。上帝通过这些象征使约伯懂得，一切都是秩序、适度与美——像谜一般的秩序，超越适度的适度，极度的美。一种有别于不可知论的历史和人生的惩罚观方式——不可证实的信念方式。在那启示中，没有任何东西跟他个人有关；但正因为这并非他本人的问题，才向约伯提出了挑战。古希腊东部诗人——像阿那克西曼德（Anaximandre）和晦涩哲人赫拉克利特（Héraclite）——宣布一种超秩序的秩序，一个充满意义的总体，在这总体内，个人应当放弃他的指责，不从伦理上或其他方面去解释受难；而对这总体的沉思引起了一场运动，这场运动实际上应当通过放弃一种要求去完成，牺牲这要求就是抗诉的开始，也就是要求独自在世界中形成一个意义小岛，一个王国中的王国。我们立刻就明白，报应的要求激起约伯的抗诉，这简直不亚于他朋友的道德说教。也许那就是无辜、正直的约伯后悔的缘故。他所后悔的，如果不是使他的抗诉变得不洁的他对于报偿的要求，又会是什么呢？促使约伯要求一种跟他人生相应的解释、一种局限于个人的解释的不依然是报应法则吗？

像在悲剧中那样，最后神的显现并没有为他解释什么，但却改变了他的看法；他准备将他的自由跟敌意的必然相等同；他准备将自由和必然转变为命运。这种转变是真正的“重新演现”——不再依然是对一种报偿也即一种有形报应的重新演现，而是整个内心的重新演现，这种重新演现不再是先前快乐的恢复，而是对当前不幸的重新演现。

这并不表示《约伯记》已包含了所有这一切。但那是我们从由它引起的刺激出发，又能在我们自己身上去完成它的方式。那刺激力是由《约伯记》开始一个简单的提示赋予的：撒旦（Satan）打了一个赌，如果约伯面临不幸，“由于一无所有”，就不会敬畏上帝（1：9）。这是生死攸关的东西：对报应法则的放弃到了不仅不去羡慕坏有好报，而且还把不幸当做所接受的好运——也就是上帝所赐的——去忍受的地步（2：10）。这就是战胜伦理世界观的"重新演现"了的悲剧智慧。

现在，如果我们从"对神秘上帝的信仰"和对不幸的"重新演现"——它以一种忧郁眼光去说明不幸——返回到亚当神话，我们就会发现悲剧对那神话的理解起了什么作用。它起了两方面的作用：一方面，对总受先知谴责的人类的怜悯；另一方面，在神的地狱面前，在仍被先知宣称为圣洁上帝面前的害怕和震颤。悲剧上帝的可能性是永远不会被完全取消的，这也许是必然的，因此《圣经》的神学连同其立法者（Législateur）与审判者（Judge）在内，面对被赋予完全无拘束的自由并在每一活动之后仍完整无恙的道德主体，也许不至于像伦理一神教那样陈腐。因为说悲剧的神学总是可能的，完全不等于说，上帝是寄藏的上帝（*Deus Absconditus*）。说它总是可能的，是因为受难不再有可能被理解为一种惩罚。

正如悲剧人类学把有关必然的零星迹象重新组合起来，这些迹象随着我们具体自由的增长而被汇集起来，悲剧的神学还把命运明显敌意的迹象重新汇集起来。一旦我们的眼光变得狭隘时，那些迹象就会出现。在总体失落时，我们就陷入没有前提的片面性结论之中。只有古希腊悲剧的"预言家"和莎士比亚（Shakespeare）悲剧的"白痴"不带悲剧因素；预言家和白痴，因持一种近乎宽容的眼光，从而由悲剧上升到喜剧。现在，没有任何东西比受难更有可能摧毁那宽容的眼光。当我们把这矛盾看作不仅未解决而且不可能解决时，我们就依然近乎悲剧的神学。哪里有一种非辩证的矛盾，哪里就有悲剧。这样，安提戈涅（Antigone）和克瑞翁（Créon）相互损害，而且没有任何第三种力量可以调解他们的对立，并拥有对两者都适合的理由。如果不破除同样确定的彼一价值，就不可能实现此一价值，这就再次出现悲剧。当推行一价值看来似乎要求其持有者灭亡时，这悲剧也许就达到了高潮。[①] 然而，发生这样的事情也许正是事物的本性；世界的秩序成为陷于绝望的一种诱惑。马克斯·舍勒（Max Scheler）说，"以悲剧为背景，客体总被看作是总体世界本身——只有在这个世界中，这样的事情才是可能的。"事情的过程跟人的价值观无关，必然所特有的盲目性——作为照亮善恶的阳光——起有希腊语区分一词（μοῖρα）的作用，一旦价值关系和个人关系面临因果秩序的关系，这区分就立刻变成一种厄运（κακὸς δαίμων）。就像马克斯·舍勒所说，英雄是"聚焦点"、"悲剧的症结"。在英雄身上，秩序的盲目性被转变为命运的敌意；悲剧总是个人的悲剧，但它表现了一种宇宙的悲哀，这种悲哀反映了使英雄成为牺牲品的怀有敌意的超然存在。并且，由于英雄是那万物本原所持明显敌意的目的所在，由于英雄"延缓"了进程并"加速"了悲剧情节的结局，盲目的必然看来才是跟悲剧中英雄的意向纠缠在一起的怀有敌意的意向。

---

① 马克斯·舍勒（Max Scheler），《悲剧的现象》（*Le phénoméne du Tragique*）。

那就是悲剧的眼光跟任何逻辑、道德或审美的和谐相违逆而依然总是可能的原因所在。

我们是要把亚当神话与悲剧神话相对立，作为对我们只能永远游移于其间的两种生存的解释吗？完全不是这样。

首先，说悲剧神话挽救了《圣经》的神话，这只是就《圣经》的神话首先使悲剧神话复活而言的。我们应当不厌其烦地重申，只有供认自己是罪恶魁首的人才发现那供认的背面，也就是在假定的恶中那未被假定的恶，始终已在那里的恶，诱惑的他者，以及最终不可理解的上帝，上帝要考验我，所以他能被我看作似乎是我的敌人。在这一亚当神话与悲剧神话的循环关系中，亚当神话是正面，悲剧神话是背面。

但最要紧的是，这两个神话的截然相反性表明理解还停留在某个阶段。在那个阶段，我们的看法依然包括两个方面。一方面，犯有的罪恶导致公正的放逐；那是亚当形象所要描写的。另一方面，遭受的罪恶导致不公正的剥夺；那是约伯形象所要描写的。亚当形象需要约伯形象；约伯形象纠正亚当形象。只有第三个形象可以宣布超越这一矛盾，而那形象大概就是"受难仆人"（Serviteur Souffrant）的形象，他会使所遭受的苦难及罪恶变成能赎回犯有的罪恶的一种作用。这谜一般的形象是由以赛亚第二（Second Isaïe）在四首"耶和华仆人之歌"中歌颂的形象（《以赛亚书》42：1-9；49：1-6；50：4-11；52：13-53：12），而且它所展示的是跟"智慧"的看法完全不同的看法。它不是对创世及其所在的广阔空间的沉思；它是受难本身。受难已成为抵赎这民族之罪的一种恩赐。

> 他诚然担当我们的忧患，
> 背负我们的痛苦。
> 我们却以为他受责罚，被上帝击打苦待了。
> 哪知他为我们的过犯受害，
> 为我们的罪孽压伤。
> 因他受的刑罚我们得平安，
> 因他受的鞭伤我们得医治。
> ……
> （他）从活人之地被剪除，
> 是因我百姓的罪过呢。
>
> （《以赛亚书》53：4-5、8）

不论这"受难的仆人"是什么意思，不论他是一位代表个人或集体的历史人物，还是一位将来临的救世主（Sauveu）形象，他都揭示了一个全新的可能性——那受难因甘心自愿而赋予自身一种无反感意义的意义。在审判和法律的人生观中，有罪必定为受难提供理由。但无辜者的受难粉碎了报应模式；罪与受难为一道非理性的深渊所隔。于是，通过"受难的仆人"的受难就把受难与罪连接到与"报应"不同的另一层级上。但"受难的仆人"的悲剧是与英雄的古希腊悲剧无关的。

当然，也不乏某种"审判方面的神学"，这种神学把替代的受难理解为挽救报应法则的最高方式。按照那个模式，作为恩赐的受难可能是怜悯借以"满足"正义的手段。在正义与怜悯这神的属性的机械平衡中，所提供受难的新特性再次被报应的数量法则所吞没。事实上，作为恩赐的受难本身吸收了反感的受难，从而颠倒了有罪与受难的关系。按照这古老法则，假定出是有罪引起了当作一个惩罚的受难；而现在，外在于报应的无令人反感意义的受难先于人的恶，并承担了这个世界之罪。在那里，必定会出现一种可令自己免受报应的意欲合法的受难，并自愿地服从铁的法则，为的是通过受难去抑制受难。总之，约伯的阶段是一个不合理受难的阶段，把这个阶段作为由惩罚转变到宽容的过渡阶段是必要的。但另一方面，有罪获得一个新视域：不是审判（judgment）的视域，而是怜悯（miséricorde）的视域。

有关这受难的最终意义，悲剧观又表示点什么呢？悲剧观对于我们所有这些尚未接受被提供受难的人来说，依然总是可能的。只要缺少这种圣洁的受难，上帝是否恶的问题就依然存在。当信徒作"不要让我们受诱惑"的祈求时，他不是有可能会这样想的吗？他的祈求不是表示"永远不要让我想到悲剧中上帝的尊容"吗？有一种非常接近于使人迷茫的悲剧神学的诱惑神学……

那就是悲剧永远不会消亡的原因。悲剧遭到哲学逻各斯（logos）和犹太-基督教的宣示福音（le Kérygme judéo-chrétien）的两度扼杀，但都幸免于难留存下来。作为悲剧意识的最终动机，在哲学家和神学家看来，上帝天谴的说法都是神圣不可侵犯的。由于不能证明上帝清白的合理性，属于斯多葛派或莱布尼茨（Leibniz）类型的解释都像约伯的朋友对无辜者受难提出的天真理由一样，是不攻自破的。他们未触破恶和世界的不透明性，就像马克斯·舍勒在他关于"悲剧现象"的论文中所说的，"在这世界中，这样的事情总是可能的"；一旦无意义似乎有意向人扑来之际，上帝天谴的模式就隐约出现，并且恢复了悲剧的意识。只有无保留地接受受难的意识才有可能将上帝的天谴纳入上帝之爱；然而他只要见到别人受难、儿童受难、卑贱者受难，就仍会再次出现不公正之谜。[1] 只有缺乏自信（timide）

---

① 爱的神学显然不可能成为成体系的神学。它无力从概念上使正义一体化，远不能跟它无力说明恶在世界上的地位相比；"允许"的概念（上帝"允许"恶，但不去"产生"它）是这种不足的证明。在恶的思辨象征框架中，我们还将说到这一点。

的希望才会暗暗盼望这"恶的上帝"幻象的终结。

第三节 对混沌神话的借用

对悲剧神话所向披靡的思索还表明，混沌神话至少在某种程度上有可能被重新肯定。问题在于：神统神话是依然在向我说话，还是它根本就是死了的？应当承认，在我们所思索的这个阶段，这问题不可能得到圆满的回答。当然，在某种程度上，神统神话已被我们现在知道是跟人对恶的供认有联系的伦理一神论所破。那种联系是相互的联系，所以非常牢固：因为上帝是圣洁的，惟有人是有罪的；因为人是有罪的，惟有上帝是清白的。然而最后一句话还没有被表达出来。对悲剧的思索导致这样的想法，即伦理一神论本身应当被超越；就它是伦理的而言——也许还就它是一神论而言，它都应当被超越。这最后一句话为什么被怀疑？由于一个事实的理由不久就被一种权利的理由所超越。事实是这样的：尽管巴比伦王国和古代希腊的素朴神统是死的，但更精致的神学本体论（onto-théologie）却不断出现，按照这些神学本体论，恶是存在的一种原始要素。赫拉克利特的宇宙论残篇、十四世纪德国神秘主义、德国唯心论，都提出了哲学和学术上的类似神统：恶源自于存在的痛苦之中，源自于作为存在本身悲剧的一种悲剧之中。神统借助不断更新的形式得以再生这事实为思索提供了缘由。

神统的这种魅力可以在悲剧基础上去理解。一方面，就像我们刚才所说，悲剧是所向披靡的（invincible），至少在我们对犯有的罪恶和遭受的罪恶的体验这一层面上；另一方面，悲剧神学是不可明言的，不可思议的。在人的层面上，悲剧是所向披靡的，在神的层面上，则是不可思议的。于是，一种学术性的神统，是使悲剧既所向披靡同时又可理解的惟一手段；作为最后一着，就是把悲剧归因于万物起源，并利用否定性使悲剧与存在的逻辑相一致。

因此，任何使悲剧世界观成为不可避免的东西，任何使生存的悲剧逻辑成为富有魅力的东西，都是作为对"恶神"的认可和解决。悲剧的"恶神"成了存在辩证法的一个逻辑要素。

存在的悲剧逻辑富有魅力，但它是否确实呢？我们不准备使它的魅力消失，所以本册和下册（第三册）都不会对这问题作出圆满的回答。这回答需要一种有关自由的诗论和超出哲学人类学可能性的人的存在的诗论。所有关于象征与神话的思索使我们认识到，人对恶的假定揭示了恶的另一方面，一种与人对恶的假定相混合的不被假定的要素。那不被假定的要素暗示了一种与人不同并由蛇（Serpent）代表的要素；但那不被假定的要素、那个他者，只能处于恶的人类学的边缘。任何将绝对辩证法中的这一有关恶的非人根源人格化都超出了那种人类学的能力。然而还应当说，亚当神话的非同寻常使人认为，恶不是一个存在范畴；但因为亚当神话有一背面，或有一个残余物，所以比起其他神话来，它是无敌的。因此，有关恶的人类学既不能假定也不能夺走恶也许原本所属的一种存在的绝对起源的权利。

为了充分说明这一关于有限与罪恶的研究的所有前提，我还要补充上这一点：惟一能弄明白那存在的绝对起源和那种把恶作为一个存在范畴的人格化魅力的东西可能是一种"基督学"（Christologie）。我所说的基督学是指能包括上帝本身的生命，包括对神的"人身"的一种论辩的学说，包括我们上面曾意识到是人的受难的最大可能性的受难仆人的形象。

按照"基督学"，那种受难是神性的一个要素；那是取消神的生命的低卑要素，是既被完成又被抑制的悲剧。悲剧是被完成的，那是因为恶在上帝方面："你不知那耶稣基督应当被捉交？"那个"应当"赞扬了命运，并将它包括在神的生命之中。但悲剧又是被抑制的，那是因为它被转化了。在神统中，克罗诺斯（Cronos）肢解了他的父亲，马尔杜克（Mardouk）把提阿马特（Tiamat）的巨大躯体切得粉碎。相反，福音（Évangiles）中的基督（Christ）作为一个受害者被颂扬——也就是说，被抬举。于是，除非当作"恩赐"，否则这"应当"是难以理解的。根据《约翰福音》，耶稣基督说，"没有人从我那里取走我的命，而是我将它赋予自己"。那绝对的命运（destin）也应当是绝对的恩赐（don）——于是就有被完成和被抑制的悲剧。

但如果这"基督学"是关于上面曾出现的"耶和华仆人"（serviteur de Jahvé）的思索的延长部分，那它就属于另一类。耶和华仆人的形象仍然属于人的存在的象征系列；它揭示了人的受难的最大可能性；耶和华的仆人也许是一个人，或是一个民族，一位过去的先知，或者一个即将到来的导师；总之，那形象就人而言可最大限度地说明人的内在本性；那就是对人的存在的象征作一种哲学反思，从而有可能认识到某种来自耶和华仆人的象征的东西的原因。相反，在上帝身上人格化的学说，作为引起反感的受难，本身已被吸收到作为恩赐的受难之中，它不属于人的存在的象征系列，因为它并不揭示人身上的一种可能性，甚至一种最大的可能性。当然，人们可以把因基督的牺牲而实现的"命运"与"恩赐"的同一性理解为我们的行为与受难的一种模式，并因此通过人的界域内的一种象征系列去征集它；但这象征系列不是在一种基督学层级上，并且基督学也不跟这一象征系列同一种类。因此，作为在基督学中被完成和被抑制的悲剧不是在哲学人类学的权能之内。

那就是神统甚至在古代宇宙起源学说消亡之后还能作为一个悬而未决的问题留下来的原因所在。承认恶有一种非人的起源，甚至包含在复兴的悲剧对恶有人的起源的供认中；并且因为悲剧是难以置信的，神统通过将悲剧转变为逻辑而作为挽救悲剧的最终手段出现。任何表明赞同"恶神"的难以明言和难以想象的神学，也是在可加思索和可以言明的神学本体论方面发生的一个要求，在神学本体论，恶成为存在的中介。

我们余下要考虑的都将放在那最终选择这方面：不论是悲剧因存在的逻辑而得以巩固，还是它向基督学的转化。对那两种可能性的选择取决于尚不在我们权限内的自由的诗学。那就是我们将要在人之恶的象征和神话指引下论述的哲学人类学从悬而未决的选择背景中突现出来的原因所在。每当我们接近一种非人的也许是前人类的恶之谜的边缘时，我们就面临那一选择；并且，每当我们在自己身上和在我们自己中间去表明罪恶时，我们就重复那个谜。

第四节　亚当神话和灵魂放逐神话之间的冲突

我们说过，灵魂放逐的神话与其他神话隔开了一段意味深长的类型学距离。这是想说明，它是在表示同情的想象中，惟一容易重新肯定，以及除了作为相反的神话，否则就不可能和亚当神话有关。

在基督教中运用新柏拉图主义表达方式的历史，提供了同样多的堕落神话受灵魂放逐神话混杂的例子，这简单的事实值得思索。人们可以通过把它们谴责为纯粹的歪曲去摆脱这些混杂方式。它甚至还是哲学家与神学家令人信服地径自解决混淆问题的一个重要方面。这种混杂在基督教向尼采所谓代表民族的柏拉图主义的转变中起到主要作用；由于这种混杂，基督教看来像是历史中对于来世的最引人注目的发明。我们自己已经把恶作为一种混合的灵魂与肉体的二元论跟亚当神话的人类学一元论作了强烈对照，和亚当神话相对应，恶被看作是对一种初始状态的偏离。俄耳甫斯神话在受亚当神话吸引的大系统中的地位，从动力学水准上表达了神话静力学业已变成显而易见的东西。

不过，依然还有一个理解支配这混杂过程的动力的任务。现在，只有从这些神话中发现它们相互之间的密切关系，我们才能说明它们有可能混杂的原因；并通过显示这种隐蔽的内在关系，使混杂变得可以理解，我们将不得不竭尽全力依照这支配的亚当神话理解所有神话，包括最为相反的神话。

让我们从亚当神话开始，看一下它怎样对付灵魂放逐的神话。

我们的出发点还必须是对已存在于那里的恶——也就是说，亚当神话的另一面，由夏娃与蛇所代表一面——的体验。但尽管悲剧神话用神使人迷茫的观点去解释服从和诱惑，神统神话仍用一种初始混沌复活的观点去解释它们，而俄耳甫斯神话则展开了诱惑那明显外在性的方面，并试图让它跟被理解成所有非故意东西的惟一根源的"肉体"相一致。

由蛇的主题向肉体囚禁的主题过渡是不难理解的。如果我们从神话的象征系列返回到对恶的体验的原始体验，我们就发现这些象征，尽管它们属于希伯来文学，但已经预期到向俄耳甫斯象征系列的转变——比如，《出埃及记》（Exode）中被囚于埃及和出离埃及。那些象征因巴比伦放逐（Exil de Babylone）和因对一个伟大复归的强烈祈盼的历史体验而得到加强，这伟大复归激励了被放逐的伟大先知，直到今日它对分崩离析的犹太教还起有一种磁石般的作用。现在，这直接与历史中犹太神学有关的象征系列，在与堕落的故事不可分离的流放主题中，有了其严格说来是神话的表达方式；堕落开创了一个由亚当和夏娃被逐出伊甸园、该隐的迷惑、建造巴别塔（Babel）的人们被迁散到世界各处，以及用洪水（Déluge）去取消创世所连接象征的放逐、迷茫与沉沦的时代。然而，也不能说放逐主题与堕落主题不相符合；它是作为一场灾祸附属于堕落的主题。也许可以说，在《圣经》意义上，被俘与灵魂放逐的关系犹如犹太人出埃及与出自俄耳甫斯的灵魂漂泊历险的关系一样。

对于俄耳甫斯，放逐与复归天国确实是"灵魂"的放逐和复归，而且"肉体"也是放逐的；但即使这样，在某种程度上也可以依据希伯来象征系列去理解。我们说过，被俘和逃离这些象征认可了人的罪恶中外在性的方面。现在那种外在性已经被特别是以西结（Ezéchiel）与耶利米（Jérémie）等先知以从肉体引出的象征系列去表达：铁石心肠、像野兽发情一样的奸夫淫乱等。此外，对恶的外在性的同一体验有可能使亵渎象征系列幸存于罪的象征系列之中：《诗篇》的作者祈求说："洗清我的不义，洗掉我的罪！使我纯洁，我将没有污点；洗清我，我将比雪更白！"从被更新的亵渎象征系列到肉体象征系列的这段距离并非无法逾越；因为可以说，肉体本身不仅仅是字面意义上的肉体，而且还是一个象征性的肉体。它是非我所为而又在我身上发生的一切的所在。现在诱惑也是非我所为而在我身上发生；所以，情欲那不自觉动机的类似外在性可以起到外在性模式的作用，以便传达一种类似于《圣经》故事表达为夏娃与蛇的遭遇的体验，这是并不奇怪的。肉体概念足以保有非常丰富的象征联想而不被变成一个简单的生物机制。这是在一门人的肉体科学产生之前的情况，它跟古希腊人医学思想涉及的领域无关。

混杂过程的新阶段由见于圣保罗、圣奥古斯丁与路德（Luther）的宗教体验类型所代表，这种宗教体验类型被非常恰当地称为重生（twice-born）类型。[1] 属这一类型的热情信徒轮番体验恶的不可抵御性和皈依的不可抵御性；他们的人类学竭尽可能去反对唯意志论；最初作为罪的奴仆的人类通过皈依成为"基督的奴仆"。圣保罗的例子特别引人注目。他的语言有时是如此的接近于希腊化的

---

① 参考威廉斯（N.P.Williams），《堕落观和原罪观》（*Ideas of the Fall and of Original Sin*），纽约和多伦多，1927年。

（hellénistique）和诺斯替的（gnostique）智慧语言，这有助于解释诺斯替派的新俄耳甫斯教（néo orphisme）对《圣经》传统的一种业已主动混杂的表达方式。他说到"寓于身上的罪"，说到"在我的成员中的另一律法，反对我的理性的律法，并使我囚禁于我的成员中的罪的律法"；有时，肉体本身被称为"死的肉体"。但它足以把贯穿被囚象征和耶利米及以西结表达方式的线索延伸到对保罗主题的重构。诚如我们说过，保罗关于"情欲"和"肉体"的概念并非指实际存在的事物，而是指有关存在的范畴，这范畴不仅涵盖整个情感领域，而且涵盖律法所夸大的道德教化的意志。总的说来，它就是被疏远的自我，与组成人的内心的"精神愿望"相反。我与我自身的分裂以及与自身相疏远的自我外在性的具体化是保罗有关"肉体"想法的关键。无需进一步详述圣保罗有关罪的象征系列的起源。这里我们所关心的是，那象征系列，尽管按其本质可以用希伯来传统去解释，但还是赋予灵魂放逐到作为罪恶之源的肉体之中的希腊主义传统以富有意义的象征，并为基督教与新柏拉图主义后来的所有接触以及由此产生的所有曲解铺平了道路。《圣经》有关罪的主题一步步地趋向于被分裂和疏远的内在体验所认可的准二元论。

至于圣保罗本人，就他的希腊主义二元化方面而论，至少在他使用的词汇中，① 首先应当承认的是他对基督在跟我们一样的肉体中化身的敏锐分辨力，其次是他期待我们身体的赎罪，最后是因亚当神话，他才免于堕入诺斯替教。这最后一点值得进一步注意；因为，尽管它可能会使人忽视圣保罗在亚当神话学中的贡献，并由于将亚当看作处在历史源头的人，从而使亚当象征停留在字面上，但现在应当承认，正是那亚当神话学，使圣保罗没有转向二元论。这使作为个人的亚当成为与称为第二亚当（"因一个人而来……"）的基督相对应的人的记录，在它们同类似二元论的文本相比较时，有一股新气息；它们重新引进一种偶然性，因此形成正视自然法则的吸引力。"这个人"代表善的创世和人的实际状态的背离，圣保罗在别处把人的实际状态称作"肉体""旧人""世界"。这样，正是亚当神话学给予跟灵知倾向相反的逆冲击。

亚当神话与灵魂放逐神话之间的距离——这在圣保罗那里依然可以清楚地察觉到，在亚当神话的特色减弱，而新的基督教徒体验的特色又使灵魂放逐神话更

---

① 我们可以考虑最含糊不清的经文中如下这些部分：《罗马书》8：1—12；《以弗所书》2：1—6；4：22；《哥林多后书》，4：16。所有这些文本可按上面提出的外在性模式去解释；但一旦忘却了导致肉体概念的动力，简单明了的表达方式就会变得难以跟希腊化概念相区分。含糊不清变得更加不可避免，因为圣保罗本人在他对完全不归因于希腊化概念的处境描述中也许更多地对他的被希腊化了的处境语言作了让步。圣保罗因此被误解了吗？这些文本——甚至最不可靠的——都丝毫不能证明他有公开的二元论。因此，《哥林多前书》第十五章完全将属于"第一个人"的"心理的"、"地上的"、"易朽的"、"有死的"肉体同属于"第二个人"的"精神的"、"天上的"、"不腐坏的"、"不朽的"肉体对立起来；但由于出于地上的第一个人是人世的，人们不能区分创造善的一面和有可能成为恶的一面。但也许应当说，圣保罗当时并不需要作那种区分，因为他的问题是关于死的问题而不是关于罪的问题，还因为心理的、地上的、易朽的、有死的等一系列词表示一种并非必定是恶的生物状态。不过，15：56暗暗地将这文本与内心斗争的主题联系起来。《加拉太书》5：17似乎完全是二元论的："因为情欲和圣灵相争，圣灵和情欲相争；这两个是彼此相敌：使你们不能作所愿意作的"；但下一行允许我们把这种二元论跟律法治下的内心斗争体验相联系："但你们若被圣灵引导，就不在律法以下。"

富魅力时，这距离将趋于缩小。一方面是亚当愈来愈少地作为人性的象征；他的清白将成为伴随有知识、极乐与不朽的幻想的清白，不论它是出自本性还是外加的恩典；同时，亚当的过错——而不是一种"误入迷茫"状态——将真正成为"堕落"，一种生存由上等的并且实际上是超人的地位下降的堕落；这样，亚当的堕落将与柏拉图的《斐德罗篇》（*Phedre*）中灵魂的堕落相协调，在《斐德罗篇》，实体化了的灵魂降落在人世肉体中。除了形象化的比喻外，这种堕落将渐渐与灵魂远离其早先天国的放逐相混淆。

与改造亚当神话的同时，基督教徒的体验也将有所转变，可以这样形容这种体验的新特色，那就是在它那里可以呼吸到二元论神话的气息。柏拉图化的基督教，其禁欲主义形式犹如其神话形式一样，采用了沉思和色欲的对立，这反过来又提出了精神的灵魂和疯狂有死肉体之间的对立；以往对亵渎的害怕和对肉体及性行为的害怕都被新的智慧所接收。这样，任何导致基督教徒把罪体验为傲慢转向体验为色欲的东西，也导致其趋向二元论神话。可以说，基督教之所以趋向于把恶和肉体视为同一（它真的未曾达到这个地步）的原因，是与促使它采纳灵魂不朽这古希腊主题的原因相同的。无疑，在产生那转变的各类动机中，我们应当给予对死的体验，或确切地说，对将死的体验以特殊的地位；[①] 临死带着折磨的体验达到刻心刻肺的真实程度，标志着后来整个精神性的特征。现在，被欣然接受的甚至有时还有点向往的折磨，使人倾向于将死看作真正的生，看作与基督在一起的生的开始；而在这"眼泪之谷"的短暂逗留，似乎仅仅只是一段考验时期和一种罪恶形象。最纯洁的愿望就是逃离人世去往来世，就像《高尔吉亚篇》（*Gorgias*）中苏格拉底那样。因此，基督教徒的体验将汇集适宜于接受新柏拉图主义的精神性、间接接受灵魂放逐和肉体囚禁神话的各种条件。我们后面将说到基督教、新柏拉图主义和灵知这三者的辩证法，我们尚未直接去理解灵知，因为我们还没有揭示它包含的一切要素。不过，它属于更富思辨性的象征——比如"物质""原罪""至高神流出体移涌（*éons*）的堕落"——的层面。我们所有这些分析则都在较低层面进行。在神话的象征层面上，足以勾画由亚当神话的内在牵制力开始、使它倾向于灵魂放逐的神话、并使它们相互间的交互影响成为可能的动机所形成的线索。

但这一从亚当中心系到灵魂放逐主题的趋向，倘若后一方面并没有显示出可以作为象征的一种非凡变换的能力，也许仍是不可能的。我们已数次提到恶的最古老象征——关于亵渎象征的富于象征性。亵渎绝不止是一种玷污，所以它可以类推地表示对于恶的不同程度的体验，甚至表示奴隶意愿的最煞费苦心的概念。现在肉体象征的过分确定并不亚于亵渎象征的过分确定，因为这两个过程是分不

---

① 参考加尔加姆（Gargam），《爱和死》（*L'amour et la mort*），巴黎，1959 年，第 281 页起。

开的。人们能理解其中的原因。如果亵渎象征的本质在于确实性、外在性和非消解性的改变，那么，肉体也能对这亵渎象征起到象征的作用；它还产生这象征，使之邻接于内在世界和外在世界之间，它实际上是各种作用的始作俑者。那就是用肉体去"解释"恶总要预先假定肉体有某种程度的象征变换的原因。没有这种变换，肉体就可能仅仅只是过错的一个托词，就像有的人常借口性格或遗传为他自己辩解那样。用肉体去解释恶并非一种客观的解释，而是一种成因论神话；也就是说，它最终是一种第二级象征。但倘若那种解释想作为近代那种科学的解释，那么，恶的行为的伦理特性也就消失了；人不可能在把罪恶归咎于自己的同时，又把它归咎于肉体，而不把肉体看作是他所承认的恶的体验的某些方面的象征。肉体作为象征的演变是它属于神话中的恶的必要条件。

历史提供了有关肉体囚禁的俄耳甫斯象征的内在化相应于《圣经》中堕落的象征的外在化例子并不令人惊奇，其原因就在于此。就像圣保罗从"堕落"的比喻到"情欲"的比喻，其方向跟柏拉图从恶的肉体到非正义灵魂的说法相反一样。

在柏拉图那里，只看到他对肉体的谴责——比如，《费多篇》说，"我们的灵魂与之相混淆的那个罪恶之物"——而不承认他有对肉体囚禁这早先象征系列的回顾、纠正和内在化倾向，也许是不够正确的。柏拉图在说明苏格拉底对肉体中非正义灵魂的分析的同时，还使肉体本身变换为灵魂被动性的象征。一方面，似乎纯粹是苏格拉底的"照料"灵魂，或"关注"灵魂的看法需要肉体的象征系列；另一方面，"关注"灵魂其实先已假定了灵魂像肉体一样受到病邪的威胁，它应当被照料和挽救；所以，伦理学和政治学就好比医治灵魂的"医术"（《普罗泰戈拉篇》311b–312a，356c–357a）。"非正义病邪"的象征（τò νόσημα τῆς ἀδικιας，《高尔吉亚篇》，480b）和灵魂的其他不协调的象征，相应于"护理灵魂"这医术象征按精神错乱样式去想象种种有关肉体的比喻。同样的象征系列影响了赎罪概念；它解除灵魂的病邪，就像净化"解除"肉体罪恶的比喻。这就是已遭惩罚——通过惩罚去清除它的罪恶——的灵魂比起还未赎罪的非正义灵魂来是更加幸福的原因所在；惩罚的功能假定了非正义就像一种疾病，而那实施惩罚的正义就像治病的技艺。因此，在肉体成为非正义的"原因"之前，它自己的疾病就是非正义的象征。正是这种患病和治病的医学比喻，直接应用到灵魂的病邪和护理，这在其他方面，就有可能成为肉体囚禁的俄耳甫斯神话向哲学转变并演变成不义灵魂的暗码。苏格拉底所说的灵魂为柏拉图恢复俄耳甫斯神话作了准备。俄耳甫斯神话的恢复既表明哲学重又浸沉到神话之中，又表明朝着一种更高程度的象征系列前进，在这象征系列中，肉体象征的字面意义日益淡化。

肉体象征的演变在《费多篇》一类对话篇中相当明显，我们已说过，《费多篇》包罗了程度不等的全部知识领域。现在，随着灵魂意义的改变，随着灵魂意义上升到接近神话表达方式的简单规劝，肉体的意义也随之改变。在最初层级上，肉体大体就是指活的身体，并且本身构成了罪恶，这和哲学化截然相反；肉体是思想的另一端，显然，因和世界接触，任何清白都无一遗漏地要被污染，因为正是肉体"烦扰灵魂并阻止它获得真理和我们总要与之打交道的思想"（66a）；哲学因此存在于肉体的死亡中，为了"用灵魂本身去注视事物本身"（66d）；肉体看来显然是罪恶的所在地："我们的灵魂因一种罪恶之物（指肉体——中译者注）而被混淆"（66b）；直到"肉体麻木"（67a），它才被解救。但即使在这较低的认识水准上，肉体的恶的影响并不在于用今天的话来说——肉体的物质性之中，也不在于肉体跟万物接触的能力；相反，对肉体接触的谴责正是蛊惑灵魂并因此使灵魂固着到肉体上，并被"接触"所羁的"吸引能力"："每一个人的灵魂，当它因某种东西而极为欢愉或极为痛苦时，便认为，它的感受的特定对象是世界上最清澈的和最确实的东西，尽管完全不是这样。"（83c）因此，如果感觉不是清白的，那是因为紧紧依附它的感受也不是清白的缘故；而感受本身也因为在灵魂中有一种把感受和感觉转变成激情（πάθος）的晕眩而认为灵魂是被囚禁的。正是灵魂中的这种晕眩使灵魂突然陷入肉体的欲望之中（79c）。因此，"被动性"是灵魂暗暗使自身成为囚房，直到解救前被囚禁的一种作用："并且像哲学已看到的，关于这监狱的令人惊讶的事情是，它是欲望的作用，而且最助长于用他的枷锁去套在俘房上的也许就是这俘房自己。"（82e）如果真是这样的话，就应当承认灵魂是"它自己的折磨者"。

这里还远非关于罪恶肉体的神话。或者确切地说，神话的伦理注释表现出，在神话中，"躯体"（sôma）一词决定一切；这神话中的"躯体"已经不止是肉体。当然，赋予灵魂以新肉体的概念使它趋向一种纯想象的表现方式，按照这种表现方式，生存就像在一连串皮囊中穿衣脱衣那样的一种字面意义上的囚禁；但净化的实践把关于"肉体"的神话引向象征的方向，而不是字面意义的方向。

那就是当时柏拉图随着灵魂意义的改变而在不同程度的知识层面上提出肉体意义的原因所在。灵魂不仅仅是从承载它们的这一肉体跑向彼一肉体的逃亡者；也是——至少还不是在辩证法的水准上——一种具有与理念（idées）相像特性的生存（它在更高水准上，将由一个生命理念组成）。现在，如果灵魂是总跟自身同一的"那种最像理念的东西"，那么，肉体就是"那种最像死亡者的东西"。正像灵魂为生存忙忙碌碌，同样，肉体更多的不是物，而是一种生存的方向，一种反向类似（contre-similitude）："于是，灵魂被肉体拉向从不保持它们同一性的那些事物的方向；因为它跟肉体相接触，所以它徘徊、不安，它感到晕眩，仿佛喝醉一般。"（79c）由此勾画了两种生存运动，由一种与死类似，一种与永恒类似的两种"性质类似"所支配的运动。这里，我们以一种朴实的方式将理念（Idée）和肉体（Corps）区分为两个"世界"，而介于这两个世界之间的灵魂不但趋向于试图利用几何学与辩证法使自身永恒地运动，而且趋向于因欲望的晕眩而使自身有死这样一个运动。

于是，那作为肉体的"罪恶之物"更多的不是物，而是一个晕眩的方面，是类似理念的灵魂的相反一端。灵魂使自身类似对有死物的主宰，而不是在理念中"寻求避难"。[①]

这种反向类似的原理是什么？

关于肉体的神话所特有的哲学意义应朝思考"非正义"的方向上寻找。

应当被理解的欲望的晕眩因而为《克拉底鲁篇》（Cratyle）所暗示。在那里，我们发现暗示了一种主动—被动的晕眩，这种晕眩避而不对肉体囚禁作字面上的解释，而是把罪恶作为一种确实的灵魂运动去解释。对误用语言的思考，使《克拉底鲁篇》提出作为偏离正路的意义根源的一个仍然是神话式的喝醉了酒的立法者形象。如果有一种生成者的语言，如果流变论（mobilisme）——本身是对哲学的误用——发现了表达自身，并最终在表达自身过程中形成自身的语言，那都是因为引起错觉的东西"已使自身陷入一个把它们搅和在一起的漩涡之中，并且它们又老调重弹地把我们拖进去"。（439c）

倘使考虑到，柏拉图主义（Platonisme）始终卫护语言——首先在意义的现实中，然后在意义的辩证法结构中打下语言的基础，以上这段引文就显得非常重要了。如果说人本质上就是言语的话，那么，"言语的"热情就是基本的热情。巴门尼德（Parménide）已注意到命名过程与意见、谬误及混淆的联系。现在，权且可以说，言语的热情不是被动的热情。就像政治生活所表明的，语言的歪曲是对真实言语的人为伪造；它们组成一个相应的（para）世界——一种谬误的推论——一个以虚假（pseudo）范畴为中心的世界；它们是论辩的"伪造"，用老生常谈冒充严谨的伪造，并以同样的逻各斯对参加谈话者的协议的伪造。我们看到，这个"谬误"的主题怎样影响好像将恶的责任加于肉体之上的"欲望"的主题。欲望是罪恶，只因为它严格说来不再是肉体的；它应当按一种无节制的疯狂去把握；而无节制只是通过"说谎"才达致欲望。僭主（tyran）是疯狂占有欲的生动证据。事实上，对哲学来说，僭主不止有政治上的重要性，确切说来还有形而上学的重要性，因为他是有权去满足他所有欲望的人的象征；他是无限欲望的神话，说它无限，因为它凭借不受法律限止的权力。现在，僭主证明了肉体的欲望受到事实上寄藏在它之中的不义灵魂的变更，是非正义产生欲望，而不是欲望产生非正义。

于是，是"非正义"——而不是"肉体"本身——使欲望成为灵魂的病患。

至此，我们已作了反向的周游，它带着我们从苏格拉底的非正义灵魂的概

[①]　将《费多篇》（Phedon）第二和第三部分分开的末世论神话带有思考方面这一进展的标记。来到地上的不义灵魂带有其非正义痕迹，就像它本该遭受打击一样；正由于无遮蔽灵魂的这些痕迹，审判者承认灵魂同其肉体（τὸ σωματοειδές，81c）的密切关系。这种密切关系通过因欲求肉体而忧心忡忡的死人的漫游，被描写在神话中。原有肉体的痕迹就像灵魂的习性（habitus）也就是它被"囚禁和附着"（82c）、"束缚"（83d）于肉体的习惯存在方式。

念到承自亵渎神话的受肉体影响的恶的概念。这似乎是从肉体上升到灵魂的晕眩——在仍近于神话语言的哲学萌芽中——其实是非正义的恶，谬误推论的恶，它使灵魂麻木，直到以它受难的魔法使灵魂得到解救。于是，肉体不再是恶的根源，它只是囚禁灵魂的"场所"，而欲望是"诱惑"，并且非正义才是恶的根源，由于非正义才使灵魂类似它的肉体。非正义引起使灵魂与真理的最初共同体瓦解的晕眩，并产生灵魂与其肉体的假相类似。

《斐德罗篇》可以同样去解释堕落神话吗？我想是可以的。在被解释为一种意志偏差的《圣经》所说的堕落和被解释为进入肉体之中的堕落之间的对立被过分地夸大了。否则，除了依然是作为"肉体"的纯字面解释——这种解释确实是因那些最接近神话的柏拉图主义"复兴派"所激发——的囚犯外，人们不会去考虑神话本身的结构。我们有必要在关于易有过错性的现象学中着手这种解释，并指出，神话在成为"堕落"神话之前是一种"组合"的神话。由于同一原因，在异化和诱惑肉体中的恶恰恰不是外在的（dehors），而是内在的（dedans），内在于自身之间的不协调，对这种不协调作决定性的哲学解释属于伦理学的范围。灵魂在堕落前是组合的和实体化的；此说法是这样的确凿，以至于《斐德罗篇》对不朽的论证建立在灵魂的假设之上，一个灵魂迁入受它控制而活动起来的一个肉体之中。这样，一个"自我推动者"与一个"被推动者"的组合是先于恶的（245c-246a）；它刻画了天上一长列成员：诸神、众星，和人的灵魂："有死的和不朽的是怎样碰巧取名为生物的？让我们设法去说明这一点。灵魂在其所有种类中主管着所有无灵魂的。"（246b）因此，神是"一个不朽的生物，拥有天生就永远一致的一个灵魂和一个肉体"。（246d）至于世界灵魂，"完美的和永远崇高的灵魂主宰着整个宇宙"。（246c）《蒂迈欧篇》（Timées）说的是同一件事（34c-36d）：整个有形物都是在灵魂之中，而不是灵魂在有形物之中（36d-e）。

灵魂从一开始就是组合的和有形的，所以它从一开始就是一个推动者："当它在整个世界徘徊时，它处处呈现不同的形式。"（246b）这样，肉体与人世的主要事务是周游（μετεωρ οπορεῖ，246b-c），更确切地说，是欲望朝沉浊的相反方向升华，并"向上引导那沉浊的东西"。（246d）正是在这里，在先于堕落的"组合"中，初露了理性显现和情感显现之间的不一致。这不是灵魂和肉体之间的不协调，而是灵魂本身之中的不协调。因此，它基本上不同于我们上面所说的用来描述灵魂的双重类似。那双重类似只饰以一种新的特性，导致《斐德罗篇》中的灵魂"组合"更接近于《理想国》第四卷中的灵魂三重区分，在《理想国》第四卷中，灵魂的弱点，它的原始矛盾心理，是与一个中介体——"可能有两种解释"功能——激情（θυμός）相联系的，它本身就概括了对灵魂的双重诱惑。这样，灵魂最初是一种戏剧性的或争议的多重性，由于那种多重性，情感并不起有恶的本原的作用，而相反起有易有过错性或诱惑本原的作用。

那就是《斐德罗篇》中的"堕落"不是过于感情或肉体中的堕落，而是"地上的"堕落的原因。"地上"与"天上"方向相反——那就是说，和爱神厄洛斯（Éros）所趋近的只能用智力去理解的真理方向相反。地上是哲学厄洛斯的反面。

不过可以说，在这一长列中，人类灵魂似乎是惟一被这原始堕落所折磨的灵魂，尽管诸神能"轻松自如地上升"，并且它们的沉思运动天然就是完美的，但在人类灵魂中，先于它们堕落的组合已经是一种不协调的结合；灵魂弥散在其沉浊的队组（attelage）及其优美的羽翼（aile）之间。

这样，堕落似乎是这种原始不协调或新出现的一种非正义罪恶交替所产生的结果。如同在克尔凯戈尔的《畏惧的概念》（Concept d'Angoisse）中，从"组合"到"堕落"的"过渡"——我总是说：从易有错误到过错——是交替的，甚或同时的，一种后起的不幸或不可预料的"飞跃"。但《圣经》中的堕落神话也把从诱惑到过错的连续升级和行为本身的不连续激发相结合。如果堕落只是一种粗野组合的必然结果，那就可能把恶纯粹归结为先天不足，按照柏拉图《会饮篇》（Barnquet）所说，这种先天不足是伴随厄洛斯的诞生而来的；它也许是柏拉图后期一些对话篇所引起的弦外之音。新柏拉图主义正是这样去理解它的，但也不能排除灵魂沉溺于那个他者（Autre）的内在变节。然而，倘若这"转化"不是来自跟腐败同一个根源，那"转化"就是莫名其妙的，就像康德正确地注意到的那样。

任何导致神话的哲学意义的结论都暗示，"地上"表示单独强加给灵魂的牢狱，这是圣约翰（St. John）意义上的"人世"，圣保罗（St. Paul）意义上的"情欲"（和"肉体"）。总之，它就是在地上的哲学解释中占支配地位的"非正义"，就像在神话中用来象征非正义的是地上的"肉体"。

《理想国》对歧义的解析有助于这种哲学解释。非正义是灵魂特有的恶，这看法就像那篇对话集的衔接基调（basse continue）（Ⅰ，352-354a；Ⅳ，434c-445b）。现在，非正义的恶严格地说是从原始不协调到内讧的过渡，而相反，正义在于"由多变成一"。（443e）于是，恶是对我们自己身上的多重性的认可。第十卷由此引出最根本的推论：恶并不像疾病毁灭肉体那样毁灭灵魂，而可以说是认可灵魂并使灵魂的不幸永恒化；只有灵魂，对于恶毁灭留存它的腐朽物这一通例来说，是一个例外（609a）；灵魂是那样一种存在，这种存在不是因它的恶而致死的。于是，这恶不可能与灵魂无关，灵魂应当先具有恶；这恶不再是肉体，而是非正义。

我们已相当详细地展开了俄耳甫斯神话向柏拉图哲学的转换。[①] 对于受以色列先知和基督教宣示福音教导的读者来说，它代表在"恶的选择"主题方面有关"恶的肉体"象征系列的一种曲折变化，它同时也有助于理解两组神话的相互

---

① 我们没有把这种超出常人看法的转换上升到辩证法高度，这并非为了脱出限定我们目前研究的释义学框架。在第三册，我们将回到柏拉图的"形而上学"及其所提出的思辨密码："必然"、"迷茫原因"、"下方众神"、"另一个灵魂"、"无限"、"其他"、"先验的选择"等。我们将看到，那种形而上学将更高级的象征建立在欲望和非正义的现象学之上，这欲望与非正义在重新复苏的俄耳甫斯神话中找到其表达方式。

混杂，一组神话以"人"的始祖为中心，另一种神话从"肉体囚禁"的神话学开始。倘使我们承认，对于圣保罗和圣约翰来说，"肉体"不止是有形的肉体，"世界"不只是万物的世界，那么，就应当带着与这象征系列相当的同一理解力和同一比喻去理解柏拉图。这样，依据圣保罗的"肉体"和依据柏拉图的"肉体"之间的差别就会趋于消除。不过，还不能说没有一点差别，因为就像圣保罗利用他的亚当神话学抵御对罪恶肉体的灵知，柏拉图因依恋希腊人和欲望（desire）概念而跟《圣经》的罪恶概念相分隔。筹划（*τό λογιστικόν*）和欲望（*τò ἐπιθυμητικόν*）构成了依据《理想国》第四卷的生存的基本倾向；理性和欲望形成相反的一对，其中，欲望倾向于把任何阻挠与抵制思想的东西吸收进自身之中。那就是柏拉图所谓的"欲望所致"不可能完全符合圣保罗所谓"肉体"的原因所在，因为圣保罗所说的"肉体"，除了希腊语意义上的激情以外，在肉体"洁身自好"时，还包括道德与智慧。苏格拉底学派——其中包括犬儒学派（Cyniques）和快乐学派（Cyrénaïques）——将对快乐的一种有争议看法灌输给希腊思想，这种看法全然与先知（Prophètes）的德行无关；后者使人更感觉到自尊而不是性欲。

因此，亚里士多德重申快乐的问题，并把对快乐的伦理思考指向带来快乐的活动，他的贡献就更有价值了；我们将来还要提到它。但斯多葛派理论（stoïcisme），全然不理会伊壁鸠鲁（Épicure）[①]，又使伦理思考重蹈犬儒学派的覆辙。这样，在由苏格拉底学派经柏拉图到斯多葛派的古希腊思想中有一条主线，依照这条主线，恶是顺从欲望的，而不是主动行恶的意愿。那就是这类思想与俄耳甫斯神话而不是与亚当神话天然就有一种密切关系的原因。它经由俄耳甫斯神话延伸了亵渎象征系列和神秘主义的净化传统，而不是《圣经》上罪的象征系列。一系列有关"灵魂激情"的论述就是柏拉图类型的古希腊哲学和灵魂放逐到一个罪恶肉体牢狱中的神话之间的这一古老联系的最早萌芽。

这一立足于占支配地位的亚当神话去看待各种神话的做法能完全令人满意吗？我们并不自命这种做法完全令人满意。要是它完全令人满意的话，那就可能意味着，神话释义学可以取代成体系的哲学，但事实却不是这样。神话领域依然还是一个破碎的领域；仅仅立足于这些神话中的一个神话是不可能使神话领域形成一体的，想象而富有同情的理解、无个性的借用，通常仍只是思想家的惟一资源。况且，选择方案也不可能取决于从神话静力学到神话动力学——这种动力学存在于我们为使它得以成立而构建的两个极端的各自变化中——的简单过渡。

理解力的不足要求我们提出更基本的有关一种哲学的方法问题，这种哲学可以从各类象征中获得了解，但它却完全是理性的。

---

① 伊壁鸠鲁（Épicure，前341-前270年），古希腊哲学家。

　　在我们对于释义学的运用中，我们所获知的一桩事情就是确信，浑沌的、神迷惑的和放逐的三种神话揭示了堕落神话偏于伦理的一面，并因此暗示了任何试图保留一种伦理世界观的"意志哲学"的局限。堕落神话需要那些不同的神话，所以它预先假定的伦理上帝可以继续是一个寄藏的上帝（*Deus absconditus*），从而它所谴责的有罪之人也可以作为一种不公正的神秘事物的牺牲者出现，这样，他既应受到神的怒谴（colère），也应受到怜悯（pitié）。

结论　象征导致思想

在对易有过错性（faillibilité）和重新演现（répétition）过错的宗教意识（Conscience religieuse de la faute）这两方面探讨行将结束时，会出现这样一个问题：我们将如何继续下去？

"易有过错性"的纯反思（rèflexion pure）和"罪"的忏悔之间显然存有裂隙。纯反思不用求助任何神话或象征；在这意义上，它是对推理能力的直接运用。但对它来说，理解恶是一件高深莫测的事；反思是纯粹的，它把生活现实撇在一边，因为人的生活现实是"受制于激情的"。另一方面，奴隶自由之谜被宗教意识所供认，但要以反思连续性的一种方法论中断为代价。罪的忏悔不仅要求助于性质不同的体验，而且还求助于一种不同的语言，我们已反复指出，这是一种象征性的语言。在这中断之后，还有可能回到纯反思并用来自恶的象征认识的一切去丰富它吗？

很难回答这个问题，因为我们有点进退两难。一方面，不可能简单地把反思和忏悔并列起来；另一方面又不可能像柏拉图那样，用想象的故事打断哲学论述，并声称：论述到此结束，神话由此开始。拉歇利尔（Lachelier）是正确的：哲学应当了解一切，甚至包括宗教在内。事实上，哲学不可能停留在这个方向上；它从一开始就发誓将始终如一；它应当始终一贯地信守诺言。但也不可能出现关于恶的宗教的象征系列的直接哲学副本，因为那可能要牵涉到对象征与神话的一种寓言性解释。我们确信，象征并不带有任何隐藏的教诫，只有偶像才需要教诫；以掩盖其日趋无用。这是两条死路，我们准备探索第三条路——对意义作创造性解释，既忠实于从象征到意义所形成的推动力，也忠实于哲学家求知的誓言。对我们来说，这条路要求耐心和严谨，它可以用本结论篇的标题警句去表示："象征导致思想"（Le symbole donne à penser）。

很吸引我的这一警句表示两个意思：由象征所导致；而象征所导致的东西又是思想所必须去思想的东西。

由象征导致的是：出现在某一反思阶段受神话熏陶的哲学，以及，除了哲学反思外，它希望对某种现代文化处境作出反应。

求助于古代、夜、梦——这也如同巴什拉（Bachelard）在其《宇宙诗学》（*Poétique de l'Espace*）中说的，探讨语言发源地的一种方式——代表了逃避有关哲学基本起源方面困难的一种尝试。这起源并非人们最初发现的东西；起点应当是被达到和被赢得的。对象征的理解可能有利于趋向这起点；因为倘若要达到这起点，首先需要用充实的语言表达思想。我们知道，思想在探寻最初真理，以及更加彻底地在探寻也许还不完全是最初真理的一个起点中那令人沮丧的退却。其错觉不在于探寻一个起点，而在于无任何前提的探寻起点，任何哲学都是有前提的。对象征的思索要从业已发生的言语出发，而且这种语言已经按某种方式表达一切；它要以预先假定的东西去思索。为此，首要的任务不是去开始，而是通过言语去记住；记住作为起始的一种观点。

不过，这任务现在——在哲学讨论的某个阶段——具有一种明确的意义，并且更广义地说，与我们某些特有的"现代性"有关。象征哲学的历史要素是健忘和修补。祭司长的健忘，神符的健忘，人本身——就他属于神而言——的健忘。我们知道，健忘是富有营养的人们，借助控制具有诸如行星运动一般永恒功能的自然界，以满足他们伟大任务所需要的对应物。它处在我们的语言已变得更精确、更单一涵义、更一词一义、更适用于那些被确切地称作象征逻辑的整体形式化时期，它处在这样的论述时期——我们需要再次从充实语言着手。

那也是我们"现代性"的一种馈赠，因为我们现代人是语言学的继承人，注释疏证的继承人，宗教现象学的继承人，语言精神分析的继承人。同一时代有保留地既带有因根本上的语言形式化而使语言沦为空洞贫乏的可能性，也带有因语言不断回忆起最丰富、最有想象力的意义——这些富有想象力的意义多半由于祭神的存在而跟人密切相关——而重新得以充实的可能性。

我们对令人感兴趣的大西岛（Atlantides）沉没并不遗憾，只希望语言有一种再创造。且不论批评的功过是非，我们希望再次受到驳难斥责。

但象征所导致的是思考。按俗定前提去假定。这警句使人想起已经被不可思议地说出的一切，同时又使人想起凡事总有个开头，而且在思考方面有个开头。正是在象征领域与思想领域的这种思想衔接方式提供了构成我们全部研究关键的假定和思考。

我们何以使象征成为我们思考的出发点，假如它不是一种寓言的话？我们将何以使一种"他者"摆脱这象征，假如像谢林（Schelling）所说，它是同义反复的话（tautégorique）？我们所需要的是重视象征的原始之谜的解释，是让自己接受它们的教育，倘不然，也要由此出发，去引起出自自发性思想的充分可靠的意义。

这问题是：思想何以既是被束缚的，同时又是自由的？何以将象征的直接性和思想的间接性牢固地结合成一体？

如果象征根本就不适合哲学的论述，那么这一研究就可能没有希望。但象征已经成为言语的一部分。我们已充分说明，它们拯救了情感，甚至还有出自沉默与慌乱的畏惧；它们为供认与忏悔提供了一种语言；人类依靠它们而始终保留了语言。任何地方都不存在不属于释义学的象征语言，那还不是最紧要的；一个人无论在哪里做梦或胡言乱语，另一个人就会出来作一个解释；凡被论述的东西，即使是语无伦次，也可以被释义学形成有条理的论述。在这方面，现代释义学是和从来不乏象征的自发性解释相接续的。但现代释义学又有自己的特点，那就是，它始终保持在批判思想的界域内。但它的批判功能不会使它厌恶借用的功能；相反，我将表明，它使借用的功能更可靠完备。神话分解为解释是神话复原为象征的必经之路。这样，复原时刻与批判时刻就不是不同的时刻；我们在各方面都是批判的产物，并且我们试图依靠批判——依靠不再是简化而是复原的批判——去超越批判。那个论题激励了谢林（Schelling）、施莱尔马赫（Schleiermacher）①、狄尔泰（Dilthey）②，并且至今还以各种方式激励莱因哈特（Leenhardt）、莱乌（van der Leeuw）、埃利亚代（Eliade）、荣格（Jung）、布尔特曼（Bultmann）。今天，我们对释义学的巨大作用有更敏锐的意识。一方面，它代表批判的顶点，就像神话一样，是一种神话意识。通过那种意识而促进了神话破译的运动，那神话破译只是按照历史方法，对什么是历史作点日益严密共识的补充；神话破译是信达和客观性的必然收获。另一方面，现代释义学则准备考虑通过与基本意识象征的接触去复兴哲学的计划。

那不是意味着我们要返璞归真吗？完全不是。无论在哪个方面，总会有一些东西已经不可挽回地佚失；那就是信仰的直接性。但倘使我们能让跟神的原始信仰相一致的神的崇高象征系列不再留在人们记忆之中，那么作为现代人，我们就可能在批判中并通过批判去指望另一种朴真。总之，正是通过解释，我们才有可能再次倾听。因此，也正是在释义学中，象征给出的意义和通过译解达到理解的努力被纠缠在一起。

释义学怎么对付这个问题？

我们刚才称做纠缠的东西——其纠缠在于，象征是给出的，而批判则是解释的——出现在作为循环论证的释义学中。这种循环论证可以径自被说成是："为了相信它，应当理解它，而为了理解它，应当相信它。"这循环论证不是谬误的循环论证，更不是恶性的循环论证，它是活泼生动并起推动作用的循环论证。为了理

---

① 施莱尔马赫（Schleiermacher，1768-1834），德国哲学家、神学家。
② 狄尔泰（Dilthey，1833-1911），德国哲学家。

解它，应当相信它；实际上，解释者从未接近文本所要说的东西，除非他探问意义的气味还留在他的记忆中。布尔特曼（Bultmann）在《信仰和理解》（*Glauben und Verstehen*）中，他那有关"释义学问题"的著名论文说得非常好："整个认识就像整个解释一样……不断地被假定问题的方式和它所期待的东西［被它的由此及彼（woraufhin）］所定向。因此，它永远会有预先假定；那就是说，它总是受他所要探知文本有关东西的一种先入之见所指引。惟有在那先入之见的基础上，通常才能探知和解释。"他还说："整个认识的预先假定是解释者和文本直接或间接要说及的东西之间充满活力的关系。"布尔特曼一方面坚持跟由此及彼（woraufhin）的一致，跟本文要说及的东西的一致，一方面又提供一种混淆，即把这种意义的参与等同于在解释者跟按狄尔泰（Dilthey）的说法是"生命的特有表达方式"之间的某种心理巧合。它不是释义学所需要的生命之间的亲缘关系，而是思想与生命所意欲的亲缘关系——总之，我们所讨论的正是思想和这生命所意欲的东西的一种亲缘关系。正是在这意义上，我们才说，为了理解它，应当相信它。然而，只有通过理解，我们才能相信。

至于我们寻求的另一种直接性和我们期待的另一种朴真，除了通过释义学，否则不再可能达到；我们只有通过解释，才可能相信。这是利用象征的"现代"信仰方式，一种随现代性而来的苦恼的表达方式和对那苦恼的一种医治方法。

这就是循环论证：释义学所由以出发的是它想通过解释去认识的一种先在认识。但亏得那释义学的循环论证，所以我至今仍可通过澄明赋予解释以生命的先在认识而与神相沟通。因此，作为"现代性"的一个收获的释义学，就它是神的遗忘而言，是"现代性"借以超越自身的方式之一。我相信那种存在有可能仍在对我说话——当然，不再在直接信仰的前批判形式之下，而是作为释义学所指望的另一种直接性。这另一种朴真所指望的是对前祭司批判的后批判等价物。

相信和批判的结合，其后果之一就是提供了对我们所考虑的这一格言——"象征导致思想"——的另一种解释。并且，这种结合是相信和认识之间的一种循环论证的关系。于是，我们看到一个人会多么谨慎地说到"神话破译"；如果仔细地把破译神话同"否定神话"相区分，那么说"破译神话"就是合理的。整个批判就它是批判而言，都是"神话破译"；那就是说，它总是历史的（依据批判方法的准则）加上伪历史的。批判不断努力去破除的，是神话的逻各斯（比如，把宇宙描写成包括中间的地，上面的天和下面的阴间在内的相互外在的一系列场所）。作为"现代性"的一个前哨，批判不得不是一种"神话破译"；那是信达并因此是客观性的必然收获。但正因为批判加速了"神话破译"运动，现代释义学才揭示作为神的一种原始符号的象征方面；正因为如此，释义学通过与象征的接触，参与了使哲学的复兴；它是使哲学恢复活力的途径之一。这个悖论——根据这个悖论，"神话破译"也是借助象征去充实思想的过程——只是我们在释义中称之为相信和理解的循环论证的必然结果。

对释义学"循环论证"的这些看法使我们通向哲学释义学，但它们并未产生哲学释义学。意识到"循环论证"只是我们由并无相信可言的简单"重新演现"转变到自主"思想"的必要阶段。

实际上，存在一种认识象征的方式，这象征在某种意义上仍保持在象征模式的范围内。这是限定在通过象征去认识象征的整个比较现象学的情况。在象征的范围内，这样一种认识对于丢弃引申和简化的思考目的来说是必要的，并且它事实上足以满足一种描述的现象学，因为在它审察、保留和联想的范围内，已经是一种认识的方式；对它来说，存在一个"象征"的世界。对它来说，去认识就是去显示每一象征的多重与无穷尽意向，就是去揭示在神话与仪式间意向的各种类似性，就是贯穿由象征使之一体化的处于不同层级上的体验和表象。

这认识的模式——埃利亚代（Eliade）的著作对此提供了很好的例子——趋向于将象征放在更多象征同类，并且形成与象征本身同一水准的整个系统之中。我们对象征和人的罪恶的神话的分析就属于那种认识，就它是专门用来思想其象征的一种生存而言。

但它不可能将我们限制在对象征中的象征的如此认识之中。在那里，真理问题被不断回避。虽然现象学家（*phénoménologue*）也许会赋予象征世界的内在连贯性、成体系性以真理的名义，这样的真理仍是没有确信的真理，隔着一段距离的变了质的真理，并将如下问题排除出真理之外：我相信那个真理吗？我把这些象征的意义、这些祭事（*hiérophanies*）的意义理解成什么？只要人们仍处在由一个象征到另一个象征而根本无自己存在的比较语言论（comparatisme）的层级上，那问题就不可能被提出。那层级就只可能是一个中间阶段，一个扩伸的认识、包罗万象的、好奇的但又无所涉及的认识阶段。它有必要和各象征的真实涵义建立起一种批判的但又热情的关系。

这样，在我们从神话的象征静力学到动力学时，也就开始了向哲学释义学的转变。象征的世界不是一个宁静和谐的世界；任何与其他象征相比是更不崇拜偶像的象征，恰如任何象征一样，听任自身趋于复杂晦涩，并变得更固着于一种偶像崇拜。于是它必须参与动力学的斗争，在这种动力学中，象征系列本身成为试图去超越它的一种自发释义学的牺牲品。只有参与这种释义学，理解才能从注释的严格批判方面去理解，并成为一种释义学；然而人们应当抛弃超脱和无偏见的旁观者立场——或确切地说是放逐——以便在任何情况下去借用一个特定的象征系列。

那么就让我们撇开没有确信的真理阶段，来到释义学的循环论证，来到为理解而相信，这理解也是为相信而有的理解。当我承认我以某种观点去解释整个神话时，对我说来，神话空间就是被定向的空间，又当我承认我的观察角度就是犹太人对罪的供认及其象征系列与神话的中心点时，我也就进入了那种循环论证。通过对一种神话的采用，对所有神话的借用——至少在某种程度上——就变得有可能。

但在揭示其循环论证性的过程中，那种借用反过来又必须被超越。像注释家那样，可以不厌其烦地钻在循环论证的圈子内，就像比较语言学家能无限期地实行真理的悬搁（époché），他的确信并不起作用。但哲学家——他所不同的在于做到了严密连贯的思考——不可能停留在这个阶段，对释义学的循环论证的意识，使他不得不放弃让确信不起作用的便利。但这又促使他只把使用象征看作一个出发点，并且不再留在象征之中。

我们将如何超越"释义学的循环论证"，从而将它变成一种担保（en pari）？

我担保，如果我听从象征思想的指示，我就将会对人和对人的存在同一切存在物的存在之间的联系有更好的认识。于是那担保就成了验证我的担保和好比说用可理解事物去充实它的任务。反过来，这任务又改变了我的担保：在担保象征世界的意义的同时，我担保，我的担保将使我恢复在连贯论述要素中反思的能力。

于是，可严格称作哲学释义学的领域就呈现在我面前：它不再自称在神话的想象外衣下发现一种隐蔽哲学的寓言性解释，而是一种从象征着手，努力形成意义，即通过创造性解释去形成意义的哲学。我大胆地——至少暂时地——把那种努力称作象征的"先验演绎"（déduction transcendantale）。按康德（Kant）所说，先验演绎就是通过表明一个概念使解释一个领域的客观性成为可能去证明这一概念。现在，如果我把种种有关偏离、迷途和囚禁的象征当作实在的一种探测器，如果我在神话的种种有关浑沌、混合和堕落的象征基础上去解释人，总之，如果我在一种有关恶的存在的神话指引下去说明有奴隶意愿的单纯经验的人，那么，我就可以说，我反过来已"演绎"——在这个词的"先验"意义上——人的罪恶的象征系列。事实上，用作探测与解释人的实在的一种手段的象征，总是由它发挥、阐明、给予人的体验领域、忏悔领域以条理的能力去验证，我们动辄会把人的体验领域与忏悔领域归并为谬误、习惯、情绪、消极状态——总之，归并为不需要恶的象征去展示它们和揭示它们的这一或那一有限方面。

但"象征的先验演绎"这措辞并不完全令人满意；它会使我们产生这样的想法，认为用象征的揭示能力为象征辩护，构成了自我意识的膨胀，内省领域的膨胀，而受象征指导的哲学则以内省意识的质的变化作为它的任务。任何象征最终是一种祭事（hierophanie），一种人与神之间联系的表现形式。现在，一旦简单地把象征看作自我意识的显示者，我们就断绝了它的本体论功能；我们自称确信，"认识你自己"纯粹是内省的，其实它首先是一种呼吁，吁请每个人让自己变得更好——用希腊人的话来说，就是"成为有智的"。就像柏拉图在《查密迪斯篇》（Charmide）所说："[特尔斐（Delphes）]的神实际上通过致意的方式对他们说话：成为有智的；但作为一个预言者，他以类似谜的形式去宣谕它。成为有智的

337

和认识你自己在根本上是一回事，像铭文所写和我所坚持的。但人们可能把它弄糟；而且是发生在以下铭文的作者身上：勿过度（Rien de trop）和为人作保会引致不幸（caution appelle malheur）。把'认识你自己'（connais-toi toi-même）看作神的忠告而不看作一种致意，他们希望献上一份善意的忠告，所以他们把那奉献的忠告变作为铭文。"（165 a）

于是，象征最终对我们说的，正是对人在他所活动、生存和意愿的实际生存处境的一种索引。因此，受象征指导的哲学家的任务可能就是去脱出被依恋的个人自身意识的圈子，去结束内省的特权。象征使人有理由认为，我思（cogito）是在存在的范围内，而不是相反。因此，这后一种朴真可能是第二次哥白尼（Copernicus）[1] 革命：假定自身在我思（Cogito）之中的存在仍被发现，由于这样做，它自身从不断共享存在的全体中抽象出来，那么这做法将受到每一种象征的质疑。所有有罪的象征——偏离、迷途、囚禁，所有神话——混沌、盲目、混合、堕落——都说及在世界的存在中人的存在的处境。因而任务就是，从象征出发，去形成生存的概念——那就是说，就生存是人的存在而言，不仅是思考的结构，而且是生存的结构，于是，将会提出这样一个问题，人的罪恶的"存在"和"非存在"如何依据人的存在及其有限的非存在被连接起来。

于是，如果我们把对奴隶意愿的一种经验论者的详尽阐述叫作先验演绎的话，那么，这先验演绎本身应当被写在把象征提高到生存概念行列的有限与恶的本体论中。

这些就是担保（pari）。只有这样的人才会反对这一思维方式，这种人认为，哲学要从它自身开始，它应当是一种没有预先假定的哲学。但是，从丰富充实的语言出发的哲学是有预先假定的哲学。它要信实可靠，就必须使它的预先假定变得清楚明白，说明它们是确信的，为这确信担保，并努力使这担保成为认识中的决定因素。

这样一种担保是自命引导思考不断由理解到相信这理解的相反方面。从象征着手的哲学就在这相反方面进行，它与一种实质上是安瑟伦（Anselm）[2] 的模式相一致。这模式发现人的一切都是被安排的，连同一个自我介绍的头衔，都不出它的基础之外。他的存在出现在那里，也许是偶然和受限制的。为什么这些象征也是这样的呢？不过，从偶然碰上这些象征而不是另一些象征的一种文化的偶然性和局限性出发，哲学通过反思与思辨，努力去揭示其基础的合理性。

哲学惟有首先受到丰富充实的语言滋养，然后才有可能不在乎对其问题的研讨方式和进行研究的条件，并总是不断去关注为自己所确信的东西构建普遍又合理的结构。

---

[1] 哥白尼（Copernicus，1473-1543），波兰天文学家。
[2] 安瑟伦（Anselm，1033-1109），意大利神学家。

中西译名对照表

三　画

大卫　David

大马士革（地）　Damas

大西岛（地）　Altantides

门德尔松　Mendelsohn, I.

马尔杜克（神）　Mardouk

马克思　Marx

马赛尔　Marcel, G.

四　画

韦伯　Weber, M.

厄布斯（地）　Érèbe

厄里克（地）　Uruk

厄里凯普斯（神）　Ericépée

厄里倪厄斯（神）　Erinnye

厄洛斯（神）　Éros

贝拉基　Pélage

内贝尔　Nebel, G.

乌利亚　Uri

乌拉诺斯（神）　Ouranos

巴力（神）　baals

巴门尼德　Parménide

巴比伦（地）　Babylone

巴比伦的约伯　Job babylonien

巴龙　Baron, S.W.

巴别塔（地）　Babel

巴珊（地）　Bashân

巴特　Barth, K.

巴勒斯坦（地）　Paleste

巴什拉　Bachelard, M.

以东（地）　Edom

以西结　Ézéchiel

以法莲（地）　Ephraïm

以诺　Hénoch

以斯拉　Esdras

以赛亚　Isaïe

以赛亚第二　Second Isaiah

五　画

艾克洛特　Eichrodt

古斯多夫　Gusdorf, G.

布尔特曼　Bultmann, R.

布朗热　Boulanger

布隆代尔　Blondel, M.

龙（神）　Dragon

卡夫卡　Kafka

卡尔曼　Cullmann, O.

卡耶坦　Cajetan

卢梭　Rousseau

史怀哲　Schweitzer

他施（地） Tarsis

兰登 Langdon, S.

汉谟拉比 Hammurabi

宁呼尔萨格（神） Ninhursag

让迈尔 Jeanmaire

尼尔森 Nilsson

尼伊尔（神） Ninhil

尼希米 Néhémie

尼采 Nietzsche

尼普尔 Nippur

弗洛伊德 Freud, S.

弗洛德谟斯 Philodème

弗斯图杰 Festugiére

弗雷泽 Frazer

加尔文 Calvin

圣约翰 John, St.

圣保罗 Paul, St.

伦勃朗 Rembrandt

伊亚（神） Ea

伊西塔（神） Ishtar

伊丽莎白 Elizabé

伊里奈乌斯 Irenaeus

伊甸园（地） Eden

伊甸园（地） Paradise

伊流欣 Eleusis

伊娥 Io

伊壁鸠鲁 Épicure

多兹 Dodds, E.R.

安努（神） Anu

安提丰 Antiphon

安提戈涅 Antigone

安瑟伦 Anselm

约书亚 Joshé

约瑟 Joseph

六　画

吉加美士（神—人） Gilgamesh

亚当 Adam

亚里士多德 Aristote

亚伯 Abel

亚伯拉罕 Abraham

亚述（地） Assur

亚哈 Achab

西比尔 Sibyl

西西弗斯 Sisyphe

西奈（地） Sinaï

西图利（神） Siduri

西塞罗 Cicéro

西摩尼得斯 Simonides

达马西基奥斯 Damascius

达那伊得斯 Danaïdes

列维-斯特劳斯 Lévi-Strauss

托姆 Dhorme

扫罗 Saül

毕达哥拉斯 Pythagore

伏坦纳比西丁（神） Utnapishtim

七　画

克尔凯戈尔 Kierkegaard, S.

克吕西波 Chrysippe

克吕泰涅斯特拉 Clytemnestre

克里索斯托 Chrysostom, J.

克罗诺斯（神） Cronos

克莱门特 Clément

克恩 Kern, O.

克瑞翁 Créon

克瑞翁 Kreon

苏格拉底 Socrate

苏梅尔（地） Srmer

杜塞特 Dussaud, R.

吾珥（地） Ur

忒修斯 Thésée

忒提斯（神） Téthys

保罗·利科 Ricoeur, P.

利库尔戈斯 Lycurgue

利翁内特 Lyonnet, S.

何西阿 Osée

何烈山（地） Horeb

但以理　Daniel

希伯来的约伯　Job hébraïque

希勒尔　Hillel

希腊（地）　Grec

犹大（地）　Judah

狄尔泰　Dilthey

狄奥尼索斯（神）　Dionysos

狄摩西尼　Démosthène

怀特海　Whitehead

阿卜苏（神）　Apsu

阿卡德（地）　Akkade

阿尔托　Artaud，A.

阿尔克迈翁家族　Alcméonides

阿那克西曼德　Anaximandre

阿杜莎　Atossa

阿忒（神）　Até

阿伽门农　Agamennon

阿波罗（神）　Apollon

阿诺比乌　Arnobius

阿摩司　Amos

八　画

坦木兹（神）　Tammuz

耶户　Jéhu

耶可比　Jacob

耶利米　Jérémie

耶罗波安　Jéroboam

耶和华　Jahvé

耶路撒冷（地）　Jérusalem

耶稣　Jésus

奈尔　Neher，A.

欧里庇得斯　Euripide

欧福利翁　Euphorion

欧墨尼得斯（神）　Euménides

拔示巴　Bath-seba

押沙龙　Absalon

拉巴（地）　Rabba

拉辛　Racine

拉格朗日　Lagrange，M.J.

拉歇利尔　Lachelier

迪拜勒　Dubarle，A.M.

迪美西尔　Dumézil

凯伦伊　Kerenyi

佩平　Pepin，M.

佩塔佐尼　Pettazzoni

所罗门　Solomon

舍勒　Scheler，M.

法兰克福　Frankfort，H. & H.A.

法涅斯（神）　Phanès

宙斯（神）　Zeus

该亚（神）　Gaïa

该隐　Caïn

弥赛亚（神）　Messie

迦南（地）　Cannan

迦萨（地）　Gaza

九　画

封·拉德　Rad，G.Von.

荣格　Jung，C.

胡瓦瓦（异）　Huwawa

胡塞尔　Husserl

查士丁　Justin

查拉图斯忒拉　Zoroaster

查格留斯　Zagreus

柏拉图　Platon

柏格森　Bergson

威廉斯　Williams，N.P.

挪亚　Noé

品达　Pindare

哈姆雷特　Hamlet

哈拿尼雅　Hananya

哈薛　Hagaél

科罗诺斯（地）　Colone

修昔底德　Thucydide

俄耳甫斯　Orphique

俄狄浦斯　Œdipe

俄刻阿诺斯（神）　Okeanos

俄诺玛克利特　Onomacrite

奥林匹俄多鲁斯　Olympiodore

奥瑞斯提亚　Oreste

普来斯　Preiss，T.

普里恰特　Pritchard，J.B.

普罗米修斯（神）　Prométhée

普罗克洛斯　Proclus

普罗提诺　Plotin

普洛托戈诺（神）　Protogonos

普鲁塔克　Plutarque

普赛克（灵）　Psyché

谢林　Schelling，F.W.

十三画

瑞亚（神）　Rhea

路德　Luther，M.

塞琉西（地）　Séleucide

十四画

赫尔纳　Herner，S.

赫西俄德　Hésiode

赫拉克利特　Héraclite

十五画

撒旦（神）　Satan

撒母耳　Samuel

德拉古　Dracon

摩西　Moïse

摩押人　Moab

十六画

薛西斯　Xerxès

默赛俄斯　Musée

穆尔　Moore

穆兰　Moulinier

穆姆（神）　Mummu

十七画

魏因斯托克　Weinstock

中西术语对照表

目的　télos

史前史　Urgeschichte

囚禁　captivite

仪式法则　loi rituelle

他者　Autre

处境神话　Mythe de situation

乐园　paradis

主日　sabbath

立法者　Législateu

闪族人的　Semitiques

永恒　éternel

奴隶意志　serf-arbitre

发怒　Passion

圣灵的内证　témoignage intèrieur du saint-Esprit

圣经　Bible

圣战　Guerre Sainte

圣洁　Sainteté

圣献说　sacrificium intellectus

六　画

刑事　Pénale

场景、场面　spectacle

亚当学　adamologie

在场　présentes

有罪　culpabilité

存在的验证　existential verification

成文律法书　Tôrâ écrite

成因论　étiologie

过渡　passage

过错　fault

同化的诱发　intentio ad assimilationem

同（对）观福音　Evangile Synoptiques

同形　symmorphoses

先天　a priori

先知理论　prophétisme

先验演绎　déduction transcendantale

传染　infection

价值观　idee-valeur

伦理—审判的　éthico-juridique

伪善　hypocrisie

自为　pour soi

自我　Soi

伊流欣派　Eleusiniens

血　Sang

后天神时代的戏剧　drame post-divin

后悔　repentir

创世　création

负面表现　enveloppe négative

冲突、不和　Discorde

宇宙　cosmos

决疑法的　casuistique

论述　oratio

戏剧　drame

七　画

远景　horizen

更形　reshape

抛弃　renoncement

报复　Vengeance

利未人　Lévites

我思　cogito

你务必如此　tu dois

希腊人文主义　hellénisme

免除　exemption de

（犹太人的）契约　Bérit

犹太教　Judaïsme

犹太教口传法规（哈拉卡）　halachah

犹太教口传律法集后部（革马拉）　Gemara

犹太教口传律法集前部（密西拿）　Mishnah

犹太教解经用传奇轶闻（哈加达）　haggadah

犹太—基督教的宣示福音　kérygme judéo-chrétien

应该　devoir

间接　médiate

沉沦　perdition

完全他者　Tout Autre

启蒙运动　Aufklärrumg

识见　faive voir

索特里亚学　sotériologie

原始人　Urmensch

原罪　Péché originel

顾忌　scrupule

哲学上的净化　purification philosophique

晕眩　vertige

称义　justificaion

称义者　Juste se

秘传教　ésotéricisme

秘密　secret

透明性　trans-parence

爱　Amour

浮动的意义　signifiant flottant

浸信会派　Baptiste

被告　Antidikos

预期　attente

十一画

理由　ratio

理念　idée

理想型　idealtypen

教育法　pedagogie

教法主义　légalisme

基督学　christologie

排他主义　particularise

救世史　Heilsgeschichte

救世主　Sauveu

救世主的　Messianique

悬搁　epoche

逻各斯　logos

偏差点　point de gauchissement

假伪　pseudo

象征导致思想　symbole donne à penser

象征系列　symbolique

象征语言　langage symbolique

祭事、秘义　hiérophanie

粘合　liement

堕落后预定的　infralapsaire

堕落前预定的　supralapsaire

堕落神话　Mythe de chute

隐性的　récessive

十二画

塔木德　Talmud

超越者　transcendant

欺骗　Déception

雅典娜神殿　Palladion

雅典最高法院　Aréopage

最后审判　Jugement dernier

最终　finale

赎罪　Expiation

赎罪　rédemption

赎罪祭　hattat

智者　Sophistes

智慧　Sagesse

傲慢　hybris

循环　circular

释义学　herméneutique

亵渎　souillure

愤慨　imdignation

道德法则　loi morale

十三画

禁止　interdiction

感情　pathos

鉴察　regard

罪　Péché

罪恶　Mal

罪感文化　guilt-culture

新约（福音）　Evangile

新的过去　néo-passé

新神话战役　Völkerkampfmythus

意见　opinion

十四画

精神　Espirit

模式　schème

遭遇　rencontre

347

僭主　tyran

谴责　accusation

十五画

震怒　colére

撒旦学　satanologie

撒都该人　Sadducées

暴力　violence

德尔斐神谕　Parole delphique

德国狂飙突进运动　sturm und Drang allemand

十六画

赠给的　donnant

镜对应　jeu de miroir

赞美诗　hymnes

二十画

魔鬼　Malin

图书在版编目(CIP)数据

有限与有罪:意志哲学.卷 2/(法)保罗·利科
(Paul Ricoeur)著;赖晓彪,翁绍军译.—上海:上
海人民出版社,2024
(法国哲学研究丛书.学术译丛)
ISBN 978 - 7 - 208 - 18858 - 7

Ⅰ.①有…　Ⅱ.①保…　②赖…　③翁…　Ⅲ.①哲学-
研究　Ⅳ.①B

中国国家版本馆 CIP 数据核字(2024)第 081580 号

责任编辑　毛衍沁　于力平
封扉设计　人马艺术设计·储平

法国哲学研究丛书·学术译丛

有限与有罪:意志哲学(卷二)
[法]保罗·利科 著
赖晓彪　翁绍军 译

出　　版　上海人民出版社
　　　　　(201101　上海市闵行区号景路 159 弄 C 座)
发　　行　上海人民出版社发行中心
印　　刷　苏州工业园区美柯乐制版印务有限责任公司
开　　本　787×1092　1/16
印　　张　23
插　　页　2
字　　数　438,000
版　　次　2024 年 7 月第 1 版
印　　次　2024 年 7 月第 1 次印刷
ISBN 978 - 7 - 208 - 18858 - 7/B·1750
定　　价　98.00 元

法国哲学研究丛书

学术文库

《笛卡尔的心物学说研究》 施 璇 著

《从结构到历史——阿兰·巴迪欧主体思想研究》 张莉莉 著

《诚言与关心自己——福柯对古代哲学的解释》 赵 灿 著

《追问幸福:卢梭人性思想研究》 吴珊珊 著

《从"解剖政治"到"生命政治"——福柯政治哲学研究》 莫伟民 著

《从涂尔干到莫斯——法国社会学派的总体主义哲学》 谢 晶 著

《走出"自我之狱"——布朗肖思想研究》 朱玲玲 著

《永恒与断裂——阿尔都塞意识形态理论研究》 王春明 著

《后人类影像——探索一种后德勒兹的电影哲学》 姜宇辉 著

学术译丛

《物体系》(修订译本) [法]让·鲍德里亚 著 林志明 译

《福柯》(修订译本) [法]吉尔·德勒兹 著 于奇智 译

《褶子:莱布尼茨与巴洛克风格》(修订译本) [法]吉尔·德勒兹 著 杨 洁 译

《雅斯贝尔斯与生存哲学》 [法]米凯尔·杜夫海纳 [法]保罗·利科 著 邓冰艳 译

《情节与历史叙事:时间与叙事(卷一)》 [法]保罗·利科 著 崔伟锋 译

《资本主义与精神分裂(卷2):千高原》(修订译本) [法]吉尔·德勒兹 [法]费利克斯·加塔利 著 姜宇辉 译

《后现代道德》 [法]让-弗朗索瓦·利奥塔 著 莫伟民 贾其臻 译

《有限与有罪:意志哲学(卷二)》 [法]保罗·利科 著 赖晓彪 翁绍军 译